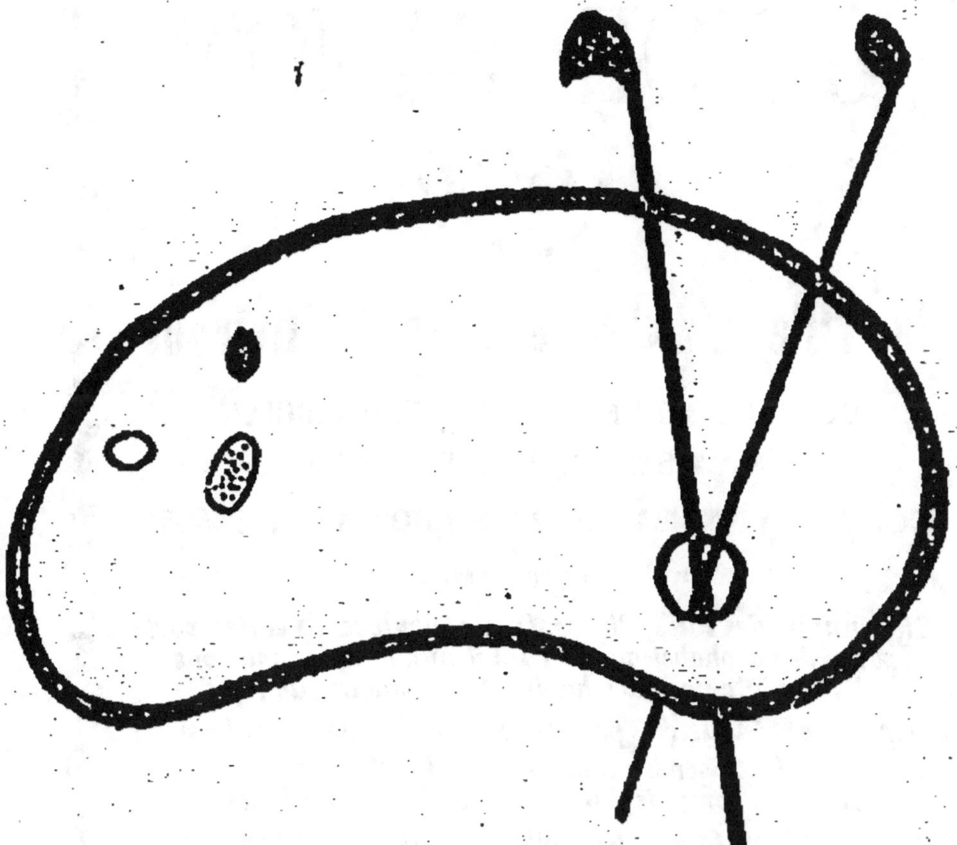

COUVERTURE SUPERIEURE ET INFERIEURE
EN COULEUR

GUIDE FANOT

1868

POUR

la Ville d'Avignon et ses Environs

OUVRAGE ADMINISTRATIF, COMMERCIAL,
STATISTIQUE ET HISTORIQUE

CONTENANT PLUS DE 20,000 ADRESSES

divisé de la manière suivante :

*Dictionnaire des Rues, Places, Quais, Boulevards et Remparts
par ordre alphabétique de rues et numéros des maisons
avec le nom des habitants de chaque rue ;*

Commerce et Industries par ordre alphabétique de Profession ;

*Liste générale par ordre alphabétique
des Noms compris dans les catégories précédentes ;*

*Morières, Montfavet, Le Pontet, les îles de la Barthelasse,
de Piot et de Courtine, Bonpas,
Sorgues et Villeneuve-lez-Avignon,*

PAR CLÉMENT FANOT

Artiste Carillonneur de la Paroisse St-Didier et Distributeur d'imprimés.

AVIGNON
TYPOGRAPHIE ET LITHOGRAPHIE BONNET FILS

RUE BOUQUERIE, 7.

Ce Livre est en vente chez :

CLÉMENT FANOT, dans le clocher de St-Didier;
Son beau-frère, sacristain, rue Figuière, 16;
ROUMANILLE, libraire, rue St-Agricol;
CLÉMENT St-JUST, libraire, place de l'Horloge;
TRONCY, au *Kiosque Avignonais*, place Pie;
Kiosque Chinois, rue Bonaparte,
et tous les Libraires.

PLACE PIE **PLACE PIE**
24 **21**

PHOTOGRAPHIE CENTRALE

AVIGNON

MICHEL & BOUTIN

RESSEMBLANCE, FINI, BON MARCHÉ

Leur nouveau mode d'opérer conservant la pureté des traits n'a pas l'inconvénient de vieillir ; ainsi on prie les personnes qui n'auraient pas été réussies dans aucune maison, à venir avec leur portrait, elles jugeront elles-mêmes de la différence ; il sera du reste, présenté *sur demande*, une épreuve avant la continuation du tirage, afin de ne livrer que des portraits entièrement à la convenance de la personne.

RESSEMBLANCE, FINI, BON MARCHÉ

GUIDE-FANOT

GUIDE FANOT
1868

POUR

la Ville d'Avignon et ses Environs

OUVRAGE ADMINISTRATIF, COMMERCIAL,
STATISTIQUE ET HISTORIQUE

CONTENANT PLUS DE 20,000 ADRESSES

divisé de la manière suivante :

*Dictionnaire des Rues, Places, Quais, Boulevards et Remparts
par ordre alphabétique de rues et numéros des maisons
avec le nom des habitants de chaque rue ;*

Commerce et Industries par ordre alphabétique de Profession ;

*Liste générale par ordre alphabétique
des Noms compris dans les catégories précédentes ;*

*Morières, Montfavet, Le Pontet, les îles de la Barthelasse,
de Piot et de Courtine, Bonpas,
Sorgues et Villeneuve-lez-Avignon ,*

PAR CLÉMENT FANOT

Artiste Carillonneur de la Paroisse St-Didier et Distributeur d'imprimés.

Prix : 3 Fr.

TYPOGRAP

AVIGNON
ET LITHOGRAPHIE BONNET FILS

RUE BOUQUERIE, 7.

1867

TABLE DES MATIÈRES.

Adresses alphabétiques des noms. de 227 à 393
Adresses classées par ordre alphabétique de rues et numéros des maisons avec les tenants et aboutissants et les cantons auxquels ils appartiennent. de 25 à 148
Adresses de Morières, Montfavet, le Pontet, les Îles de Piot et de la Barthelasse. de 394 à 399
Annonces et avis divers.
Assurances. de 193 à 195
Avocats, avoués, notaires, huissiers et justices de paix. de 174 à 176
Banlieue d'Avignon, histoire et adresses. de 394 à 399
Banque de France et Crédit foncier. de 181 à 182
Chambre et Bourse de commerce. 180
Commerce et industrie de la ville d'Avignon par professions de 200 à 276
Communautés religieuses de 164 à 165
Conseil d'hygiène et de salubrité. de 186 à 187
Conseil de Prud'hommes. de 176 à 177
Conservatoire de musique et orphéon. 170
Contributions directes et Contributions indirectes. de 178 à 179
Cultes. de 161 à 164
Docks Vauclusiens. de 172 à 173
Domaines. 179
Eclairages et distribution d'eaux. 190
Forêts. 179
Garantie. 179
Gendarmerie, Pénitencier militaire et Sapeurs-pompiers. de 188 à 189
Hospices et Établissements de Bienfaisance. de 156 à 160
Instruction publique. de 165 à 170

Journaux politique et littéraires.	196
Mairie d'Avignon.	de 151 à 156
Marchés et foires d'Avignon.	199
Médecins, officiers de santé, sages-femmes, pharmaciens et vétérinaires.	de 191 à 193
Militaire (Organisation).	188
Muséum Calvet.	de 170 à 171
Notice historique sur la ville d'Avignon.	de 7 à 20
Ponts et chaussées, chemins vicinaux et chemin de fer.	de 184 à 186
Postes.	de 182 à 184
Préfecture.	de 149 à 151
Prison.	177
Société d'Agriculture.	180
Société Hippique.	181
Sorgues (Administration et Commerce).	de 400 à 402
Télégraphe.	187
Théâtre.	173
Trésorerie Générale.	177
Tribunal de 1re instance.	de 173 à 174
Tribunal de Commerce.	174
Villeneuve-lez-Avignon, (Notice historique et adresses).	de 403 à 412
Voitures (départs des), diligences, messageries et voitures à volonté.	de 197 à 198

LA VILLE D'AVIGNON

SOUS LES ROMAINS

> *Urbium quas habent (Galli) opulentissimæ sunt.... Avenio Cavarum.*
> Pomp. Mela.

Le temple de Janus avait été fermé par Auguste; le peuple-Roi, couvert des dépouilles opimes de Corinthe et d'Athènes, se reposait de ses victoires à l'ombre de ses lauriers et laissait à ses légions, levées pour la plupart chez les nations conquises, le soin d'étendre sa domination jusque sur les Bretons séparés du reste du monde, *penitus toto divisos orbe Britannos*, selon l'expression de Virgile. A la faveur de cette paix, la Gaule Narbonnaise devint bientôt la première province de l'Empire, ou plutôt, elle put en très-peu de temps le disputer à la Sicile, à la Grande-Grèce, voire même à l'*Ager Romanus*. Elle était, d'un côté, assez éloignée de la Ville éternelle pour ne sentir que faiblement le contre-coup de ses révolutions de palais et de ses émeutes de casernes ; de l'autre, elle avait trop de rapports commerciaux avec l'Italie qu'elle touchait, pour ne pas faire cause commune avec elle, ou, tout au moins, pour garder la neutralité durant les guerres civiles des trois premiers siècles de notre ère ; aussi bon nombre de Romains, sans compter ceux que l'exil ou le mécontentement fixait à Marseille et aux environs, fascinés par l'aspect de prospérité et de tranquillité de notre belle Province, quittèrent-ils, en ces temps difficiles, les rivages enchantés du Tibre pour les bords non moins heureux du Rhône.

La Gaule Narbonnaise, et, en particulier, celle de ses portions qui fut plus tard appelée la *Provence*, était vraiment une terre romaine, une contrée latine, un pays italique : ses relations commerciales lui avaient fait adopter, presque à l'exclusion de toute autre, la langue que parlèrent Virgile et Cicéron; les aigles des Césars lui avaient apporté les mœurs, les institutions, les lois et jusque les divinités de Rome, et la Providence ne lui avait refusé aucun des dons, aucune des faveurs qu'elle avait départies à la Péninsule, la beauté du ciel, la pureté de l'atmosphère, la fécondité du sol et l'illustration des grands hommes.

Ainsi, elle inscrivait ses Gallus et ses Pétrone

au livre des poètes latins, ses Trogue Pompée et ses Pacatus (1) sur celui des historiens et des orateurs ; son Pythéas poussait les flottes romaines jusqu'aux extrémités de la terre, *terrarum ultima Thule*, et son Agricola, beau-père de Tacite, portait au fond de la Grande-Bretagne, plus loin que ne l'avait fait Jules César, les enseignes victorieuses du peuple et du Sénat (2). De tous côtés, à *Cemellum* (aujourd'hui Cimiez, près de Nice), à Fréjus, au Vernègues, à *Glanum* (aujourd'hui St-Remy de Provence), à Cavaillon, à Orange, à Vaison et ailleurs s'élevaient, comme par enchantement, ces magnifiques et somptueux monuments dont quelques-uns, respectés par le temps et par les hommes, font encore l'admiration des artiste de notre âge. Les écoles publiques de Marseille et celles d'Arles rivalisaient avec les académies les plus renommées de la Grèce et de l'Italie. Tacite dit d'Agricola qu'il savait résister à l'attrait du vice par la bonté de son naturel, et aussi parce qu'il avait passé sa jeunesse à Marseille, la maîtresse des études, lieu distingué par l'heureux mélange de l'urbanité grecque et de l'économie de la province. (3) Cicéron, du reste, s'était écrié

---

(1) *Julii Agricolæ vita, scriptore Corn. Tacito* (passim).

(2) *Ibid.*

(3) *Cn. Julius Agricola, vetere et illustri Forojuliensium colonia ortus, utrumque avum procuratorem Cæsarum habuit... Arcebat eum ab illecebris peccantium, præter ipsius*

avant lui : « Non, je ne puis taire ton éloge, ô Marseille, toi dont la discipline et les mœurs sont telles qu'il n'est aucune nation, sans en excepter la Grèce, que je te puisse préférer (1).

L'Italie conservait avec soin à Parthénope (Naples) le précieux dépôt des traditions classiques qu'elle avait ravies à la Péninsule Hellénique ; la Provence, à l'instar de l'Italie, entretenait non moins soigneusement à Marseille le feu sacré pour les grandes choses qui avaient fait autrefois d'Athènes l'une des reines de l'univers, l'amour des beaux-arts et le culte de la langue grecque ; de sorte qu'un Italien policé pouvait presque, en abordant nos côtes, dire en toute vérité qu'il apercevait ce que, dans un élan de touchante fiction, le chantre des origines romaines faisait découvrir à son héros Enée sur les rivages de l'Epire :

.... Parvam Trojam, simulataque magnis
Pergama, et arentem Xanthi cognomine rivum (2) !

---

bonam integramque naturam quod statim parvulus sedem ac magistram studiorum Massiliam habuerat, locum Græca comitate et provinciali parcimonia mistum ac bene compositum (Ibid in initio).

(1) *Neque vero te, Massilia, prætereo... cujus ego civitatis disciplinam atque gravitatem non solum Græciæ, sed haud scio an cunctis gentibus anteponendam dicam.* (CICER. *Orat. pro Flacco*).

(2) VIRG. *Æneid.* lib. III.

La Provence était italienne, ou pour parler plus exactement, elle était romaine. De temps à autre même, elle donnait des lois à Rome ; car plus d'une fois, les Empereurs établirent leur cour sur son sol fortuné, et de là édictèrent des décrets pour la ville et le monde. Auguste résida plus de deux ans à Fréjus; Claude habita quelques mois Marseille ; Adrien séjourna à Apt; Antonin couvrit le sol de notre belle province de bon nombre de ces monuments impérissables qui sont encore sa gloire, et il fut réservé à Constantin de faire de la cité d'Arles la rivale et l'émule de Rome, *Gallula Roma Arelas* (1), comme le dit Ausone, *Arelas Galliarum Roma* (2), comme Strabon l'avait écrit précédemment.

La Provence fut pour ce grand Prince la province par excellence ; Arles, en particulier, devint sa ville de prédilection, et ce n'était pas sans raison, puisque, un siècle après sa mort, Honorius, l'un de ses successeurs, écrivait au Préfet des Gaules que *tout ce que le riche Orient, l'Arabie parfumée, la délicate Assyrie, la fertile Afrique, la belle d'Espagne et la Gaule courageuse produisent de renommé, abondait avec une telle profusion à Arles, que toutes les merveilles des diverses parties de la terre y semblaient des productions du sol* (3).

(1) Auson, lib. vii.
(2) Strabon, iv. 7.
(3) *Edit d'Honorius et de Théodose à Agricola, Préfet*

Avignon, il faut l'avouer, n'eut jamais en ces temps reculés ni l'importance d'Arles, ni la renommée de Marseille. Ce serait pourtant se méprendre grossièrement de croire qu'Avignon n'était, à cette époque, qu'une petite cité bâtie sur les débris d'une colonie de vétérans. C'est là une erreur sur laquelle il est facile de revenir en examinant les ruines qui nous restent des magnifiques édifices élevés sur notre sol par le peuple-Roi.

Quand notre ville obéissait aux lois du Séna de Rome, elle avait son Théâtre et son Hippodrome comme Orange, ses Arcs-de-Triomphe comme St-Rémy, Cavaillon et Carpentras, ses Arènes et ses Champs-Elysées comme Arles, ses Thermes comme Nimes et comme Aix. La nomenclature de ces monuments suffit, à elle seule, pour prouver la grandeur d'Avignon sous la domination romaine ; le cas d'ailleurs, que les premiers rois Francs, Clovis, entr'autres, firent de ses murailles, dit assez quel a été son rôle au temps des Empereurs.

La Roche-des-Doms fut naturellement le point sur lequel les fondateurs de notre ville s'établirent plusieurs centaines d'années avant la naissance de Jésus-Christ (1). Peu à peu, la cité qu'ils avaient

---

des Gaules, cité par M. l'abbé Trichaud, à la 4e page de son *Itinéraire du visiteur des principaux monuments d'Arles*.

(1) « L'an 74 avant Jésus-Christ, dit Papon, les Helviens, les Voconces et les Volces Arécomiques qui s'étendaient sur les

bâtie, descendit dans la plaine par les pentes de la colline, si bien que, sous les Césars, elle se terminait au canal de la Sorguette (1), canal qui passe sous toutes les maisons à numéro impair des rues de la Calade, des Lices, de la Philonarde et de la Campane.

Une voie romaine, celle qui partait d'Arles en montant le Rhône dans la direction de Lyon, la traversait au sortir de *Bellinto* (Barbentane) et se brisait dans ses murs pour suivre les bords du fleuve jusqu'à la station de *Cypresseta* où la Sor-

bords du Rhône, s'étant déclarés pour Sertorius, Pompée les fit rentrer dans l'obéissance et les ayant dépouillés d'une partie des biens qu'ils possédaient sur l'un et l'autre bord du Rhône, il en fit don à la ville de Marseille qui y fit des établissements pour favoriser le transport des marchandises qu'elle envoyait dans les Gaules. Avignon fut presque entièrement peuplé de Marseillais, et Tarascon fut une des villes qu'ils bâtirent. » (*Hist. génér. de Provence*, p. 536). Ainsi ce n'est pas aux Marseillais qu'Avignon doit son origine ; mais, bien qu'en 1761, le rédacteur du *Calendrier et notice sur la ville d'Avignon* ait cru devoir remarquer que c'était la 2200ᵉ année depuis la fondation de notre ville et que nous soyons persuadé qu'Avignon fut fondé plusieurs siècles avant l'ère chrétienne, nous pensons qu'on ne peut avec certitude préciser la date de cet événement. M. de Cambis-Velleron, au premier volume de ses *Annales* manuscrites, fait observer que le silence de César, sur Avignon, dans ses *Commentaires* ne prouve rien à cet égard, parce qu'il est certain que bien des villes considérables existaient, quand il vint dans les Gaules, villes dont il ne fait aucune mention cependant.

(1) C'est ce que prouve l'inspection des lieux : les substructions romaines s'arrêtent aux Lices et à la Calade.

gue et l'Ouvèze réunies avaient leur embouchure : le chemin de Monclar à partir du viaduc de la Durance, la place des Corps-Saints en débouchant entre l'ancien couvent des Célestins et les bâtiments neufs du Pénitencier militaire, la rue des Trois-Faucons, la place St-Didier, la rue des Fourbisseurs, la rue Grande-Saunerie, celle du Portail-Matheron et celle de la Carreterie avec le chemin de la Synagogue en décrivent assez exactement le parcours.

Le *Théâtre* romain d'Avignon était, par ses proportions (1) grandioses, l'un des plus considérables de la contrée, et, au dire de tous les antiquaires, il ne le cédait peut-être pas à celui d'Orange: il s'adossait au flanc oriental de la Roche-des-Doms et venait se rattacher, du côté de l'Archevêché actuel (2), à l'*Hippodrome* immense qui, s'étendant

---

(1) Nicolas Mignard, chargé par Louis XIV de faire le dessin des Antiquités de la France méridionale, retrouva le plan du Théâtre d'Avignon ; son œuvre, qui n'a jamais été publiée, existe à la Bibliothèque Impériale de Paris. On peut voir, dans une dépendance de la maison de M. le docteur Clément, au fond de l'impasse de la place St-Pierre où se trouve la librairie Aubanel, des vestiges imposants de cet édifice, consistant en un immense *vomitorium*. On trouve aussi dans la rue Peyrollerie, à droite en descendant vers St-Pierre, un reste de muraille à petit appareil, provenant du même édifice et d'autant mieux reconnaissable qu'il tranche davantage avec le roc de la Vice-Gérence auquel il servait de revêtement de ce côté.

(2) Le Palais Archiépiscopal actuel, jadis l'Hôtel de Crochans, s'élève sur des substructions romaines qu'on a tout lieu de croire des débris de l'ancien Théâtre.

de la rue St-Agricol (1) à la rue Ferruce, prenait dans sa largeur l'espace compris entre la Petite-Fusterie et le milieu de la Place-de-l'Horloge (2). Aux jours des Naumachies, cet *Hippodrome* pouvait, au moyen de l'aqueduc qui le mettait en commu-

(1) Dans la rue St-Agricol, les maisons à numéro pair, c'est-à-dire celles qui sont du côté de l'église, ont remplacé les anciens *Carceres* où étaient enfermés les chevaux de l'*Hippodrome*. Mignard fit aussi le dessin de cet édifice qui formait, ainsi que le remarque l'auteur de la *Vie de Calvet*, page 94, les remparts de la ville du côté du couchant et dont on n'a pu préciser encore le point final. Le docte André Valadier cite une inscription latine, qui était gravée sur l'un des arceaux de ce monument : T. FLAVIVS SILVIVS FEC. Sur l'un des debris qui en ont été déposés dans une des cours du Musée Calvet, on lit : OYALOC-XAIPE. — *Vaalus heic situs est*, et sur un autre : A. F. VOL. ATIA. SEX. F — VS-POSTVMA.

(2) Le monument commémoratif de la Mission de 1819, c'est-à-dire le Calvaire qui précède le porche de Notre-Dame-des-Doms et domine la place du Palais, a été construit avec des pierres de l'ancien mur de clôture de l'*Hippodrome* découvertes au milieu de la Place de l'Horloge. On peut voir dans une des cours du Musée Calvet, des fragments considérables de la *Mela* et de la *Porte triomphale* de ce même *Hippodrome* mis au jour, lors du creusement des fondations de l'Hôtel-de-Ville actuel. La ville, d'ailleurs, est pleine de débris antiques : elle n'a presque pas de rues qui n'étalent, en guise de bornes, des blocs de granit ou de marbre provenant de monuments romains. Nous signalerons, en particulier, deux fûts de colonnes granitiques à la porte de la maison Ravan, rue Collège-d'Annecy, n° 12. — un chapiteau un peu fruste, mais à grandes proportions, servant d'axe au puits à roue du jardin ouvert entre le couvent du Bon-Pasteur et la rue Ro-

nication avec la Sorgue du côté de *Cypressela* (1), se remplir d'eau et offrir de la sorte à la population Avignonaise toutes les facilités possibles pour le spectacle d'un combat naval. Les *Thermes* s'ouvraient, à l'abri des inondations du Rhône, là où s'élèvent, sous le Petit-Séminaire actuel, les maisons de la Vieille-Juiverie : ils étaient alimentés par l'aqueduc dont nous venons de parler, et leur déversement s'opérait aisément par une écluse dans le fleuve qui baignait littéralement le pied

quette; — des fûts granitiques à la jonction des rues Roleur et Cocagne, des rues Campane et Trois-Pilats, le mur de soutènement à petit appareil de la maison Bourcier, rue Vieille-Juiverie, etc. Il n'y a pas longtemps, on a enlevé de l'angle ouest de l'impasse situé rue Colombe, vis à vis la maison Regnier, un magnifique fût de colonne en marbre blanc cannelé. Rappelons encore ici, que des pavés en mosaïque ont été trouvés dans les caves de l'ancien Hôtel de Crillon, de l'ancien cloître de St-Didier, maison Bourges, à l'entrée de la rue Saluce, maison Joubert, et tout récemment, dans les fondations creusées pour une maison de la rue Bonaparte au point où était autrefois la *Rotonde* du *Jeu de Paume*.

(1) L'existence de cet aqueduc ne saurait être mise en doute : on en trouve des traces, du côté de *Réal-Panier*, à une certaine profondeur, ainsi qu'entre Sorgues et Bédarrides : la vieille gravure de St-Bénézet dont la planche fait partie des Archives de notre Grand Hôpital et une ancienne *Vue d'Avignon*, qui est peinte à la fresque dans la *Salle des Cartes géographiques* du Vatican en donnent la représentation. M. Calvet, du reste, remarque qu'il y avait un aqueduc sur les arceaux occidentaux de l'*Hippodrome*, arceaux qui, à en juger par ceux qui sont engagés dans les maisons de la Petite-Fusterie, avaient 14 pieds dans œuvre.

de nos murailles. Les *Arènes* étalaient les arceaux triplement superposés de leur enceinte circulaire à peu près à l'endroit où l'on voit maintenant les bâtiments du Lycée (1). Les *Champs Elysées* ou Cimetières placés, suivant l'usage du temps, dans la direction du sud-ouest, occupaient l'emplacement de l'ancien Parc des Invalides et de l'Hospice St-Louis (2) et se trouvaient sur le bord même de la principale artère de communication du pays, com-

(1) Les ruines romaines qui se trouvent autour de St-Didier, sont en telle abondance, qu'on n'y voit presque pas de maisons qui ne reposent sur des murs antiques. L'existence d'un Cirque sur ce point est d'autant plus probable, indépendamment de la tradition qui nous l'apprend, que ce point est exactement dans l'orientation des Arènes de Nimes, de celles d'Arles et du Colisée de Rome.

(2) En 1664, quand les Jésuites firent creuser les fondations du Cloître de leur Noviciat de St-Louis, ils trouvèrent à une certaine profondeur un petit tombeau, des urnes funèbres et des lampes lacrymatoires. En 1853, lorsqu'il s'est agi de creuser celles du Pénitencier militaire au milieu du parc des Célestins, les ouvriers ont rencontré, à plus d'un mètre sous le sol, des urnes cinéraires pleines d'ossements calcinés, dont quelques unes ont été déposées au Musée Calvet. Les inscriptions tumulaires antiques abondaient autrefois dans Avignon : M. Calvet, au tome 2e de ses *OEuvres* Ms de la Bibliothèque de notre ville, en cite un assez grand nombre : qu'il nous soit permis à notre tour, d'en citer deux. On voyait autrefois celle-ci au cloître des Minimes : D. M. *Pompiae piae — O. Valerivs. Ina — Chvs Vxori Ra — Rissimae et sibi — Vivos posvit*. On en trouva il y a quelques années, une autre enchassée dans les degrés du clocher de la Métropole : *Ivliae Drвsillae — German. Caesar F. — Erivs Parenti — Honor; Delat* : elle est au Musée-Calvet.

me les sépultures des familles illustres de Rome se trouvent des deux côtés de la voie Appienne.

Sur plusieurs point s'léevaient des temples en l'honneur des fausses divinités : on en voyait un au sommet du Rocher en l'honneur de Jupiter et de tous les dieux ; un autre s'ouvrait, au nord du Théâtre, un troisième à deux pas des *Arènes* (1), et sur le penchant de la colline, là où est aujourd'hui le chevet de Notre-Dame-des-Doms, était le sanctuaire d'*Hercule Avignonais* accolé à celui de Diane chasseresse (2). Les rues allaient pour la plupart de

(1) Il paraît qu'un temple païen existait sous l'église St-Didier ; car la tradition nous apprend que saint Agricol bâtit une chapelle à ce saint martyr sur les débris d'un autel dédié aux fausses divinités. (*Collect. Massil.* tome 5ᵉ).

(2) Dom Polycarpe de la Rivière nous fait connaître les inscriptions qui ornaient soit l'autel d'Hercule, soit l'autel de Diane. Voici celle du premier : *Herculi. Avennico — Deo-Potenti. Protectori — C. Tuscilius — Pro. Civium. Avennicorum. Sus — Cepto-Voto — L. M. D. D.* Pour celle du second, elle était ainsi conçue, *Dianæ. Temp. Rest. — Ex. Voto. Pub. Suscept? — Bl. lius... Alius... nantis. F. — C. Vi.. Avenion. Et. In. Dea — H. D. C. D. — Sub. Cos. X. Dis.* C'est aux Grecs de Marseille, que Ptolémée fait remonter l'érection d'un temple en l'honneur de Diane chasseresse sur le Rocher-des-Doms: *In Avenione*, dit-il, *erat templum in silva supra montem castæ Dianæ venarici dicatum.* Les Nymphes, elles aussi, avaient leur sanctuaire à Avignon, comme l'indique cette inscription rapportée par Gruter : *Nymphis. Sacr. — L. Trebonius. Patern. — Lib. Fortunatus. — Voto. Posuit. — Signum. Cum Basi. M. — Et. Ædem. F. Cur.* D'après M. Calvet, la maison Pamard, place la Mirande, serait bâtie sur les ruines d'un temple dédié à Jupiter. (*OEuvres de Calvet*, tome II, p. 351).

l'occident à l'orient (1) : celles, en petit nombre qui se dirigeaient vers le midi, étaient étroites et tortueuses ; l'édilité de l'époque avait cru devoir négliger ainsi les lois de l'alignement, à cause de la violence du mistral qui alors, plus qu'à présent peut-être, si l'on en juge par ce qu'en disent Pline et Sénèque (2), se faisait sentir dans notre plaine.

Au sud de la ville, des marécages, coupés par des massifs de bois taillis, communiquaient avec la Durance. A l'ouest, une forêt épaisse partait du pied des murs et se prolongeait jusqu'au sommet des collines de Morières. A l'est et au nord, le Rhône, parsemé d'îlots et de bancs de sable, baignait sur son autre rive un bois dont les arbres couvraient les côteaux, aujourd'hui dénudés, des Angles et de Villeneuve (3).

---

(1) Nous tenons pour certain que le plan de la ville d'Avignon, du moins en ce qui regarde les grandes artères, n'a pas été modifié depuis l'occupation romaine ; les rues n'ont fait que s'allonger, à mesure que la cité portait plus loin ses murailles dans la plaine.

(2) Sénèque remarque que le vent souffle dans la Gaule Narbonnaise avec tant de violence qu'il y ébranle les maisons. Pline ajoute, de son côté, qu'il n'est pas rare qu'il jette le cavalier à bas de sa monture et le dépouille de ses armes et de son manteau. (P. X. ACHARD. *Notice historique sur les anciens remparts d'Avignon*, 1850 p. 3.)

(3) Les côteaux de Villeneuve étaient tellement boisés que le Dieu Silvain était, suivant toute apparence, la seule divinité qui y fût honorée. M. Calvet nous a conservé l'inscription d'un autel

Qu'on ne croie pas que nous faisons ici un tableau de fantaisie, que nous donnons une description imaginaire de notre ville romaine. Le plan que nous venons d'esquisser est tout tracé par les substructions que les fouilles (1) ont mises en évidence depuis bientôt trois cents ans, et les observations si précises que nous ont laissées sur ce sujet les Valadier, les Suarez, les Cambis Velleron et les Calvet, sont loin de contredire nos assertions.

A. G.

païen que l'on voyait encore, à la fin du dernier siècle, dans la crypte de Ste-Cazarie sur le Mont-Andaon, à Villeneuve ; *Silvano. Famil. Vrb — Atalici, Firmani — V. S. L. M.*

(1) En fait de découvertes modernes, nous rappellerons ici les deux caves superposées que l'on a trouvées en creusant les fondations de l'Hôtel de Ville actuel, — les pavés en mosaïque que nous venons de mentionner, — le mur sur lequel reposent les piliers de la nef gauche dans l'église St-Agricol, — les urnes cinéraires heurtées par la pioche dans les fondations du Pénitencier militaire, — les bâtisses épaisses trouvées au-dessous des caves de la résidence des RR. PP. Jésuites, rue Bonaparte, à l'époque de la reconstruction de la partie occidentale de cette maison, — la statue colossale mise au jour dans le creusement du bassin des Fontaines publiques au quartier de Monclar derrière la gare du chemin de fer, etc.

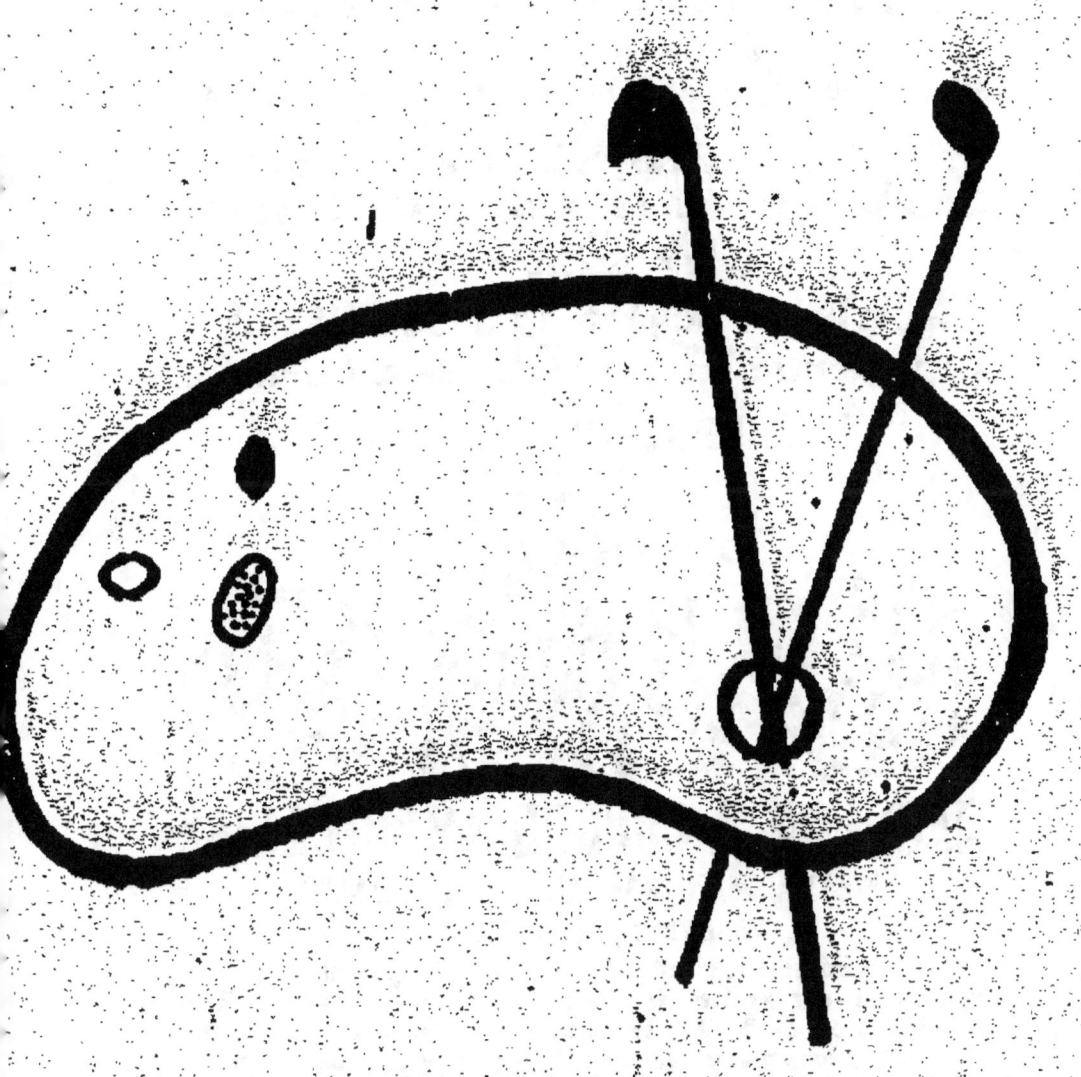

DEBUT D'UNE SERIE DE DOCUMENTS EN COULEUR

J. A. MAZEL AINÉ

Place des Carmes, 9, à Avignon.
Ancien Élève-Maître de l'École Normale de Nîmes (Gard).

Leçons de Français, Calligraphie, Comptabilité, et Tenue de Livres,
Au Cachet.

ACHATS ET VENTES A LA COMMISSION
Représentation générale de Commerce.

ENTREPOT GÉNÉRAL DES

MACHINES A COUDRE AMÉRICAINES
DE LA MANUFACTURE CALLEBAUT,
BRÉVETÉ, S. G. D. G.

Fournisseur breveté de S. M. l'Empereur. Fournisseur des Armées Impériales de France, Russie, Turquie, etc., de S. M. l'Impératrice de Russie et des couvents et institutions placés sous son haut patronage ; de S. M. la Reine Christine et de S. M. la reine de Hollande.
— Il a été décerné à Ch. CALLEBAUT pour perfectionnements à ses machines à coudre :
8 Médailles de 1re classe, à : —Paris 1855 — Dijon 1858 — Bordeaux 1859 — Besançon 1860 — Metz 1861 — Nantes 1861 — Porto 1866 — Paris 1867 ;
4 Médailles d'or, à : —Montpellier 1860 — St-Pétersbourg 1860 — Marseille 1861 — Angers 1864 ; une médaille de vermeil à Saint Dizier 1860 ; un grand diplôme d'honneur à Troyes 1860 ; un diplôme d'honneur (hors ligne) à Bayonne 1864.

VENTE DE TOUS ACCESSOIRES POUR MACHINES.

Médaille d'Argent à l'Exposition industrielle d'Avignon 1866.

MAISON MAGNIN

Rue des Fourbisseurs, 3 et 5.

Vu l'insuffisance de son local actuel, l'extension toujours croissante de ses affaires, et pour satisfaire aux désirs de ses clients, il vient de créer un nouveau Magasin d'articles **Fleurs et Ornements d'Eglise**, attenant à son Etablissement.

On y trouvera un assortiment complet de Bouquets pour fêtes, Fleurs et Articles fantaisies, Couronnes pour première communion, Garnitures pour autels, un choix aussi joli que varié de Parures de Mariées.

Aubes riches et ordinaires, en tulle et guipure, batiste et cambrai, devants d'autel brodés or et lamés, effilés or et argent ; assortiment complet d'articles pour Ecclésiastiques, comprenant les Bérets et les Chapeaux.

Un grand choix de Vases en porcelaine et Fantaisies pour salons.

On y trouvera également tout ce qui a rapport à la Cuivrerie dorée ou argentée, tels que : Lampes, Lustres, Chandeliers, Candelabres et tout ce qui comprend l'ornementation pour Eglise.

Il se charge de faire venir n'importe quel genre de statues (*art chrétien*) de la Maison MOYNET, seul Etablissement de ce genre existant en France.

Les personnes qui l'honoreront de leur confiance n'auront qu'à se louer de la modicité de ses prix et de l'exactitude qu'il mettra à les satisfaire.

Ce genre de commerce ne change en rien sa profession de Confiseur et de Pâtissier.

CHASPOUL CADET
RUE DU CHAPEAU-ROUGE, N° 10, A AVIGNON.
FABRICANT DE
Vermicelles, Macaronis, Lazagnes, Semoules, etc

Spécialité par la supériorité de ses pâtes, dont ses produits ont été récompensés par deux médailles d'argent obtenues : la 1re à l'Exposition industrielle d'Avignon 1866, et la 2me, à l'Exposition industrielle et régionale de Carcassonne 1867.

A L'ÉTOILE DU BAZAR
CHASTEL
Rue Balance, 21, à Avignon.

Vente et Achats de Vieux Meubles, friperies, articles Militaires, vieux et neufs en tous genres

Il se rend également à domicile pour Achats quelconques.

MAISON BARNOIN

Fondée en 1839.

Doreur, Ornemaniste, Miroitier,

ETAMAGE ET REPOLISSAGE
DE VIEILLES GLACES

Rue Bonneterie, 48 et rue Hercule, 1,

AVIGNON.

M. BARNOIN, ainsi qu'on pu le constater les jurys de diverses Exhibitions provinciales, a élevé son industrie à la hauteur d'un Art véritable. Il faut se reporter aux Œuvres des anciens maîtres pour trouver ce bon goût, cette splendeur d'ornementation qui distinguent les travaux de l'intelligent Avignonais. Des produits spéciaux permettent à M. BARNOIN, de donner à sa Dorure une richesse, un brillant, qu'aucun de ses confrères n'a pu égaler jusqu'ici. Son or mat fait illusion: on ne peut pousser plus loin l'imitation de la Dorure par le feu. Il est à regretter que M. BARNOIN n'ait pu prendre part à l'Exposition universelle de 1867 : nul doute que ses produits eussent été l'objet d'une attention spéciale, et jugés dignes de récompense.

M. BARNOIN vient d'obtenir, à l'Exposition de Carcassonne, la première Médaille accordée à son industrie. Cette nouvelle récompense le recommande de nouveau au public, véritable appréciateur du mérite.

M. BARNOIN ne doit qu'à lui-même ses honorables succès Ornemaniste distingué, sculpteur de talent doreur éprouvé, il ne demande qu'à son intelligence et à son travail les remarquables modèles qui lui ont valu l'approbation de toutes les personnes compétentes.

On trouvera chez M. BARNOIN tout ce que la Dorure, la Miroiterie et l'encadrement, en général, peuvent offrir de remarquable, et cela à des prix que des procédés spéciaux lui permettent seuls d'atteindre.

A LA RENOMMÉE DES DATES

FERDINAND CAVILLON
Rue des Fourbisseurs, 4, Avignon.

Spécialités de fruits secs, Chapons de Bresse, Conserves alimentaires, Truffes fraîches et en conserves, produits anglais.

A des prix très-modérés.

CHIRURGIE et PROTHÈSE DENTAIRE

MM. VIELLEDEN et PRADEL *chirurgiens-dentistes*, rue place St-Pierre, n° 2, au rez-de-chaussée, se maintiennent à la hauteur des progrès de l'art dentaire dans toutes ses parties.

Ce cabinet avantageusement connu depuis près de 40 ans offre à ses clients toutes les garanties voulues de discrétion et de conscience, soit dans les opérations les plus délicates de la bouche, soit dans la confection des pièces les plus difficiles.

Les relations suivies de MM. VIELLEDEN et PRADEL avec les meilleures maisons de l'Amérique et de l'Angleterre, placent leurs produits sur la même ligne que ceux des premiers praticiens de la capitale.

AU
PALAIS DE CRISTAL

CHARVET fils ainé.

RUE SAUNERIE, 6, A AVIGNON.

Service de table en tous genres.
Porcelaines blanches et décorées.
Porcelaines opaques et Faïences anglaises et allemandes.
Cristaux de Baccarat et St-Louis.
Verres de Bohême.
Caves à liqueurs, Tôles vernies.
Tout l'article haute nouveauté de Paris, pour étrennes, fêtes et cadeaux de noces.
Assortiments complets pour limonadiers et restaurateurs.
Métal britanique, Bronzes.
Lampes modérateur et à la luciline.
Dépôt d'orfévrerie de Ruolz sur métal blanc, *tous les titres garantis sur facture.*
Dépôt de la cafetière Raparlier, dite l'excellente, brévetée, S. G. D. G.
Dépôt de l'appareil Lhote pour eaux de Selz et boissons gazeuses, breveté S. G. D. G.

Augmenter le chiffre de ses affaires, et restreindre ses bénéfices, tel est le système de cette maison qui a parfaitement compris que l'élément fondamental de prospérité d'une maison de commerce consiste à joindre à des assortiments complets des prix aussi réduits que possible.

PHOTOGRAPHIE DES ARTS

Rue Ste-Catherine, 3, AVIGNON.

L^s VALENTIN

MÉDAILLE D'ARGENT A L'EXPOSITION DE LYON.

Cette Maison ne néglige rien pour offrir des avantages qu'il est rare d'obtenir en Province dans des ateliers de ce genre, construit tout exprès pour répondre aux exigences que demande le travail Photographique, munie d'appareils nouveaux qui ont remportés les 1ers prix aux grandes Expositions de Paris et de Londres, elle peut faire la « Photographie Equestre, les portraits de toutes grandeurs », spécialité pour enfants et les reproductions de tous genres.

Rue Petite-Meuse, 10, Place Pie, Avignon.

Morel Joseph, chirurgien-dentiste

Artiste Pédicure

INVENTEUR DE LA POUDRE DENTIFRICE

pour blanchir les dents et calmer les plus vives douleurs.

Cet habile praticien se charge de toutes réparations dentaires et se fait fort d'enlever les dents, quand même elles auraient été abandonnées par plusieurs autres opérateurs ; il se charge de les extraire sans faire aucune outrage dans la bouche. Pour prouver ce qu'il avance, il met sous les yeux du public plusieurs noms des personnes auxquelles il a extrait des dents coupées ou brisées, sans compter ceux qu'il n'a pas en mémoire.

Mme Agricole Foulc, née Géry, rue du Chapeau-Rouge, à Avignon, âgée de 27 ans, dents brisées.

M. Capeau, tonnelier, à Courthézon (Vaucluse), âgée de 21 ans, dent brisée.

M. Vial, marchand de fruits, aux Pilles (Drôme), dent brisée.

M. Adrien Feuillet, de St-Remy (Bouches-du-Rhône), dent cassée.

M. Jean-Baptiste Dupuy, à Tarascon (Bouches-du-Rhône), dent cassée.

M. Joseph Serre, rue Charrue, à Avignon, dent cassée.

M. Duffay Eléonore, gendarme, à Aramon (Gard), dent cassée.

M. Arnaud Fauc, soldat au 69e de ligne, dent cassée.

M. François Cazot, soldat au 32e de ligne, 3 dents cassées.

AVIGNON
Rues Bonneterie, 28, et Collége de la Croix, 4.

Henri FERRIER Fils

PEINTRE-DÉCORATEUR,

Lauréat à l'Exposition Industrielle d'Avignon, 1866.

(MÉDAILLE D'ARGENT.)

GARANTIE D'EXECUTION

pour la solidité et le fini dans :

L'Imitation des Bois des Marbres et des Bronzes, — les Ornement et les travaux de peinture de toute espéce, — la pose des papiers peints, — la vitrerie ordinaire et de luxe.

Louis VINCENT
SERRURIER
Rue Saboly, à Avignon

Constructions en fer, en tous genres, Serrurerie de luxe, spécialités pour charpentes, et planches en fer — Zorés, ∧ et double T, poutres et poitrails en tôle.

Ponts et passerelles de grande et petite portée, en tous genres, entourage de jardins en fer rustique.

L. VINCENT.

CHEVILLON, place Portail-Matheron

Dépôt général de la Luciline, Pétrole, Schiste, garantis ininflammables.

Lampes Eoliennes, B. St D. G. brûlant sans verres, lumière splendide sans odeur ni fumée.

Ustensiles de ménages en fer battu, fonte argentine.

Dépôt de Balances à bascules du système Béranger.

Meubles en fer pour jardin, serrurerie artistique Barrières de Parc, Balcons en fer forgé, meilleur marché que la fonte.

Etagères-Porte-Bouteilles: 110 places, 10 fr., 220 places, 18 fr.; les mêmes fermés à portes-coulissantes, 55 fr.

Dépôt de filtres universel et portatif pour tous liquides, remplaçant les fontaines à filtrer. — Prix, 3, 5, 7 et 10 fr. Nous les recommandons aux propriétaires qui récoltent du vin.

MÉDAILLE D'ARGENT.   MENTION HONORABLE.

Concours Régional.   Exposition Universelle.
Avignon 1866.   Paris 1867.

VITRAUX D'ÉGLISE
ET
Peinture Murale Religieuse,

Ch. GUILBERT-D'ANELLE,
Professeur de Peinture à l'Ecole des Beaux-Arts d'Avignon, Officier d'Académie, etc., etc.

Ateliers : — *Rue Dorée, 5, au Siège de l'Ecole.*

Mentionnons, parmi les travaux les plus importants sortis des ateliers de M. Guilbert-d'Anelle depuis 1865, date de leur fondation : — Les verrières du chœur de N.-D. de Cluny (Saône-et-Loire) — les vitraux de la grande nef de l'Eglise du Monastère des RR. PP. Prémontrés, à St-Michel de Frigolet (Bouches-du-Rhône) — ceux de l'Eglise du Villars (Vaucluse) — Les verrières de l'Eglise St-Pierre et St-Paul (Marseille) — les vitraux des Eglises de Fournez, St-Marcel et St-Paul de Conneaux (Gard) — dans les Basses-Alpes, les verrières de la charmante Eglise de Puimoisson et, enfin, à Avignon les vitraux récemment placés par cet artiste aux églises paroissiales de St-Pierre et St-Agricol, etc., etc.

N.-B. Outre les conditions artistiques qui les distinguent les travaux sortis des ateliers de M. Guilbert-d'Anelle, se recommandent pour leur excessive solidité, tous les vitraux, même la grisaille, sont montés en PLOMB ROND, *sans augmentation de prix.*

Ecrire franco : 5, rue Dorée, à Avignon.

Imprimerie et Lithographie
ADMINISTRATIVES ET COMMERCIALES
V^{VE} A. BONNET FILS
rue Bouquerie, 7, près la Préfecture,
AVIGNON,

Nomenclature complète d'imprimés nécessaires aux Administrations municipales. — Formules diverses employées par MM. les Percepteurs.

IMPRESSIONS D'OUVRAGES DE LUXE

Labeurs, Mémoires, Prospectus, Journaux, etc.
Ouvrages Administratifs et Commerciaux.
Affiches de toutes grandeurs et de tous genres.
Cette Maison pourvue d'une
DOUBLE PRESSE MECANIQUE A VAPEUR

d'un *matériel considérable* et d'un *nombreux personnel*, peut entreprendre et exécuter en très-peu de temps, et à des prix très-modérés, toute espèce de travaux quelque importants qu'ils soient.

LA LITHOGRAPHIE

une des plus complètes du Midi se charge de toute sorte de travaux, tels que : Plans, Dessins, Ouvrages d'art. — Travaux sur pierre, Factures, Registres, Circulaires, Cartes d'adresses, Impressions en or et en couleurs.

Lettre de faire-part de décès livrées en 2 heures.
Lettres de Mariage et Cartes de Visite gravées sur pierres.

MENTION HONORABLE
à Paris.

Exposition de 1855.

MÉDAILLE D'ARGENT
de 1re classe
à l'Exposition d'Avignon,
1866.

CHOCOLATERIE HYDRAULIQUE
BREVET D'INVENTION
MAISON POURCHIER

Vve Pourchier fils et Bresson
Rue des Teinturiers, 73.
A AVIGNON.

Chocolat des Iles Marquises, du Nouveau-Monde, de la Trinité, des Producteurs, des Créoles, au lait d'amande; Crême, Pralines, Bonbons en Chocolat, Fantaisies et Racahout des Arabes.

Seule Maison en France pour la fabrication du Nougat au Cacao, justement renommé comme le meilleur dessert.

Madame Vve Pourchier fils et Bresson, n'employant que des matières de 1er choix, épurées de plus par un triage particulier, se recommandent aux consommateurs de bon goût pour l'excellence et le bon marché de leurs Chocolats et Nougats au Cacao.

Possédant sur la Sorgue (Canal de Vaucluse), un moteur hydraulique sans contredit plus économique que le système par moteur à vapeur, ils peuvent livrer aux mêmes prix des Chocolats bien supérieurs à ceux des autres fabriques.

BOSSE aîné père et fils
HOTEL DE PROVENCE

Il est sans contredit le plus ancien de la Ville d'Avignon, et le plus rapproché de la Gare du Chemin de Fer.

Il est aujourd'hui classé dans les rang des premiers Hôtels de notre Ville, par la bonne tenue, sa propreté remarquable et son excellente cuisine appréciée depuis fort longtemps.

On trouvera dans l'Hôtel des Chambres nouvellement meublées

Avec un goût exquis,

et pouvant satisfaire sa nombreuse clientèle.

IMPRIMERIE-LITHOGRAPHIE

Admitistrative,

COMMERCIALE, INDUSTRIELLE ET ARTISTIQUE

Ancienne Maison PETIT.

MAUROU, SUCCESSEUR

Rue St-Agricol, 1.

ATELIER DE RÉGLURE ET RELIURE.

Cartes de Visite, Lettres de faire part, Circulaires, adresses, Factures, Etiquettes, Dessins de toutes sortes, Vignettes, etc.

Cette Maison qui devient de jour en jour plus importante se recommande par la nudicité de ses prix et le talent des artistes chargés d'exécuter les commandes.

Vente d'Etiquettes de liqueurs de tous les prix.

Gros et détail.

SOUVENIRS EN CHEVEUX
Tableaux en tous genres, Bagues, Bracelets, etc., etc.
J. B. MASSÉ
Perruquier-Coiffeur.
4 — *Rue des Fourbisseurs* — 4.
AVIGNON.

Postiches en tous genres. — Parfumerie de Paris.

HOTEL DU COMMERCE
Rue Carreterie, 50
AVIGNON.

M. MARGAILLAN, ex-chef de plusieurs des meilleurs Hotels du midi, avantageusement connu de MM. les Voyageurs a l'honneur d'informer le public qu'il vient de prendre la direction de l'Hotel du Commerce.

On trouvera dans cet Hotel, des Chambres pour familles et voyageurs ne laissant rien à désirer pour le confortable et la bonne tenue.

Table d'hote. — Voitures à volonté prix très-modérés.

NOUVELLE INVENTION
ÉCLAIRAGE SAILLARD
(Breveté S. G. D. G.)

Au Gaz liquide, sans verre, sans mèche, sans odeur et sans explosion.

Ce système supérieur pour la clarté à tout éclairage connu jusqu'à ce jour, s'adapte à toutes les lampes, lustres, lanternes de ville, etc. — Economie 25 °/₀.

SAILLARD,
Rue des Fourbisseurs, 29. Avignon.

Place de l'Horloge, au coin de la rue Bonaparte.
AVIGNON.
Voitures pour Noces, etc.

Le sieur Gautier à l'honneur de prévenir ses nombreux clients qu'il tient des Calèches pour noces et visite en ville, Phaëtons et diverses voitures de louage à volonté.

Voitures pour Montdevergues et Montfavet tous les jours,

Départs : 6 h. 1|2 matin, 10 h., 1 h. du soir et 4 h. 1|2.

T. CHAPOUEN et fils aîné

ARQUEBUSIERS
BREVETÉS, S. G. D. G.

Médaille de Bronze à l'Exposition de Marseille 1861,
Médaille d'Argent à l'Exposition d'Avignon 1866,

Cette Maison qui a 90 ans d'existence, se recommande par sa spécialité pour la fabrication des armes et les réparations. On y trouve des Fusils de luxe, et des Révolvers de tous les systèmes, un assortiment complet en articles de Chasse, Fouets, Cannes, Cravaches, Éperonnerie, Douilles et Cartouches de tous calibres et de tous prix pour les armes se chargeant par la culasse.

Tire-Cartouche breveté, à double levier en cuivre n'altérant pas l'ajustage des canons.
Débit de poudre de Chasse, plomb en grenailles et amorces.
Toutes les armes vendues et les réparations faites dans cette Maison sont garanties.

Dépôt de Placage pour les Ébénistes.

VEUVE PERROT

Rue des Marchands, 15.

VÊTEMENTS CONFECTIONNÉS DE PARIS POUR HOMMES,

Draperie et Nouveautés en pièces, caoutchouc.

Habillements faits sur mesure.

Louis PERROT fils aîné

rue des Fourbisseurs, 4.

MAISON-DU PHÉNIX

Seul dépôt des chemises de la Maison du Phénix de Paris.

Articles pour Dames.

Crinolines en tous genres, cages Tomson, jupes confectionnées, étoffes pour jupes et crinolines, **Corsets-lacés**, cousus et sans coutures, **Bas** blancs et écrus, **Mouchoirs** en fil, chemises pantalons et jupons blancs, brillantes percales et **Madapolam** en pièces, etc.

Articles pour Hommes.

Chemises en tous genres, spécialité pour noces, devants de chemises, **Faux-cols**, manchettes grand choix, **Cravates**, **Chaussettes**, en laines et en coton, chemises, gilets, caleçons et ceintures en flanelle de santé, tricots, etc.

Médaille d'argent de 1re Classe

Pommade à graisser les machines

CHANDELLES, CIERGES, BOUGIES,

et tous articles en Cire et Stéarine

MM. L. FONTAINE et Cie ont l'honneur d'informer le public qu'ils viennent de joindre à leur industrie la fabrication d'une pommade à graisser les machines et toute sorte de mécanisme : tourillon, engrenages, pistons, ressorts, matériels de chemin de fer, essieux de voitures, etc.

Préparée avec soin et connaissance, cette pommade, du témoignage même des personnes qui l'ont éprouvée, est bien supérieure aux produits de même genre vendus dans ces derniers temps et a toujours été employée avec succès.

La Maison L. FONTAINE et Cie se trouve aussi dans les meilleures conditions pour livrer en qualité supérieure et aux prix les plus modérés, les chandelles et les bougies pesées et en garenne c'est-à-dire sans étuis, ainsi que tous les autres articles de cire et de stéarine.

Elle peut livrer également à un prix avantageux les pains de cretons pour la nourriture des chiens et d'autres animaux.

Gros et détail pour tous les produits, excepté la chandelle qui ne sera vendue qu'en gros et demi-gros.

Bureaux et Magasins à la Fabrique, rue N.-D.-des-Sept-Douleurs, 7.

Avignon.

PHARMACIE GUERIN

PLACE PIGNOTTE, A AVIGNON,

ALEXANDRE MAILLET
PHARMACIEN SUCESSEUR

1° Dans cette pharmacie, une des plus anciennes du département de Vaucluse, est préparés :

Le Rob Végétal Dépuratif de Guérin,

Ce médicament le plus efficace et le plus sûr contre tout reste de virus syphilitique, guérit aussi d'une manière radicale toutes les maladies de la peau, dartres invétérés et vice du sang d'origine quelconque.

Il n'est vendu qu'à la Pharmacie GUÉRIN, Place Pignotte, Avignon.

PRIX DU LITRE, 15 Fr.; DU DEMI-LITRE, 8 Fr.

Il est fait une remise sur le prix lorsque l'achat est de trois litres ou de six demi-litres, pris en une seule fois.

2° Il se prépare également dans cette pharmacie : le VIN TONIQUE de quinquina au Malaga et au Cacao.

Les estomacs les plus faibles et les plus délicats sont promptement rétablis par l'usage du VIN TONIQUE de quinquina au Malaga et au Cacao, à la dose de deux ou trois cuillerées par jour, suivant l'âge et le témperamment du sujet.

Les substances de prenier choix qui entrent dans la préparation de ce médicament permettent de l'offrir à toutes les constitutions et à tous les âges.

PRIX DE LA BOUTEILLE 3 Fr.

3° Il s'y prépare de même, le véritable sirop pectoral de Mou-de-Veau, ce qu'on pourrait appeler le véritable trésor de la poitrine, tant son efficacité est prompte et salutaire contre les rhumes, catharres, irritations, etc., etc.

PRIX DE LA BOUTEILLE 2 Fr.

4° Le Café Tonique et anti-nerveux de Maillet, qui jouit d'une réputation incontestable contre les affections nerveuses et les irritations chroniques des voies respiratoires et des organes digestifs, connus aussi sous le nom de gastrite.

PRIX DU PAQUET 1 Fr.

5r L'Elixir Fébrifuge, qui, depuis plus de cinquante ans est usité pour guérir les fièvres intermittentes (dites d'accès). Les nombreuses guérisons obtenues par ce précieux remède lui ont valu la plus haute estime.

PRIX DE LA BOUTEILLE 2 Fr.

6° Le Sirop d'Ecorces d'oranges amères, tonique et anti-nerveux, excellent fortifiant, réparateur prompt et efficace dans les faiblesses d'estomac et les douleurs névralgiques.

PRIX DE LA BOUTEILLE 2 Fr.

7° On y trouve un assortiment de bandages ; de toutes les spécialités et autres.

Rue St-Marc n° 45, dans l'impasse en face la rue Bonaparte,
AVIGNON.

RIGOLI JEAN, Mosaiste.

Spécialité d'Ouvrages de Mosaïque

Prix depuis 7 fr. le mètre et garantis tant par la solidité que par le fini du travail.

Dessins en tous genre et selon l'emplacement.

Imprimerie et Lithographie Administratives et Commerciales

Vve A. BONNET FILS

rue Bouquerie, 7, Avignon.

LE

MERIDIONAL

Journal Politique, Administatif et Commercial,

PARAISSANT LES DIMANCHES, MERCREDIS ET VENDREDIS

Correspondance politique. — Avis administratifs. — Nominations et mutations dans le personnel administratif, dans le clergé, etc. — Nouvelles locales. — Mouvement de la population. — Cours officiel des Garances, des Soies et des divers marchés de la place d'Avignon et du département de Vaucluse. — Bulletin financier et commercial.

Annonces légales. — **Annonces et avis divers.**

IMPRIMERIE EN LITHOGRAPHIE
Authographie & Gravure
FOURNITURES DE BUREAU

Fabrique de Registres

LAGIER-FORNERY

Angle des rues Bonneterie et des Fourbisseurs
AVIGNON

DESSINS EN TOUS GENRES GRAVÉS ET LITHOGRAPHIÉS

Lettres de faire-part, Cartes de Visite,
Circulaires, Factures, Mandats, Adresses, Prix-Courants,
Bordereaux, Livres à Souche, Actions,
Plans, Musiques,

ETIQUETTES DE LUXE

Papiers à Lettre et Enveloppes timbrés en couleurs
en relief avec initiales, blasons, couronne,
chiffres entrelacés, etc.

Fournitures et apprêts pour Fleurs

Livres de Piété.

CARTES A JOUER.

Papiers en tout Genre.

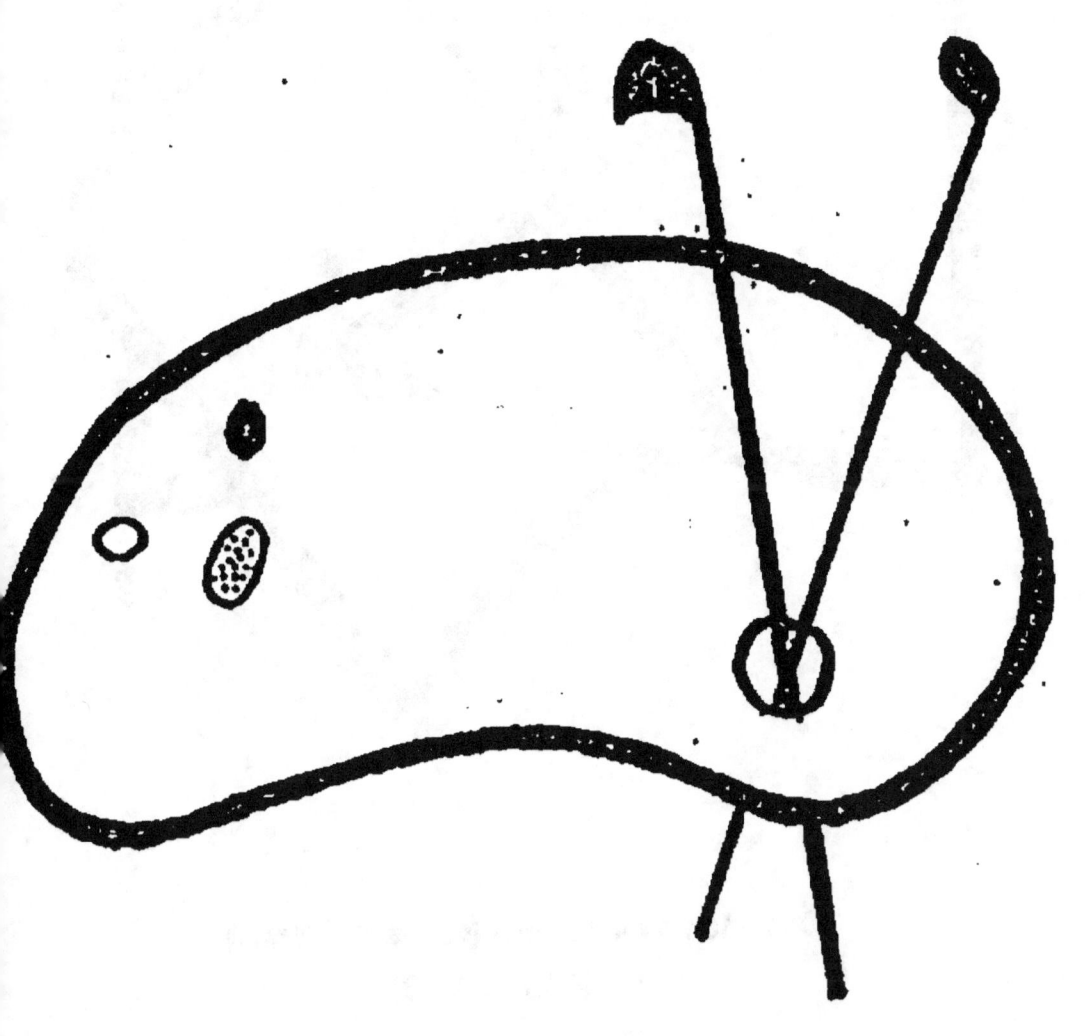

FIN D'UNE SERIE DE DOCUMENTS EN COULEUR

Documents manquants (pages, cahiers...)
NF Z 43-120-13

DE LA PAGE 21
A LA PAGE 24

GUIDE

DE LA VILLE D'AVIGNON.

ADRESSES

CLASSÉES PAR ORDRE ALPHABÉTIQUE

DE RUES

ET NUMÉROS DES MAISONS

AVEC LES TENANTS ET ABOUTISSANTS DE CHAQUE RUE

et les cantons auxquels ils appartiennent.

La lettre N désigne le canton *Nord*; la lettre S le canton *Sud*; et les lettres N.-S. les rues faisaut parties des deux cantons.

N. Abraham.

De la rue Saunerie à la Place Jérusalem.

N. Amelier (de l').

De la rue de la Croix à la rue Petite Saunerie.

5 Noroy (veuve), rentière.
7 Liffran (veuve), rentière.
   Liffran fils, aspirant au notariat.
4 Bédaride Fortuné, propriétaire.
   Bareau, menuisier.

1867

S. Amoureux (des).

De la rue Bonneterie à la rue de la Masse.

1 Mostowski Arthur, docteur médecin.
3 Avy (Mlles), rentières.
  De Giry Agathange, propriétaire.

N. Amouyer.

De la rue des Infirmières au rempart St-Lazare.

16 Perrot et Estrayer, fileurs de soies.

N. Amouyer (Petit).

De la rue de l'Amouyer à la rue de la Tour.

5 Anseu, fileur de soies.

N. Amphoux.

De la place Pignotte à la rue Bonneterie.

2 Delmas Pierre, chaudronnier, pompier et vanier.
5 Rey Louis fils, minotier.
  Desangles, marchand de chevaux et toilier.
6 Tarbagayre, ✶, capitaine en retraite.
11 Borelly, expéditeur de fruits.
  Malinet, employé aux contributions indirectes.
8 Saury Lapierre, négociant en débris de soies.
17 Clément, formier.
25 Mathieu, crieur public.
22 Arambourd Joseph, peseur juré.
10 Tardieu, négociant en sabots.
  Sylvestre Michel, propriétaire.
12 Allibaud, instituteur particulier.

33 Moreau, surnuméraire des contributions indirectes.
55 Armand (veuve), rentière.
59 Bouyer André et Comp., négociants en garance et garancine.
Giraud, vicaire de St-Didier.

S. Anguille.

De la rue St-Marc à la rue Dorée.

4 Lélard Henri, chirurgien dentiste.
10 Chansiergue (veuve comtesse de), propriétaire.

S. Annanelle.

De la rue Calade à la rue Velouterie.

2 Pavier, entrepreneur de bâtiments.
4 Ricard et Comp. *Comptoir de titres et Coupons.*
5 Gazay, marchand de vins en détail.
23 Verdan, directeur des contributions directes.
27 St-Honoré (Sœur). *Ecoles des petites filles.*
29 Jallez fils, agent de la compagnie générale de navigation.
31 Geoffroy Catherine (Mlle), propriétaire.
33 Communauté des Religieuses Ursulines.
8 Broët, inspecteur des chemins de fer.
10 Barret, peseur à l'abattoir.
11 Marrel, aumônier de la Visitation.
Fabre, employé à la Préfecture.
14 Perre Joseph, fondeur en métaux.
15 Communauté des Religieuses de la Visitation.

N. Arc de l'Agneau.

De la rue des Marchands à la place St-Pierre.

2 Dupont, ferblantier lampiste.

4 Barthélemy Louis, épicier.
1 Bijonnet Sabin, tailleur.
  Hinze, propriétaire.
6 Pollard, propriétaire.
  Goulsset, vicaire de St-Pierre.
3 Rey, boulanger. *Four Continu.*
8 Chaillot Augustin (veuve), propriétaire.
5 Peyron aîné, traiteur.
10 Pivot Antoine, aubergiste.
7 Constantin Henri, propriétaire.
  Masson, juge de paix à Pernes
14 Almandy Venance (Mme), modiste.
11 Serment, vicaire-général.
9 Coste Adrien, notaire.
  Coste Ferdinand (veuve), rentière.
  Coste Adolphe, rentier.
  Coste, vicaire de St-Agricol.
  Michaëlis (veuve), rentière.

S. Argentière.

De la rue Bancasse à la rue Collége du Roure.

S. Aygarden.

De la rue Cocagne à la rue Portail-Magnanen.

4 Guittard, employé à la Mairie.
7 Delor Louis, ✲, capitaine de cavalerie en retraite.
11 Cousin, ancien professeur de peinture.
19 Raynaud Pierre, facteur de la poste.
26 Martin Agricol, commis du tribunal de Commerce.
  Richard (veuve), née Pion, rentière.
  Masse Emile, sous-chef de gare des marchandises.
  Masse Henri, propriétaire.
32 Alexis Joseph, architecte.

N. Bains (des.)

De la rue Ste-Catherine à la rue Saluce.

2. Napoléon Alphonse, menuisier.
   Laguerre, agent d'assurances.
   Moutet, propriétaire.
   Héraud (Mlle), propriétaire.
6 Naltet, menuisier en fauteuils.
1 Mathieu Louis, menuisier en fauteuils.
3 Roullié Pierre, marchand de vins en détail.

S. N. Balance.

De la place Puits-des-Bœufs à la rue Puits de la Reille.

1 Blache, aubergiste. *Hôtel du Midi.*
  Biscarrat fils, aubergiste.
3 Reboul, boulanger.
4 Haby, débitant de liqueurs.
5 Trouiller, fripier.
6 Rolando, cordonnier.
8 Tanchon, commis négociant.
10 Retzer Joseph (veuve), fripière.
7 Heldstab Jacques, liquoriste distillateur.
  Allard Charles, propriétaire.
14 Blachère Louis, liquoriste distillateur.
9 Félix, cafetier.
16 Journolleau, perruquier coiffeur.
11 Dupré Pierre, agent dramatique.
   Brunel Marie (Mlle), modiste.
   Neuvière, débitant de tabacs.
16 Samuel Louis (veuve), propriétaire.
   Guibert, avocat.
   Guibert (veuve), rentière.
   Magny (veuve), rentière.
   Girard Jean, épicier.
13 Montagnard, fripier.
15 Domergue, aubergiste. *A la Tour d'Auvergne.*

17 Aulagnier, propriétaire.
19 Alais, agent d'assurances.
18 Bled Antoine, débitant de liqueurs.
20 Bouyer Joseph, quincailler.
21 Chastel, tripier. *À l'Étoile du Bazar*.
22 Gibert, aubergiste.
26 Megère Françoise, bouchère.
28 Bergier, aubergiste.
23 Pascal, marchand de vins en détail.
   Buisson (veuve), rentière.
25 Liotard propriétaire.
30 Brémond, boulanger.
34 Besse, débitant de liqueurs.
29 Rivarol, marchand de vins en détail.
30 Montvoisin (veuve), accoucheuse.
31 Morel (veuve), boulanger.
33 Méchine, quincailler.
35 Monot, débitant de liqueurs.
   Alexandre, photographe.
40 Bonoure, revendeur.
   Vial, menuisier.
34 Souvet, entrepreneur de bâtiments.
46 Guindon, fondé de pouvoir de la recette générale.
37 Geoffroy (veuve), propriétaire.
   Brive (veuve), propriétaire.
39 Broustet, commis des hypothèques.
   Vier Pierre, menuisier.
43 Ymonet (veuve) épicière.
48 Godard, employé à l'enregistrement.
   Godard (Mme et fils), fleurs artificielles et naturelles.

N. Banasterie.

De la rue Petite Saunerie au Rempart de la Ligne.

3 Tassy, plâtrier.
2 Fauque, commis des postes.
4 Ravot (veuve), aubergiste.
7 André André, entrepreneur de bâtiments.

11 Rigaud Charles, badigeonneur.
   Sambuc, facteur public.
12 Jehan (veuve), propriétaire.
13 Palun Adrien, négociant.
18 Morenas Charles, tourneur sur bois.
20 Malet Auguste, propriétaire.
22 Ayasse (veuve), tailleuse en robes.
15 Giéra Jules, notaire.
   Giéra Paul (veuve), rentière.
17 Verger Léon, avocat,
   Verger Casimir (veuve), propriétaire.
24 Thevenin Drujon, fabricant de papiers peints.
26 Pila père et fils, négt. de graines de vers à soies.
23 Rol, née Bermés (veuve), rentière.
25 Croze Adolphe, propriétaire.
   Almaric (veuve), rentière.
28 Carre Marius, docteur médecin.
   Giraudy, propriétaire.
27 Ferraud François, vannier.
29 Béchetoile, propriétaire.
   Colombe fils, négociant.
32 Achard Agricol, architecte.
31 Minard, ancien notaire, agent d'assurances.
34 Longchamp (veuve de), propriétaire.
   Dacla, propriétaire.
53 Monnier, entrepreneur de bâtiments.
   Barbut, badigeonneur.
35 Grisol, propriétaire.
   Babeau, commis de contributions indirectes.
57 Azaïs (Mlle), maîtresse de pension.
39 Sollier (veuve), née de Cochet, propriétaire.
41 Mathieu, aumônier de la Conception.
   Menassieu (veuve), propriétaire.
   Dangles (veuve), propriétaire.
40 Coard Isidore, négociant.
49 Colin, tonnelier broquier.
42 Contat Théophile, carreleur.
52 Combe Joseph, boulanger.
66 Monier Louis, charcutier.
76 Jacot J. P., directeur des pompes funèbres.

S. Bancasse.

de la place du Change à la rue St-Marc.

1 François François, propriétaire.
3 Chaillot Eusèbe, employé à la Mairie.
  Chaillot Adolphe, propriétaire.
6 Platel (Mme), tailleuse en robes.
  Platel, employé au télégraphe.
  Charpaux, ancien professeur de musique.
7 Mathieu, débitant de tabacs.
10 St-Martin, traiteur restaurateur.
11 Almaric, notaire.
16 Janin, aubergiste.
13 Jaffuer, menuisier.
  Hermite, fabricant de liqueurs.
20 Boudin Augustin, homme de lettres.
  Boudin Étienne, propriétaire.
  Boudin Louis, propriétaire.
22 De Joncquières Elzéard, propriétaire.
  Vernay, clerc de notaire.
15 Paget, directeur du Crédit Agricole.
24 César Auguste, employés des postes.
26 Moulet père et fils, tonneliers foudriers.
28 Moulet (Mlles), tailleuses en robes.
19 Muscat Henri, agent de change, courtier de garances, agent d'assurances.
21 Audemard, docteur médecin.
30 Pons André, notaire.
  De Geslin, directeur des contributions directes en retraite, chevalier de l'ordre de Pie IX.
  Laurens, ✶, procureur impérial.
  Touzet (veuve), rentière.
23 Sauret aîné, tapissier.
25 Oziol, chef de section au chemin de fer.
  Aron, professeur du Lycée.
  Bourges, ✶, officier d'administration en retraite.
32 Blachière aîné, propriétaire.
  Belladen, négociant en charbons.

27 Breuil, courtier de garances.
29 Mouzin Lazare, boulanger.
   Mouzin Alexis, employé à la Préfecture.
34 Barruco Jean-Etienne, ✻, maréchal de logis de gendarmerie en retraite.

S. Baracanne.

De la rue Cocagne à la rue Portail-Maghanen.

2 Roullet, avocat.
4 Fritz Frédéric, employé à la brasserie.
  Gund et Maas, brasseurs.
7 Bichebois Guillaume, facteur de la poste.
6 Raymond Marie, propriétaire.
8 Tempier Agricol, relieur.
12 Ganron Augustin, avocat.
14 Richard Jean, négociant.

N. Baraillerie.

De la rue Carreterie à la rue de l'Hôpital.

7 Brante Michel, marchand d'huiles.
15 Mouret Claude, entrepreneur de bâtiments.
14 Plaisant (veuve), revendeuse.
17 Bresset, propriétaire.
21 Borel Victor, propriétaire.
23 Peyre (veuve), rentière.
25 Breuil et ses fils, négociants en graines, farines, et vins spiritueux.

N. Baraillers.

De la rue Carreterie à la rue de l'Hôpital.

1 Dauteroche (veuve), rentière.
  Niel, géomètre.

5 Hugon Joseph, marchand de vins en détail.
12 Forestier, entrepreneur de bâtiments.
   Bayol Antoine, dit Clermont, menuisier.
13 Derbes, marchand de vins en détail.
15 Faure (veuve), marchand de vins en détail.

S. Basile.

De la rue Bouquerie à la rue Ste-Praxède.

S. Bassinet.

De la rue Calade à la rue Lanterne.

N. Bertrand.

De la rue Banasterie à la rue Ste-Catherine.

1 Massador Ulysse, agent des bateaux à vapeur les *Express*.
3 Ganichot dit Florent, propriétaire.
2 De Speyr Auguste, négociant en garances.
9 Bonnet Clovis, vicaire de St-Symphorien.
11 Bouchet Rosine (Mlles), rentières.
13 Jean Romain, ancien greffier de la justice de paix.
17 Manivet Vincent, rabilleur de chaises.
25 Pons, huissier.
   Pougnet, prêtre architecte.
29 Cartoux, commis négociant.
   Tyran fils et Cartoux, courtier en soies et débris de filature.
33 Brouchier, commissaire aux inhumations.
35 Rousset Emile, négociant.
37 Reboul, architecte.

S. Bon-Martinet.

De la rue des Teinturiers à la rue Portail-Magnanen.

1 Coste Théodore, ancien négociant.
2 Chapuis (veuve), rentière.
   Sédaillan, conducteur des travaux du chemin de fer d'Italie.
15 Chapuis fils, commis négociant.
   Chapuis père, propriétaire.

S. N. Bonneterie.

de la rue Rouge à la rue des Teinturiers.

1 Julian, orfèvre.
2 Pansin fils, bandagiste, contrôleur de la garantie.
3 Bœuf Louis, bottier.
4 Marcel Joseph, successeur de Molin, bottier.
5 Roudier, orfèvre.
6 Brunel neveu, orfèvre.
8 Lheureux, orfèvre.
9 Brunel Léon, orfèvre.
10 Beffort, tailleur.
11 Dibon Eugène, employé au Mont-de-piété.
12 Bérard jeune, luthier, marchand de musique.
   Rosinés, ✻, capitaine en retraite.
   Rosinés (Mme), mercier, articles de fantaisie.
   Rosinés Marie, institutrice, élève de la Légion-d'Honneur.
13 Perrier Jean-Baptiste, propriétaire.
14 Lagier Fornery, imp. lith., papetier et régleur de registre.
15 Gauthier J.-R., marchand de nouveautés.
   Pradelle Eugénie (Mlle), modiste.
16 Guiaud, chapelier.
   Berti Charles, propriétaire.
   Marel Emilie (Mme), propriétaire.

BONNETERIE.

18 Bœuf Martin, fabricant de chapeaux.
Martin-Touzet (Mme) propriétaire.
Cavaillon, propriétaire.
20 Desandré, ébéniste, fabricant de billards.
Courrat Adolphe, négociant en garances.
Saucerotte, ✳, capitaine en retraite.
17 Labrouas Adrien, ferblantier.
19 Pascal père, propriétaire.
21 Mathieu (veuve), marchande d'huiles.
22 Nevejans, cordonnier pour dames.
26 Chabrol Béranger, marchand tailleur.
23 Bouque Victor, menuisier ébéniste.
Mourou, tailleur.
29 Guérin Antoine et fils, march. d'huiles et fromages.
31 Guigue, ébéniste, menuisier en fauteuils.
28 Souchon, doreur, miroitier.
28 Fabry, commis des postes.
Mirapelli, ancien directeur du Théâtre.
Gravier, propriétaire.
Tardiveau, professeur d'histoire au Lycée.
Ymer frères et Léenhardt, de Sorgues, négociants en garance.
52 Picard (veuve), spécialité de deuil. *Au Sablier.*
53 Sagnard, tapissier décorateur.
Cremieux Désiré (Mlle), propriétaire.
Ferrier Frédéric, marchand tailleur.
55 Vincenti de Jocas, propriétaire.
Bonot, propriétaire.
Beaux (veuve), rentière.
30 Nicolas, propriétaire.
40 Sarasin de Chambonnet, née Guintrandy (veuve), propriétaire.
42 Establet Frédéric, doreur.
37 Dumas (veuve), propriétaire.
Alphandéry fils, agent de change courtier.
Ravan Augustin, marchand de cuirs.
59 Brunet Louis, menuisier ébéniste.
Periol, aumônier des Dames de St-Eutrope.
41 Brunet Charles, propriétaire.
Dumas fils, courtier de soies.

BONNETERIE.

41 Choulet père, ※, capitaine en retraite.
   Ferrier, peintre en bâtiments.
44 Duplessis de Pouzilhac Louis (baron).
   Duplessis de Pouzilhac Adolphe, propriétaire.
46 Chanus, doreur.
43 Fournier Joly, marchand d'huiles.
48 Barnoin, doreur, miroitier.
45 Roux, quincailler en fer.
50 Sylvestre Joseph, marchand de grains et professeur de musique.
   Ycard, cabaretier.
47 Pauleau, fruitier.
49 Rieu Victor et Cie., nég. en garances et garancines, alcools et grains.
49 D'Aizac Aimé, propriétaire.
   Lisbonne Elisa, rédacteur de la *Loi mosaïque*.
51 Marchandeau Jean, charron.
53 Fourmont, directeur de l'atelier d'orfévrerie de M. Roudier.
52 De Félix Faustin, négociant en chardons.
55 Charasse (Mlles), épicières.
54 Naudo Pierre, chanoine.
   Perrot Louis, marchand drapier. Maison de gros.
59 Milliet (Mme), placem. de domestiques et nourrices.
61 Vachier, courtier d'immeubles et agent d'affaires.
56 Jeoffroy, architecte du département.
65 Courrier (veuve), rentière.
67 Fournon Joseph, revendeur.
58 Couren Henri, pharmacien.
71 Pètre, propriétaire.
73 Arnaud (Mlle) rentière.
   Hurard, commis négociant.
75 Chapot, clerc de notaire.
77 Vallon, balancier.
60 Clément, secrétaire de la chambre de commerce.
   Basque, tailleur pour ecclésiastique et civil.
79 Mercier Casimir-Sébastien, propriétaire.
62 Gallès, rentier.
81 Raynaud François, employé à la Préfecture.

BONNETERIE.

81 Raynaud Séraphin fils, teneur de livres chez M. Verdet.
83 Morenas neveu, propriétaire.
    Serment, employé au chemin de fer.
64 Lagier Jean, menuisier.
    Audemard, serrurier.
66 Aymard Denis, propriétaire.
    Michel, docteur en médecine.
    Michel fils, avocat.
    Chevalier fils et Cie, négociants en garances.
87 Glaisaud, tailleur.
    Clément Auguste, bâtonnier.
89 Roux, représentant de commerce.
91 Isnard Émile, propriétaire.
70 Lisbonne Samuel, propriétaire.
70 Brun, commis des contributions indirectes.
    Vien, commis des contributions indirectes.
    Pensaben Fidèle, minotier.
    Linsolas fils aîné, négociant en graines.
72 Blache Vincent, épicier.
    Armand (veuve), débitante de tabacs.
74 Requien Marius, perruquier-coiffeur.
    Lion père, propriétaire.
    Lion fils, employé à la Préfecture.
93 Imbert, horloger.
97 Grivolas, peintre d'histoire.
99 Geoffroy Antoine, boulanger.
76 Charvet, épicier.
78 Roux Jean (veuve), bouchère.
80 Requien, peintre en bâtiments.
82 Fayol, débitant de liqueurs.
84 Malarte (veuve), rentière.
    Calamel, propriétaire.
    Dujas, pharmacien.
101 Bérard Charles père et fils, négociants en soies et garances.
    Bérard Louis, négociant.
    Bérard, avocat.
103 Colombe, perruquier-coiffeur.

103 Istre, cordonnier.
Monteux, tailleur.

N. Bon-Parti.

De la place de l'Horloge à la place du Palais.

1 Cercle de la Rotonde.
3 Massenet de Marancour, rédacteur en chef du *Méridional*.

N. Bon-Pasteur.

De la rue Bourgneuf à la rue de Puy.

3 Reynard père, propriétaire.
6 Valens Calixte, tonnelier.
5 Tournier fils, courtier, agent de change.

S. Bonaparte (Rue).

De la place de l'Horloge au cours Bonaparte.

Bénézech, entrepositaire d'huîtres.
Maurin, marchand tailleur.
Cathelani, propriétaire.
Cathelani (Mlle), propriétaire.
Dupoux, marchand drapier.
Lapierre Louis, étuviste. *Bains de la Poste.*
Persigny, directeur comptable des postes.
Rimbaud, gardien des bureaux de la poste.
Ménabé, gardien des bureaux de la poste.
Communauté des R. P Jésuites
Charpenne, ✻, conseiller de préfecture.
Lobreaux, courtier de commerce.
Lapierre François, étuviste. *Bains à la Romaine.*

Lacombe Guillaume, propriétaire.
Salin, aubergiste, *Auberge de Bourgogne*, père des compagnons maréchaux-ferrants.
Cournaud, sculpteur statuaire.
Franquebalme Léon, négociant.

S. Bonaparte (Cours).

De la rue Bonaparte à la porte Napoléon.

Bertet, peintre photographe.
Gaucherand fils, perruquier-coiffeur.
Chorlier Sophie (Mlle), tailleuse en robes.
Guillaume-Tell, quincailler, teneur de livres.
Wistraëte fils, tailleur.
Wistraëte (Mme), tailleuse.
Clément François fils, entrepreneur de bâtiments.
Renaux, vérificateur des poids et mesures.
Rogier (veuve), *Hôtel du Cours Bonaparte*.
Bouvier Charles, propriétaire, entrepreneur de la rue Bonaparte.
Satragno et Arnoux, *Café des Ambassadeurs*.
Bonnaud Etienne, boulanger.
Aubert, perruquier-coiffeur.
Thouard, entrepreneur de la gare.
Bonnaud Ferdinand, *Café d'Europe*.

N. Bourgneuf.

De la Place Pyramide à la rue des Teinturiers.

3 Poussel Henri, propriétaire.
  Faure Jacques, facteur de la poste.
5 Reynard fils, tourneur sur bois.
7 Imbert Henri, moulinier de soies.
9 Bouchet Charles, commis négociant.
15 Reynier Xavier, propriétaire.

S. Bouquerie.

De la rue St-Agricol à la rue Collège d'Annecy.

4 Roubaud (Mme), modiste.
6 De Roussas Amédée (baron), propriétaire.
10 Bérard, vicaire de St-Agricol.
7 A. Bonnet fils (veuve), imprimeur typographe et lithographe *Méridional*, journal politique.
16 De Brucher Fernand (comte), propriétaire.
   De Brucher Gaston, propriétaire.
   Gaudin d'Arlay (veuve), propriétaire.
9 Mathieu Antoine, commis-négociant. Vins de Châteauneuf-de-Gadagne.
18 Lombard, directeur du télégraphe.
   Brisset (veuve), rentière.
   Boudon, facteur du télégraphe.
   Aysac, facteur du télégraphe.
13 Seguin aîné, imprimeur libraire.
20 Courrat Charles (veuve), propriétaire.
   Portalès Henri, négociant.
22 Dames religieuses de St-Thomas-de-Villeneuve.
15 Bonnet Louis, tailleur.
17 Brunet, vicaire de St-Agricol.

N. Bourguet

De la rue Muguet à la rue Carreterie.

2 Roux Mathieu, entrepreneur de batiments.
23 Ruffi Noël, cordonnier.

N. Bourguet (Petit).

De la rue Muguet à la rue Luchet.

S. Brouette.

De la rue Portail-Magnanen à la rue Damette.

N. Cabassole.

De la rue Carreterie, à la rue Infirmières.

2 Vincent Pierre, entrepreneur de bâtiments.

S. Calade.

De la rue St-Etienne à la place des Corps-Saints.

1 De Guyon (veuve), propriétaire.
5 Baup, marchand d'antiquité.
  De St-Priest d'Urgel, propriétaire.
7 Pochy, marchand d'antiquité.
6 Redon (veuve), rentière.
  David Charles, frère de Félicien David, peintre d'histoire et en miniature.
  Monier, épicier.
9 Viardot, dit Bourguignon, bourrelier.
  Dupont, vanier.
  Vayse Laurent, épicier.
8 Rieux dit Cartoux, fabricant de pompes, breveté.
10 Brive, doreur et argenteur.
12 Heps, professeur de violon, au Conservatoire.
  Terzaui (veuve), rentière.
13 Duprat Ernest, négociant en grains.
15 Gassin aîné, propriétaire.
  Gassin fils, propriétaire.
14 Ferry-du-Pommiers (de), propriétaire.
  Bouvet (Mlle), propriétaire.
16 Bertrand, menuisier et quincailler.
17 Cassin, (veuve), rentière.
19 Gaussaud, cordier et grainetier.
  Béchon Charles, garçon de recette à la banque.
  Capeau Abel, clerc de notaire.
  Sabattier Pierre, marchand de parapluies.
20 Boyer Antoine, loueur de voitures.

20 Lemery (Mme), lingère.
24 Vincent (Mlle), rentière.
23 Rossi Etienne, sculpteur marbrier.
   Michel propriétaire.
   Reyne, ancien professeur de peinture et de dessin de la ville.
   De Salles de Bagnières Edgard, propriétaire.
24 Julien Jean, cordonnier bottier.
26 Dumas Xavier, sellier carrossier.
   Sibuët, employé chez le percepteur.
25 Dessort, bottier.
   Gallet, épicier.
   Pistoy de Maillane, née de Boudard, (veuve), propriétaire.
   De St-Laurent (baron), propriétaire.
   Pouchon, prêtre habitué.
27 Guerin, marchand d'antiquités et curiosités.
28 De Salvador (vicomte), propriétaire.
   Tichadou, (veuve), rentière.
   Blanc Jules, boulanger.
30 Barret, plâtrier.
   D'Athénosy, propriétaire.
   Arlaud (Mlle), rentière.
29 Brousset Elisa (Mlle), modiste.
   De Gounet, secrétaire du receveur général.
31 Deveria, propriétaire.
   Rochier, vicaire de St-Agricol.
32 Roulet, ✻, chef de bataillon, commandant du génie.
33 Croze Sophie (Mlle), rentière.
   D'Averton Guy, ✻ (comte), ancien lieutenant de vaisseau.
   De Raousset-Boulbon fils (comte), propriétaire.
   De Cambis d'Orsan, (Vve marquise), propriétaire.
35 De l'Espine, (marquis), ancien officier de marine, propriétaire.
36 Renaux Charles, propriétaire.
   Moriceau, ✻, inspecteur, de l'exploitation commerciale du chemin de fer.
39 Roussel, marchand de meubles et d'antiquités.
38 Geoffroy, charcutier.

44 CALADE.

46 Renaud, perruquier coiffeur.
43 Gras, née de la Valette (Mme), propriétaire.
45 Ferrer Louis, marchand et loueur de meubles.
    Monier des Taillades, (baron), juge au tribunal civil.
47 Sève (veuve), revendeuse.
49 Geoffroy, boulanger.
53 Armand, sculpteur ornemaniste.
55 Lavy, épicier.
61 Demorte Joseph, propriétaire.
    Carre, ancien pharmacien.
54 Imbert Antoine, revendeur.
56 Michel, revendeur.
    Valay, propriétaire.
63 De L'Espine Xavière (Mlle), propriétaire.
65 Le Museum Calvet.
    Binon, garde des collections du Musée.
58 De Seynes, propriétaire.
    Cabannes, propriétaire.
67 Verdet Frédéric, ✻, ancien receveur-général.
60 Monier des Taillades Hippolyte, docteur médecin.
64 Cazaux, employé au télégraphe.
69 Pavier, boulanger.
68 Grangier, conducteur des ponts-et-chaussées.
    Eysautier, employé au télégraphe.
74 Sabot, revendeur.
71 Verdet Joseph, O ✻, négociant, président du tribunal de commerce.
    Verdet Ernest, négociant.
    Verdet Gustave, négociant.
76 Marchon Jean, marbrier.
78 Magnan Marguerite, revendeuse.
82 Goffre Joseph, entrepôt de plâtre.
    Billot, menuisier.
84 Jean fils, propriétaire.
84-bis André (veuve), rentière.
    André Charles, employé à la recette générale.
90 Millo, serrurier.
92 De Demandolx de Dons, (marquis), propriétaire.
94 Geoffroy, cartonnier.

CALADE.

- 96 Moulin, moulinier en soies.
- 81 Caillet (veuve), propriétaire.
  - André Eugène, négociant.
- 98 Monier Louis, docteur médecin.
  - Monier Xavier (veuve), rentière.
  - Wolf, ingénieur civil, directeur du canal Crillon.
- 83 Lajard, ✻, propriétaire.
  - Brunel, ✻, capitaine en retraite.
  - Maas, négociant.
- 100 Montagnat fils, négociant.
- 102 Cerri, sculpteur statuaire.
- 104 Turc, économe des hospices.
- 106 D'Averton, (comtesse), propriétaire.
- 108 D'Anselme, ancien officier supérieur, chevalier de St-Ferdinand d'Espagne.
  - D'Anselme (Mlle), propriétaire.
- 85 Dussiriex (Mlle), *Pensionnat de demoiselles.*
- 110 Ollivier Jules, négociant.
- 87 Clauseau-Pitoy, ✻, propriétaire.
  - Clauseau Aimé, négociant en garance et garancine.
- 112 Platiau, (veuve), rentière.
  - Conte Henri, agent d'affaires.
- 114 Martz Charles, directeur de l'école normale.
  - Rey Polidore, maître adjoint,   id.
  - Boussot, maître adjoint.   id.
  - Merle, directeur de l'école annexe.
  - Miziewiez J., garde mines.
- 116 A. Franquebalme et fils, négociants en soies.
  - Franquebalme Henri, négociant.
  - Franquebalme Ferdinand, négociant.
- 118 De Vérot, (veuve), propriétaire.
- 124 Monseret, aubergiste.
- 126 Barbantan Nicolas, peintre décorateur.
- 101 Rubler, marchand de vin en détail.
- 103 Guichard, propriétaire.
- 105 Clausel Victor, propriétaire.
- 130 Benoit, vicaire de St-Didier.
  - Blachière (veuve), née Amic, rentière.

S. Calade (Petite)

Du plan de Lunel à la rue Calade.

1 Jouve Henri, propriétaire.
3 De Bouchony Joseph (veuve), propriétaire.
  De Boudard Auguste, propriétaire, chevalier de St-Sylvestre.
  De Brunet (comtesse), propriétaire.
2 De Rouvière, O ✱, ancien commandant du génie.
4 Lucquesi, propriétaire.
  Marteau, facteur de la poste.
5 Maurou, propriétaire.
  Cartoux jeune, pompier.

N. Campane

De la rue Portail-Matheron à la rue Infirmières.

5 Mazel Jean, ferblantier lampiste et pompier.
7 Achard, employé des hospices.
  Achard (Mme), modiste.
6 Montagnié Etienne, entrepositaire de ciments.
9 Mayan, cartonnier.
10 Durand, employé à la préfecture.
11 Sylvestre, avocat.
12 De Giry, avoué.
13 Marmet, entrepreneur de bâtiments.
  Perriol, propriétaire.
14 De Sinety (vicomte), ✱, ancien lieutenant de vaisseau.
  Soulier Charles, (veuve), propriétaire.
21 Conte (veuve), propriétaire.
23 Vilhon Joseph, propriétaire.
  De Chabrignac (Mlle), rentière.
25 Bernière, employé aux hospices.
16 Bernardi, docteur médecin.

Bernardi fils, avocat.
27 Denorus, professeur du Lycée.
31 Riousset, huissier.
33 Strebler, menuisier en fauteuils.
Guillermet, employé des ponts-et-chaussées.
35 Fouque aîné, commisssionnaire des ouvraisons.
24 Gayet, propriétaire.
22 Chamoux, propriétaire.
41 Leydier, employé des hospices.
28 Bertaud, boulanger.
43 Lève, employé des ponts-et-chaussées.
32 Vienne (veuve), épicière.
34 Reynard (Mlles), tailleuses en robes.

N. S. Cardinal.

De la place de l'Horloge à la place du Palais.

3 Chevraux, *Café buvette.*
Ferrière, perruquier-coiffeur.
5 Chauvin, professeur de musique.
Weis, adjudant à l'intendance militaire.
8 Dubreil Anne-Marie (Sa Grandeur), O ✳, archevêque d'Avignon.
Delcelier, vicaire général.
Chabert, secrétaire de l'archevêché.
17 Ripert, peintre décorateur et bâtiments.
21 Brunsvig, marchand d'antiquités et tableaux.
12 Pascal, architecte.
10 Vie, née Bertoldi (Mme), *Ecole de demoiselles.*
Petit, ancien lithographe.

N. Carmes (Place des).

De la rue Carreterie à la rue Infirmières.

1 Noble, peintre en bâtiments.
2 Crivel père, propriétaire.

48 PLACE DES CARMES, CARRETERIE.

3 Loursac, huissier.
4 Chave (Mlles), rentières.
5 Borel père, greffier du tribunal de commerce.
   Borel fils, commis greffier id.
6 Hermelin (veuve), rentière.
7 Ferrier François, rentier.
8 Mollo, fondeur et tourneur en cuivre.
9 Mazel J. A. aîné, professeur en ville, représentant de commerce, courtier en tous genres. (Voir aux annonces.)
11 Latrille, marchand de sangsues, fabricant de tamis et soies pour blutoirs.
13 Isnard, perruquier-coiffeur, cessionnaire de la vraie luciline.
17 Dufour Louis, marchand de grains.
21 Prévot, rentier.
   Martinet Placide, commis négociant.
23 Branche jeune, agent d'assurance l'*Urbaine*.
25 Joly, Abric et Cie, négociants en soies, cocons déchets de filature, spécialité de doupions.
   Abric, négociant.
   Morenas Charles, propriétaire.
27 Venthalac fils, commissionnaire en grains.
22 Carteron, médecin.
   Castagné, employé au Mont-de-Piété.
20 Charvet Jean, marchand de fromages et beurre.
   Charvet, commis du tribunal civil.
18 Cordonnier Denis, propriétaire, membre du conseil municipal.
15 Fanchon, étuviste. *Bains des Carmes.*
14 Chevalier, menuisier ébéniste.
12 Ressegaire, négociant.
   Jouve, clerc de notaire.
   Chaine, ancien négociant.

N. Carreterie.

De la rue Portail-Matheron à la porte St-Lazare.

1 Jouffret, marchand cordonnier.

CARRETERIE.

Riousset, commis négociant.
2 Pradel Eugène, libraire, chirurgien dentiste.
3 Béraud, chiffonnier, marchand de vieux fers.
4 Vève Jean, marchand de porcelaines et poterie.
6 Rousset, entrepreneur de bâtiments.
8 Casimir Joseph, pharmacien médecin.
10 Fabre, marchand de vieux fers et verres pour pharmaciens et confiseurs.
23 Vernet père et fils, commissionn. en soies et grains.
Ernoult, caissier du Comptoir Cousin.
Carrolet, horloger.
25 Vézian, épicier, entrepôt d'artifices.
12 Chazard, dégraisseur teinturier.
14 Pertus, poêlier, fabricant de fourneaux et calorifères.
18 Malclés, perruquier-coiffeur.
Rey, chapelier casquetier.
27 Vialette, cafetier.
29 Fléchaire. *Hôtel de la Croix blanche.*
20 Tournié, cordonnier, marchand de chaussons.
22 Trocolo père, chaudronnier pompier.
24 Bonnet père, forgeron et taillandier.
31 Piquet, perruquier-coiffeur.
Combe Michel, marchand de grains.
26 Charasse, agent-voyer.
Charasse (Mme,) modiste.
28 Bonneau Cécile (Mlle), modiste.
Champin aîné frères, fileurs de soies.
33 Brun, cordier.
Fabre, réparateur de chaises rotins.
32 Avy Alfred fils, fabricant de meubles et miroitier.
Avy père, propriétaire.
Perret. *Auberge de la Pompe.*
34 Teste, ébéniste, marchand de meubles.
37 Rodil, perruquier-coiffeur.
Dabry François, épicier.
39 Gras Amable, fabricant de ressorts élastiques.
36 Barbe Théodore, marchand de poteries.
Magne Etienne, vitrier, marchand de verres.
38 Durand Héraud, ferblantier, lampiste et pompier.
45 Jery François, débitant des tabacs.

45 David (veuve), cordier.
47 Pavin fils, ※, négociant en soies.
49 Sergent, mercier quincailler.
51 Marandon, boulanger.
42 Michel, charron et forgeron.
44 Pelissero, confiseur patissier. *Au Grand Avenir.*
46 Milon, cafetier.
48 Bres Jean, boulanger.
— Delorme Etienne, charcutier.
50 Margaillan, *Hôtel des Trois Mulets.*
53 Ayme frères, fabricants de mesures de capacité et charcutiers
— Dibon, marchand de vins en détail.
— Armand père, coiffeur.
65 Roubeaud, charcutier.
67 Calvet, cafetier.
69 Gibelin, débitant des tabacs.
71 Bouche Henri, tourneur en chaises.
54 Granier Marc, taillandier.
56 Salanon père et fils, distillateurs.
62 Jayet, marchand de vieux fers.
64 Chantron, vannier.
73 Mouret Claude, charcutier.
— Sautel, ancien moulinier de soies.
75 Dame Laurent, épicier.
79 Allard François, menuisier.
81 Ollivier, boulanger.
68 Jouveau Jean-Baptiste, tourneur mécanicien.
72 Marin, cafetier.
— Saurel Etienne, entrepreneur de bâtiments.
85 Ferrier Louis, taillandier.
74 Bosse Charles, propriétaire.
— Vayson (veuve), propriétaire.
76 Bonnet fils aîné, forgeur et mécanicien.
89 Coard Basile, propriétaire.
91 Durand, professeur de chant.
78 Chastel Louis, fileur de soies.
93 Rivier, tailleur.
95 Dame Pierre, boulanger.
97 Gleyze Philippine (Mlle), revendeuse.

CARRETERIE.

86. Bézias Laurent, tonnelier.
88. Morenas fils et Cie, marchands de cuirs.
102. Trouillet, cordonnier bottier.
    Capeau Clément, propriétaire.
    Flour, chiffonnier.
104. Dumas François, employé à la préfecture.
    Dumas Alexis, propriétaire.
101. Carteron Charles, perruquier-coiffeur.
109. Ressegaire, charcutier.
111. Lapierre (Mlle), tailleuse en robes.
108. Lazare Jean-Louis, cordonnier bottier.
110. Bœuf, boulanger.
113. Maridet, charcutier.
112. Branche, épicier.
114. Gros, boulanger.
115. Semeria Joseph, fruitier.
119. Boneaud, menuisier.
    Blanc Claire, accoucheuse.
    Bioulès, Pierre, revendeur.
116. Martin, fabricant de voitures.
118. Vidal, vannier.
    Gerbaud, forgeron.
123. Arnaud Guillaume, propriétaire.
125. Bonnet François, fabricant d'outils d'agriculture.
120. Raoux Anne, aubergiste.
122. Dame Pierre. *Café St-Lazare.*
126. Rossignol, marchand de chevaux.
128. Allier, propriétaire.
    Loubière (veuve), revendeuse.
159. Teissier Louis, marchand de vins en détail.
141. Rigaud Joseph, réparateur de chaises.
143. Couteron, bourrelier.
130. Bedouin (veuve), maréchal-ferrant.
139. Gasagne, marchand de paille de maïs.
155. Gon, marchand de chevaux.
157. Agricol, perruquier-coiffeur.
159. Vincent, marchand de frisons de soies.
132. Corbert, charron.
    Bresset, menuisier.
154. Tamaillon, courtier en tout genre.

154 Brault, ✳, capitaine en retraite.
Roustan, menuisier ébéniste.
Pliquet, marchand de vieux fers.
161 Dame cadet, propriétaire.
165 Palus, propriétaire.
158 Thibaud, marchand de charbon de Givors.
173 Sévéran, marchand de chevaux.
144 Viau, fabricant d'outils d'agriculture.
148 Viret, marchand de vins en détail.
181 Lacoste, tonnelier, fabricant d'échelles.
150 Clément Antoine, charron.
185 Marin Arbod (veuve), épouse Eugène Hubert, marchand de meubles, glaces et marbrier.
Hubert Eugène, ex-huissier, agent d'assurances.
Dabry Pierre, revendeur.
155 Noyer, courtier en tout genre.
158 Edouard Louis, boulanger.
189 Fabre, cafetier.
191 Girard, perruquier-coiffeur.
193 Garcin, fabricant de charrues.
195 Sanqueri, cordonnier.
Bourillon, cordier.
160 Boyer Jean, épicier.
162 Bernard, bourrelier.
164 Cartoux Jean Baptiste, fabricant d'instruments aratoires.
166 Aurouze Agricol, mécanicien.
168 Goffre Louis, charron, forgeron et maréchal-ferrant.

N. S. Change (Place du).

De la place de l'Horloge, à la rue Rouge.

1 Clément St-Just, libraire et lithographe.
3 Manega, propriétaire.
Verdet, coiffeur.
2 Prévot jeune, confiseur pâtissier, vins fins et liqueurs.

10 Baretta frères, confiseurs patissiers.
12 Odoyer Terzani, quincailler et opticien.
— Grosset, horloger.
5 Chaillot Amédée, imprimeur libraire éditeur.
14 Parrel fils aîné, cordonnier bottier.
7 Calvet Alexandre, papetier.
9 Aron Adolphe. *Aux 100,000 paletots*, confectionneur.
16 Rouvière, pharmacien.
18 Lartigue, coutelier.
20 Ducommun, horloger.
— Polliard François, rentier.
15 Joyeuse, boucher.
15 Rodos (veuve), débitante des tabacs et papiers timbrés.
17 Praye Frédéric, marchand de porcelaines et cristaux.
21 Rosotte, dégraisseur teinturier.
— Raveau, négociant.
23 Dibon Toulouse (veuve), marchande de broderies et articles de nouveautés.
— Bonnet, ancien confiseur.
22 Augier, cordonnier pour dames.
24 Paul mère, bouquetière.
24 bis Escoffier, successeur de M. Bonnet, confiseur pâtissier.
26 Varenne, boulanger.
28 Bigot, coiffeur parfumeur.
— Paulin Camille, chapelier.
— Thomas (Mme), coutelière bandagiste.

N. Change (Petit).

De la rue des Marchands à la place du Change.

3 Vallon, marchand tailleur.
5 Regis, bouquiniste, relieur.
— Lamale, cordonnier bottier.
7 Turin, revendeur.
6 Poussel (veuve), propriétaire.
— Garban, professeur de physique au Lycée.

N. Chapeau-Rouge (du)

De la rue du Saule au Portail-Matheron.

2 Marin, propriétaire.
4 Valabrègue Joseph, négociant.
6 Mauron, marchand cordonnier.
   Maurice, boucher vermicellier.
8 Layrac et Meilhoc, marchands de cuirs.
10 Chaspoul cadet, fabricant de vermicelles et pâtes.
12 Berbiguier, ferblantier, lampiste, pompier.
9 Martin Foulc, fabricant de paniers pour expéditions, sabots et chaussons.
11 Ploton (Mlle), rentière.
14 Gery, marchand de meubles et glaces.
   Genella, chapelier.
15 Manon, ébéniste, marchand de meubles.
16 Parrel fils, marchand d'huiles et esparteries.
17 Jean de Peyre, voiturier, service à volonté.
18 Liotier Philippe, droguiste.
20 Denoves, marchand de fers et quincaillerie.
19 Fage François Xavier, marchand drapier.
21 Turin, ébéniste, marchand de meubles.
   Peytier (Mme), tailleuse en robes.
   Peytier, teneur de livres.
   Carrière André, ébéniste, marchand de meubles.
28 Béraud Emilie (Mlle), épicière.
30 Bouillon, marchand de verres.
32 Belhomme, marchand de chaussures.
   Gilet, propriétaire.
34 Durand Auguste, boulanger.
36 Richaud, greffier du tribunal de simple police.
23 Bougniard. *Hôtel du Luxembourg.*
36 Malen. *Café du Luxembourg.*
   Lapierre (Mme), tailleuse en robes.
25 Barret, marchand d'huiles et esparteries.
   Florent, perruquier-coiffeur.
   Barial François, rentier.

38 Gamel, papetier relieur.
40 Bouverot, office de publicité.
   Béraud, professeur de musique.

N. Charrue.

De la rue Carreterie à la rue de l'Hôpital.

4 Jouffret Bénézeth, marchand de vins en détail.
20 Barles, marchand de plâtres.
19 Vincent Isidore, messager de Nimes.

N. Chataignes (Place des).

De la rue Corderie à la rue Petite Saunerie.

1 Robert, marchand de vins en détail.
4 Jean Auguste, tailleur.
6 Colonjard, ferblantier lampiste, pompier.
8 Perroche (veuve), fabricant de chapeaux.
10 Barillon Jean, menuisier.
12 Bernard François, tailleur.
5 Lambert, doreur.
  Claude, marchand de nouveautés.
14 Férigoule Jean, boulanger.

S. Chat (du).

De la rue Trois Faucons à la rue des Lices.

S. Chevaliers (des)

De la place des Corps Saints au Cours Bonaparte.

6 Pomel, marchand de vins en détail.
7 Chautard, propriétaire.

56 DES CHEVALIERS, CHIRON, CISEAUX-D'OR, DES CLES.

21 Blanquin, commis négociant.
   Payan, conducteur des ponts-et-chaussées.
25 Dunand, menuisier ébéniste.
28 Clément (Mme), rentière.
31 Rigaud, marchand de vins en détail.
37 Marron, serrurier.
34 Berlandier (veuve), fripière.
45 Raynaud (veuve), rentière.
47 Masson, *Café du Cours.*

S. Chiron.

De la rue Grande-Fusterie à la rue des Grottes.

N. Ciseaux-d'Or.

De la rue Peyrollerie à la rue Bahasterie.

1 Cantin (veuve), propriétaire.
3 Gauthier (veuve), rentière.
5 Faure, commis négociant.
7 Faucher (veuve), propriétaire.
9 Helly Adolphe, négociant en soies.
   Sancery, professeur au Lycée.
4 Michaëlis Polidore, propriétaire.
   Nadal (veuve), propriétaire.
   Reboul (veuve), rentière.
11 Colombe Henri, serrurier entrepreneur.
6 Rencurel (Mme), tailleuse en robes.
   Rencurel, gérant des prisons de Vaucluse.
   Devaux, vicaire de St-Pierre.

N. S. Clés (des).

De la rue des Teinturiers à la porte l'Imbert.

1 Amic André, négociant en garances et garancine.
  Amic (veuve), propriétaire.

DES CLÉS, COCAGNE, DU COLLÉGE. 57

1 Pernod, adjoint du maire d'Avignon.
 Guignot (veuve), propriétaire.
2 Deville jeune, triturateur.
6 Fort frères et Lyon, brasseurs.
8 Gros, garde principal du génie.
 Sicard Nicolas, charpentier.
 Roux Victor, tonnelier.
10 Vitout, épicier.
18 Goffre Bertrand, charron.
5 Girard, tonnelier.
7 Nitard, fabricant d'outils d'agriculture.

S. Cocagne.

De la place des Corps-Saints au rempart St-Michel.

1 Adet, boulanger.
6 Rebeyrol neveu, serrurier entrepreneur.
7 Rivière, menuisier.
9 Templer Jean-Baptiste, épicier.
11 Jeaume, tonnelier.
13 Martin (veuve), rentière.
19 Manivet Hippolyte, négociant.
27 Marcelin Agricol, entrepreneur de vidanges.
28 Beziat, propriétaire.

S. Collége (du).

De la rue St-Marc à la rue Laboureur.

4 Chapuis, fabricant de malles.
6 Delhomme, menuisier.
8 Legrand, proviseur du Lycée.
 Duplaä, économe du Lycée.
 Lecanu, commis d'économat au Lycée.

3.

S. **Collége d'Annecy.**

De la rue Bonaparte à la rue Bouquerie.

7 Kusselewski Casimir, commis négociant.
Mathieu, greffier de la justice de paix (sud).
11 Betout, propriétaire.
10 Duc Laurent, propriétaire.
12 Arnaud, ancien employé du chemin de fer.
19 Fortuné Casimir, négociant.
21 B.yer (veuve), propriétaire.

S. **Collége de la Croix.**

De la rue Bonneterie à la rue de la Masse.

1 Ponton Farinet, aubergiste, mère des compagnons serruriers et forgerons.
6 Galli, sergent de recrutement en retraite.
Didier Isidore, leveur de boîtes de la poste.
10 Thomas Joseph, négociant.
9 Faure Prosper, négociant en garances.
Weill, professeur d'allemand.
Faure Émile, négociant.
Rey, pasteur protestant.
11 Dufour, tapissier.
Jouven, ancien serrurier.
Estuder, commis négociant.

S. **Collége du Roure.**

De la place de l'Horloge à la place de la Préfecture.

3 Baroncelli Javon (marquis), propriétaire.
Achard père, archiviste de la Préfecture.
Chevallier, ✻, rentier.

3 Michel, capitaine en retraite.
Verrière Louis, entrepreneur du chemin de fer d'Italie.
2 Payen, ancien marchand drapier.

N. Coste-Belle (Place).

De la rue Saunerie à la rue Saunerie

4 Dumas, confiseur pâtissier, spécialité de fruits confits en gros, marrons fondants.
Raveau et Cie, commissionnaires en garances.
Picard Auguste, propriétaire.
Vincent et Bono, marchands de tissus en gros.

S. Colombe.

De la place des Corps-Saints à la rue des Vieilles Etudes.

3 Paquet, conducteur des ponts-et-chaussées.
4 Roux Joseph, revendeur.
5 Rigaud, menuisier ébéniste.
Alexandre, relieur.
7 Heraud, ancien négociant en soies.
10 Arnaud (veuve), rentière.
14 Chaneur, courtier en tout genre.
15 Ayme Antoine, entrepreneur d'asphalte.
16 Manivet Auguste, employé au pénitencier militaire.
Giraud Pierre, inspecteur des écoles primaires.
17 Bourdonne, ✯, militaire en retraite.
19 Salignon Cappeau (veuve), rentière.
Mombet, professeur émérite.
21 Pons, aumônier de l'Hospice-Isnard en retraite.
22 Ricard, commis greffier du tribunal civil.
25 Regnier Victor, propriétaire.
Couren Isidore, ancien négociant.
24 Ayme Antoine, marchand de vins en détail.
27 Capeau Hector, employé des postes.

60 COLOMBE, COQ, CORDERIE, CORNEILLE, CORNUE.

31 Gerente. *Auberge du Cheval blanc.*
36 Coindre, jardinier fleuriste et pépiniériste.
39 Crès, entrepreneur de bâtiments.

N. Conduit-Perrot.

De la rue Carreterie à la rue Rempart St-Lazare.

S. Coq (du).

De la rue Gal-Grenier à la rue Lagne.

2 Tissier, menuisier ébéniste.
4 Montagnac François, cartonnier.

N. Corderie (de la)

De la rue Arc-de-l'Agneau à la rue Saunerie.

2 Brun Alcide, fabricant de chapeaux.
4 Cade, docteur en médecine.
7 Bouvachon, tailleur ecclésiastique.
6 G. Paul, tailleur.
10 Janisset, ancien chapelier.
15 Athenoux, quincaillier.

S. Corneille.

De la place de l'Horloge à la rue Racine.

N. Cornue.

De la place Pyramide à la rue Bon-Pasteur.

8 Roche (Mme), accoucheuse.

S. Corps-Saints (Place).

De la rue Trois-Faucons à la rue St-Michel.

  2 Pic, aubergiste. *A la Tête de bois.*
  1 Rey, cordonnier frippier.
  4 Maubon, cafetier.
 24 Bertrand, perruquier-coiffeur.
 26 Demorte Pierre, épicier.
 28 Bosse. *Hôtel de Provence.*
 30 Rebière, cordonnier.
  3 Ducroit, sculpteur marbrier.
  7 Nicolas Claude, courtier en garances.
  9 Trouillet, débitant des tabacs.
 11 Castel, revendeur.
 13 Priad, épicier.
 15 Ripert, cordonnier.
 17 Bonnaud, forgeron.
 19 Feste, perruquier-coiffeur.
 21 Teste François, boulanger.
 23 André, perruquier-coiffeur.
 27 Favat, taillandier.
 32 Rasse neveu, cafetier.
 34 Bouchet Louise (Mlle), rentière.
 36 Mouret, boucher.
 38 Filiol et Blanc, sculpteurs marbriers.
 40 Pion Pierre, propriétaire.
    Bruyère, vicaire de St-Didier
 42 Saurel Amédée, perruquier-coiffeur.
 46 Nogier Louis, débitant de liqueurs.
 62 Imberton, boulanger.
 64 Yvan (Mme), revendeuse.
    Yvan, facteur de la poste.
 66 Busquet Bruno, revendeur.
 68 Baldovin (veuve), rentière.
    Roullet, propriétaire.
 72 Gontard, carreleur.
 74 Guigue, serrurier, fabricant de norlats.
 29 Hus, ✳, commandant du pénitencier militaire.
 31 Emery Louis. *Café Luxembourg.*

S. Courte-Limas.

De la rue Limas au Rempart du Rhône.

3 Michel Agricol, fabricant de caisses de voitures.
5 Bonnaud, poissonnier.

N. Crémade.

De la rue Infirmières au Rempart St-Lazare.

6 Martin Vidal, marchand de vins en détail.
8 Cornu Agricol, marchand de vins en détail.

N. Crémade (Petite).

De la rue Crémade a la rue Amouyer.

S. Crillon (Place).

De la rue Calade à la porte de l'Oulle.

2 Taulier. *Restaurant des Voyageurs.*
4 Pastrau. *Buvette niçoise.*
6 Pellen, boulanger.
1 Chave Napoléon, ébéniste réparateur de meubles anciens et modernes.
3 Pochy, débitant des tabacs.
5 Pelissero Joseph, confiseur pâtissier.
8 Plantinet François, propriétaire.
   Plantinet Pierre, agent d'assurances.
   Fabre, employé à la préfecture.
7 Gonnet, marchand d'antiquités.
10 Vitel, charron.
   Taconet Ernest, chef de comptabilité à la banque de France.

CRILLON, DE LA CROIX.   63

12 Nicolaï, C ✻, général commandant la subdivision.
   Pierron (veuve), rentière.
   Perre Emile, *Hôtel d'Europe*.
11 Frutus Xavier, aubergiste.
13 Endignoux, sellier carrossier.
15 Sernoux Joseph, cafetier. *Café du Globe*.
17 De Montval propriétaire, directeur des magnaneries
   expérimentales de Vaucluse.
19 Richard, représentant de la Cie houillère de Roblac
   et Bessège.
21 Rey, ✻, percepteur des contributions directes.
   Bailly, ingénieur des ponts-et-chaussées.
   Catelin, entrepositaire de bière de Lyon.
   Campan (Mlle), rentière.
   Rustany Balthazar, homme de lettres.
   Clapier, prêtre habitué.
28 Molière, cordier.
20 Florent Lyon, cafetier.
   Jalabert, rentier.
   Charbonnier, expéditeur de fruits.
14 Gendarme de Bévotte, O ✻, ingénieur en chef des
   ponts-et-chaussées.

N. Croix (de la).

De la rue des Encans a la rue Portail-Matheron.

3 De Blanchetti (comtesse veuve), propriétaire.
  De Blanchetti (comte de), propriétaire.
6 Valabrègue fils, ✻, négociant en soies et garances.
  Valabrègue Amédée, propriétaire.
5 Clément (Mlle), rentière.
8 Fouquère, menuisier ébéniste.
9 Martin et Cie, négociants en soies et garances.
  Favre de Thierrens, négociant.
10 Fabre, directeur des Docks Vauclusiens.
12 Allamelle, commis négociant.
14 André Eugène, courtier, agent d'affaires.

64 DE LA CROIX, CRUCIFIX, DU DIABLE, DORÉE.

13 Ricard, préposé à la condition des soies.
16 Toures, fabricant de cartes à jouer.
18 Trinquier, propriétaire.
15 Payen, docteur en médecine homéopathie.
20 Cornu Louis, revendeur.
17 Bayle, propriétaire.
19 Valayer Bruno, propriétaire.
24 Gleize (veuve), rentière.
21 Nitard (veuve), courtière.
23 Mathieu (Mme), rentière.
 Raffi, fabricant d'instruments et marchand de musique.
 Rasse, directeur des Messageries Impériales.

S. Crucifix.

De la rue Petit-Paradis à la rue Pétramale.

S. Damette.

De la rue Portail-Magnanen à la rue du Coq.

N. Diable (du)

De la rue Infirmières au Rempart St-Lazare.

24 Antoine dit Sarrian, entrepreneur de travaux publics.

S. Dorée.

De la place de la Préfecture à la rue des Ortolans.

1 Du Laurens Amédée (baronne), propriétaire.
 De Vérot, vérificateur des Domaines.
 Guy, professeur du Lycée.
5 Guilbert d'Anelle, professeur de l'école de dessin et de peinture, fabricant de vitraux peints.

5 Boudon (Mme), institutrice protestante.
4 Chauffard, O ✹, docteur médecin.
4 Michaëlis, ✹, président du tribunal civil.
  Constant, représentant de la maison Verdet et Cie.
7 Barbe Paul, propriétaire.
6 Martin Moricelly, ✹, docteur médecin.
8 Lacour Louis, sous-chef de division à la préfecture.
  Trescarte Théodore, négociant.
10 Chantron Pepin, teneur de livres.
11 Béchet, docteur médecin homéopathe.
9 Brochéry, avoué.
  Coste Jean Maximilien (veuve), propriétaire.

N. Encans (des).

De la rue Saunerie à la rue Ste-Catherine.

3 Silve, fabricant de bouchons.
5 Bousquier Maurice, marchand tailleur.
  Bousquier fils, commis négociant.
4 Estienne (Mlle), rentière.
  Gauthier (Mlle), rentière.
6 Roman Jean-Baptiste, conducteur des ponts-et-chaussées.
7 Gauthier, épicier.
  Griolet, commis des contributions indirectes.
  Blein Sapey, inspecteur de l'enregistrement en retraite.
8 Canonge, revendeur.
10 Chauvin, conducteur des ponts-et-chaussées.
11 Armand Paulin, avoué.
  Sernoux Jacques, menuisier.
  De Roubin (comte), propriétaire.
13 Bigot Alphonse, courtier en soies, débris de soies et cocons.
14 Cousin et Cie, banquiers.
18 Barbeirassy, propriétaire.
20 Jeaume, notaire.
22 Boucherle, négociant.
24 Geoffroy, avocat.

N. Escalier de Ste-Anne.

De la rue Banasterie au Rocher des Doms, par un escalier.

1 Laffont, employé des ponts-et-chaussées.
3 Jean Jules, propriétaire.
  Gaillard, ✳, capitaine en retraite.
5 Contat, carreleur.
4 Faivre, officier d'administration à la manutention.

S. Etroite.

De la rue Bancasse à la rue Galante.

S. Etudes (des)

De la rue Trois Faucons à la rue Pétramale.

4 Mazel père, agent d'assurances.
11 Lointier, caissier de MM. King et Cie.
15 Roux Jacques, menuisier ébéniste.
8 Bérard Isidore, négociant.
10 Brulat, messager d'Avignon à Arles.
14 André dit Paspushaut, propriétaire, marchand de crisalides ou débris de vers-à-soie.
16 Knigt (Mme), rentière.

S. Etudes (Vieilles).

De la rue Calade au Cours Bonaparte.

2 Eparvier Joseph, employé aux eaux.
4 Galtier, serrurier, fabricant de lits.
6 Lion Victor, marchand de vins en détail.
10 Gapiand, serrurier.
12 Isnard, cafetier.

DORÉE, FER-A-CHEVAL, FERRUCE, FIGUIÈRE.   67

12 Masse, boulanger.
14 Liotier Félix, commissionnaire-courtier de commerce et de l'agence du sous-comptoir du commerce et de l'industrie.
16 Raffier, épicier.
   Monier jeune, menuisier ébéniste à façon.
   Amiot Jacques, vannier.
18 Masse Jean, revendeur.
 5 Sonchon, propriétaire.
 7 Rabache, employé au chemin de fer.
20 Milliet, aumônier de l'hospice St-Louis.
   Philip, contrôleur de l'hospice St-Louis.

N. Fer-à-Cheval.

De la rue Carreterie à la rue Carreterie.

N. S. Ferruce.

De la rue Puits de la Reille à la porte du Rhône.

 1 Sernoux, revendeur.
 3 Charrin, menuisier.
 4 Janvier, afficheur public.
12 Bressy Joseph, menuisier ébéniste.
 9 Chauvet, propriétaire.
13 Roux Amable, photographe.
22 Bigonnet (veuve), rentière.
   Holette, surveillant de navigation.
24 Poizat, docteur médecin.
26 Poulin (Mlles), rentières.

S. Figuière.

De la rue Bancasse à la rue Galante.

 2 Dédréa (Mlle), rentière.

FIGUIÈRE, FLORENCE, FONDERIES, FORÊT.

 3 Ricard, rentier.
 7 Gonard, marchand de vins en détail.
10 Pavesi Ulysse, plâtier.
 7 Veisseire Louis, commis négociant.
12 Bobba fils, serrurier entrepreneur.
16 Cornillia Agricol, sacristain de St-Didier.

N. Florence.

De la rue Vieux-Septier à la rue St-Jean le-Vieux.

 2 Mossé, grand rabbin.
 5 Auriol, perruquier-coiffeur.
 7 Couston, camioneur.
 9 Richard Vardeon, cabaretier.
15 Prade Casimir, courtier de denrées coloniales.
17 Habrial Gilbert, boulanger.
19 Ducret, menuisier.

S. Fonderie (des).

De la rue St-André à la rue St-Thomas d'Aquin.

1 Bérard François, entrepreneur de bâtiments.

S. Fonderie.

De la rue Balance à la rue des Grottes.

3 Etienne, débitant de liqueurs.

N. Forêt (de la).

De la rue Lafare à la rue Banasterie.

2 Miséramont, employé au Mont-de-Piété.

FORÊT, FOUR, FOURBISSEURS. 69

15 Rigaud (veuve), rentière.
Manenty (veuve), rentière.
19 Grivolas, fileur de soies.
Gamounet, peseur juré.

N. Four (du).

De la rue Banasterie à la rue Ste-Catherine.

2 De Speyr Auguste, nég. en garances et garancines.
14 Hostalery, propriétaire.
Nègre, propriétaire.
Leclancher, ✹, capitaine de recrutement.

N. S. Fourbisseurs (des).

De la rue des Marchands à la place St-Didier

1 Martin Four, marchand de nouveautés.
3 Magnin, confisseur pâtissier, fabricant de fleurs artificielles, cierges et ornement d'église.
4 Perrot fils aîné, spécialités de chemises d'hommes et corsets pour dames.
Cavillon, marchand de fruits secs et comestibles.
4 Massé, perruquier-coiffeur, spécialité d'ouvrages en cheveux, dit Souvenirs.
5 Seince, marchand de parapluie.
6 Violan, cordonnier-bottier.
Germain, formier, au 2me.
13 Fabre, cordonnier bottier.
14 Fortuné Sorbier, marchand de dentelles.
15 Chambon, professeur d'escrime.
Chambon Amenthe (Mme), corsets pour dames.
16 Chanteranne, marchand de parapluie.
17 Pavi Jean, fabricant de chaussons.
18 Billon, marchand de crépins.
19 Raisin Etienne, marchand de laines.

FOURBISSEURS.

21 J. R.-Gautier, marchand de modes et nouveautés.
23 Lagier Fornery, imp. lith., papetier et réglure de registre.
24 Faucon, ferblantier, lampiste et pompier.
26 Capella Mariano, fabricant de chaussons.
28 Clavel J.-Bte, cordonnier bottier.
27 Julien (Mme), tailleuse en robes.
   Julien, contrôleur de l'octroi.
   Lantier, fabricant de cartes à jouer.
29 Saillard, dégraisseur teinturier, inventeur de la gazuline pour l'éclairage.
32 Luxembourg (Mme), coiffeuse pour dames.
50 Dabry Benezeth, plâtrier.
   Brémond Pierre, employé au Mont-de-Piété.
34 Lance, traiteur restaurateur.
31 Barbaste, propriétaire.
   Dupont, cordonnier bottier.
56 Dumas, secrétaire de la chambre de commerce.
   Dumas (Mme), tailleuse en robes.
33 Lassia, boulanger.
58 Bougette, doreur.
40 Allemand Félix, cabaretier.
39 Richier, commis négociant.
   Richier (Mme), tailleuse en robes.
42 Maria-Repos, libraire, papetier, relieur.
44 Dorizzi, marchand de gravures, fabricant de cadres.
46 Craméry, propriétaire.
48 Roussel, march. de soies en menu détail.
41 Religieuses de St-Eutrope.
50 Dame (veuve), bouchère.
54 Thierry, peintre en décors, fabricant de stores. Spécialités de paravent en bois d'Allemagne.
56 Seguin, cordonnier bottier.
47 Combette, confiseur pâtissier, fruits secs et comestibles.
60 Clavel, rentier.
   Puy (Mme), tailleuse en robes.
51 Dabry Jean, rabilleur de meubles.
62 Palavesin, revendeur.
   Gasségnd Louis, facteur de la poste.

53 Gueneau (veuve), rentière.
   Rouvière Antoine, propriétaire.
55 Gilles Victoire, revendeuse.
64 Rasse Félix-Agricol, directeur des Messageries Impériales.
   Bresset, commis négociant.
66 Giraudon (Mlle), modiste.
57 Doxat, propriétaire.
   D'Astier (veuve), rentière.

N. Four de la Terre.

De la place Pignotte à la rue Bonneterie.

1 Martin Hippolyte, propriétaire.
4 Besson, peseur juré.
5 Roux Jean, marchand d'huiles.
7 Armandy François, boulanger.
9 Mourier Pierre, revendeur.
11 Rieusset, cordonnier.
6 Barillon, revendeur.
8 Adam, cordonnier.
19 Robert Joseph, chiffonier.
21 Reboulette Jeanne (veuve), fripière.
23 Duclos Antoine, fabricant d'allumettes chimiques.
10 Ayme Ange, marchand de vins en détail.
25 Plat Louis, peintre restaurateur en tableaux.
12 Volle, expéditeur de fruits.
14 Hugon, poëlier.
29 Raoulx, menuisier ébéniste, fabricant de billards.
31 Raynaud et Gabelon, chaudronniers pompiers.
18 Denis, serrurier.
24 Chabrol Agricol, tourneur sur bois.
26 Marc, fabricant de chaises.
28 Laugier, boulanger.
32 Gontard Antoine, épicier.
57 Martin Auguste, expéditeur de fruits.
   Valens Niel, négociant en soies, velours et garances et fileur de soies.

72   FRANCHE PETITE FRANCHE, PETITE FUSTERIE.

37 Niel François, propriétaire.
39 Rolland, née Germain (veuve), propriétaire.
41 Villars, docteur en médecine.
   Villars (veuve), rentière.
   Chanlaire (veuve), rentière.
   Manuel, directeur de la compagnie *La Paternelle sur la Vie*.
43 Monnier Auguste, propriétaire.
57 Lascombe, rabilleur de montres.

N. Franche.

De la rue Bon-Pasteur à la rue St-Cristophe.

1 Beaudran, marchand de plâtres.
9 Lardat, broquier, boisselier.
10 Chabaud Ange, professeur d'escrime.

N. Franche (Petite).

De la rue Bourgneuf à la rue Franche

16 Cœur, perruquier-coiffeur.

S. Fusterie (Petite)

De la rue St-Agricol à la rue St-Étienne.

1 Poux, tapissier fabricant de meubles, miroitier.
  D'Anglesi (marquis), propriétaire.
2 Viau, badigeonneur.
  Hitzchler, ✳, sous-intendant militaire.
3 Des Isnard Louis (marquis), propriétaire.
  Vicary (veuve), propriétaire.
5 Galeron, propriétaire.
  David Marie (Mlle), professeur de pianos.

7 Bony, ébéniste, marchand de meubles.
 Martin, peintre en bâtiments.
9 Bras jeune, serrurier.
 Granet, facteur en chef de la poste.
11 Faure, chef de bureau de l'état-civil.
 Giraud, commis négociant.
4 Bonnefoy Antoinette, accoucheuse.
12 Roubaud, négoc. en vins de Lédenon, représentant.
 la Maison Tourneysen.
6 Liotard Adrien, commis négociant.
 Flandrin, plâtrier.
 Lacroix, peintre d'histoire.
17 Dibon, menuisier ébéniste.
 Peyrot, ✳, inspecteur de l'Académie.
 Raymond, négociant en soies, représentant la Maison Richard et Giély, de Lyon.
10 Roure, propriétaire.
12 Lacroix, propriétaire.
14 Gros, ancien orfèvre.
19 Lescure, peintre en voitures et bâtiments.
21 Crous, ✳, commandant de gendarmerie.
 Bon Gustave, négociant.
23 Roux, ✳, chef de division à la Préfecture.
22 Monvoisin, menuisier ébéniste.
25 Maumet jeune (veuve), propriétaire.
28 Payan, revendeur.
26 Buron, adjudant à l'intendance militaire.

S. Fusterie (Grande).

De la rue St-Étienne à la rue du Pont.

1 Peyre aîné, forgeron en voitures
3 Gener, boucher et charcutier.
7 Pascal Réné, propriétaire.
6 Revol, forgeron en voitures.
15 Benoit, serrurier.
17 Desseinge, dit *Cérise*, badigeonneur.
8 Communauté des Dames religieuses de St-Charles.

19 Busquet, employé au télégraphe.
21 Peytaud, marchand de vins en détail.
10 Fdziechierwiez Charles (veuve), rentière.
Costa, inspecteur des contributions directes.
35 Gilles fils, entrepreneur de bâtiments.
29 Estradier, employé au télégraphe.
16 Reynard-Lespinasse Eugène, propriétaire.
Gay, employé au télégraphe.
41 Aubert (veuve), revendeuse.
18 Pille, propriétaire.
Biscarel, propriétaire.
47 Philibert, entrepreneur de bâtiments.
28 Arnoux, préposé en chef de l'octroi.
55 Farnaud, médecin vétérinaire.
Thomas (veuve) propriétaire.
54 Ratabon Véran, marchand de vins en détail.
57 Guindon Auguste, menuisier ébéniste.
59 Gilles père, propriétaire.
40 Astier, boulanger.
63 Ferriaud aîné, propriétaire.

N. Fromageon.

De la place de l'Horloge à la rue Saboly.

5 Rouède (veuve), rentière.
Bouisseau, cafetier. *Brasserie Gambrinus.*
6 Brun Joseph, épicier.
Gandon, officier d'ordonnance du général.
7 Favre Jules, aubergiste.
9 Berlandier, menuisier ébéniste.
11 Bonnet Joseph, écrivain public.
13 Olagnier Eugène, perruquier-coiffeur.
Ferrier (Mme), fabricante de corsets pour dames.
Ferrier, écrivain public, instituteur primaire.
15 Favre (Mme), dégraisseur teinturier.
20 Bernard, commis négociant.
Chabert, propriétaire.

S. Galante

De la place du Change à la place St-Didier.

2 Brunel (veuve). *Café Henri IV.*
3 Sinard, graveur sur métaux.
5 Bernard, marchand tailleur.
Roche, sous-chef de gare du chemin de fer.
De Bechillon, employé des postes.
6 Benoit, avocat.
Vignon (veuve), propriétaire.
7 Sandoz neveu, horloger.
Allien, propriétaire.
8 Perrot (veuve), propriétaire.
Avon, propriétaire.
Fleuri, marchand de vins en détail.
10 Valabrègue Zabulon (veuve), rentière.
17 Brunet fils aîné, peintre en décors et en bâtiments.
19 Campé, traiteur. *Buffet de la Gare.*
16 Pujolas, propriétaire.
Lartay, professeur du Lycée
Plaindoux, employé au chemin de fer.
Lugan, ✻, capitaine en retraite.
18 Pansin père, bandagiste.
20 Moutonnet, curé de St-Didier.
21 Gay, directeur des prisons.
24 Chaulet, vannier.
26 Aillaud, chanoine.
23 Hugues, épicier.
25 Demariaux, sculpteur statuaire.
Rachet, artiste pédicure.
Queirel, garçon de recette à la Banque de France.
28 Augier, marchand de vins en détail.
Lécuyer Michel, cordonnier bottier.
29 Pitol, boulanger.
Lardat (veuve), rentière.
43 De Faget, négociant en vins et spiritueux.
51 Dupré, sculpteur marbrier.
Bourges (veuve), rentière.

GALANTE, GAL-GRENIER, DU GAL, GÉLINE.

30 Bourges Gabriel, peintre d'histoire.
De Faucher (veuve), rentière.
39 Payan, facteur et accordeur de pianos.
41 Parrel, tapissier, successeur de Ray.

S. Gal-Grenier.

De la place des Corps-Saints à la rue Lagne.

3 Coussin, peintre en bâtiments.
4 Coffre, serrurier.
6 Roux Jean, marchand de vins en détail.
5 Duschamp Pierre, aubergiste.
8 Cavallier, employé à la Préfecture.
7 Mollard, propriétaire.
12 Geoffroy Casimir, propriétaire.
20 Guibal (veuve), rentière.

N. Gal (du).

De la rue Banasterie à la rue des Encans.

3 Mounier, professeur de Musique.
2 Michel, entrepreneur de bâtiments.
5 Reboul A. menuisier.
7 Poncet Félix, ✷, négociant.
Poncet Paul, maire d'Avignon.
Poncet frères, ✷, fabricants de papiers.

S. Géline.

De la place de l'Horloge à la rue St-Agricol.

1 Marchaud, propriétaire.
3 Gros frères, imprimerie commerciale et administrative.

2 Genella (veuve), rentière.
2 bis Gilly Henri, secrétaire en chef de la Mairie.
Pigeon (Mlle), rentière.
4 Brun Joseph, courtier.
6 Rolland Delorme (Mme), propriétaire.
Courtet, ✻, ancien sous-préfet.
De St-Privas, chef de gare des marchandises.

N. Grenier (Petit.)

De la rue des Teinturiers à la rue St-Christophe.

S. Griffons (des).

De la rue Bonneterie à la rue de la Masse.

1 Colombi, orfèvre à façon.
2 Martin Martial, négociant en garances et garancines.
Jousseume (veuve), rentière.
5 Joussaume (veuve, rentière.

S. Grottes (des).

De la place Ste-Magdeleine à la rue Puits de la Reille.

S. Gromelle.

De la rue Lanterne à la rue St-André.

S. Hercule.

De la rue Bonneterie à la rue de la Masse

2 Mirandol Pierre, boulanger.
1 De Félix Achille, avocat.
5 Charvet, négociant en charbons de Givors.
6 Pensionnat des Frères des écoles chrétiennes.

N. Hôpital (de l'),

De la rue Portail Matheron à la rue Rascas.

1 Brémond, propriétaire.
3 Massador, notaire.
8 Calvet (Mlle), propriétaire.
12 Chabrol, menuisier ébéniste.
   Colombet Gibaud, courtier en soies.
5 Parme, commis négociant.
   Coulon Louis, presseur de garances.
14 Chabaud, agent d'assurances *La Confiance*
16 Reynard, entrepreneur de bâtiments.
   Frauquet, commis des contributions indirectes.
   Audibert, commis des contributions indirectes.
18 Lajard (veuve), tailleuse en robes et pour hommes.
22 Barrelet Henri, propriétaire.
   Bonnard (veuve), rentière.
20 Gallet (veuve), rentière.
   Berger (veuve), rentière.
24 Laget, serrurier.
28 Tamisier Dominique, propriétaire.
30 Catillon Henri, rentier.
   Penable Martin, rentier.
32 Crumière, menuisier.
9 Dagenes, inspecteur des contributions indirectes.
   Hartmann (veuve), propriétaire.
11 Rebeyrol (veuve), serrurier.
34 Gérard, médecin.
13 Bernard Eugène, professeur de musique, compositeur.
   Grégoire Henri, employé aux contributions indirectes.
40 Carrière François, menuisier ébéniste.
42 Roquet, géomètre.
5 Martin frères, dit La Vierge, propriétaires.
44 Monestier Séraphin, négociant.
46 Martin, charcutier.
19 Coulet, boulanger.

50 Gauthier, confiseur.
29 Chaudon, avocat.
51 Chantron, entrepreneur de bâtiments.
64 Noviciat des Frères des écoles chrétiennes.

N. S. Horloge (place de l')

De la rue Bonaparte à la place Puits des Bœufs.

1 Gauthier, loueur de voitures.
3 Goutier Michel fils, débitant de liqueurs. *Buvette Gambrinus.*
7 Bressy, chapelier.
  Dorizzi François, succ. de Manega, marchand de gravures, lunetteries et dessins.
9 Laurent, coiffeur.
11 Delmas, imprimeur lithographe.
  Sivet Pascal, débitant de tabacs.
13 Cercle de la Bourse.
15 Hôtel de Ville.
  Garantier, concierge de l'Hôtel-de-Ville.
4 Roche Numa, coiffeur.
6 Garcin fils et compagnie, entrepreneurs de diligences et loueurs de voitures.
  Pelegrin, coiffeur.
8 Clerc *Café Grande Brasserie.*
10 Bonnaud. *Café du Brave Crillon.*
12 Moureau, coiffeur.
14 Magny (veuve), débitante de tabacs.
16 Penne. *Café des Mille Colonnes.*
  Cercle des Mille Colonnes.
18 Bouvet, cafetier.
20 Duval, *Café de France.*
  Manselon, propriétaire.
22 Garnier, artiste peintre, photographe.
  Debernardi, *Café Février.*
  Cercle Vauclusien.
  Rodil, propriétaire.
24 Cournaud, *Café de Paris.*

PLACE DE L'HORLOGE, INFIRMIÈRES.

24 Nicolas, commis des postes.
   Cercle du Commerce.
   Tulié, directeur du haras vauclusien, et applicateur d'asphalte.
26 Boutier, traiteur, successeur de Peyron.
50 Issard Louise (Mme), débitante de tabacs.
19 Cœur. *Café de l'Univers.*
17 Bugand. *Café du Théâtre.*
   Thomas, conseiller de Préfecture.
   Gabis, employé au télégraphe.

N. Infirmières.

De la place Trois-Pilats à la rue Carreterie.

1 Carbonnel Louis fils, négociant en soieries.
2 Cristin, serrurier.
6 Miffrein, revendeur.
3 Liotier Louis, truturateur de bois de teinture.
   Chambeau (Mlle), propriétaire.
   Flasseur (Mlle), professeur de pianos.
5 Soullier (veuve), rentière.
   De Montigny (comtesse veuve), propriétaire.
9 Dau fils, professeur de musique et de chant, marchand de pianos et musiques.
11 Roux, ancien négociant.
13 Sautel, boulanger
   Constant, greffier de la Justice de paix (nord).
15 Mandon, débitant de tabacs.
   Dupray, sacristain de St-Symphorien.
39 Pouinard, revendeur.
12 Grivolas père, rentier.
   Grivolas fils, du comptoir Cousin.
41 Rousseau (veuve), rentière.
   Mourges, propriétaire.
43 François, négociant en soies.
14 Dabry, fileur de soies.
47 Meilhoc Pierre, épicier.
17 Mouret Gabriel, employé des ponts et chaussées

INFIRMIÈRES, JACOB, PLACE JÉRUSALEM.

20 Aubert (Mme), marchande fruitière.
49 Servent Louis, serrurier.
22 Pommier, commis négociant.
24 Gros, tailleur.
51 Tombereau, fabricant de chapeaux.
53 Roux, camioneur.
26 Calvet, marchand de charbons de Givors.
55 Creysson Louis, boulanger.
61 Gayet Laurent, entrepreneur de bâtiments.
    Roux, employé à l'agence du *Phénix*.
50 Reynard, chiffonier.
    Tournel Etienne, facteur de la poste.
65 Dugas, boulanger.
32 Bessé, entrepreneur de bâtiments.
54 Darut, boulanger.
79 Matoy, perruquier-coiffeur.
48 Cartoux, revendeur.
81 Donzet, marchand de vins en détail.
54 Franchon (veuve), fabricant de peignes en corne.
60 Mestre, cafetier.
97 Combe (Mlle), revendeuse
99 Carpentras, menuisier.
103 Roux, aubergiste. *A la ville de Toulouse*.
109 Couteron, maréchal ferrant.
111 Jouffret Jacques, marchand de vins en détail.
113 Dabry, marchand de vins en détail.

N. **Jacob.**

De la rue Saunerie à la place Jérusalem.

4 Deitz, ministre officiant du culte israélite.

N. **Jérusalem (Place).**

De la rue Jacob à la rue Vieux-Septier.

4 Marliague (veuve), aubergiste.

4.

16 Fauger, serrurier.
7 Dieudet, marchand de vins en détail.
6 Bellon, marchand d'antiquités.
18 Martin, peseur juré.

S. Joyeuse.

De la rue Portail-Magnanen à la rue Persil

N. Juiverie (Vieille).

De la rue Ferruce à la place du Palais.

N. Juver.

De la rue Pouzéraque à la rue du Diable.

S. Laboureur.

De la place St-Didier à la rue Trois-Faucons.

2 Biscarel, fabricant d'articles de maroquinerie en tous genres.
Simiand, ❋, garde du génie de première classe.
2-*bis*, Carriot, censeur du Lycée.
3 Sibour (veuve), rentière.
5 Castinel juste, propriétaire.
De Verclos (veuve marquise), propriétaire.
Du Mésnil de Buisson (vicomte), propriétaire.
Dufour, C. ❋, colonel en retraite, adjoint.
Maréchal (veuve), rentière.
Chambaud, relieur.
9 Rouvière Philippe (veuve), propriétaire.
Pinaud Armand, ancien principal de collége.
6 Colinet père, propriétaire.
Colinet fils, propriétaire.

LABOUREURS, LAFARE, LAGNE, LAMIRANDE. 83

6 Clauseau Aimé, négociant.
8 De Millaudon Casimir, propriétaire.
  De Millaudon Adrien, ✻, ancien capitaine de gendarmerie.
15 Segonne, menuisier en fauteuils, ébéniste.

N. Lafare.

De la rue Ste-Catherine à la place rue Grand-Paradis.

2 Gilles, vicaire de St-Symphorien.
4 Ayme, boucher
6 Villars, ancien négociant.
  Collet fils, propriétaire.
  Corenson Joseph-Magny, aumônier des Dames du St-Sacrement.
3 Sève (veuve), rentière.
5 Corenson (Mlle), rentière.
7 Taxil Antoine, boulanger.
8 Benoit, contrôleur des hospices.
  Roche fils, aspirant au notariat.

S. Lagne.

De la rue Cocagne à la rue Gal-Grenier.

4 Gund et Maas, brasseurs.
6 Manivet Millie, fabricant de soies.
  Millie (veuve), rentière.

N. Lamirande (place.)

De la rue Peyrollerie à la rue Vice-Légat

2 Collet père, avocat.
4 Pamard Paul, O ✻, député au Corps Législatif.
  Pamard Alfred, docteur médecin.
1 Blanc, comptable des lits militaires.

S. Lanterne.

De la rue Annanelle à la rue St-Charles.

1 Catelin, employé au télégraphe.
30 Sac Jacques, entrepreneur de bâtiment.
23 Maurice Honoré, fabricant de pâte.
54 Mouton Pierre, pépiniériste.

S. Lanterne (petite).

De la rue Calade à la rue Lanterne.

S. Lices (des).

De la rue Calade à la rue Philonarde.

5 Baudran, propriétaire.
  Audigane (Mlle), rentière.
5 De Montfort (Mlle,) propriétaire.
6 Mentasti Bruno, professeur du Lycée.
  Bonami, propriétaire.
  Trouslard, commis à la Banque.
  Peyre, orfèvre à façon.
10 Bouscarle, commis négociant.
9 De Franconi, agent général et inspecteur de la Cie. d'assurance *le Soleil*.
16 Désandré Hilaire, fabricant de cartons.
15 Roux Félix, sculpteur statuaire.
  Reynaud, employé au télégraphe.
22 Rossel fils, chef de division à la Préfecture.
22 Anrès, employé au Crédit Agricole.
17 Goumarre, boulanger.
24 Garde père et fils, tanneurs et triturateurs en tous genres.
19 Cantin Antoine, menuisier ébéniste.
20 Tournez François, tanneur.

30 Ramon Capdevila, fabricant de courroies.
32 Vialle, aubergiste.
21 Gaspard François, fondeur, fabricant de noms de rues et numéros de maisons.
 Gaucherand, perruquier-coiffeur.
 Sorbier, débitant de liqueurs.
38 Faure, tanneur.
42 Pourquery, contrôleur des contributions indirectes.
44 Bonnet (veuve), rentière.
 Capeau (veuve), rentière.
23 Imbert, chef des logements militaires.
 Kuntzmann Frédéric, entrepreneur de la Caserne communale et négociant en vins.
46 Michel Joseph, cafetier.
48 André Auguste, tonnelier foudrier.
 Teste Henri, truturateur de garances.
50 Guinochet, mégissier.
54 Délestrac, prêtre habitué.
58 Favier, tanneur.
60 Rousseau, serrurier, entrepreneur, breveté.
 Borel Auguste, propriétaire.
23-bis Saucerotte et Compagnie, négociants en garances.
 Chambaud (veuve), rentière.
27 Général Emile, notaire.
62 R. P. Bas, supérieur du Collége St-Joseph.
29 Lallement Emile, propriétaire.
 Chaillot Louis, directeur de *La Providence*. Syndicats et liquidation.
 Bonavion, propriétaire.
31 Dupont Charles, négociant en garances et vins.
64 Demian, propriétaire.
33 Grosclaude (veuve), rentière.
35 Savoyat, menuisier ébéniste.
39 Requien père et fils, teinturiers dégraisseurs.
74 Pernod (veuve), rentière.
 Barthélemy, ferblantier, lampiste et pompier.

S Limas.

De la place Crillon à la rue Ferruce.

1 Fouque. *Bains des Voyageurs.*
  Poulin (veuve), rentière.
  Terron, perruquier-coiffeur.
11 Gelin, menuisier ébéniste.
13 Prat Hippolyte, boulanger.
15 Boule, débitant de tabacs, employé à la recette principale.
4 Granet, peintre en bâtiments.
6 Bourges (Mlle), revendeuse.
8 Dumas et Gallet, voituriers pour Remoulin, correspondants pour Nimes.
  Collier Laurent, aubergiste. *Au Cheval-Sauvage.*
12 Combe, menuisier ébéniste.
21 Lafont, juge de paix (canton du nord).
18 Colombon, charron.
20 Lhonneux, tailleur.
22 Boniaux Joseph, marchand de vins en détail.
25 Carpentras (Mlle), rentière.
  Ferriaud Louis, employé à la Mairie.
35 Poulin (Mlle), rentière.
39 Cèbe (Mlle), revendeuse.
44 Savard, sellier carossier.
54 Arbousset, négociant en charbons.
51 Soumille, médecin vétérinaire.
  Roche, employé aux forêts.
56 Roure, boulanger.
53 Manobre (veuve), propriétaire.
64 Muscadaux, marchand d'indiennes et draps.
57 Flandrin, applicateur d'asphalte.
  Dembrun, contrôleur de la garantie en retraite.
59 Samuel (veuve), propriétaire.
68 Itbul Théodore, épicier.
61 Flandrin aîné, marchand de vins et loueur de tentes.

S. Limasset.

De la rue Graude-Fusterie au rempart du Rhône.

S. Limas (petit).

De la rue Grande Fusterie au rempart du Rhône.

N. Londe (de)

De la rue St-Christophe à la rue des Teinturiers.

5 Chay Jean, entrepreneur du pavé de la ville d'Avignon.

N. Luchet.

De la rue Carrelerie à la rue Muguet.

3 Jouve, entrepreneur de bâtiments.
34 Barles Agricol, marchand de plâtres, ciments, crisalydes
17 Dupay, marchand de vins en détail.

S. Lunel (plan de).

De la rue Bouquerie à la rue Petite Calade.

2 Sardon, avocat.
4 Oddon de Forbin (comte) propriétaire.

S Mail (du).

De la rue Calade au rempart de l'Oulle.

N. Marchands (des).

De la place de l'Horloge à la rue Saunerie.

1 Calvet Leblond, marchand papetier.
  Payot, propriétaire.
2 Clément St-Just, libraire, cabinet de lecture, imp., lithographe.
3 Merle, confections pour enfants.
  Roche Numa, parfumeur.
4 Combe, confectionneur. *Au Burnous Français.*
8 Dugas, confectionneur. *A la Ville de Paris.*
10 Dubois J., horloger.
5 Imbert jeune, marchand de pianos et musique.
7 Schucan, *Au Fidèle Berger*, confiseur pâtissier, Poulbier, successeur.
9 Molière Charles, confectionneur.
11 Crémieux Jules, passementier et marchand de rubans.
12 Leaune, parfumeur et coiffeur.
  Doux, confectionneur.
12 Sandoz Jules, horloger.
14 Bertet, coiffeur.
16 Bergougnoux (veuve), marchande de parapluie et articles de fantaisies.
18 Brun Auguste, marchand de modes.
15 Perrot (veuve), confectionneur, vêtements sur mesures.
17 Noséda, marchand de gravures, dessins, encadrements et fournitures de bureaux.
20 Brat (veuve), chapelier, objets d'enfants.
22 Veissière Terzani, mercier quincailler.
24 Auran Léopold, successeur de M. Mottet, quincailler.
19 Pertuis Antoine, marchand cordonnier bottier.
  Lespinasse, bijoutier, articles de fantaisies.
21 Roure J.-Bte, marchand de tissus.
26 Clap Vincent, marchand drapier et tissus.
  Just, confiseur pâtissier. *Aux Palmiers.*

28 Contesse, ancienne maison Duroni, opticien.
— Décius Déo, coiffeur, nouveautés et parfumeries.
23 Pouzol père et fils, marchands tailleurs.
25 Monier jeune, mercier, quincailler, jouets d'enfants, et articles de Paris.
— Jouve Narcisse, propriétaire.
— Remacle neveu, chapelier.
30 Polliard aîné, passementier enjoliveur.
32 Lespinasse, quincailler, jouets d'enfants.
34 Bosse Joseph, inspecteur des enfants assistés.
— Bosse Auguste, employé à la Préfecture.
27 Courbier Frédéric, marchand drapier et toilier.
56 Caubet (veuve), confectionneur.
38 Four Amable, marchand de nouveautés.
29 Gout, pharmacien.
— Chauvet frères, droguistes.
40 Boucarut Félix, coutelier.
— Pourtalier, propriétaire.
— Hardy (Mme), lingère.
— Pimont (Mlle), confectionneur.
— Cazot, marchand cordonnier.
31 Carcassonne Numa, marchands de nouveautés.
— Nicolas, employé des ponts et chaussées.
33 Laye et Compagnie, marchands de nouveautés.
— Coussin Joseph, négociant.
35 Chapouen Tiburce et fils aîné, armuriers.
37 Puget (veuve), chapelier, successeur de Janisset.
39 Pico-Nante, potier d'étain.
42 Sega, marchand cordonnier.
— Soubeyran, horloger.
— Rafin, papetier.
39 Cresp, parfumeur.
41 Duvernet, marchand de cuirs et chaussures.
— Payen François, propriétaire.

S. Masse (de la).

De la place St-Didier à la rue Bonneterie.

1 Pelisson, épicier.

DE LA MASSE.

1 Sain Michel, perruquier-coiffeur.
Polliard Joseph, rentier.
3 Requien fils aîné, teinturier dégraisseur.
Milon (Mlle), tailleuse en robes.
6 Félix Charles, entrepreneur de bâtiments.
De Cazal (baronne), propriétaire.
Clément, vicaire de St-Didier.
7 Thomas frères, ✻, négociants en garances, garancines et soieries.
10 King W. F. et Compagnie, négociants en garances et garancines.
King Georges, négociant.
12 Cabissole, propriétaire.
Bonafous (veuve), rentière.
Amic Désiré, négociant.
Goudareau Emile, négociant.
9 Barbantan Charles, peintre en bâtiments et en décors.
Barbantan père, marchand d'antiquités et curiosités.
14 Peyre, aubergiste. *A l'Écu de France.*
16 Bourget, serrurier.
18 Griottier, statuaire en cire et cartons.
20 Bastide, juge suppléant.
Busquet (Mlle), rentière.
26 Bransch E., commis négociant.
28 De Speyr Jules, négociant en garances.
Doux Raymond, propriétaire.
13 Guerillot, orfèvre à façon.
15 Doutavès Joseph, dit Ollivier, entrepreneur de bâtiments.
Batailler (veuve), rentière.
17 Casteau, ✻, capitaine en retraite.
30 Constantin Édouard, propriétaire.
19 Danel, propriétaire.
Lambert, ✻, directeur des Contributions indirectes.
32 Jacquet, receveur des actes judiciaires.
Beaux Edmond, négociant.
De Félix Théodore, négociant en soies.

DE LA NASSE, MAZAN, PETITE MEUSE.

21 Estève, employé à la Préfecture.
   Cantu (veuve), rentière.
34 Fabre Prosper, propriétaire.
   Goubet, avocat.
36 Allier Auguste, négociant en soies.
25 Dabry, entrepreneur de bâtiments.
38 Vittoz Joseph, teneur de livres.
   Vittoz Félix, employé au Mont-de-Piété.
29 Gardiol (veuve), propriétaire.

S. Mazan.

De la rue Calade à la place Crillon.

6 Rippe, cloutier.
5 Cercle de la Foi.
8 Fabre Jules, propriétaire.
7 Capeau Abel, propriétaire.

N. Meuse (Petite).

De la rue Vieux-Septier à la rue Bonneterie.

3 Frasse, cafetier.
4 Rimbaud Auguste, inspecteur d'assurances.
  Rimbaud Dominique, fileur de soies.
7 Bachet, boulanger.
6 Faucon César, épicier.
  Alphandéry, huissier.
8 Deydier (veuve), marchand de vins en détail.
10 Morel, chirurgien dentiste.
12 Chauvin (Mlle), marchande de sabots.
9 Deville, coutelier.
11 Paul, aubergiste.
13 Antoniotti, épicier et peseur juré.
   Lausière (de), employé à la recette générale.
14 Lamy François, commis négociant.
16 Reynaud Régis, marchand de vins en détail.
15 Servent Murat, ferblantier lampiste, pompier.
17 Teissoneyre, marchand de cuirs.

S. Meuse (Grande).

De la rue Bonneterie à la rue des Amoureux.

N. Mijeanne.

De la rue Carreterie à la rue des Infirmières.

5 Merle, propriétaire.

N. Migrenier.

De la rue Escalier de St-Anne à la rue Banasterie.

5 Chapuy frères, vanniers.

S. Molière.

De la place de l'Horloge à la rue Racine.

4 Dapré, traiteur.
8 Manon Pascal, marchand de vins en détail.
14 Manon, *Café Molière*, académie de billards.

N. Monnaie (de la).

De la rue Balance à la place du Palais.

1 Audier, cordonnier.
   Lheguret, fripier.
2 Dumont Jean, fripier.
5 Vallet (veuve), fripière.
   Tuy (veuve), fripière.

S. Monnaie (Grande).

De la rue Cocagne à la rue Portail-Magnanen.

5 Philibert, menuisier.
6 Cousin Philippe, conducteur des ponts et chaussées.

S. Monnaie (Petite).

De la rue Grande Monnaie à la rue Portail Magnanen.

N. Mont-de-Piété (du).

De la rue de la Croix à la rue Pic-Pus.

2 Rode (Mlle), pensionnat de demoiselles.
  Fagegaltier, huissier.

N. Muguet.

De la rue Carreterie à la rue Rascas.

6 Pascal (veuve), revendeuse.
10 Courtin Julie, accoucheuse.

N. Muguet (Petit).

De la rue Muguet à la rue St-Bernard.

N Notre-Dame des Sept-Douleurs.

De la rue Puits des Tournes au rempart Limbert.

1 Chassel Étienne, entrepreneur de bâtiments.
2 David et Bresset, négociants.
7 Fontaine Léon, fabricant de cierges, bougies et chandelles.

S. Observance.

De la rue St-Charles au rempart St-Roch.

1 Jallez père, négociant en paille et fourrage.
3 Communauté des Dames Carmélites.

N. Officialité.

De la rue Saunerie à la rue du Chapeau-Rouge.

2 Puy Xavier, avocat.
  Puy Joannin, avocat.
  Puy frères, négociants en soies.

N. Olivier (de l').

De la rue Bonneterie à la rue du Saule.

6 Ytier (veuve), expéditionnaire de fruits.
1 Morin, courtier de grains.

S. Ombre (de l').

de la rue Portail-Magnanen à la rue des Lices.

S. Oratoire (de l').

De la rue Calade à une impasse.

2 De Laborde St-Clair (vicomte), propriétaire.
  Martin, propriétaire.
3 Meynadier aîné (veuve), propriétaire.
  Deloulme (veuve), rentière.
  Rollanc, conducteur des ponts et chaussées.

ORATOIRE, ORIFLAMME.   95

3 Mascle, conducteur des ponts et chaussées.
5 Ricard Louis, peintre en bâtiments.
Ricard Joseph, commis négociant.
8 Meynadier Auguste, fabricant de voitures.
6 Abric Maurice, négociant en garances.

N. Oriflamme.

De la rue Portail-Matheron à la rue Campane.

1 Ponge père, propriétaire.
Jourdan (veuve), rentière.
5 Prat Auguste, rabilleur de chaises.
7 Roux Joseph, marchand de vins en détail.
Destable (veuve), accoucheuse.
Paulet, revendeur.
Béraud Germain, professeur de musique.
6 Goubet Joseph, propriétaire.
8 Dumas Jules, serrurier.
11 Briqueville, propriétaire.
Manuel (veuve), propriétaire.
Vincent, commis négociant.
12 Dauvergne (veuve), propriétaire.
Sardon Louis, propriétaire.
Levêque (veuve), rentière.
13 Denis, médecin homéopathe.
Deloué (veuve), propriétaire.
14 Granier Frédéric et Cie., ✬, négociant en garances, garancines, soies et chardons.
D'Oléon Henri, propriétaire.
15 Thibaud, ancien huissier.
19 Roullié François, commis négociant.
21 Vial Scolastique, accoucheuse.
23 Laurent, directeur de *La Centrale*.
25 Geoffroy Gabriel, propriétaire.
Montagard, vicaire de St-Symphorien.

S. Ortolans (des).

De la rue Dorée à la rue Bouquerie.

1 Communauté des frères des Ecoles chrétiennes.
4 Fischer Théodore, employé à la Mairie.
  Crié, clerc de notaire.
  Forneri, conducteur des ponts et chaussées.
  Gervais, inspecteur des Douanes en retraite.
  De Henriquez, propriétaire.
6 Olanié, architecte.

N. Paillasserie.

De la rue Bon Pasteur à la rue St-Christophe.

N. Palais (place du).

De la place Puits des Bœufs au Rocher des Doms.

3 Méry Jean, perruquier-coiffeur.
  Audibert (veuve), rentière.
  Arnaud Marius, lieutenant en retraite.
  Arnaud Amédée, docteur médecin.
5 Maurou Hippolyte, peintre en bâtiments.
  Deye Louis, ✹, propriétaire.
  Eparvier Louis, horloger.
  De Beaumefort (vicomte), propriétaire.
7 Brun, inspecteur des travaux publics.
  Rietti, dessinateur à la Mairie.
  Scamaroni, sous-lieutenant au recrutement.
11 Berthilier (veuve), fripière.
  Richaud, professeur de dessin au lycée.
13 Didier, chanoine.
  De Bouchony Albin, propriétaire.
  D'Aillaud de Brisis (Mme), propriétaire.
  Spenlé, professeur de musique, organiste à la Métropole.
15 Mourier Léopold, propriétaire, agent d'assurances.

17 Achard Eugène, agent d'assurances.
   Allard, garçon de recette à la Banque de France.
4 Sain, chanoine.
   Polette, chanoine.
   Bourcier (Nlle), propriétaire.
   Cauvin, commissaire de police.
2 Peytier, chanoine honoraire, supérieur du Petit Séminaire.

N. Palapharnerie.

De la rue des Infirmières à la porte de la Ligne.

7 Jayet père et fils, menuisiers.
11 Roussin Louis, boulanger.
14 Communauté des Religieuses du Sacré-Cœur.
16 Raynaud Alexis, propriétaire.
18 Bousquet Michel, menuisier ébéniste.
21 Teste Claude, camionneur.
23 Rampon Alexis, camionneur.
26 Teste Pierre, camionneur.
27 Ravel (veuve), charron.
   Reynier Noël, ✻, propriétaire.
   Barret Pierre, épicier.
29 Barillon (veuve), propriétaire.
   Vidal (veuve), rentière.

N. Paradis (place Grand).

De la rue Lafare à la place St-Joseph.

2 Clauseau père et fils, Palun et Cie., négociants en garances et garancines.
   Cartier Louis, propriétaire.
4 De Giry, conservateur des hypothèques.
   Deloye Augustin, conservateur du Muséum.
3 De Ribiers, ✻, (marquis), propriétaire.
   De Ribiers Henri, (comte), propriétaire.

S. Paradis (Petit).

De la rue de la Masse à la rue des Lices.

5 Bocoyran Alexandre, tonnelier.
4 Trégaut Florentin, commis négociant.
  Choulet Gabriel, professeur de pianos.
7 Richaud Auguste, revendeur.
6 Serre (Mlle), modiste.
9 Jullien Jean, expéditeur de fruits.
11 De Mauperlier fils, employé à la Préfecture.
13 Armand Claude, relieur.
14 Nicot (veuve), propriétaire.
  Aymard Etienne, rentier.
  Francion fils, commis négociant.
27 Rieu, receveur principal des contributions indirectes, entrepositaire des tabacs.
  Auzias (veuve), propriétaire.
  Auzias fils, avocat.

S. Pavot.

De la rue Trois-Faucons à la rue Calade.

2 Astruc, architecte.
3 Brémond, expéditeur de fruits.

N. Pente Rapide.

De la rue Balance à la place du Palais.

1 Ollivier Etienne, chanoine.
8 Vigne Dominique, propriétaire.

S. Persil-Magnanen.

De la rue Portail-Magnanen à la rue de l'Ombre.

1 Baraillers François fils, maçon.

N. Persil-Infirmières.

De la rue Pouzeraque au Rempart St-Lazare.

N. Peyrollerie.

De la place du Palais au Cloître St-Pierre.

4 Didiée Joseph, serrurier.
   Claudel Jean-Baptiste, sergent de recrutement.
6 Gibert Pierre, propriétaire.
   Roch Adolphe, employé au comptoir Alphandéry.
8 Daniel Léon, aubergiste.
10 Bonnet, aumônier des prisons
   Laval (veuve), rentière.
1 Achard (Mlle), rentière.
   Lami, professeur émérite.
14 Carbonnel, chanoine honoraire, curé de St-Pierre.
3 Batailler frères, fabricants de casquettes.
5 Fournier Duchier, négociant en huile.
7 Cristophe, peintre en bâtiments.
   Bontoux Charles, sacristain de St-Pierre.
9 Roman Pierre, propriétaire.
   Fanton (veuve), rentière.
11 Raymond, cafetier.

S. Pétramale.

De la rue de la Masse à la rue des Lices.

6 Penne fils aîné, négociant en soies et fileur.

3 Farges sœurs (Mlles), marchandes de rouenneries.
8 King John, négociant.
10 Gat F, A., négociant en soies et fileur.
5 Féraud Constant, commis négociant.
14 Martin Eugène, ancien avoué.
16 Souchière, propriétaire.
18 Castellan Alexandre, tonnelier.
7 Millet Victor, propriétaire.

N. Philonarde.

De la rue Portail-Matheron à la rue Bonneterie.

4 Guillabert, propriétaire.
  Chevillon (veuve), épicière.
5 Durand, conducteur des ponts et chaussées.
6 Merle Jean, sabotier.
7 Aury Jean, perruquier-coiffeur.
9 Bourges Louis, huissier.
  Aubert Jean, entrepreneur de bâtiments.
10 Salanon Benoît, fruitier.
11 Palun Emile, géomètre.
  Palun Joseph, homme d'affaires de M. le marquis de Cambis.
12 Palun Joseph oncle, propriétaire.
13 Petitat Jean, sabotier.
16 Gravil, propriétaire, ancien agent de change.
  Autard, agent d'assurances.
18 Thézet, propriétaire.
  Charles (Mme), placement de domestiques et nourrices.
13 Roux, avoué.
15 Salard Joseph, serrurier.
20 Lauriol, docteur en médecine.
22 Crillon père, propriétaire.
17 Ourson, ✻, juge d'instruction.
  Ourson Agricol, propriétaire.
  Justet, négociant.
24 Raphaël, expéditeur de fruits.

26 De Chabran (comtesse), propriétaire.
Bon de Chabran (comte), négociant.
21 Latour (Mlle), tailleuse en robes
28 Metivier, commissaire de surveillance administrative du chemin de fer.
Mounier Joseph, huissier.
Magistra, peintre en bâtiments.
Houlet Alphonse, sabotier.
25 Communauté de religieuses de la Conception.
34 Cardot (Mlle), rentière.
36 Aubert, négociant, représentant de la maison Pilrat et Glas, de Givors.
31 Colombon, sacristain de la Congrégation des hommes d'Avignon.
38 Bonnard, négociant.
35 Maurin, menuisier.
37 Communauté des Religieuses du St-Sacrement.
46 Mahistre Ferdinand, négociant.
Estanove Emile, négociant.
48 Tatin Jean-Baptiste, marchand de vins en détail.
50 Roux et Gléyse, tailleurs.
52 Puig jeune, ébéniste, marchand de meubles.
Monier (veuve), rentière.
41 Pujolas Louis, marchand de vins en détail.
54 Brun Albert, avocat.
Brun André, propriétaire.
Chabrol Henri, marchand de tissus en gros.
56 Regnier (veuve), rentière.
45 Jeaume, porteur de contraintes.
45 Gay (Mme), modiste.
58 Batellier Adrien, expéditeur de fruits.
47 Jouveau Félicien neveu, tourneur en tout genre.
49 Dumas Jacques, marchand de vins en détail.
51 Bonpar Joseph, fripier.
68 Ponge Martin, entrepreneur de bâtiments.
70 Léofanty Simon, figuriste mouleur.
59 Chassing, poëlier. Eclairage au schiste et pétrole.
72 Rimbaud Guillaume, propriétaire.
65 Lyon Abraham, propriétaire.
67 Mossé (veuve), propriétaire.
80 Billet Claude, revendeur.

82 Baume, revendeur.
84 Sagnier Théodore, perruquier-coiffeur.
   Clamon, tourneur en chaises.
69 Fourès Louis, boulanger.
86 Imbert Louis, revendeur.
88 Peauleau Véran, entrepreneur de bâtiments.
73 Bergier Raphaël, propriétaire.
92 Parère, menuisier ébéniste.
96 Aury Jean, entrepreneur de bâtiments.
98 Dionet Louis, serrurier.
79 Ponge Malachi, propriétaire
100 Dubuis Marius, fabricant de ouates.
83 Abrigeon Charles, tailleur.
85 Dibon Etienne, entrepreneur de bâtiments.
102 Mouillasse André, tourneur sur bois.
104 Ravanier Louis, revendeur.
89 Quenin Jean, revendeur.
91 Nogier Louis, marchand de vins en détail.
108 Chambon, commis négociant.
   Raoux, agent-voyer.
   Blachière Raphaël (veuve), rentière.
   Plainchant (veuve), rentière.

N. Pic-Pus.

De la rue Saluce à la rue Oriflamme.

7 Geoffroy Théodore, teneur de livres.

N. Pic (place).

De la rue du Saule à la rue Vieux-Septier.

1 Alphandéry Joseph, banquier.
  Alphandéry Aristippe, propriétaire.
  Chéry Véroly, marchand drapier.
  Mayr Louis, horloger.
  Nave François, perruquier-coiffeur.
3 Tailleux. *Café des voyageurs de commerce.*
5 Toussaint, traiteur restaurateur.

PLACE PIE, PLACE PIGNOTTE. 103

7 Dumas (veuve), débitante des tabacs.
9 Barrial Pierre, cafetier.
11 Imbert Auguste, charcutier.
13 Ferrier Toussaint, perruquier-coiffeur.
15 Bus Félix. *Café Althen.*
17 Bouffier Auguste, marchand d'articles blancs.
19 Chastan Etienne. *Hôtel de France.*
21 Tardi Thomas, cafetier.
23 Gauthier Amand. *Hôtel du Chapeau-Rouge.*
   Boch, Florian, cafetier.
25 Faye (veuve), bouchère.
   Meynet Ferdinand, quincailler.
 6 Alphan (Mme), marchande de chaussure
14 Menabé François, débitant de liqueurs.
16 Fayette Victor, marchand de tissus.
20 Troncy Jean. *Kiosque avignonais.* Vente de journaux, etc.
   Charvet fils aîné, peseur juré.
   Cery, garde des collections du Musée Requien.
   Eysseric Victor, fourrier de ville.

N. Pignotte (place).

De la rue St-Jean-le-Vieux à la rue Philonarde.

 2 Blanchard (Mlle), marchande de porcelaines et cristaux.
 4 Roche Augustin, sellier à façon.
15 Barnel Charpentier et Cie, merciers et quincaillers, gros, demi-gros et détail.
   Garcin Isidore, négociant.
   Charles Xavier, négociant.
 6 Meynier Casimir, propriétaire.
   Meynier Xavier, propriétaire.
 8 Pipet Jacques, propriétaire.
10 Arnaud Jacques, marchand de fruits secs.
12 Bérard Michel, fabricant de cierges et bougies.
   Ferradou, marchand de chevaux et toiles.
   Blanchard mère, marchande de poteries.
21 Aimé (veuve), marchande de sabots.
19 Maurras Félix, brasseur.

S. Piot.

De la rue Galante à la place Principale.

1 Lauront, fabricant de fourneaux.
  Anrès André, propriétaire.
2 Calamel Pierre, encaveur, purgeur de puits.
  Chabrol, employé à la condition des soies.

S. Plaisance.

De la rue Calade au Rempart de l'Oulle.

1 Malosse (veuve), propriétaire.

N. Pommiers.

De la rue Carreterie à la rue de l'Hôpital.

8 Moureau Guillaume, marchand de plâtres.
7 Moureau Balthazar, logeur.
20 Blanc Vital, marchand de vins en détail.
15 Montanarrau, plâtrier.
26 Quioc Antoine, commis négociant.

N. Pontrouca.

De la rue le l'Hôpital à la rue Cornue.

3 Dalteyrac, employé au Mont-de-Piété.
5 Blanchard père, fabricant de poteries et tuiles.
9 Paul Marius, rentier.

S. Pont (du)

De la rue Grande-Fusterie à la rue Limas.

1 Martin Agricol, professeur de gymnastique.
4 Vernet, professeur d'escrime.
6 Sauvan, propriétaire.

S. Portail-Bienson.

De la rue Calade à la rue Ste-Praxède.

2 De Guilhermier Albert (comte), propriétaire.
3 De Baciocchi Adorno (baron), propriétaire.

S. Porte-Évêque.

De la rue Calade à la rue Lanterne.

S. Portail-Magnanen.

De la rue des Lices au Rempart St-Michel.

2 Boyer (Mme), débitante des tabacs.
   Farges Agricol, propriétaire.
4 Giraud Emile, épicier.
6 Bayle Louis, boulanger.
8 Galas François, cordonnier.
4 Delhomme Pierre, boulanger.
10 Gontard Louis, carreleur.
12 Rouc Amédée, marchand de vins en détail.
14 Darssot Joseph, perruquier-coiffeur.
15 Mauivet Martin, boulanger.
28 Thierry (veuve), fabricante de cordes harmoniques.
11 Brun Siffrein, entrepreneur de bâtiments et revendeur.
13 Dufour François, revendeur.

5.

PORTAIL-MAGNANEN, PORTAIL-MATHERON.

17 Doutavès Claude, dit Ollivier, entrepreneur de bâtiments.
36 Alexis François et Vernet, marchands d'huiles, spécialité d'huiles de graissage et d'huiles tournantes.
21 Gravier Gaston, directeur de l'école protestante.
23 Cornu Etienne, relieur.
46 Branet Jean, menuisier, revendeur.
56 Clerc Antoine, charron.
58 Viret père et fils, entrepreneurs de bâtiments.
82 Communauté des Religieuses de St-François.

N. Portail-Matheron.

De la rue Saunerie à la rue Carreterie.

1 Perrot Louis, marchand drapier, succursale au détail.
2 Clerico fils, marchand cordonnier.
4 Vincenti, notaire.
  Vigier (veuve), propriétaire.
6 Chabrol (Mme), marchande de vins en détail.
8 Enault Auguste, sabotier
  Barrême, secrétaire-général des hospices.
  Barrême Louis, employé au Mont-de-Piété.
  Bernard aîné, propriétaire.
10 Batailler Albert fils, droguiste.
12 Aubert, agent d'affaires.
  Bourgeois Frédéric, épicier.
3 Broc Pierre, marchand de parapluies.
5 Pitras aîné, marchand tailleur. *Au Petit Bénéfice.*
  Barellet père, propriétaire.
7 Duverdier-Vallier, négociant en vins et liqueurs.
16 Chiron Eugène, confiseur pâtissier.
9 Taulier Andréol, quincailler, marchand de crépins.
  Bijonnet Pierre, commis négociant.
11 Gire François, charcutier boucher.
20 Rieux Edouard, marchand de chaussures.

22 Couturier (Mlle), débitante des tabacs.
24 Saïn François, horloger.
13 Raphaël Mathieu, fabricant de chaussons.
15 Chaspoul fils, fabricant de pâtes.
26 Pradel (veuve), cafetier.
   Tallet et Ferrier, entrepreneurs d'omnibus.
28 Arnaud Auguste, épicier.
30 Crabe Isidore, boulanger.
17 Tamisier Louis, quincailler.
   Labaume Auguste, boulanger.
19 Mazet Adolphe, chapelier.

N. Pouzcraque.

De la rue des Infirmières à la rue Persil.

N. Privade.

De la rue Carreterie à la rue des Infirmières.

S. Préfecture (place de la).

De la rue Dorée à la rue Bouquerie.

1 Foulc frères, négociants en garances, garancines.
   Lovie Alexandre, professeur de pianos.
2 Bohat Conchon, O ✻, préfet de Vaucluse.
   Daumas, garçon de bureaux.

S. Prévot.

De la place St-Didier à la rue St-Marc.

6 Bénézet Anne (veuve), marchande de vins en détail.
7 Escoffier Victor, négociant en garances.
8 Bernard, aumônier du Lycée.

N. Pucelle.
De la rue Balance à la rue des Grottes.

2 Mérinton (veuve), débitante de liqueurs.
4 Redon Joseph, revendeur.
5 Guillot (veuve), cafetier.

N. Puits des Allemands.
De la rue de l'Hôpital à la rue de l'Hôpital.

4 Berlandier, huissier.

N. S. Puits des Bœufs.
De la place de l'Horloge à la rue Balance.

7 Brun Léopold, pharmacien.
   Francou, pharmacien.
   Villain, receveur principal des contributions indirectes en retraite.
   Lambert Auguste, débitant de tabacs.
   Lambert Marius, employé à la Préfecture.
1 Vernet André, épicier.
   Manuel Hyacinte, quincailler.
   Boulletin, tailleur.
   Blache, traiteur. *Hôtel du Midi.*
15 Reynaud aîné, épicier.
17 Dumas Charles, cafetier. *A l'Avenue du Palais.*
   Colomb (Mlle), rentière.
   Bouget, épicier.
2 Munier Jules, directeur de la Banque de France.
   Duprat Emmanuel, caissier de la Banque de France.
   Daspré dit Firmin, concierge de la Banque de France.

N. S. Puits de la Reille.

De la rue Balance à la rue Ferruce.

2 Duprat Louis, négociant,
   Duprat Emile, commis négociant.
4 Garcin Camille, marchand de vins en détail.
7 Bressy, ancien minotier.
   Freud, ✷, capitaine en retraite.
   Rouvière François, charcutier.
10 Neveu Marius fils, quincailler
   Piraque Auguste, marchand de vins en détail.
11 Grivolas Etienne, perruquier-coiffeur.

N. Puits des Toumes.

De la rue Puits des Allemands à la rue Bon-Pasteur par les Grands Jardins.

24 Guilhermont fils, représentant de commerce.
   Guilhermont père, ✷, capitaine en retraite.
9 Chabrol, aumônier du Bon Pasteur.
   Communauté des Religieuses du Bon Pasteur.
   Cornu Guillaume, employé des postes.

S. Puits Trois-Carreaux.

De la place du Change à la rue Galante.

1 Louis Jean (Mlle), modiste.
2 Savard (veuve), aubergiste.
4 Memet Jean, menuisier.
5 Chabanon aîné, propriétaire.
   Ingrand (veuve), rentière.
7 Chauvin, imprimeur lithographe.
12 Raynaud Etienne, encaveur, purgeur de puits.

S. Puits Tarasque.

De la rue des Teinturiers à la rue Tarasque.

2 Masse Joseph, moulinier en soies.

N. Puits (du).

De la rue Carreterie à la rue Fer à Cheval.

N. Puy (de).

De la rue du Bon Pasteur à la rue des Teinturiers.

12 Richard père, courtier en grains et autres denrées.
21 Pastergue Désiré, courtier en garances.
25 Boudin, ancien négociant en garances.

S Principale (place).

De la rue Rouge des Orfèvres à la rue des Fourbisseurs.

3 Penjon, professeur au Lycée.
4 Bent Michel, marchand d'ornements d'église.
  Guyon (Mlle), modiste.
  Dayma Charles, négociant.
  Coulon Joseph, fabricant de corsets pour Dames.
5 Chabanon jeune, propriétaire.
7 Bertaud jeune, propriétaire.
9 Berbiguier, rentier.
15 Vernet Jacques, négociant.
21 Buffet, peintre artiste.
  Fleury Paul, arquebusier.
6 Mornet Pierre, fabricant de bois de galoche.

8 Marchand Claude, tonnelier, foudrier, fabricant de rustique.
10 Drujon Pierre, menuisier ébéniste.
Tanchon Joseph, propriétaire.
12 Audard, Charles, tonnelier, foudrier.
14 Thibes Henri, fabricant d'eaux minérales.
Rochas (Mlle), rentière.
18 Dupont Henri, horloger.
Germain Alexandre, formier.
Guillaume, courtier.
20 Giovanna Thomas, fondeur modeleur.
45 Perillier, employé aux assurances.

N. Pyramide (place).

De la rue Philonarde à la rue Bourgneuf.

2 Repos Auguste, ferblantier.
4 Ymonet, menuisier ébéniste, fabricant de billards.
6 Saury André, négociant en débris de soies.

S. Racine.

De la rue Géline à la rue St-Etienne.

1 Wuillermet, ✻, capitaine de la gendarmerie.
Heliot, trésorier de gendarmerie.
3 Escoffier (veuve), propriétaire.
Soulier, homme de lettres.
5 Baldovin, peintre décorateur du Théâtre.
2 Rochetin Pierre, professeur d'escrime.
2-*bis* Desjean (veuve), débitante de tabacs.
7 Pascal (Mme), tailleuse en robes.
Berlier, commissaire de police.
Ritter, ✻, capitaine en retraite.
9 Picolet, receveur municipal.
4 Faye (veuve), propriétaire.
17 Ferrière, perruquier-coiffeur.

17 Mayer, autozincographe, à la Préfecture.
Garantier Antoine, propriétaire.
Garantier Edouard fils, commis négociant.
Vacher Michel. *Café Racine.*
6 Gros François, scierie de marbre.
Julien André, costumier du théâtre.
Philibert, employé des postes.

N. Rappe.

De la place du Change à la rue des Marchands.

2 Berton et Cie., négociants en fers et propriétaires des vignobles dit Condorcet la Nerthe.
7 Genella (veuve), rentière.
Genella Paul, commis négociant.
Genella Eugène, commis négociant.
9 Gras Auguste, commis négociant.
11 Einesy (Mlle), rentière.
13 Noguier, garçon de recette à la Banque de France.
Carbonel, commis des contributions indirectes.
Gineston, pharmacien.
Lurie, ex-pharmacien.
8 Morenas Napoléon fils, marchand de cuirs.
Rossignol, contrôleur des contributions directes.
Trouillet (veuve), rentière.

N. Rascas.

De la rue de l'Hôpital à la rue St-Bernard.

1 Buffardin, aumônier des Religieuses hospitalières.
Brès, aumônier de l'Hôtel-Dieu.
Communauté des Religieuses hospitalières de St-Joseph.
4 Granger, aumônier du noviciat des Frères.

N. Rateau.

De la rue de Puy à la rue de Londe.

N. Reille Juiverie.

De la rue Puits de la Reille à la rue Vieille Juiverie.

N. Reille (Petite).

De la rue Balance à la rue Vieille Juiverie.

S Rempart du Rhône.

De la place Crillon, impasse.

1 Perre de Vincent Anne (Mlle), fondeur en métaux.
12 Laurent Joseph, voiturier sur Tavel.

S. Rempart de Loulle.

De la place Crillon à la Porte St-Dominique.

1 Capieu-Massip, propriétaire.
  Rigaud, ancien coiffeur.
  Roche, clerc d'avoué.
  Dollinger (Mme), rentière
  Chauchard (veuve), rentière.
3 D'Inguimbert (comte), propriétaire.

S. Rempart St-Dominique.

De la porte St-Dominique, impasse.

S. Rempart St-Roch.

De la Porte Napoléon à la Porte St-Roch.

1 André, directeur de l'usine à gaz.

S. Rempart Napoléon.

De la porte St-Michel à la porte Napoléon.

S. Rempart St-Michel.

De la porte St-Michel à la pore Limbert.

1 Michel Agricol, fondeur en métaux.
5 Boutillon Clément, fondeur en métaux.
23 Duclos Barthélemy (veuve), maréchal ferrant.
25 Vialès Joseph, charron.

N. Rempart Limbert.

De la porte Limbert à la porte St-Lazare.

N. Rempart St-Lazare.

De la porte de la Ligne à la porte St-Lazare.

4 Charles Deyma et Cie., négociants en grains.
8 Loubet, employé à la Préfecture.
12 Barillon Joseph, négociant en garances et garancines.
14 Rosan dit Berry, charron et forgeron.
18 Rouet Boniface, tonnelier.
36 Barrès Bruno, tonnelier.
38 Ruel fils, fabricant de poteries et creusets.

N. Rempart de la Ligne.

De la rue Banasterie à la porte de la Ligne.

2 Aubert Joseph, agent d'assurances.
4 Hurard André, fileur de soies.
6 Barret Jean, charron.
8 Clément, vicaire général du diocèse.

N. Roquille.

De la rue St-Christophe à la rue Bon-Pasteur.

N. Roquette.

De la rue Bon-Pasteur à la rue St-Christophe

2 Girard Eugène, commis négociant.
4 Roullié, employé au chemin de fer.
6 Bouyssavy (veuve), rentière.
1 Lorillard, ancien négociant.
12 Richard fils, courtier en tout genre.

S. Roleur.

De la rue St-Michel à la rue Cacagne.

N. Rocher-des-Doms.

De la place du Palais, du quai de la Ligne par un escalier et de la rue Escalier de Ste-Anne.

1 Jacquetty, chanoine honoraire, directeur de la Maîtrise.
  Henri, sacristain de la Métropole.

N. S. Rouge.

De la place du Change à la rue Vieux-Septier.

3 Merle Edouard, direct. de l'école Normale annexe.
   Merle (Mlle), modiste.
5 Heury Chrétien, orfèvre.
2 Rey Louis, orfèvre.
4 Martin, distributeur du *Moniteur*.
6 Tassel Bertaud, orfèvre.
7 Laffet Thomas, fabricant de corsets pour Dames.
9 Girard, quincailler. *A la ville de Marseille*.
11 Mehn Agricol, passementier.
13 Albrand Claude, quincailler. *Bazar populaire*.
15 Aillaud Antoine, orfèvre.
17 Riberotte Francois, marchand de parapluies.
12 Bassaget Auguste, orfèvre.
10 Mouret (Mme), lingère.
14 Vincent Pierre, épicier.
   Cassan, homme de lettres.

N. Saboly.

De la rue des Marchands à la rue Corderie.

2 Vincent André, serrurier.

N. Saluce.

De la rue de la Croix à la rue des Bains.

1 De Mauperlier fils aîné, employé aux contr. directes, agent universel de commerce.
   Font Joachim, prêtre habitué.
5 Leclerc, rentier
11 E. Picard et Pernod, négociants en garances et garancines.
   Boyer Prosper (Mme), rentière.
   Fortuné et Justet, négociants en chardons.

N. Sambuc.

De la rue Muguet à la rue St-Bernard.

N. Saule (du).

De la place Pie à la rue Four-de-la-Terre.

2 Berne, traiteur restaurateur.
4 Auran Eugène, traiteur restaurateur.
  Barierre Eugène, pharmacien.
3 Daniel (Mme), marchande de paniers et sabots.
  Cantarel Pierre, poêlier.
6 Clerc Mathieu. *Hôtel St-Yves.*
8 Genella Claude, conducteur des ponts et chaussées.
  Ponson père, ébéniste, marchand de meubles.
  Ponson fils, fabricant de billards.
10 De Dianoux (baron), propriétaire.
5 Benoit Auguste, agent-voyer spécial.
7 Bonnet, chirurgien dentiste.
  Debrois Louis, marchand d'antiquités et vieux meubles.
12 Vitel, traiteur, mère des compagnons charrons et forgerons.
9 Peloux Jean, boulanger.

N. Saunerie.

De la rue des Marchands à la rue Portail-Matheron.

2 Ramain (veuve), papetier.
4 Sorbier, marchand de dentelles
  Drevet Alexandrine (Mlle), modiste.
1 Poisson Guillaume, chaussures Dames et Enfants.
3 Boudin Auguste, propriétaire.
  Tinousin Pierre, débitant de tabacs.
  Félix Achille, agent de change.

SAUNERIE.

3 Cognac, employé des contributions indirectes.
Soullier, Auguste, boulanger.
5 Pouzol Pierre, perruquier-coiffeur.
Raspail (Mlle), modiste
Bardinet, professeur au Lycée.
6 Charvet fils aîné, *Au Palais de Cristal*, marchand de porcelaines.
8 Craméri Antoine, marchand de gravures et cadres.
Courbet, armurier balancier.
10 Polliard Dorothée, passementier.
Baldovin jeune, peintre décorateur.
7 Mandelli Ferdinand, fabricant de cages et marchand de vins en détail.
12 Guyon (veuve), lingère.
Bernard Daniel, chapelier.
11 Sautel (veuve), coutelier.
Borel Philippine (Mlle), confectionneur.
14 Chabal Régis, chemisier.
Frérot, marchand et fabricant de chaussures.
16 Robert fils aîné, bonnetier.
18 Carbonel Evariste, pharmacien, successeur de M. Carre.
13 Malet Léonard jeune, marchand de couleurs.
Malet André, propriétaire.
15 Perpignan Joseph, marchand tailleur.
17 Protin Jeune, fournitures de bureaux et broderies.
20 Boreil Barthélemy, marchand tailleur.
19 Salard Michel, ferblantier lampiste pompier.
22 Rabasse Isidore, cordonnier pour dames.
24 Boroni, fabricant de cages et triageur.
21 Albert, chapelier.
23 Mollet Emile, entrepreneur de transport.
26 Sibuet Hippolyte, marchand tailleur.
Fay (veuve), perruquier-coiffeur, coiffures pour dames
28 Ovide, perruquier-coiffeur, spécialité d'ouvrages en cheveux.
30 Baret (Mlle), propriétaire.

SAUNERIE.

32 Vigier Louis, ferblantier lampiste, appareilleur du gaz.
   De Cadilan, avocat.
   De Cadillan (veuve), propriétaire.
34 Tourel, directeur des Messageries Poulin.
36 Méry (veuve), marchande de meubles d'occasion.
25 De Chabert (baron), propriétaire.
38 Morenas neveu, marchand d. cuirs.
40 Tranchand Frédéric (veuve), confiseur pâtissier.
   Metaillet Xavier, confectionneur.
42 Rool François, cordonnier bottier.
27 Locamus Léonce, ancien avoué.
   Laborel, avoué.
   Fortuné Léotard, avocat.
   Gondois (veuve), rentière
   Gondois Adolphe (veuve), rentière.
29 Poncet, ancien inspecteur du gaz.
31 Roman Eugène, pharmacien.
   Blanc (veuve), rentière.
   Chapelle Paul, négociant en tout genre.
33 Didier, charcutier provençal.
37 Latour Félix, cordonnier bottier.
   Courtial, professeur du Lycée.
44 Sauvaget (veuve), marchande de paniers et sabots.
46 Constantin Jean, traiteur restaurateur.
48 Basile Joseph, cordonnier bottier.
50 G. Joubert, négociant en tissus en gros et graines de vers à soie.
39 Maurin (veuve), boulanger, vins en détail.
41 Genin Auguste, tailleur.
   Chenivesse, cordonnier bottier.
43 Malclets, Jean-Baptiste. perruquier-coiffeur.
45 Brun Étienne, marchand tailleur.
47 Royer Jean-Baptiste, galochier broquier.
49 Halary, cordonnier pour dames.
51 J. Mouret fils, marchand drapier et toilier.
52 Aillaud, bureau de roulage, directeur de la Compagnie Lyonaise.
   Dupont Joseph, marchand de graines.

54 Nème Charles, ferblantier lampiste, marchand de bouchons.
56 Capdevila Isidore, fabricant de chaussons.
58 Brun Honoré, horloger.
60 Gérard Joseph, cordonnier pour dames.

N. Saunerie (petite).

Du Cloître St-Pierre à la rue Saunerie.

1 Nicolet Jean, épicier.
2 Ressegaire, peintre en bâtiments.
6 Valette Henri, agent d'affaires et bureau de renseignements.
8 Aubert, vicaire de St-Pierre.
10 Coste Félix, propriétaire.
   Bédel, inspecteur des forêts.
9 Goudareau frères, négociants en garances et garancines.
   Goudareau Louis, négociant.
11 Désandré père et fils, agents d'assurance *La Nationale*.
13 Bon de Chabran et Compagnie, négociants et commissionnaires en soies.
   Bon Marie (Mlle), propriétaire.
   Berlin, ✽, économe de l'Hospice Isnard.
15 Du Laurens Alfred (baron), propriétaire.
   Du Laurens Ulysse (veuve baronne), propriétaire.
12 Imbert aîné, professeur de musique, violoncelle et compositeur.
17 Sagnier Alphonse, ancien avoué.
   Jacquet Charles, avoué.
19 Descatté fils, huissier.
   Carol, serrurier balancier.
   Bouyard, commis en librairie.
21 Rolland, 1er commis des contributions directes.
   Bouvet, voyageur de commerce.

N. Sorguette.

De la place Trois-Pilats à la rue Oriflamme.

1 Brun Théophile. *Bains des Grands Jardins.*

S. St-Agricol.

De la Place de l'Horloge à la rue Calade.

2 Joyeuse François, boucher.
4 Seince fils aîné, marchand et fabricant de parapluies.
  Nicolas Milo, marchand de modes et lingeries.
  Nicolas et Louis Noyer, entrepreneurs de vidanges.
  Abeille Laurent, luthier, tabletier, pianos et orgues.
1 Maurou, successeur de Petit, imprimeur lithographe.
3 Blanc Jacques, charcutier, marchand d'huiles.
  Bérard (veuve), née Déty, accoucheuse.
  De Gerente (veuve), rentière.
  Paul Adelaïde (Mlle), bouquetière.
  Bonnard Julie (Mlle), modiste.
7 Farges (Mme), épicière.
  Farges Auguste, commis négociant.
9 Wistraëte, marchand tailleur.
11 Stœssel, marchand tailleur.
  Jeannel (veuve), rentière.
  Dillemans (Mme), modiste.
  Dillemans, horloger.
6 Gros-Jean Henri, coiffeur.
8 Pégurier, pharmacien.
10 Valery Félix, ✸, chef d'escadron en retraite.
12 Pansin Jean-Baptiste, tapissier.
  Cristin Théophile, marchand tailleur.
15 Vénissat Jean, fruitier.

16 Fabry (Mlles), débitantes des tabacs.
Fabry Herminie (Mlle), institutrice.
18 Montagner Agricol, entrepreneur de bâtiments et quincailler.
Paitrault fils, professeur de pianos et accompagnateur.
Paitrault père, marchand de musique.
17 Ducreux Hippolyte, boulanger.
19 Roumanille Joseph, libraire-éditeur, homme de lettres.
Trémolière Maurice, représentant du commerce.
Pègue, propriétaire.
20 Aurouze, toilier. Spécialité de blanc et de deuil.
23 Caire Camille. *Hôtel du Louvre.*
André William, propriétaire.
Mathieu Anselme, homme de lettres.
21 Peyrot, marchand d'antiquités et meubles.
25 Borel Guillaume, confectionneur.
27 Cizaire Antoinette (Mlle), marchande de modes. Spécialité de hautes nouveautés.
29 Roure, confiseur. Spécialité de fruits confits et bonbons fins.
Meynaud Léopold, propriétaire.
Bertoglio (veuve), rentière.
Jourdan (veuve), propriétaire.
31 Chabert, loueur de voitures.
Allard Joseph, propriétaire.
33 Richard Antonin, perruquier-coiffeur.
Dumas Pascal, encaveur, purgeur de puits.
35 Périé J, cordonnier bottier.
37 Roux Hippolyte, épicier charcutier.
22 Gaya, marchand de vins en gros et liqueurs.
Gabaret, sculpteur.
Gabalda, ferblantier, lampiste, pompier.
Jacquet Joseph, propriétaire.
Penable et Cie, imprimeurs typographes, propriétaires du *Courrier de Vaucluse.*

S. St-Agricol (passage).

De la rue St-Agricol à la rue Géline.

1 Levesou Marc, sacristain de St-Agricol.
6 Clavel Isidore, marchand de vins en détail.
  Pliquet, propriétaire.
  Eyrier cadet, propriétaire.
  Eyrier Louis, représentant de commerce.

S. St-Antoine.

De la rue Figuière à la rue Galante.

1 Bédarrides Laurence, accoucheuse.

N. St-Bernard.

De la rue Muguet à la rue du Rempart Limbert.

9 Bouvier Marius, marchand de fourrages et pailles.
13 Selen Louis, entrepreneur de bâtiments, capitaine des Sapeurs-Pompiers.

N. Ste-Catherine.

De la rue Banasterie à la place Trois Pilats.

2 Reboul J.-Baptiste, peintre d'histoire.
  Reboul (Mlle), institutrice particulière.
  Agnès Clémence (Mlle), rentière.
1 Vidalein, ancien boulanger.
6 Maumet Léon (veuve), propriétaire.
8 Poncet Eugène (veuve), propriétaire.
  Blétrix et Ressegaire, négociants en chardons

5 Villars Eugène, propriétaire, agent d'assurances.
Ulpat, vicaire de St-Pierre.
9 Gazel Jules, trésorier-payeur de Vaucluse.
Collet Louis, facteur de la poste.
10 Bonnet Philippe, propriétaire.
10-bis Lallement (Mlle), propriétaire.
12 Julian (veuve), propriétaire.
14 Gégot (veuve), propriétaire.
Monestier, professeur du Lycée.
11 Muscat Prosper, négociant.
Blétrix Louis, négociant.
22 Paul Henri, chef de division à la préfecture.
Paul (veuve), propriétaire.
24 Laty fils, employé des postes.
Vianet Auguste, rentier.
26 De Casteljau, propriétaire.
Gois, commissaire-priseur.
17 Dames Religieuses de St Charles, au bureau général de charité.
30 Langard (veuve), revendeuse.
Bouyer Jules, badigeonneur.
32 Magnin père, propriétaire.
34 Blanc (Mlle), tailleuse en robes.
36 Blanc, aumônier des pénitents blancs.
36-bis Flaverge, charcutier.
38 Bouvachon, facteur de la poste.
21 Leydier (veuve), rentière.
Pitt de Heurta (veuve), rentière.
23 Lack, employé au bureau des hypothèques.
25 Colomer, contrôleur principal des contributions directes
29 Rolland Antoine, boulanger.

S. St-André.

De la rue Gromelle au Rempart de Loulle.

1 Communauté des R. P. Récollets.

4 Blayrac (Mlle), propriétaire.
5 Mayeur, propriétaire.
  Peyron jeune, ancien traiteur.
  Bourgue, fabricant d'hosties et pains à cacheter.
6 Rondel Alfred, ingénieur des ponts et chaussées.
7 Paulet François, peintre en voitures.
8 Morel Joseph, entrepreneur de bâtiments.
10 Daruty, entrepreneur de bâtiments.
9 Ripert Clément, peintre en voiture.

S. St-Charles

De la rue Calade à la rue Rempart St-Roch.

4 Goubin Antoine, chan. hon., supérieur du grand séminaire.
  Faure, économe du grand séminaire.
6 Giraud, chanoine honoraire, directeur des bibliothèques paroissiales.
6-bis Reynaud Pierre, sculpteur statuaire.
8 Maison des orphelines ou petite Providence.

S. St-Dominique.

De la rue Calade à la porte St-Dominique.

4 Charles Louis, sellier carrossier.
  Charles Louis (Mme), accoucheuse.
  Poulin Etienne, entrepreneur de diligence et roulage.
  Teissier Joséphine (Mlle), tailleuse en robes.
3 Blanc Claire (Mlle), propriétaire.
  Talagrand, propriétaire.
5 Yvaren Prosper, docteur médecin.
6 Martin Frédéric, fabricant de vitraux peints.
8 Meynadier François, propriétaire.

S. St-Thomas d'Aquin.

De la rue St-Dominique à la rue Rempart de Loulle.

1 Marceaux, employé aux travaux du chemin de fer.
  Roman Auguste (veuve), propriétaire.
3 Passet, propriétaire.
  Percie, propriétaire.
2 Verdet Gabriel, président du tribunal de commerce.

S. St-Étienne.

De la rue Balance à la rue du Rempart de Loulle.

1 Dourcin Jean, serrurier.
5 Bobba père, serrurier.
4 Villion (Mlle), fripière.
7 Guilon Louis, marchand de vins en détail.
9 Brouchier (Mlle), revendeuse.
  Paulet Louis, cabaretier.
8 Liffran Claude, revendeur.
15 Hermite Michel, menuisier.
10 Lautier, marchand de vins en détail.
14 Du Laurens (veuve baronne), propriétaire.
  Du Laurens Louis (baron), propriétaire.
  Redon Victor, fabricant de papiers de pliage.
17 Reynard Lespinasse Adrien, négociant.
16 Chantron (veuve), propriétaire.
  Chantron Antoine, inspecteur de l'enregistrement.
  Offray Hippolyte fils, agent départemental du *Moniteur Universel*, correspondant de plusieurs journaux.
18 Chauchart, propriétaire.
19 De Baciocchi (Mlle), propriétaire.
20 Beaume, propriétaire.
22 Peyre cadet, fabricant de voitures.
24 Pascal Honoré, propriétaire.

24 Barbut (Mlles), tailleuses en robes.
21 Dupont, ancien carossier.
26 Bouin Auguste, boulanger.
25 Paraud (veuve), revendeuse.

S. Ste-Magdeleine (place).

De la rue des Grottes à la rue St-Etienne.

7 Pourrière Sébastien, coiffeur.
12 Combe Jean, marchand de vins en détail.
6 Peloux Paul, revendeur.

N. St-Christophe.

De la rue Bourgneuf à la rue des Teinturiers.

17 Vigne Claude, marchand de vins en détail.
24 Brussol Jules, revendeur.
   Motte fils aîné, entrepreneur de bâtiments.
30 Lavondès Henri, propriétaire.
23 Dufour, ancien bourrelier, marchand de grains.

S. St-Didier (place).

De la rue Galante à la rue Trois Faucons.

2 Pontien André, marchand de vins en détail.
4 Rougon Louis, marchand d'antiquités et vieux meubles
12 Baretta (veuve), *Café de St-Didier*, fabrique de chocolat.
16 Terrasse Charles, ancien avoué.
   Terrasse Édouard, avoué.
   Nègre, propriétaire.
11 Offray aîné, imprimeur libraire.
   Chotin, professeur d'anglais.

St-DIDIER, Ste-GARDE, St-JEAN-LE-VIEUX.

9 Martin Ducroit, orfèvre à façon.
Guerin Louis, agent de l'assurance la *Clémentine*.
7 Remacle Louis, receveur des hospices.
5 Auguet François, fabricant de chaussons.
3 Mégy Edouard, pharmacien.
1 Guibert (veuve), propriétaire.
Richard (veuve) née Richard, propriétaire.
Meissonnier Samatan (veuve), propriétaire.
1 *bis* Fanot Clément, distributeur en ville, rédacteur de l'*Indicateur d'Avignon*.

N. Ste-Garde.

De la rue Saunerie à la rue St-Jean-le-Vieux.

1 Bouissou, cordonnier.
Combe, courtier en grains.
Roux Balmossière veuve, débitante des tabacs.
2 Gonnet, orfèvre.
Armand fils, perruquier-coiffeur.
Parrel Lucien, tailleur.
Pelegrin Bruno, propriétaire.
De Boudard Alexis, rentier.
Maret Louis, confectionneur.
4 Fanque Louis, mercier, quincailler, articles pour fumeurs.
Théodore et Léon Crémieux frères, marchands de nouveautés.
Crémieux (veuve), propriétaire.

N. St-Jean-le-Vieux.

De la rue Saunerie à la place Pignotte.

5 Bailiou Pierre, boulanger.
4 Colin (veuve), et frères, marchands de crépins.
6 Massonot Lucie (Mlle), revendeuse.

St-JEAN-LE-VIEUX, PLACE St-JOSEPH.

8 Guerin Joseph, cabaretier.
7 Pascal Marius, cordonnier.
  Bilger (veuve), fripière.
9 Croquet Paul, cordonnier.
  Lavaissière Louis, marchand de cuirs.
11 Maillet Eugène, traiteur restaurateur.
13 Bruyère Louis, cafetier.
15 Faye Agricol, marchand de salaisons.
17 Julian fils et Roquer de Sorgues, négociants en garances et garancines.
  Capeau Clémentine (Mlle), rentière.
  Capeau Marie (Mlle), rentière.
  Tarascon, fabricant débitant de liqueurs.
19 Marron Urie, épicier.
21 Michel, photographe.
  Maffet, tailleur.
  Brémond, employé au Mont-de-Piété.
  Fontaine François, charcutier.
23 Vial Charles. *Café du Commerce.*
25 Mouret Joseph, chaudronnier pompier.
  Madon Amédée, tailleur.
27 Favier Louis, perruquier-coiffeur.
29 Coudert Philippe (veuve), traiteur.
18 Armand Etienne, boulanger.
20 Dumas et Broc, confiseurs. Spécialité de fruits confits, marrons fondants, dattes farcis.
22 Maillet, successeur d'André Guérin, pharmacien.
37 David et Bresset, négociants en grains.
24 Fouque cadet, épicier et marchand d'huiles.

N. St-Joseph (place).

De la place du Grand Paradis à la rue Palapharnerie.

1 Reynard, fabricant de voitures.
2 Garnesson, perruquier-coiffeur.
3 Joussemet, forgeron en voitures, fabricant de pressoirs (breveté).

N. St-Joseph (rue).

De la rue Palapharnerie au Rempart St-Lazare.

N. St-Guillaume.

De la rue des Infirmières à la rue Petit Amouyer.

S. St-Marc.

De la rue Bancasse à la rue Bonaparte.

2 Chabas Alexis, formier.
3 Lallement Hubert, commis négociant.
4 Naud Auguste, serrurier mécanicien.
8 Du Demaine (comte), propriétaire.
7 Clerc J.-Baptiste, propriétaire.
   Clerc Appollonie (Mlle), rentière.
   De Roche, propriétaire.
   Rousset, .er commis des domaines.
15 Dumont, professeur de violon.
17 Thiers Auguste, architecte.
   Kunkelr, administrateur des eaux.
19 Chabal, revendeur.
   Delacour (veuve), rentière.
23 Cantin Louise (Mlle, tailleuse en robes.
25 Astruc (Mlle), rentière.
27 Montagnier Louis, inspecteur du gaz.
29 Goudet François, représentant de commerce.
   Longuet, boulanger.
33 Capeau André, pensionnaire des postes.
37 Payen Jean Alexis, propriétaire.
39 Feste Sébastien, épicier.
41 Ancelin André, fabricant de membres mécaniques.
43 Coulon (Mme), rentière.
   Quinquin (veuve), rentière.
45 Rigoll Joseph, fabricant de mosaïques.
49 Neveu Henri, ferblantier lampiste pompier.

51 Bonefoi jeune, tailleur pour ecclésiastiques.
53 Cassin, docteur médecin.
55 Capeau (veuve), propriétaire.
   Castion père, ancien notaire.
   Castion fils, juge au tribunal civil.
57 Roux Urbain, débitant des tabacs.
   De Campou, professeur du Lycée.
63 Bruneau Michel, mercier épicier.
65 Riety Joseph, épicier.
67 Fortuné Antoine, propriétaire.
   Sers Henri, ingénieur du chemin de fer.

8. St-Michel.

De la place des Corps-Saints à la porte St-Michel.

1 Bois et Soupiquet, marchands de chevaux.
  Luneau (veuve), rentière.
2 Boulaire Antoine, bourrelier.
7 Barbantan Claude, épicier.
4 Cappeau Joseph, chapelier.
9 Mérindol (veuve), propriétaire.
6 Lafûte J.-Bte, sculpteur statuaire.
11 Cauchard Henri, peintre en bâtiments.
13 Brun Louis, cordier.
15 Verdier Agricol, cordier.
17 Payet (veuve), débitante de tabacs.
19 Bonnaud (veuve), revendeuse.
21 Michon Baudile, marchand de cuirs. *A la grande tige.*
23 Boudin Auguste, propriétaire.
51 Raquillet Christophe, fabricant de chapeaux.
55 Monteil, serrurier.
   Longuet Joseph, débitant de liqueurs.
57 Audin Louis, tourneur mécanicien.
39 Luneau Henri, médecin vétérinaire.

N. Ste-Perpétue.

De la rue Banasterie à la rue Ste-Catherine.

1 Riqueau et Louis Duprat, négociants, commissionnaires en soies et garances.
3 Achard Antoine, propriétaire.

N. St-Pierre (rue).

De la rue des Marchands à la place St-Pierre.

3 Aubert Jacques, cordonnier.
  Nimal et Cie, marchands de crépins.
  Beaulieu, commis négociant.
5 Protton Philippe, réparateur d'objets d'arts anciens et modernes.
7 Perpignan Édouard, chirurgien-dentiste.

N. St-Pierre (place).

De la rue de l'Arc-de-l'Agneau à la rue place St-Pierre.

1 Chambeau Ernest, greffier en chef du tribunal civil.
3 Clément Adolphe, docteur médecin.
5 Aubert, chanoine.
7 Goudareau Albin, propriétaire.
  Aubanel Théodore, homme de lettres.
  Mottet, propriétaire.
9 Aubanel Agricol, chanoine.
  Aubanel frères, imprimeurs-libraires.
  Aubanel Charles, négociant.
  Vayson Xavier (veuve), propriétaire.
10 Merlin Théophile, monteur de boîtes de montres.
2 Frac dit Basile, marchand de meubles d'occasion.
  Ressegaire jeune, commis négociant.

N. St-Pierre (rue place)

De la place St-Pierre à la rue Peyrollerie.

1 Monestier aîné, ✻, négociant en soies et garances.
2 Vielleden et Pradel, chirurgiens-dentistes.
 Bouvachon Commin Alfred, agent des chemins de fer du Midi.
 Bouvachon Commin (veuve), propriétaire.

N. St-Pierre (cloître).

De la rue Peyrollerie à la place St-Pierre.

4 Massiaux Emilie (Mlle), coiffeuse.
5 Lheureux mère, rentière.
7 Ginoux (Mme), tailleuse en robes.
 Blanc, fourrier de ville.

S. Ste-Praxède.

De la rue St-Agricol à la rue Basile.

4 Tonin Joseph, ébéniste.
6 Bras Jean, serrurier.
10 Joannis Joseph, chanoine honoraire, curé de St-Agricol.
5 Duplan Jean, fabricant d'eaux minérales, entrepôt de bière de Lyon.
7 D'Oléon Bonnet, propriétaire.
 D'Oléon Charles, propriétaire.
11 Fabre Claude-Louis, directeur des domaines.
13 Benoit, propriétaire.
16 Rolland, directeur des postes.
18 Pons Etienne, serrurier.

134 St-SÉBASTIEN, TARASQUE, DES TEINTURIERS.

N. St-Sébastien.
De la rue des Infirmières à la rue Pouzeraque.

4 Daruty Barthélemy, menuisier.
7 Saurel Joseph, menuisier.
10 Perrot, employé à l'octroi.

S. Tarasque.
De la rue des Teinturiers à la rue Rempart St-Michel.

1 Plouton Antoine, moulinier en soies.
6 Besse Jacques, peintre en bâtiments.

N. S. Teinturiers (des).
De la rue Bonneterie au Rempart St-Michel.

1 Jonquet Jean, marchand de vins au détail.
3 Bouyard Laurent, revendeur.
5 Perret Pierre, fabricant de toiles peintes.
7 Palun Raymond (veuve), boulanger.
11 Castellan fils, teinturier dégraisseur et en soies.
13 Mouret Joseph, propriétaire.
15 Coste Casimir, souffleur de peaux de lapins.
19 Foule fils, fabricant de toiles peintes.
   Foule père, propriétaire.
21 Prévot (veuve), rentière
   Prévot Philippe, épicier.
23 Seytour (veuve), fabricant de toiles peintes.
25 Borel Edouard fils jeune, fabricant de toiles peintes.
27 Escoffier Joseph, moulinier en soies.
29 Gent Gustave, fabricant de courroies.
31 Vignal Anselme, boulanger.
33 Clavel Bruno, quincailler.
   Monier Charles, propriétaire.

35 Richard Henri, charcutier.
37 Héraud Jacques, fruitier.
39 Camps François, marchand de vins en détail.
10 Fabre Joseph, fabricant de toiles peintes.
12 Ricard Léon veuve et fils, fabricants et fileurs de soies.
41 Coulon Louis, fabricant de cierges et bougies.
14 Fabre Henri, professeur au Lycé.
43 Duprat Louis, fabricant de réglisses.
45 Louis Chapuis neveu, mécanicien.
49 Moreau André, perruquier-coiffeur.
51 Gelin Antoine, serrurier.
53 Prévot Antoine, épicier.
55 Fort Benoît, négociant.
57 Fayol Pierre, cordonnier.
59 Neveu Joseph, boulanger.
61 Culet Jean, charcutier.
63 Cartier, ancien cafetier.
65 Lève Joseph, revendeur.
67 Calmin Jacques, *Café de la Comète.*
Dupay (veuve), perruquier-coiffeur.
22 Coste Albert (veuve), propriétaire.
24 Rosan dit Berry fils, fabricant d'essieux et grosse quincaillerie (breveté.)
26 Reynier François, fondeur en métaux.
69 Klemm Guillaume, cafetier.
73 Pourchier J.-Bte (veuve), fabricant de chocolats.
75 Moreau et Rebandengo, mécaniciens.
77 Blache (veuve), moulinier en soies.
79 Capdegelle, fabricant de peignes et marchand d'engrais.
83 Monier (veuve) fils et Cie, mécaniciens.
28 Mabistre, Rousset et Estanove, fabricants de soies à coudre.

N. Tête-Noire.

De la rue Portail-Matheron à la rue des Infirmières.

1 Roubaud, accordeur de pianos.
Roubaud (Mme), directrice de l'école d'asile.

136 TÊTE-NOIRE, DE LA TOUR, TROIS-COLOMBES.

10 Rolland Ferdinand, serrurier.
10 Siaud, surnuméraire des contributions indirectes.
18 Jean Hippolyte, ancien fabricant de pâtes.
   Raymond et Roullié, fabricants de vermicelles et pâtes.
24 Lègues (veuve), rentière.
13 Teissier, ✤, juge de paix, (canton sud).
17 Chabailler, propriétaire.
19 Colombe (veuve), marchande de vins en détail.
21 Joyeuse jeune, boucher

N. Tour (de la).

De la rue des Infirmières à la rue Rempart St-Lazare.

9 Chambon Ange, marchand de fourrage.
11 Armand, ancien économe de l'Hôtel-Dieu.

N. Trémoulet.

De la rue Vieux-Septier à la rue Bonneterie.

5 Nicolaud Etienne, marchand de vins en détail.

N. Trois-Colombes.

De la rue Campane à la rue Banasterie.

5 Vergier Louis, tourneur en chaises.
13 Aubert (Mlle), propriétaire.
21 Girard Antoine, fileur de soies.
14 Follier dit Chambéry, propriétaire.
23 Gayet (veuve), rentière.
27 Chabanel, ✤, capitaine en retraite.
29 Delpuech Léopold, propriétaire.

N. Trois-Pilats

De la rue Ste-Catherine à la rue des Infirmières.

3 Jonc, vicaire de St-Symphorien.
  Gonnet, aumônier du Sacré-Cœur.
5 Brémond, ✻, chanoine honoraire, curé de St-Symphorien.
7 Valay, propriétaire.
8 D'Afflon de Champier, ✻, capitaine en retraite.
14 Barry père, instituteur.
16 De Labastide Edmond, avocat.
  De Labastide (veuve) propriétaire.
11 Monleaud (Mme), fruitière.
18 Liane Benoît, chaudronnier, réparations en tous genres.
13 Bouneaud Joseph, menuisier ébéniste.
15 Banache Antoine, quincailler.

S. Trois Testons.

De la rue Aygarden à la rue Grande Monnaie.

1 Arnaud Gabriel, professeur de chant.

S. Trois Faucons.

De la place St-Didier à la place des Corps-Saints.

1 Frainet frères, camionneurs et correspondants du chemin de fer.
  Germain Etienne, négociant.
  Martin (Mlle), tailleuse en robes.
5 Roubert, statuaire en cire et en cartons, successeur de Griottier.
2 Estornel, débitant des tabacs et ferblantier.
  Guille Ignace (veuve), propriétaire.

TROIS FAUCONS.

2 Martinon (Mlle), rentière.
4 De Guilhermier Louis (comte), propriétaire.
  De Rochegude (veuve marquise), propriétaire.
7 D'Archimbaud (veuve marquise), propriétaire.
9 Canron Victorine (Mlle), professeur de piano.
  Delmas Eugénie (Mlle), rentière.
8 Boucher Jeanne (Mlle), propriétaire.
  Lapierre (veuve), rentière.
  Millié (veuve), rentière.
11 Aubanel Louis, teneur de livres.
  Charbonnet, prêtre bénéficier à la Métropole.
  Virieux Marie (Mlle), modiste.
  Munch Charles, tailleur.
13 Lagnel (Mlles), épicières.
10 Giroux (Mlles), quincaillères.
12 Bonefille Joseph, sculpteur marbrier.
  Bernard, employé aux ponts et chaussées.
15 Fouque Pierre, marchand de graines de vers-à-soie.
  Cavaillon Ulysse, commis négociant.
  Colonieu Louis, commis négociant.
  Galle, professeur du Lycée.
  Rivier, employé au télégraphe.
17 Mazetty (veuve), propriétaire.
  Meissonnier François, chef de gare des marchandises.
  Rouleau (veuve), rentière.
  Clavel, peintre en miniatures et tableaux.
19 Derrive Marius, receveur des actes judiciaires.
  Blanchet (veuve), propriétaire.
14 Michaëlis (veuve), propriétaire.
  Michaëlis Xavier, propriétaire.
  Jourdan (veuve), propriétaire.
  Molinier Félix, professeur au Lycée.
18 Doussot Réné, cabaretier.
21 Pongo Isidore, entrepreneur de bâtiments.
23 Penne fils, négociant en soies.
20 Rochevallier Louis, marchand de vins en détail.
22 Charasse Alphonse, boulanger.
25 Achard Antoine, négociant en garances et garancines.

25 Duplantier Dominique, propriétaire.
   Moulard, ✻, chef de division de la Préfecture en retraite.
   Buisson (veuve), rentière.
28 Imbert Louis, débitant de liqueurs.
30 Latreille (veuve), grainetière.
32 Chiari Isidore, marchand et fabricant de poteries, fabrique au Pontet.
34 Trouillet Henri, perruquier coiffeur.
27 Palun Alphonse, charcutier.
29 Berle J.-Bte, épicier.
   Bonnet, ancien tailleur.
   Juvin Auguste, boucher.
36 Raymond Ferdinand, boulanger.
38 Barry (veuve), pharmacien.

S. Velouterie.

De la rue Annanelle à la porte St-Roch.

2 Pralong, propriétaire.
4 Buchot, secrétaire général de la préfecture.
  Mouton aîné et Cie, jardiniers fleuristes et pépiniéristes.
3 Marnas Pierre, marchand de charbons.
7 Nicolas, entrepreneur de bâtiments.
9 Rambaud Philippe, aumônier des Ursulines.
6 Geniez Jean-Jules, sous-chef de division à la préfecture.
  Geniez Louis, chef de comptabilité, garde magasins des Domaines.
  Geniez père, propriétaire
15 Mouton père et fils, jardiniers fleuristes et pépiniéristes.
   Maillaguet, aumônier des Darmes Carmélites.

N Vice-Légat

De la place Lamirande à la rue Banasterie.

VIENEUNE, VIEILLE POSTE, VIOLETTE.

S. Victoire

De la rue Calade à la rue Bouquerie.

4 Verdet et Cie, négociants en soies, garances et garancines.
6 Rochier, vicaire de St-Agricol.

N. Vieneuve.

De la rue Ste-Catherine à la rue Saluce.

3 Dumas, vicaire auxiliaire de St-Agricol.
4 Pelegrin (Mlle), propriétaire.
6 Dauvergne, propriétaire.
8 Gamounet aîné, fileur de soies.

N. Vieille Poste.

De la rue Balance à la Place du Palais

1 Malige (Mlle), accoucheuse.
5 Fanton Jules, commis négociant.
7 Cercle Maçonique.
6 Dubourguier (veuve), propriétaire.
  Dubourguier fils, employé à la Mairie.
  Maffet (Mlle), rentière.
  Gras Félix, aspirant au notariat.

S. Violette.

De la rue Vieilles-Etudes à la rue St-Charles.

3 Durand, menuisier ébéniste.

5 De Laborde Gustave (comte), propriétaire.
Germanes, O, ✻, ancien président de la Cour Impériale.
De Cambis Alais (veuve vicomtesse), propriétaire.
De Glasson veuve marquise), propriétaire.
4 Mourre Louis, camionneur.
Valentin, employé des ponts-et-chaussées.
7 D'Olivier de Pezet, ✻, ancien député.
D'Olivier Albert, propriétaire.

N. Vieux-Septier.

De la rue Rouge à la Place Pie.

2 Jullian P., orfèvre.
3 Tyran et Nardy, bandagistes.
4 Giovanna Marcelin, potier d'étain.
7 Lautard Auguste, marchand de fers et quincailleries.
11 Calade Raymond, boulanger.
13 Astoux Désiré, épicier.
Gontelle Benoit, marchand de dentelles.
Michel Jean, tailleur.
Bertrand (Mlle), rentière.
6 Verdier Henri, cordier.
8 Giera Joseph, marchand de cristaux.
17 Ricard Désirée (Mlle), quincailler.
Riberotte J., marchand de parapluies.
19 Rimbaud J., marchand de nouveautés.
12 Ponge Noël. *Café de la Bourse.*
14 Vigne Noël, perruquier.
21 Brun Justin, mercier quincailler.
23 Cousin Victor, épicier, denrées coloniales.
25 Gilles Clément, marchand drapier.
16 Valentin Guérin père et fils, épiciers.
18 Turin Jean, marchand de fromages et huiles, spécialité pour le beurre.
20 Arnaud Gabriel, boucher.

VIEUX SEPTIER.

31 Bellon aîné et Compagnie, marchands d'huiles et fromages.
33 Poulin Hippolyte, charcutier.
20 Fizairé Charro, mercier quincailler.
22 Coste Casimir, (Mme) modiste.
 Arnaud (veuve), marchande de tissus.
 Gerbaud Auguste, marchand de tissus.
 Yol (veuve), propriétaire.
 Arnoux François, marchand de tissus.
 Delorme Agricol fils aîné, charcutier.
 Borel (veuve), bouchère.
35 Motte Denis (veuve), marchande de comestibles.
37 Delorme Esprit, boucher.
 Lyon Digne, marchand de tissus.
39 Pagès frères, épiciers, denrées coloniales.
41 Isoire Pierre, peseur juré.
24 Lyon jeune, marchand drapier, tissus et nouveautés.
 Dame Joseph, charcutier.
26 Crivel Pierre, marchand de volailles.
 Barnel (veuve) jeune, mercerie, quincaillerie et bonneterie.
41-bis. Marcellin (veuve), charcutière.
43 Dame Laurent, boucher
 Desandré Balthazard, marchand de volailles.
45 Beissier A., marchand drapier.
49 Challe frères, marchands d'huiles et fromages.
28 Roman Louise (veuve Desmarieu), mercier et quincailler.
50 Mejean Emilie (Mlle), bouchère.
52 Henri Espieux, Dinard et Bonnard, marchands drapiers et toiliers.
34 Blanchard Joseph, professeur de gymnase, constructeur de bassins en rocaille.
36 Ayme (veuve), bouchère.
 Noël Joseph, cafetier.
38 Faye Suzanne (Mlle), marchande de comestibles.
40 Delorme Marius, boucher.
42 Brun Joseph (Mme), marchande de tissus et toiles peintes.

VIEUX-SEPTIER, BOULEVARD LIMBERT.

Brun Joseph, directeur du Conservatoire de musique et de l'Orphéon.
44 Vissac V., mercier et quincailler.
51 Lyon Benjamin, marchand de nouveautés.
53 Libercier Etienne, marchand de volailles.
55 Faucon Louis, droguiste épicier.
46 Guérin aîné, marchand de fromages et huiles.
48 Joly Jean-Baptiste, marchand de quincailleries.
50 Milhe Léon, mercier quincailler.
52 Cappeau Pierre, grainetier, denrées coloniales, chanvres, cordages, entrepôt du phospho-guano.

N. Boulevard Limbert.

De la porte St-Lazare à la porte Limbert.

Gilles Henri, commissionnaire expéditeur, propriétaire des vignobles de Châteauneuf-du-Pape, (Vaucluse).
Voulan, aubergiste, marchand de chevaux.
Gilles Dominique, propriétaire des Eaux de Propiac (Drôme.)
Peyre fils aîné, fondeur en métaux.
Deville Ferrier, mécanicien, marchand de bois, et pierres.
Mortz dit Alsacien, forgeron.
Dabry Michel, propriétaire.
Brunel fils, marchand de bouteilles et gobeleterie
Penable Antoine, charron.
Dabry Claude fils aîné, fileur en soie.
Barthélemy Antoine, aubergiste. *Au Lion d'Or.*
Deville père, propriétaire.
Deville Charles, triturateur de garances, graine de luzernes, bois de teinture, achat et ventes.s
Rey Balthazard, artificier de la Mairie.
Bréton Henri, charron.
Mallet Ferdinand, fabricant de tombeaux en pierre froide de Chaumerac et Crussol, tailleur de pierre.
Crivel fils, marchand de bois de service.

BOULEVARDS LIMBERT, DE LOULLE, NAPOLÉON.

Dibon Thomas, fabricant de savons.
Farget Auguste, tonnelier.
Fanguin, Guillaume, chaudronnier, pompier, fabricant de chaudières à vapeur, pour garancine, papeterie, etc.
Nicolas Auguste, employé des postes.
Nicolas Philippe, propriétaire.
Nicolon (veuve), rentière.
Kalèche Joseph, mécanicien, charpentier, triturateur de graines de luzernes, etc.
Brémond Félicien, receveur caissier du Mont-de-Piété.
Février, ancien cafetier.
Maurie Esprit, bourelier.
Chevillon Antoine, charron.
Bourges Rosa (Mlle), coiffeuse pour dames.
Sylvestre Raymond, marchand de bois, scie hydraulique.
Passemard, fabricant d'eaux de seltz, entrepôt de bière de Lyon.
Germain et Portalès, fabricants de savons.
Cartoux André, aubergiste.
Gaumont, ancien constructeur de chaudières à vapeur.
Beff, conducteur des ponts et chaussées.

Boulevard de Loulle.

De la porte St-Dominique à la porte de Loulle.

S. Boulevard Napoléon.

De la porte St-Michel à la porte Napoléon.

Cartoux fils, fabricant d'instruments aratoires.
Pierreplane Simon, aubergiste. *Aux Quatre Marronniers.*
Niel Claude, horticulteur fleuriste.
Molino, plâtrier.
Gondain, aubergiste.
Allez Michel, horticulteur fleuriste.

Coussin Joseph, aubergiste.
Arnaud jeune, débitant de liqueurs.
Ponge Etienne, entrepreneur de bâtiments.
Rochetin Jean-Baptiste, marchand de charbons et bois à brûler.
Carrière Jean-Baptiste, ✱, brigadier de gendarme en retraite.
Bataille, adjudant sous-officier du pénitencier militaire en retraite.
Chauvin, aubergiste. *Guinguette de Montclar.*
De Labastide Elie, propriétaire.
Marcelin, propriétaire.
Privas Rose (Mme), débitante de liqueurs.
Thierry, chef de gare des voyageurs.
Blanc Jean, débitant de liqueurs.
Masson Adolphe, commis négociant.
Bernard, employé au télégraphe.

8. Boulevard St-Dominique.

De la Porte St-Roch à la porte St-Dominique.

De Dions (marquis), employé au chemin de fer.
Méry, aubergiste.
Aymard, aubergiste.
Ferigoule, aubergiste.
Lautier Alexis, tonnelier.
Genty Jean, débitant de liqueurs.
Manuel Charles, marchand de chevaux.
Chapas Bouché, entrepôt de charbons des Mines de Lalle.
Baudouin Jules, entrepreneur du chemin de fer d'Avignon à Salon.
Bonnaud Pierre, propriétaire.
Joseph Perre, fonderie de fers, cuivres. Constructeur de machines, grosses cloches, tons garantis.
Doyer, conducteur des ponts et chaussées.

S. Boulevard St-Michel.

De la porte Limbert à la porte St-Michel.

Bounaud, marchand de charbons et trouille.
Maire Etienne, mécanicien charpentier, entrepreneur.
Sylvain, aumônier de l'Hospice-Isnard.
Mianne Pierre, débitant de liqueurs.
Bosviel Aimé, aubergiste. Guinguette de la *Maison Carrée.*
Pommère Louis, chaudronnier pompier.
Guérin Camille, propriétaire.
Aubergier, aubergiste. *Guinguette St-Michel.*
Alexandre Reau-Tournade, fabricant de fruits confits.
Boudon Joseph, marchand de charbons, de coke et trouilles.
Desfond frères, fondeurs en fonte, usine St-Michel, maîtres de forges et hauts-fourneaux.
Baudon, ancien cafetier.
Niel oncle, horticulteur fleuriste.
Bertrand Agricol, boulanger.
Delaye Gens, forgeron.
Eldin, entrepôt de bois pour charronnage.
Belladen, revendeur.
Ponge André, entrepreneur de bâtiments.
Lisbonne aîné, fabriquant d'allumettes chimiques à St-Ruf.

S. Boulevard St-Roch

De la porte Napoléon à la porte St-Roch.

Goutier Michel (veuve). *Café du Boulevard.*
Perrier et Fouque, marchands de charbons.
Blanc, aubergiste. *Auberge du Marchés aux Bestiaux.*
Chaussy Agricol, marchand de charbons et bois à brûler.

N. Quai de la Ligne.

De la porte du Rhône à la porte de la Ligne.

2 Isnard, receveur de la navigation.
3 Barret Jean, cafetier.
9 Domergue, aubergiste. *Au poisson frais du Rhône*
16 Samuel Benoît (veuve), propriétaire.
Samuel Eugène, propriétaire,
Samuel frères, négociants en grains et farines.
18 Sernoux (veuve), rentière.
24 Dibon Antoine, marchand de bois de services, charbons, bouteilles et plâtres.
27 Daruty André, négociant en grains, légumes et sel.

S. Quai du Rhône.

De la porte de Loulle à la Porte du Rhône.

1 Crosy jeune, charpentier.

N. Quai St-Lazare.

De la porte St-Lazare à la porte de la Ligne.

1 Lesbros Gabriel, marchand de bois de service et cerceaux.
2 Granier Claude, ✻, fermier de la pêche.
Estrayer frères, propriétaire.
Chambon dit Marmande, charpentier.
Fabre et Perrié, marchands de bois à brûler.
4 Bédouin Etienne fils, marchand de bois de service.
5 Niquet Joseph, géomètre, marchand de cerceaux.

6 Dorel père et fils, marchand de bois à brûler et de démolition de bateaux.
7 Breton Eugène, ferblantier.
Roux Martin, fabricant de tonneaux.
9 Raynaud dit Raymond, marchand de bois à brûler.
10 Quioc, marchand de bois de service, scie hydraulique.
12 Granier Antoine, marchand de bois à brûler.
Calvet Antoine, marchand de bois à brûler.
14 Berisset, marchand de bois de service.

PRÉFECTURE

MM. Bohat, O ✻, préfet, hôtel de la Préfecture.
Buchot, secrétaire-général, rue Velouterie, 4.
Charpenne, ✻, rue Bonaparte.
Cadiergue, conseiller de préfecture, rue Calade, 98.
Thomas, conseiller de préfecture, place de l'Horloge, 19.

Pamard (Paul), O ✻, député, membre du Conseil général, place l'Amirande, 6.
Thomas (Charles), ✻, membre du Conseil Général, rue de la Masse, 7.

CABINET DU PRÉFET.

MM. N...., secrétaire particulier du préfet.
Massard, huissier du cabinet du préfet.

DIVISIONS DE LA PRÉFECTURE.

Première Division.

MM. Rossel Charles, chef de division, r. des Lices, 22.
Geniez, sous-chef, rue Velouterie, 6.
Mouzin Alexis, rue Bancasse, 29.
Fabre Joseph, rue St-Agricol, 21.
Bosse Auguste, rue des Marchands, 34.
Grange François, rue St-Dominique, 3.
Lambert, surnuméraire, place Puits-des-Bœufs, 9.
Descalte, surnuméraire, rue Petite-Saunerie, 19.

INSPECTION DU SERVICE DES ENFANTS ASSISTÉS.

M. Bosse Joseph, rue des Marchands, 34.

PRÉFECTURE.

Deuxième Division.

MM. Roux, chef de division, rue Petite Fusterie, 23.
Lacour, sous-chef, rue Dorée, 8.
Raynaud, sous-chef, secrétaire greffier en chef du Conseil de préfecture, rue Boneterie, 81.
Fabre Eugène, rue Annanelle, 41.
Lion fils, rue Bonneterie, 74.
De Mauperlier Albert, rue Petit-Paradis, 11.
Chauvin, surnuméraire, rue des Encans, 10.
Isnard, surnuméraire, place des Carmes, 13.

Troisième Division.

MM. Paul Henri, chef de division, r. Ste-Catherine, 22.
Durand, sous-chef, rue Campane, 10.
Cavalier Charles, employé, rue Galgrenier, 8.
Bruneau Alphonse, rue St-Marc, 63.
Laurent, employé, rue Oriflamme, 23.
Dumas, rue Carreterie, 104.
Majer, autographe, rue Racine, 9.
Toulouse, surnuméraire, place du Change, 23.

POIDS ET MESURES.

M. Raynaud, vérificateur, cours Bonaparte.

ARCHIVES

MM. Achard Paul, archiviste, rue Collège-du-Roure, 3.
André Xavier, employé, rue Trois Faucons, 29.
Chauvet, employé, rue Saunerie, 43.

BATIMENTS.

M. Joffroy, architecte du département et des édifices diocésains, rue Boneterie, 56.

PRÉFECTURE, MAIRIE D'AVIGNON. 151

M. Tiers, architecte adjoint du département, cloître St-Didier, 17.

CONSEIL D'ARRONDISSEMENT.

MM. Teissier Gabriel, ✽, juge de paix, rue Tête-Noire, 13.
Pavin Pierre, ✽, négociant rue Carreterie, 47.
Clerc J.-B., rue St-Marc, 7.
Yvaren Prosper, rue St-Dominique, 5.

MAIRIE D'AVIGNON.

ADMINISTRATION.

MM. Poncet Paul, maire.
Pernod Jules, adjoint.
Dufour Emilien, C ✽, adjoint.
Palun Adrien, adjoint.
Raynaud Eugène, adjoint spécial à Morières.

Membres de la Commission municipale.

MM. Poncet Paul, *Maire*, rue du Gal, 7.
Pernod Jules, *adjoint* rue des Clés, 1.
Dufour Emilien C ✽, *adjoint*, rue Laboureur, 5.
Cordonnier Denis, place des Carmes, 18.
Lafont Médard, rue Limas, 21.
Palun Adrien, *adjoint*, rue Banasterie, 13.
Olivier-Perret Jules, rue Calade, 108.
Rieu Victor, rue Bonneterie, 49.
Reynier Xavier, rue Bourgneuf, 15.
Fortunet Antoine, rue St-Marc, 67.
Raynaud Eugène, *adjoint* spécial à Morières.

MM. Dayma Charles, place Principale, 4.
Perrot Louis, rue Bonneterie, 54.
Mahistre Ferdinand, rue des Teinturiers, 28.
Franquebalme Auguste, rue Calade, 116.
Almaric Antoine, rue Bancasse, 11.
Amic Désiré, rue de la Masse, 12.
Vallabrègue Joseph, rue de la Croix, 6.
Fage Xavier, rue Chapeau-Rouge, 19.

BUREAUX DE LA MAIRIE.

1ᵉʳ Bureau : — *Secrétariat général.*

M. Gilly Henri, secrétaire en chef de la Mairie, à l'Hôtel-de-Ville.

1ʳᵉ Section : — *Secrétariat.*

MM. Fériaud Louis, employé, rue Limas, 25.
Buisson, id. rue Balance, 25.

Registres des délibérations du Conseil municipal. — Adjudications. — Formalités relatives à l'instruction publique. — Contentieux. — Hospices. — Affaires réservées, etc., etc.

2ᵉ Section : — *Comptabilité.*

M. Fontaine, chef de comptabilité, rue Cornue, 18.

Budgets. — Comptes administratifs. — Mandats. — etc., etc.

3ᵉ Section : — *Travaux publics et Voirie.*

MM. Brun, inspecteur des Travaux publics, place du Palais, ancien hôtel des Monnaies.

MM. Cassin, dessinateur, rue Philonarde, 14.
Riéty, id. place du Palais, ancien hôtel des Monnaies.

Travaux publics. — Petite Voirie. — Monuments et bâtiments publics, etc., etc.

4° Section : — Cadastre. — Listes électorales. — Chemins vicinaux.

MM. Chaillot, employé, rue Bancasse, 3.
Lapierre, id. rue Petite-Meuse, 19.

Cadastre. — Elections. — Chemins vicinaux. — etc.

5° Section : — Recrutement. — Secours de route. — Mercuriales. — Passeports. — Livrets. — Légalisations.

MM. Guittard, employé, rue Aigarden, 4.
Zawaski Joseph, employé, rue Trois Faucons, 21.

Recrutement. — Secours de route. — Foires et Marchés. — Passeports et livrets. — Légalisations. — Certificats divers. — Indigents. — Enfants assistés. — etc., etc.

LOGEMENTS MILITAIRES.

M. Imbert, employé, rue des Lices, à la caserne communale.

2° Bureau : — État-Civil.

MM. Faure, chef de bureau, rue Petite Fusterie, 11
Dubourguier Alphonse, empl., r. Vieille Poste, 6.
Fischer Théodore, employé, rue des Ortolans, 4.

7.

Rédaction des actes de l'État-civil. — Engagements volontaires. — Anciens registres des paroisses, etc.

RECETTE MUNICIPALE.

M. Picolet Cyr, receveur municipal, rue Racine, 9.

(Le Bureau et la caisse sont ouverts tous les jours, les dimanches et les fêtes exceptés, depuis 9 heures du matin jusqu'à 4 heures du soir.)

ARCHIVES MUNICIPALES

M. Achard, archiviste, rue du Collége du Roure, 5.

SERVICE DES BUREAUX.

MM. Garantier, concierge de l'Hôtel-de-Ville.
Blanc Agricol, fourrier de ville, rue Peyrollerie, 7.
Eysseric Victor, fourrier de ville, rue Florence, (local St-Jean).

OCTROI.

(Bureau central à l'Hôtel-de-Ville.)

MM. Arnoux, préposé en chef, r. Grande-Fusterie, 28.
Julien, contrôleur, r. des Fourbisseurs, 27.
Blanc, chef d'ambulance, rue Ste-Catherine, 34
Perraud, receveur du bureau central, rue St-Sébastien, 10.

AFFICHAGE

M. Janvier, afficheur, rue Ferruce, 5.

MAIRIE D'AVIGNON.

SERVICE D'ORDRE ET DE SURETÉ.

Commissaires de police.

MM. Dutré, commissaire central, rue St-Agricol, 5.
Berlier, commissaire du canton nord, r. Racine, 7.
Cauvin, commissaire du canton sud, rue Balance, 39.

SERVICE DES INHUMATIONS.

M. Brouchier, commissaire préposé aux inhumations, rue Bertrand, 33.

AGENTS DE POLICE.

MM. Neveu, Rode, Audibert, Parent Jules, *brigadiers*. Chabaud, Cartoux Antoine, Richardot, Parent Pascal, Laure, Soulier, Peyraque, Nator, Durand, *agents*.

GARDES-CHAMPÊTRES.

MM. Combe, Avignon, (nord et une partie sud.)
Renault, Avignon, (sud).
Peyraque Antoine, (Barthelasse).
Surle, (Boupas).
Seignon, (Montfavet).
Fougère, (le Pontet).
Armand, (Morières).
Lalemand (garde la promenade du Rocher.)

MÉDECINS HYGIÉNISTES.

MM. Villars, rue Four de la Terre, 41.
Poizat, rue Ferruce, 24.

SERVICE DES POMPES FUNÈBRES.

M. Jacot, directeur, rue Banasterie, 76.

HOSPICES ET ÉTABLISSEMENTS DE BIENFAISANCE.

Asile public d'Aliénés de Vaucluse.

A MONTDEVERGUES.

MM. Verdet, ✻, ex-receveur général, président rue Calade, 67.
Béchet, D. M., rue Dorée, 11.
Fortuné Antoine, propriétaire, rue St-Marc, 67.
Palun Adrien, négociant, rue Banasterie, 13.
Pons André, notaire, rue Bancasse, 30.

ADMINISTRATION.

MM. Cottard, directeur, à Montdevergues.
Campagne, médecin en chef à Montdevergues.
Paul Théodoric, économe, à Montdevergues.

Hôpital Ste-Marthe, Hospice St-Louis et Hospice Isnard.

COMMISSION ADMINISTRATIVE.

MM. Lafont, juge de paix, rue Limas, 21.
Valabrègue, ✻, négociant, rue de la Croix, 6.
Teissier, ✻, juge de paix, rue Tête-Noire, 13.
Michaëlis, ✻, président du tribunal civil, rue Dorée, 4.

HOPITAL ET HOSPICES, BUREAU DE BIENFAISANCE.

EMPLOYÉS.

MM. Barême, secrétaire en chef, r. Portail-Matheron, 8.
Leydier Pie, employé au secrétariat, rue Campane, 41.
Remacle, receveur, place St-Didier, 7.
Turc, économe, rue Calade, 106.
Bernière, commis à l'économat, r. Campane, 25.
Benoît, contrôleur aux entrées, rue Lafare, 8.
Brès, 1er aumônier, à l'hôpital.
Buffardin, 2me aumônier, à l'hôpital.

SERVICE DE SANTÉ.

MM. Cade, D. M., rue Corderie, 4.
Monier, D. M., rue Calade, 98.
Villars, C. M., rue Four-de-la-Terre, 41.
Pamard fils, D. M., place Lamirande, 6.
Clément, D. M., place St-Pierre, 1.
Cassin, D. M., rue St-Marc, 53.
Gineston, pharmacien en chef, rue Roppe, 6.

Hospice St-Louis et Hospice Isnard.

EMPLOYÉS.

MM. Philipp, contrôleur, à l'hospice St-Louis.
L'abbé Millet, aumônier, à l'hospice St-Louis.
Berlin, ✻, contrôleur, à l'hospice Isnard, rue Petite Saunerie, 14.
L'abbé Sylvain, aumônier, à l'hospice Isnard.
Michel, D. M., médecin en chef, rue Bonneterie, 66.

Bureau de Bienfaisance.

MM. Amic, négociant, rue des Clés, 1.
Castion, juge, rue St-Marc, 55.

MM. Buffardin, aumônier de l'hôpital.
Dévéria, prop., rue Calade, 31.
Valabrègue Amédée, rue de la Croix, 6.
Remacle Louis, receveur, place St-Didier, 7.
Fabre Eugène, secrétaire, rue Andanelle, 41.

Mont-de-Piété, Caisse d'Épargne et Condition des Soies.

Rue Saluce, 6.

Administrateurs.

MM. Rouvière Antoine, vice-président, r. des Fourbisseurs, 58.
Fabre Prosper, prop., rue la Masse, 34.
Coste Adrien, notaire, rue de l'Arc-de-l'Agneau, 9.
Désandré Joseph, négociant, rue Petite Saunerie, 11.
Colinet Théophile, prop., rue Laboureur, 6.
Almaric, notaire, rue Bancasse, 11.
Bouyer André, négociant, rue d'Amphoux, 39.

Fonctionnaires et Employés.

MM. Monier Auguste, caissier, rue Four de la Terre, 43.
Barreine, garde magasin, rue Portail Matheron, 8.
Castagnier Charles, contrôleur, rue des Infirmières, 10.
Brémond J., employé, r. St-Jean-le-Vieux, 21.
Vittoz Joannès, employé, rue de la Masse, 38.
Brémond Pierre, rue des Fourbisseurs, 30.
Bruneau Félix, à la gare des voyageurs.

MM. Gros, appréciateur des bijoux, rue Petite-Fusterie, 14.
Dibon Eugène, appréciateur des hardes, rue Bonneterie, 11.

On engage, on renouvelle et l'on dégage tous les jours, dimanches et fêtes exceptés.
Les bureaux sont ouverts de 8 h. à 11 h. du matin, et de 1 h. à 4 h. du soir.

CAISSE D'ÉPARGNE.

Les versements sont reçus les dimanches, de 10 h. à midi, et les lundis, de 9 h. à midi.
Les remboursements se font les lundis, de 2 h. à 5 h. du soir; les mardis, de 8 h. à midi, et de 2 h. à 5 h. du soir.
Le taux de l'intérêt est fixé au 3 1|2 pour cent l'an.

MM. Brémond Félicien, caissier, hors la porte Limbert, pavillon Clauseau.
Castagnier Charles, employé, rue des Infirmières, 10.

CONDITION DE SOIES.

MM. Ricard, préposé en chef, dans l'établissement.
Dalteyrac Gabriel, rue Pontrouca, 3.
Arnaud Alfred, rue Collége-d'Annecy, 12.
Tranchant Mathieu, quai de la Ligne, 25.
Miséramont, rue de la Forêt, 2.
Chabrol, rue Piot, 2.

Société de Secours.

Société de Charité Maternelle; présidente, Mad. Bohat, hôtel de la préfecture.

Société de St-François-Xavier, instruction et moralisation de la classe ouvrière ; président, M. Brémond, ✻, curé de St-Symphorien, place Trois-Pilats, 5.

Association avignonaise de Bienfaisance mutuelle ; président, M. d'Olivier, ✻, rue Violette, 7.

Crèche de la Ste-Enfance; président, M. Emile Goudareau, négociant, rue la Masse, 12.

Société de la Grande-Providence et des Orphelines de N.-D de la Garde; présidente, Mad. d'Oléon mère, rue Ste-Praxède, 7.

Société de la Petite Providence ou Notre-Dame, de Bon-Secours ; présidente, Mlle Busquet, rue la Masse, 20.

Société de St Jean-François-Régis, pour les mariages civils et religieux des pauvres, pour la réhabilitation des unions illicites et pour la légitimation des enfants naturels ; président, M. Léotard François, avocat, rue Saunerie, 27.

Société d'assistance mutuelle des médaillés de Ste-Hélène, patronée par S. M. Napoléon III ; président, M. Pamard, O ✻, député, place Lamirande, 6.

Dames de Charité ; directeur, le R. P. supérieur de la Compagnie de Jésus.

Maison des Domestiques, rue Pétramale.

Association mutuelle des Domestiques, rue Lafare 1 Brémond, ✻, curé de St-Symphorien, directeur.

Œuvres des Bibliothèques paroissiales, propagation des bon livre ; directeur, M. l'abbé Giraud, rue St-Charles, 6.

Société de secours des Ouvriers réunis; président élu par l'Empereur, M. Frédéric Granier, ✻, rue Oriflamme, 14.

Société des Perruquiers-Coiffeurs; président, M. Bertet, coiffeur, rue des Marchands, 14.

CULTES

Culte Catholique.

Sa Grandeur Monseigneur Dubreil Louis-Anne, O ✱, comte Romain, assistant au trône pontifical, rue Cardinal.
Sermand, vicaire-général, rue de l'Arc-de-l'Agneau, 11.
Clément, vicaire-général, r. Rempart de la Ligne, 8.
Delcellier, vicaire génér., rue Cardinal, à l'Archevêché.
Goubin, supérieure du Grand Séminaire, vicaire général, honoraire,
Chabert, secrétaire de l'archevêché, chanoine honoraire, rue Cardinal.

CHANOINES.

MM. Saïn, place du Palais, 4.
 Aubanel, place St-Pierre, 9.
 Naudo, rue Bonneterie, 54.
 Aubert, place St-Pierre, 5.
 Didier, place du Palais, 13.
 Aillaud, rue Galante, 26.
 Ollivier, rue Pente-Rapide, 1.
 Polette, place du Palais, 4.

MAITRISE DE LA MÉTROPOLE.

MM. Jacquetty, chanoine honoraire, directeur, Rocher des Doms.
 Charbonnet, prêtre, bénéficier, rue Trois-Faucons, 11.
 Pouguet, prêtre, maître de cérémonies, rue Bertrand, 25.

GRAND SEMINAIRE.

MM. Goubin, chanoine, supérieur, rue St-Charles, 4.
Faure, économe, rue St-Charles, 4.

PETIT SEMINAIRE.

MM. Peytier, chanoine honoraire, supérieur, place du Palais, 2
Pin, économe, place du Palais, 2.

PAROISSE ST-AGRICOL.

MM. Joannis, chanoine honoraire, archiprêtre, curé, rue Ste-Praxède, 10.
Brunet, vicaire, rue Collège d'Annecy, 12.
Coste, vicaire, rue Arc-de-l'Agneau, 9.
Rochier, vicaire, rue Victoire, 6.
Bérard, vicaire, rue Bouquerie, 10.
Dumas, vicaire auxiliaire, rue Vieneuve, 3.
Rambaud, aumônier des Ursulines, rue Velouterie, 9.
Marrel, aumônier de la Visitation, rue Annanelle, 41.
Maillaguet, aumônier des Carmélites, rue Velouterie, 13.
Millet, aumônier de l'hospice St Louis, rue Vieilles Etudes.
Giraud, chanoine honoraire, aumônier du pensionnat des Frères, rue St-Charles, 6.
Pouchon, prêtre habitué, rue Calade, 25.
Clapier, prêtre habitué, place Crillon, 21.

PAROISSE ST-DIDIER.

MM. Moutonnet, chanoine honoraire, curé, rue Galante, 20.
Clément, vicaire, rue de la Masse, 6.

CULTE CATHOLIQUE.

MM. Benoit, vicaire, rue Calade, 130.
Giraud, vicaire, rue d'Amphoux, 39.
Bruyère, vicaire, place Corps-Saints, 40.
Bonnet, aumônier des Pénitents Gris, rue Pyrollerie, 10.
Blanc, aumônier des Pénitents Blancs, rue Ste-Catherine, 36.
Bernard, aumônier du Lycée, au Lycée.
Sylvain, aumônier de l'Hospice Isnard, à l'Hospice.
Pons, prêtre habitué, rue Colombe, 21.
Delestrac, prêtre habitué, rue des Lices, 54.

PAROISSE ST-PIERRE.

MM. Carbonel, chanoine honoraire, curé, rue Peyrollerie, 12.
Dévaux, vicaire, rue Ciseaux d'Or, 6.
Ulpat, vicaire, rue Ste-Catherine, 5.
Aubert, vicaire, rue Petite-Saunerie, 8.
Gousset, vicaire, rue Arc-de-l'Agneau, 6.

PAROISSE ST-SYMPHORIEN.

MM. Brémond, ✻, chanoine honoraire, curé, place Trois-Pilats, 5.
Bonnet Clovis, vicaire, rue Bertrand, 9.
Gilles, vicaire, rue Lafare, 2.
Jonc, vicaire, place Trois-Pilats, 3.
Montagard, vicaire, rue Oriflamme, 25.
Brès, aumônier de l'Hotel-Dieu, à l'Hotel-Dieu.
Buffardin, aumônier des Dames de St-Joseph, à l'Hotel-Dieu.
Corenson, aumônier du St-Sacrement, r. Lafare, 6.
Mathieu, aumônier de la Conception, rue Banasterie, 41.
Gonnet, aumônier du Sacré-Cœur, place Trois-Pilats, 5.
Chabrol, aumônier du Bon-Pasteur, r. Bon-Pasteur.
Granget, aumônier du Noviciat des Frères, rue Rascas, 4.

Culte Protestant.

Temple protestant, rue Dorée, 5.

MM. Rey, pasteur, rue Collége-de-la-Croix, 9.
    Gravier Gaston, directeur de l'école protestante pour les garçons, rue Portail Magnanen, 21.
Mad. Boudon, directrice de l'école protestante pour les demoiselles, rue Dorée, 5.

Culte Israélite.

MM. Benjamin Mossé, grand rabbin, rue Florence, 2.
    Deitz, ministre officiant, rue Jacob, 4.
    Valabrègue Joseph, délégué du consistoire, rue Chapeau-Rouge, 4.

Communautés Religieuses.

HOMMES.

Jésuites, résidence, rue Bonaparte, (Prédication.)
Récollets, rue St-André, 1. (Prédication.)
Grand Séminaire, dirigé par les prêtres de St-Sulpice, rue St-Charles, 4.
Petit Séminaire, dirigé par les prêtres de Ste-Garde, place du Palais.
Collège St-Joseph, rue des Lices, 63. (Enseignement.)
Frères des Ecoles chrétiennes, noviciat, rue de l'Hôpital ; communauté, rue des Ortolans. (Enseiment prim.)

FILLES.

Bon-Pasteur, de Refuge, rue Puy. (Enseignement et travail.)
Carmélites, rue de l'Observance. (Vie contemplative.)
Conception, rue Philonarde, 25. (Enseignement.)
Sacré-Cœur, rue Palapharnerie, (Enseignement, Œuvres des pauvres Eglises.)
St-Charles, rue Grande-Fusterie, 8. (Enseignement.)
St-Eutrope, rue des Fourbisseurs, 45. (Enseignement.)
St-François-d'Assise, rue Portail-Magnanen. (Enseignement et service des malades à domicile.)
St-Joseph, à l'Hôtel-Dieu. (Service des malades.)
St-Sacrement, rue Philonarde, 37. (Enseignement et adoration perpétuelle du Très S.-Sacrement.
St-Thomas-de-Villeneuve, rue Bouquerie, 22 (Instruction religieuse et travail des filles répenties et des préservées de N.-D de la Garde.)
Ursulines, rue Annanelle. (Enseignement.)
Visitation-Ste-Marie, rue Annanelle. (Enseignement.)

CONFRERIES.

Confrérie des Pénitents gris, rue des Teinturiers.
— des Pénitents blancs, place Principale.
— des Pénitents noirs, rue Banasterie.
Congrégation des Hommes, rue Philonarde.

INSTRUCTION PUBLIQUE.

MM. Peyrot, inspecteur d'Académie, rue Petite-Fusterie, 17.
Giraud, inspecteur primaire, rue Colombe, 18.
Becq, commis d'inspection d'Académie, rue Petite-Fusterie, 17.

Lycée Impérial.

ADMINISTRATION.

MM. Legrand, proviseur, au Lycée.
Carriot, censeur, au Lycée.
L'abbé Bernard, aumônier, au Lycée.
Duplaà, économe, au Lycée.
Le Canu, commis d'économat, au Lycée.

PROFESSEURS.

MM. Garban, professeur de physique, rue du Petit-Change, 6.
Lartail, professeur de mathémathiques, rue Galante, 16.
Sancery, professeur de mathémathiques, rue des Ciseaux-d'Or, 9.
De Champou, professeur de mathémathiques, rue St-Marc, 57.
Tardiveau, professeur de philosophie, rue Bonneterie, 28.
Bardinet, professeur d'histoire, rue Saunerie, 5.
Aron, professeur de rhétorique, rue Bancasse, 20.
Galle, professeur de seconde, rue Trois-Faucons, 15
Guy, professeur de troisième, rue Dorée, 2.
Courtial, professeur de quatrième, rue Saunerie, 37.
Penjon, professeur de cinquième, place Principale, 3.
Molinier, professeur de sixième, rue Trois-Faucons, 14.
Monestier, professeur de septième, rue Ste-Catherine, 14.

MM. Rol, professeur de huitième, au Lycée.
  Weill, professeur d'allemand, rue Collége de la Croix, 9.
  Chotin, professeur d'anglais, place St-Didier, 11.
  Richaud, professeur de dessin, place du Palais 11.
  Béraud, professeur, enseignement spécial (2me année), au Lycée.
  Escoffier, professeur, enseignement spécial (2me année), au Lycée.
  Roux, professeur, classe primaire, au Lycée.
  Imbert, maître de chant, rue des Marchands.
  Martin, maître de gymnastique, rue du Pont, 1.

MAITRES RÉPÉTITEURS.

MM. Brunier, surveillant général, Vincent, Maillaud, Pols, Sisco, Amayenc, Renouard, Chauvet, surveillants, au Lycée.
  Rey, ministre protestant, rue du Collége de la Croix, 9.
  Mossé, ministre israélite, rue Florence, 2.
  Chauffard, médecin, rue Dorée, 4.
  Pamard, chirurgien, place Lamirande, 6.
  Perpignan, dentiste, rue St-Pierre, 7.

Ecole libre de St-Joseph.

Rue des Lices, 64.

(*Tenu par les RR PP. Jésuites.*)

Cet établissement, fondé en 1849, dans le but de mettre à la portée de tous les enfants une éducation complète, largement basée sur les principes de la foi catholique, comprend quatre catégories d'élèves :
1º Des *internes*, dont la pension annuelle
  est de 750 fr.

2º Des *demi-pensionnaires*, dont la pension et de 360 fr.
3º Des *externes restants*, dont la pension est de 130 fr.
4º Des *externes libres*, qui reçoivent à titre purement gratuit la même instruction que les élèves des trois autres catégories.

R P. Bas, recteur.

Pensionnat pour les Jeunes Gens.

Pensionnat des Frères des Ecoles Chrétiennes, rue Hercule.
Barry père, place Trois-Pilats, 14.

Pensionnats pour les Demoiselles.

Les dames religieuses du Sacré-Cœur de Jésus, rue Palapharnerie, 14.
Les dames religieuses de la Conception, rue Philonarde, 25, 27.
Les dames religieuses de l'Adoration perpétuelle du Très-Saint-Sacrement, rue Philonarde, 37.
Les dames religieuses du Refuge du Bon-Pasteur, rue Puy, 9.
Les dames religieuses de St Charles, rue Grande Fusterie, écoles gratuites municipales.
Les dames religieuses de St-François-d'Assise, servant les malades, rue Portail-Magnanen.
Les dames religieuses de St-Eutrope, rue des Fourbisseurs, 45.
Les dames religieuse de la Visitation-Ste-Marie, rue d'Annanelle, 45.
Les dames religieuses de Ste-Ursule, ayant une école gratuite, rue d'Annelle, 35.
Mlle Azaïs, rue Banasterie, 37.

Mlle Dussiriex, rue Calade, 85.
Mlle Rode, rue Mont-de-Piété, 2.
St-Honoré (sœur), directrice de l'école d'asile payante, rue d'Annanelle, 27.
Mme Vié, née Bertoldi, rue Cardinal, 10.

Professeurs en Ville.

MM. Alibaud, rue d'Amphoux, 12.
   Lautier, grec, latin et français, rue Fromageon, 6.
   Mazel J.-A. aîné, français, comptabilité et tenue des livres, place des Carmes, 9.

Frères des Ecoles Chrétiennes gratuites.

Ecoles : rues des Orléans, Tête-Noire, Banasterie et place-Pie.

Ecoles gratuites des Dames de St-Charles pour les Filles.

Ecoles : rues Grande-Fusterie, Infirmières, Four-de-la-Terre et Campane.

Ecole d'Asile.

Mme Roubaud, directrice, rue Tête-Noire.

Ecoles publiques et gratuites.

Physique et chimie, rue Calade, 114. M. Fabre, professeur, rue des Teinturiers, 14.
Géométrie et mécanique, rue Calade, 114. M. Roman, professeur, rue des Encans, 6.

Peinture et sculpture, rue Dorée, 5. M Guilbert-d'Anelle, professeur à l'école.

Dessin linéaire et architecture, rue Dorée, 5. M. Olanier, professeur, rue des Ortolans, 6.

Musique et chant, place du Palais. M. Brun, professeur, rue Vieux-Septier, 42.

Ecole Normale Primaire.

MM. Martz, directeur, rue Calade, 114.
   Chabert, chanoine honoraire, aumônier, à l'Archevêché.
   Rey, maître-adjoint, rue Calade, 114.
   Boussot, maître-adjoint, rue Calade, 114.
   Merle, directeur de l'école annexe, rue Rouge, 3.
   Niel, directeur du cours d'agriculture.
   Benoit, vicaire de St-Didier : enseignement, chant et musique, rue Calade, 130.

Conservatoire de Musique et Orphéon.

Place du Palais, ancien Hôtel des Monnaies.

MM. Brun, directeur, rue Vieux-Septier, 42.
   Dumont, professeur, cloître St-Didier, 15.
   Bernard Eugène, professeur, rue de l'Hôpital, 13.
   Arnaud, professeur, rue Trois-Testons, 1.
   Heps, professeur, rue Calade, 12.

Museum Calvet.

Rue Calade, 65.

Cet établissement, fondé et doté en 1810 par le savant dont il porte le nom, est un des plus riches de France.

Il est ouvert tous les jours aux étrangers, et au public le dimanche, de midi à 4 heures.

Exécuteurs testamentaires.

MM. D'Anselme Hubert, vice président, r, Calade, 108.
D'Athenosy Isidore, rue Calade, 30.
Sardon Joseph, plan de Lunel, 2.

Administrateurs

MM. Chaudon Benoît, rue de l'Hôpital, 29.
Courtet Jules, ✳, rue Geline, 6.
De Millaudon Casimir, rue Laboureur, 8.
Gendarme de Bévotte, O✳, ingénieur en chef, pl. Crillon, 14
Charpenne, ✳, rue Bonaparte.

Fonctionnaires et employés.

MM. Deloye Augustin, conservateur, place du Grand-Paradis, 4.
Richard Joachim, sous-bibliothécaire et receveur, rue Petit-Paradis, 14.
Léonard Joseph, préposé aux galeries, à l'hospice Isnard.
Binon Jacques, concierge, au Muséum.
Baunaud Pierre, portier, au Muséum.

Cabinet d'Histoire naturelle.

Rues Calade et St-Martial.

MM. N...., conservateur.
Cery, garde des collections, rue Florence.
Coindre Pierre, jardinier fleuriste, rue Colombe.

Docks Vauclusiens.

Pour Garances, Cocons et Soies, à Avignon.

Direction, Bureaux et Docks des Soies, rue de la Croix, 10.

Doks des Garances : à l'ancienne Douane et boulevard Saint-Roch.

La Société lyonnaise des magasins généraux des soies, fondée à Lyon, en 1859, par le commerce des soies de cette ville, a été établi à Avignon, sous le nom de *Docks Vauclusiens*, une de ses succursales, sous le patronage de la Chambre de commerce, et avec le concours des maisons de la place et du reste du département qui s'occupent des soies et garances.

Cet établissement a succédé, à partir du 1er janvier 1864, au Magasin général de dépôt de marchandises exploité par la ville d'Avignon, mais seulement en ce qui concerne les *soies, déchet de soie, cocons, garances en racines et en poudre, garancines, fleurs et généralement tous les dérivés de la garance*, les alcools exceptés.

Les Docks délivrent, sur la demande des déposants des *Warrants simples*, valeurs à 90 jours, négociables avec deux signatures, et des *Warrants à valeur garantie par la Société*, au moyen desquelles toute personne peut obtenir de la Banque de France, sous déduction de l'escompte au taux du jours l'avance des 3[4 sur la valeur de sa marchandise, avec la faculté de la retirer à volonté avant l'échéance du Warrant, sous bonification de l'intérêt perçu pour le restant des jours à courir.

La garantie donne lieu à une commission de 1[4 °[° pour trois mois.

Administrateurs de la Société en résidence à Avignon.

M. Verdet Joseph, O ✳, négociant, président de la Chambre de Commerce, rue Calade, 71.

MM. Lajard Auguste, ✻, ancien négociant, président du Tribunal de Commerce, rue Calade, 83.
Granier Frédéric, ✻, négociant, ancien député, rue Oriflame, 14.
Fabre Frédéric, directeur de la succursale, au siége de l'Administration, rue de la Croix, 10.

Théâtre d'Avignon.

Opéra. — Opéra-Comique. — Drame. — Vaudeville et Comédie.

M. Octavien Janselme, directeur.

ORGANISATION JUDICIAIRE.

Tribunal de 1re Instance.

Rue (Ste-Garde).

MM. Michaëlis, ✻, président, rue Dorée, 4.
Ourson, ✻, juge d'instruction, rue Philonarde, 17.
Monier des Taillades (baron de), juge, rue Calade, 37.
Castion fils, juge, rue St-Marc, 55.
Benoit, juge suppléant, rue Galante, 6.
Bastide, juge suppléant, rue de la Masse, 20.

PARQUET.

MM. Laurens, ✻, procureur impérial, r. Bancasse, 30.
De Labaume, substitut, rue Géline, 6.

GREFFE.

MM. Chambaud Ernest, greffier en chef, place St-Pierre, 1.
Borel fils, commis greffier, place des Carmes, 5.
Ricard, commis-greffier, rue Colombe, 22.
Charvet, commis d'instruction, pl. des Carmes, 20.

Tribunal de Commerce.

MM. Verdet Gabriel, président, rue St-Thomas d'Aquin.
Clauseau Aimé, rue Laboureur, 6.
Colombe, rue Banasterie, 29.
Cousin, rue des Encans, 14.
Rieu, rue Bonneterie, 49.
Franquebalme, suppléant, rue Calade, 116.
Amic, rue des Clés, 1.
Valabrègue Amédée, rue de la Croix, 6.
Aubanel, place St-Pierre.
Borel père, greffier, place des Carmes, 5.

Avocats.

MM. Benoit, rue Galante, 6.
Verger Léon, rue Banasterie, 17.
Bastide, rue de la Masse, 20.
Léotard, rue Saunerie, 27.
Brun, rue Philonarde, 54.
Silvestre, rue Campane, 11.
Guibert Alfred, rue Balance, 16.
De Cadillan, rue Saunerie, 32.
Goubet, rue de la Masse, 54.
Michel, rue Bonneterie, 66.
Puy, rue Officialité, 2.

Avocats Stagiaires.

MM. Bérard, rue Bonneterie, 104.
Auzias, rue Petit-Paradis, 27.

Avoués.

MM. Laborel, rue Saunerie, 27.
Jacquet, rue Petite-Saunerie, 17.
Terrasse Edouard, place St-Didier, 16.
De Giry, rue Campane, 12.
Armand, rue des Encans, 11.
Roux, rue Philonarde, 13.
Brochery, rue Dorée, 9.

Notaires.

MM. Pons André, rue Bancasse, 30.
Massador, rue de l'Hôpital, 3.
Générat, rue des Lices, 27.
Coste, rue de l'Arc-de-l'Agneau, 9.
Jeaume, rue des Encans, 20.
Almaric, rue Bancasse, 11.
Vincenti, rue Portail-Matheron, 4.
Giéra, rue Banasterie, 15.

Huissiers.

MM. Pons, rue Bertrand, 25.
Berlandier, rue des Allemands, en face M. Chaudon.
Descatte fils, rue Petite-Saunerie, 19.
Loursac, place des Carmes, 3.
Mounier, rue Philonarde, 28.

MM. Fagegaltier, rue du Mont-de-Piété, 2.
Riousset, rue Campane, 31.
Alphandéry, rue Petite-Meuse, 6.
Bourges, rue Philonarde, 9.
Gois, commissaire priseur, rue Ste-Catherine, 26.

Juges de Paix.

MM. Lafont, *(canton nord)*, rue Limas, 21.
Fortunet Antoino, 1er suppléant, rue St-Marc, 67.
Constant, greffier, rue Infirmières, 13.

Teissier, ✻, *(canton sud)*, rue Tête-Noire, 13.
Pons André, 1er suppléant, rue Bancasse, 50.
Coste, notaire, 2me suppléant, rue Arc-de-l'Agneau, 9.
Mathieu, greffier, rue Collége d'Annecy, 7.

JOURS D'AUDIENCE.

Canton sud, — lundi et jeudi, à 9 heures du matin.
Canton nord, — mercredi et samedi, à 8 heures du matin.

Tribunal de simple Police.

Un des Juges de paix par trimestre, président.

MM. Dutré, commissaire central.
Richaud, greffier, rue Chapeau-Rouge, 36.

Conseil des Prud'hommes.

MM. Monestier aîné, ✻, président, rue place St-Pierre, 1.
Gamounet François, vice-président, rue Vieneuve, 8.

PATRONS.

MM. Puy Joseph, rue Officialité, 2.
Franquebalme Auguste, rue Calade, 116.
Perret Pierre, rue des Teinturiers, 5.
Imbert Henri, rue Bourgneuf, 7.
Foulc Agricol, rue des Teinturiers, 6.

OUVRIERS.

MM. Cœur Pierre, - Colombet Louis. - Besson Laurent. - Bergin.
Clément, secrétaire, rue Bonneterie, 60.

Prisons.

MM. Gay Auguste, directeur, rue Galante, 21.
Bonnet, aumônier, rue Peyrollerie, 10.
Manuel, greffier, rue Four-de-la-Terre, 42.

ORGANISATION FINANCIÈRE.

Trésorerie Générale

Rue Ste-Catherine, 9.

MM. Cazelles, trésorier payeur, rue Ste-Catherine, 9.
Guindon, fondé de pouvoirs, rue Balance, 46.
De Gonet, fondé de pouvoirs, rue Calade, 29.
Picon, chef de bureau, rue des Marchands.
Rey, ✹, percepteur, place Crillon, 21.

Contributions directes.

Rue Annanelle, 23.

MM. Verdan, directeur, rue Annanelle, 23.
Costa, inspecteur, rue Grande Fusterie, 10.
Rolland, contrôleur, rue Saunerie, 21.
Colomer, contrôleur principal, rue Ste-Catherine, 25.
Rossignol, contrôleur, rue Rappe, 10.

Contributions indirectes.

Rue de la Masse, 19.

MM. Lambert, ✻, directeur du département, rue de la Masse, 19.
Grégoire, premier commis, rue de l'Hôpital, 13.
De Lozière, deuxième commis, rue Petite Meuse, 13.
Arnaud, surnuméraire, rue Colombe, 10.
Dagenès, inspecteur divisionnaire, rue de l'Hôpital, 9.
Rieu, receveur principal, rue Petit Paradis, 27.
Malinet, premier commis, rue d'Amphoux, 15.
Michaëlis, surnuméraire, rue Ciseaux d'Or, 4.
Pourquery, contrôleur, rue des Lices, 42.
Cognacq, commis de deuxième classe, rue Saunerie, 3.
Griolet, commis de deuxième classe, rue des Encans, 7
Carbonnel, commis de deuxième classe, rue Rappe, 13.
Brun, commis de deuxième classe, rue Bonetterie, 70.
Babeau, commis de troisième classe, rue Banasterie, 35.

GARANTIE, DOMAINES, FORÊTS.

MM. Vien, commis de troisième classe, rue Banasterie, 70.
Frauquet, commis de troisième classe, rue de l'Hôpital, 16.
Audibert, commis de troisième classe, rue de l'Hôpital, 26.
Siaud, surnuméraire, rue Tête-Noire, 10.
Moreau, surnuméraire, rue d'Amphoux, 33.
Isnard, receveur de navigation, huai de la Ligne, 1.
Hollette, surveillant de la navigation, rue Ferruce.

Bureau de la Garantie.

MM. Dembrun, contrôleur, rue Limas, 57.
Pansin, essayeur de la garantie, rue Bonnetterie, 2.

Domaines.

MM. Fabre, directeur, rue Ste-Praxède, 11.
Chantron, inspecteur, rue St-Etienne, 16.
De Verot, vérificateur, rue Dorée, 2.
Roussel Léon, 1er commis, place St-Didier, 7.
Geniés, garde magasin, rue Velouterie, 6.
De Giry, conservateur des hypothèques, place Grand Paradis, 4.
Jacquet, receveur des Actes civils, rue de la Masse, 32.
Derrive, receveur des actes judiciaires, rue Trois-Faucons, 19.

Forêts.

MM. Bédel, inspecteur, rue Petite Saunerie, 10.
Roche, brigadier sédentaire, rue Limas, 51.

Chambre et Bourse de Commerce.

MM. Verdet Joseph, O ✸, président, rue Calade, 71.
Granier Frédéric, ✸, vice-président, rue Oriflamme, 14.
Bonnet Philippe, secrétaire trésorier, rue Ste-Catherine, 10.
Thomas Charles, ✸, rue de la Masse, 7.
Clauseau Auguste, rue de la Masse, 87.
Palun Adrien, rue Banasterie, 13.
Martin Martial, rue des Griffons, 2.
Valabrègue Jonathan, ✸, rue de la Croix, 6.
Bon de Chabran, rue Philonarde, 26.
Dumas, secrétaire archiviste, rue des Fourbisseurs, 36.

Société d'Agriculture d'Avignon.

Monseigneur l'Archevêque d'Avignon, président honoraire.
M. le Préfet de Vaucluse.
MM. Le Marquis de l'Espine, ✸, président, rue Calade, 35.
Picard aîné, président honoraire, place Coste-Belle, 5.
Gendarme de Bévotte, vice-président, place Crillon, 14.
Ollivier Jules, rue Calade, 108.
Courtet Jules, ✸, rue Géline, 6.
Alphandéry Aristippe, place Pie, 1.
Berton, trésorier, rue Rappe, 2.
Besse, secrétaire, à la Pionne
Panl Henri, secrétaire-rédacteur, rue Ste-Catherine, 22.
Fabre Eugène, secrétaire-adjoint, rue Annanelle, 14.

Société Hippique d'Avignon.

MM. Bohat, Préfet de Vaucluse, O ✻, président d'honneur.
Gendarme de Bévotte, O ✻, vice-président, place Crillon, 14.
Thomas Joseph, rue Collége de la Croix.
Colinet, secrétaire, rue Laboureur, 6.
Abric Maurice, trésorier, rue de l'Oratoire, 6.
Tulié, secrétaire adjoint, place de l'Horloge, 24.

Banque de France.

CONSEILS D'ADMINISTRATION.

CENSEURS.

MM. Mugnier Jules, directeur, place Puits-des-Bœufs, hôtel de la Banque.
Verdet, ✻, ex-receveur général, rue Calade 67.
Thomas Charles, ✻, négociant, rue de la Masse, 7.
Palun Adrien, négociant, rue Banasterie, 13.

ADMINISTRATEURS.

MM. Bonnet Philippe, négociant, rue Ste-Catherine, 10.
De Félix Faustin, négociant, rue Bonneterie, 82.
Granier Frédéric, ✻, rue Oriflamme, 14.
Verdet Joseph, O ✻, négociant, rue Calade, 71.
Lajard Auguste, ✻, ancien négociant, rue Calade, 83.
King John, négociant, rue Pétramale, 8.

PERSONNEL.

MM. Duprat Emmanuel, caissier, à la Banque.
Taconet Ernest, chef de comptabilité, place Crillon, 10.
Trouslard Benjamin, commis à l'escompte, rue des Lices, 8.
Allard, garçon de recette, place du Palais, 17.
Béchon Charles, garçon de recette, rue Calade, 19.
Queirel, garçon de recette, rue Galante, 25.
Noguier, garçon de recette, rue Rappe, 13.

Crédit Foncier de France et Crédit Agricole.

M. Paget Jh., directeur, rue Bancasse, 15.

Postes.

Bureau, rue Bonaparte.

MM. Rolland, directeur chef de service, rue Ste-Praxède, 16.
Vidal, contrôleur, rue Arc-de-l'Agneau, 1.
Astay, brigadier facteur du département, place Crillon, 10.
Versigny, receveur principal, rue Bonaparte.

EMPLOYÉS.

MM. Capeau Hector, commis principal, rue Colombe, 23.
Laly, commis de première classe, rue Ste-Catherine, 24.

POSTES.

MM. César, commis de première classe, rue Bancasse, 24.
Nicolas, commis de troisième classe, place de l'Horloge, 34.
Fabry, commis de troisième classe, rue Bonneterie, 30.
Philibert, commis de troisième classe, rue Racine, 6.
Béchillon, commis de troisième classe, rue Galante.
Fauque, commis de cinquième classe, rue Banasterie, 2.

FACTEURS.

MM. Granet, facteur chef, rue Petite-Fusterie, 9.
Raynaud, rue Aygarden, 19.
Tournel, rue Infirmières, 50.
Faure, rue Bourgneuf, 3.
Gassend, rue des Fourbisseurs, 62.
Bichebois, rue Barracane, 7.
Yvan, place Corps-Saint, 44.
Collet, rue Ste-Catherine, 10.
Sichard, rue des Fourbisseurs, 62.
Marteau, rue Petite Calade, 4.
Bouvachon, rue Ste-Catherine, 38.
Didier Isidore, leveur de boîte, rue Collège de la Croix, 6.
Rimbaud, 1er gardien de bureau, rue Bonaparte.
Menabé, 2me gardien de bureau, rue Bonaparte.

BOITES AUXILIAIRES.

Il existe en villes 8 boîtes supplémentaires.

Rue des Encans, près de l'ancien bureau des Postes.

Au Palais de Justice.
A la place de la Préfecture, hôtel des bureaux.
A la Caserne Communale, rue des Lices.
A la Tour de l'Horloge, rue Carreterie.
A la place Crillon, au coin de la rue du Limas.
A la place St-Joseph, près le Sacré-Cœur.
Au chemin de fer, à la Gare des Voyageurs.

MAITRE DE POSTE.

M. Emile Perre-Pierron, à l'Hotel d'Europe.

PONTS ET CHAUSSÉES

—

Service Ordinaire.

MM. Gendarme de Bévotte, O ✻, ingénieur en chef, place Crillon, 14.
Bailly, ✻, ingénieur ordinaire, place Crillon. 21.
Rolland, conducteur, rue de l'Oratoire, 4.
Cousin, conducteur, rue Grande Monnaie, 6.
Chauvin aîné, conducteur, rue des Encans, 10.
Boyer, conducteur, boulevard St-Dominique.
Paquet, conducteur, rue Colombe, 5.
Puyan, conducteur, rue des Chevaliers, 21.
Beff, conducteur auxiliaire, boulevard Limbert.
Bernard, employé, rue Trois-Faucons, 12.
Durand Joseph, employé, rue Philonarde, 5.
Mouret, employé, rue Infirmières, 16.
Nicolas Amédée, employé, rue des Marchands, 51.

PONTS ET CHAUSSÉES, CHEMIN DE FER.

Service spécial du Rhône.

MM. Rondel, ingénieur, rue St-André, 6.
Gauger, hors la porte St-Roch.
Grangier, rue Calade, 68.
Genella, conducteur, rue du Saule, 8.
Olanier, rue des Ortolans, 6.
Nicolas, rue Velouterie, 7.
Roche, rue Mazan, 13.
Lafont, rue Migrenier, 1.
Rigaud Jules, rempart de Loulle, 1.
Guillermet François, rue Campane, 53.
Valentin Louis, rue Violette, 4.
Lève Denis, rue Campane, 43.
Camand, rue Racine, 17.
Mascle, rue de l'Oratoire, 1.
Dumas, rue Carreterie, 104.
De Casteljau, rue Ste-Catherine, 26.

Service spécial des Assainissements.

M. Roman, rue des Encans, 6.

Chemins Vicinaux.

MM. Raoux, agent-voyer, rue Philonarde, 108.
Benoit, agent-voyer spécial, rue du Saule, 5.
Charasse, rue Carreterie, 26.
Cavalier, boulevard Napoléon.
Lion, rue Bonneterie 74.
Laurent, rue Oriflamme, 23.
Bruneau, rue St-Marc, 63.

Chemin de Fer.

M. Moriceau, ✻, inspecteur principal de l'exploitation commerciale, rue Calade, 56.

MM. Métivier, commissaire de surveillance, rue Philonarde, 24.
Miziewiez J., garde-mines de 1re classe, rue Calade, 115.

INSPECTEUR DU CHEMIN DE FER.

M. Broët, rue Annanelle, 8.

AGENTS DE LA COMPAGNIE.

MM. Thierry, chef de gare des voyageurs.
Bruneau Michel, sous-chef de gare des voyageurs.
De St-Privas, chef de gare des Marchandises, rue Petite-Fusterie, 15.
Roche, sous-chef de gare, rue Galante. 5.

SERVICE DE LA CONSTRUCTION.

MM. Sers, ingénieur, rue St-Marc, 67.
Sigaud, chef de section, boulevard St-Michel.
Oziol, chef de section, rue Bancasse, 23.

Conseil d'Hygiène et de Salubrité.

MM. Bohat, O ✯, préfet de Vaucluse, président.
Yvaren, ✯, docteur médecin, vice-président, rue St-Dominique.
Rouvière, pharmacien, place du Change, 16.
Clément, docteur médecin, place St-Pierre, 3.
Carre, ancien pharmacien, rue Calade. 61.
Fabre, professeur de physique, rue des Teinturiers, 12.

MM. Soumille, médecin vétérinaire, rue Limas, 51.
Couren, pharmacien, rue Bonneterie, 58.
Pamard Alfred, docteur médecin, place de l'Amirande, 6.
Luneau, vétérinaire, rue St-Michel, 39.
Loriol, docteur médecin, rue Philonarde, 21.
Verdet Joseph, C ✹, négociant, rue Calade, 71.
Jeoffroy, architecte du département, rue Bonneterie, 56.
Campagne, médecin en chef de l'Hospice des aliénés, à Montdevergues.
Gendarme de Bévotte, O ✹, membre adjoint, place Crillon, 14.
Rossel, chef de division à la Préfecture, membre adjoint, rue des Lices, 22.

Télégraphe.

Rue Bouquerie, 18.

MM. De Montillet (vicomte), inspecteur, rue Saluce, 11.
Lombard, chef de section, rue Bouquerie, 18.
Platel, employé, rue Bancasse, 6.
Bernard, employé, boulevard Napoléon.
Eyssautier, employé, rue Calade, 68.
Gabis, place de l'Horloge, 17.
Reynaud, rue des Lices, 15.
Casanx, rue Calade, 64.
Rivier, rue Trois-Faucons, 15.
Estradier, surveillant, rue Grande Fusterie, 20.
Gay, surveillant, rue grande Fusterie, 16.
Catelin, rue Lanterne, 1.
Busquet, rue Grande Fusterie, 19.
Boudon, facteur, rue Bouquerie, 18.
Ayzac, facteur, rue Bouquerie, 18.

ORGANISATION MILITAIRE

MM. Nicolaï, C ✻, général de brigade, commandant la subdivision, place Crillon, 12.
Gandon, lieutenant du 7me chasseur, officier d'ordonnance, rue Fromageon, 6.
Hitzchler, ✻, sous-intendant militaire, rue Petite-Fusterie, 2.
Buron, adjudant en premier, rue Petite Fusterie, 2.
Weis, adjudant en 1er, rue Cardinale, 5.
Roulet, ✻, commandant du génie, rue Calade, 32.
Gros, garde du génie, rue des Clés, 6.
Simiand, ✻, garde du génie, rue Laboureur, 2.
Leclancher, ✻, capitaine de recrutement, rue du Four, 14.
Scamaroni, sous-lieutenant d'infanterie, place du Palais, 7.
Faivre, officier d'administration à la Manutention, escalier de St-Anne.
Blanc, préposé pour les lits militaires, place l'Amirande, 1.
Chambon, préposé pour le fourrage, rue de la Tour, 7.
Belladen, préposé pour le chauffage, rue Bancasse, 32.

Gendarmerie Départementale.

Rue Racine, 1.

MM. Croux, ✻, chef d'escadron, commandant, rue Petite Fusterie, 21.
Vuillermet, capitaine, à la Gendarmerie.
Heliot, lieutenant trésorier, à la Gendarmerie.

Pénitencier Militaire.

Aux Célestins.

MM. Hus, ✳, capitaine d'infanterie, commandant.
Forteret, lieutenant directeur des ateliers.
Heller, officier d'administration de 1re classe.
Col, adjudant d'administration en 2me.

Caserne Communale.

Rue des Lices, 19.

MM. Kunstmann, entrepreneur, rue des Lices, 19.
Imbert, chef de bureau des logements, rue des Lices, 19.

Sapeurs Pompiers.

MM. Selen Louis, capitaine, rue St-Bernard, 13.
Rieu dit Cartoux, lieutenant, rue Calade, 8.
Crès Antoine, sous-lieutenant, rue Colombe, 39.

Observations sur la manière de distinguer, aux coups du beffroi, la circonscription où se trouve l'incendie.

Paroisse St-Agricol,	1 coup.
id. St-Pierre,	2 id.
id. St-Didier,	3 id.
id. St-Symphorien,	4 id.
Hors l'enceinte de la ville,	5 id.
Hors la commune,	6 id.

Éclairages.

ADMINISTRATION DE L'ÉCLAIRAGE PAR LE GAZ,

Usine, rue St-Charles.

MM. Renaux Charles, administrateur, rue Calade, 36.
Poulin Etienne, administrateur, rue St-Dominique, 4.
Ranquet Hippolyte, administrateur, à Villeneuve-lez-Avignon.
André Henri, directeur, à l'usine.
Montagné, inspecteur, rue St-Marc, 27.
Pansin Henri, contrôleur, rue Bonneterie, 2.

ÉCLAIRAGE A LA LUCILINE ET A LA GAZULINE.

MM. Chevillon, seul dépositaire, rue Portail-Matheron, 2.
Isnard, dépôt de la vraie Luciline, place des Carmes, 13.
Saillard, inventeur de la Gazuline, rue des Fourbisseurs, 29.

Distribution d'eau de la ville d'Avignon.

Bureaux : cloître St-Didier.

MM. Kunkler, représentant la compagnie, quartier de Monclar.
Thiers, ingénieur civil, architecte, cloître St-Didier.

Docteurs en Médecine

MM.
Arnaud Amédée, place du Palais, 3.
Audemar, rue Bancasse, 21.
Béchet, médecin homéopathe, rue Dorée, 11.
Cade, rue Corderie, 4.
Campagne, médecin en chef de l'Asile des Aliénés, à Montfavet.
Carre Marius, rue Banasterie, 28.
Cassin fils, rue St-Marc, 53.
Chauffard père, O ✸, rue Dorée, 4.
Clément, place St-Pierre, 3.
Lauriol, rue Philonarde, 20.
Martin Moricelly, ✸, rue Dorée, 6.
Michel, rue Bonneterie, 66.
Monier des Taillades Hippolyte, seul propriétaire de l'Irroé, médicament approuvé par diverses délibérations de la commission de médecine de Paris, et autorisé par le gouvernement comme purgatif, fébrifuge, vermifuge et dérivatif ; son efficacité est consacrée par plus d'un siècle d'existence, rue Calade, 60.
Mostowski Arthur, rue des Amoureux, 1.
Pamard Alfred, place l'Amirande, 6.
Payen, médecin homéopathe, rue de la Croix, 15.
Poizat, rue Ferruce, 24.
Villars Achille, rue Four-de-la-Terre, 41.
Yvaren Prosper, ✸, rue St-Dominique, 5.

Officiers de Santé.

MM.
Carteron, place des Carmes, 20.
Denis Antoine, homéopathe, rue Oriflamme, 13.
Gérard, rue de l'Hôpital, 34.
Casimir, rue Carréterie, 8.

Sages-femmes.

Mesd.

Aubergier Julie, femme Charles, rue St-Dominique.
Bédarrides Laurence, rue St-Antoine, 1.
Bérard (veuve), née Déty, accoucheuse de 1re classe, rue St-Agricol, 3.
Blanc Claire, rue Carreterie, 119.
Boiron Scholastique (veuve), née Romain Vial, rue Oriflamme, 21.
Bonnefoy, élève de Mme Chaussy, rue Petite-Fusterie, 4.
Courtin Julie, née Rique, rue Muguet, 10.
Giraudy Marie, rue Balance, 39.
Malige (Mlle), rue Vieille-Poste, 1.
Roche Anne, née Bresson, rue Cornue, 8.

Pharmaciens.

MM.

Barrière Casimir, rue du Saule, 6.
Barry (veuve), rue Trois-Faucons, 38.
Blanc, pharmacie centrale de spécialités, rue Saunerie, 31.
Brun, pharmacie homéopathique et allopathique, place Puits-des-Bœufs, 7.
Carbonel Evariste, pharmacie homéopathique et allopathique, dépôt général des bandages Wickham et Kart, successeur de M. Carre, rue Saunerie, 18.
Casimir, rue Carreterie, 8.
Couren Henri, rue Bonneterie, 58.
Duzas, successeur de M. Malarte, rue Bonneterie, 84.
Francou, place Puits-des-Bœufs, 7.
Gineston-Lurie, rue Rappe, 6.
Gout, rue des Marchands, 29.
Maillet, à la pharmacie Guérin, rue St-Jean-le-Vieux, 22, place Pignotte.
Mégy Edouard, place St-Didier, 3.
Pégurier, successeur de M. Cassin, rue St-Agricol, 13.
Rouvière, place du Change, 8.

Médecins vaccinateurs, désignés pour pratiquer gratuitement la vaccine dans la Ville d'Avignon.

MM.
Carré, docteur médecin, (canton sud), rue Banasterie, 28.
Poizat, (canton nord), rue Ferruce, 24.

Etat nominatif des Médecins vétérinaires brévetés établis dans la Ville d'Avignon.

MM.
Farnaud, rue Grande Fusterie, 47.
Luneau Henri, rue St-Michel, 39.
Soumille, rue Limas, 51, rue Courte-Limas, 2.

COMPAGNIES D'ASSURANCES
AYANT DES CORRESPONDANTS A AVIGNON.

Assurances contre l'incendie.

La *Générale*. M. Aubert, directeur particulier, rue Rempart de la Ligne, 2.
Le *Phénix*. M. Léopold Mourier, agent général, place du Palais, 15.
La *Nationale*. MM. Désandré père et fils, agents généraux, rue Petite Saunerie, 11.
Le *Midi*. M. Mazel père, directeur départemental, rue des Etudes, 4, au 1er.
L'*Union*. M. Alais, agent-général, rue Balance, 19.
La *France*. M. Muscat aîné, agent-gén., r. Bancasse, 23.

L'*Urbaine*. M. Branche jeune, agent-général, syndic de faillite, place des Carmes, 23.
La *Providence*. M. Chaillot Louis, directeur, syndicat et liquidation, rue des Lices, 29.
La *Paternelle*. M. Plantinet Pierre, directeur, place Crillon, 8.
Le *Soleil*. M. de Franconi, inspecteur divisionnaire, rue des Lices, 11.
La *Mutuelle*. M. Villars Eugène, agent-général, rue Ste-Catherine, 5.
La *Clémentine*, assurance mutuelle des usines et fabrique. M. Guérin Louis, agent-général, pl. St-Didier, 9.
L'*Abeille*. M. Achard Eugène, agent-général, place du Palais, 17.
Le *Monde*. MM. Allamelle et Raveau, pl. Coste-Belle, 4.
La *Centrale*. M. Laurent Louis, directeur, rue Oriflamme, 23.
La *Confiance*, M Chabaud Auguste, directeur particulier, rue de l'Hôpital 14.
L'*Aigle*, M. Hubert, agent général, rue Carreterie, 185.
Le *Nord*, M. De Faget, rue Galante, 53.

Assurance sur la vie.

Compagnie Générale. M. Aubert, directeur, rue Rempart, de la Ligne, 2.
La *Nationale*. MM. Désandré père et fils, agents généraux, rue Petite Saunerie, 11.
Le *Phénix*. M. Léopold Mourier, agent-général, place du Palais, 15.
L'*Union*. M. Alais, agent-principal, rue Balance, 19.
Le *Monde*. MM. Allamelle et Raveau, pl. Coste-Belle, 4.
Le *Greshan*. Compagnie anglaise, M. Chabaud, directeur particulier, rue de l'Hôpital, 14.
La *Confiance*. M. Chabaud Auguste, directeur particulier, rue de l'Hôpital, 14.
L'*Aigle*. M. Hubert, agent-général, rue Carreterie, 185.
Le *Nord*. M. De Faget, négociant, rue Galante, 33.
L'*Impériale*. M. Théodore Laguerre, agent-principal, rue des Bains, 2.

ASSURANCES.

L'*Urbaine*. M. Branche jeune, agent-général, place des Carmes, 23.
La *Paternelle*. M. Manuel, directeur, rue Four-de-la-Terre, 41.
Le *Conservateur*. M. Villars Eugène, directeur, rue Ste-Catherine, 5.
L'*Européenne*. Compagnie anglaise, sous le patronage de Sa Majesté la reine d'Angleterre, directeur-inspecteur, MM. Minard père et fils, rue Banasterie, 31.

Assurances contre la Grêle.

La *Générale*. M. Aubert, directeur, rempart de la Ligne, 2.
L'*Abeille*. M. Achard Eugène, agent-général, place du Palais, 17.

Assurances Maritime et Fluviale.

M. Théodore Laguerre, représentant la *Réunion*, rue des Bains, 2.
L'*Abeille* M. Achard Eugène, agent général, place du Palais, 17.
La *Garantie Maritime*. M. Guérin, agent-général, place St-Didier, 9.

Assurance sur l'exonération du service militaire

Branche jeune, syndic de faillite, place des Carmes, 23.
Minard père et fils, rue Banasterie, 31.

Assurance sur les accidents.

Les *Accidents*. Compagnies anglaises, à prime fixe, MM. Minard père et fils, directeurs-inspecteurs, rue Banasterie, 31.

JOURNAUX POLITIQUE ET LITTÉRAIRES

D'AVIGNON.

Le Méridional, journal politique, administratif et des annonces judiciaires, tiré sur grand format, et paraissant les mercredi, vendredi et dimanche.

Massenet de Marancour, rédacteur en chef.

Bureaux : chez Mme Vve A. Bonnet, imprimeur-lithographe, rue Bouquerie, 7.

La Revue des Bibliothèques paroissiales du diocèse d'Avignon et des faits religieux du monde catholique, paraissant le premier et le quinze de chaque mois.

Bureaux : rue St-Charles, 6.

Directeur, M. l'Abbé Giraud, chanoine hon.

Le Bulletin de la Société d'Agriculture et d'Horticulture de Vaucluse, paraissant tous les mois.

Bureaux : chez M. Penable et compagnie, rue St-Agricol, 22.

Directeur : M le Marquis de l'Espine.

Secrétaire-rédacteur, M. Goubet, avocat.

La Famille de Jacob, publication israélite, paraissant tous les mois.

Directeur : M Benjamin Mossé, grand rabbin, rue Florence, 2.

Le Courrier de Vaucluse, journal commercial, artistique, littéraire et d'annonces, paraissant le dimanche, directeurs-propriétaires, MM Penable et compagnie, rue St-Agricol, 22.

La Petite Gazette, littéraire et commercial, paraissant tous les dimanches.

Directeur-gérant : M. Félix Sablier, rue Lamouyer, 27.

Bureaux : chez MM. Gros frères, imprimeurs, rue Géline.

La Cour d'honneur de Marie, revue des œuvres diocésaines et paroissiales, sous la direction du R. P. Louis de Gonzague de l'Ordre sacré des Prémontrés, paraissant le premier de chaque mois.

HEURES DES DÉPARTS

DES DILIGENCES, MESSAGERIES ET PORTEURS,

PAR ORDRE ALPHABÉTHIQUE DES LOCALITÉS.

Apt, Poulin et Cie, 6 h. du matin, midi et 3 h. du soir.
Aramon, hôtel de France, 4 h. du soir. Excepté le vendredi.
Bagnols, Poulin et Cie, 3 heures du soir.
Bédarrides, hôtel de France, 3 h. du soir, excepté le vendredi.
Carpentras, hôtel du Luxembourg, 3 h. du soir. Garcin et Cie, 6 heures 1|2 du matin.
Cavaillon, au Luxembourg, 4 h. du soir. Poulin et Cie., 6 h. du matin, 9 h. 1|2 du matin et 3 h. du soir; le lundi, départ supplémentaire, 5 h. 1|2 du m. Le courrier, 4 h. du matin. Hôtel St-Yves, 2 h. du soir.
Château-Renard, hôtel du Chapeau-Rouge, 2 h. 1|2 du soir, le matin à 5 h. le courrier.
Courthézon et route, au Chapeau-Rouge, 3 h. du soir, excepté le vendredi.
Digne, Poulin et Cie., rue Saunerie, à midi, correspondant avec les Hautes et Basses-Alpes et Turin.
Jonquières, hôtel du Chapeau-Rouge, 3 h. du soir, le vendredi excepté.
L'Isle, hôtel du Chapeau-Rouge, 3 h. du soir. Hôtel St-Yves, 6 h du matin, 3 h. 1|2 du soir. Hôtel du Chapeau-Rouge, 3 h 1|2 du matin, le courrier.
Mazan, hôtel St-Yves, lundi, mercredi et samedi, 3 h. du soir.
Montfavet, Garcin et Cie., 3 départs par jour en été et 2 en hiver, dimanches et fêtes un départ de plus. Omnibus desservant tous les trains de chemin du fer. Hôtel de France, 3 départs par jour en été et 2 en

hiver, 1 départ de plus les dimanches et fêtes. —Gauthier Jacques, place de l'Horloge, 1, 4 départs par jour.
Noves, hôtel du Chapeau-Rouge, 5 h. du soir, le vendredi excepté.
Orgon, au Chapeau-Rouge, mercredi et samedi, 3 h du soir.
Orange, hôtel St-Yves, 3 h. du soir.
Pernes, hôtel du Luxembourg, lundi, mercredi et samedi, 3 h. du soir.
Pertuis et route, Poulin et Cie, 9 h. 1|2 du matin.
Remoulins, Dumas et Gallet, rue Limas, 8, à 3 h. du s.
Roquemaure, hôtel St-Yves, 4 h. du soir.
Sorgues et le *Pontet*, veuve Ferrier et Tallet : omnibus, 6 départs par jour, et 7 les dimanches et fêtes, bureaux, café Pradel, au Portail-Matheron.
St-Remy, hôtel St-Yves, 5 h. 1|2 du soir. Hôtel du Luxembourg, samedi et mercredi, 3 h. 1|2 du soir.
St-Saturnin-lès-Avignon, hôtel St-Yves, 3 h. du soir.
Uzès, hôtel du Luxembourg, 9 h. 1|2 du m. Le courrier.
Vaucluse, hôtel du Luxembourg, mercredi et samedi, 5 h. du soir.
Vedènes, hôtel du Chapeau-Rouge, 3 h. du soir, excepté le vendredi.

Voitures à volonté.

Mandon et Cie, hôtel du Luxembourg, omnibus à tous les trains du chemin de fer et à volonté pour toutes les destinations, calèches à volonté pour noces, etc., et tout genre de voitures.
Boyer Antoine, rue Calade, 20.
Chabert et Cie, rue St-Agricol, 31.
Garcin et Cie., place de l'Horloge, voitures d'occasion pour noces, visites, etc., et pour tous pays.
Gauthier Amand, place Pie, 21.
Gauthier Jacques, place de l'Horloge, 1, voitures d'occasion, noces, visites, etc.
Clerc, voitures pour tous pays, rue du Saule, 6.

Foires et Marchés de la ville d'Avignon.

FOIRES.

30 novembre, 8 jours.
Le lundi de Pâques, 6 jours.
14 septembre, 3 jours.
6 mai, 3 jours.

MARCHÉS.

Les mercredi et samedi de chaque semaine, place Pie.
Le samedi, marché aux céréales, fleurs, etc., place des Carmes.
Le mercredi, marché aux bestiaux, hors la porte Napoléon.

LISTE GÉNÉRALE
DE MESSIEURS
LES ARTISTES, FABRICANTS, MARCHANDS ET NÉGOCIANTS, DE LA VILLE D'AVIGNON.
Par ordre alphabétique de professions.

Accordeurs de Pianos et Orgues.

Paitrault S., rue St-Agricol, 18.
Payan, rue Galante, 39.
Roubaud Casimir, rue Tête-Noire, 1.

Afficheurs publics.

Bouverot, rue Chapeau-Rouge, 40.
Janvier, afficheur de la Mairie, de la Préfecture et du Théâtre, rue Ferruce, 3.

Agents d'Affaires.

Aubert, rue Portail-Matheron, 12.
André Eugène, rue de la Croix, 14.
Bouverot, agence de publicité, représentant de commerce, rue Chapeau-Rouge, 40.
Blanc, place Crillon, 10.
Conte Henri, rue Calade, 112.
Dupré, agent lyrique, rue Balance, 11.
Liotier Félix, commissionnaire, courtier de commerce et de l'Agence du sous-comptoir du commerce et de l'industrie, rue Vieles Études, 14.
Maas, rue Calade, 85.
Mauperlier (de) fils aîné, agent universel de Commerce, rue Saluce, 1.
Trémollière Maurice, représentant de commerce pour ventes, achats d'immeubles, marchandises; emprunts et placements de fonds, rue St-Agricol, 19, au 1er.

Vachier, rue Bonneterie, 61.
Valette Henri, agent universel de commerce, rue Petite-Saunerie, 6.

Agents de Change et Courtiers de Garances.

Alphandéry fils, courtier de commerce, rue Bonneterie, 37, au 1er.
André Eugène, rue de la Croix, 14.
Breuil, rue Bancasse, 27.
Félix Achille, rue Saunerie, 3.
Liotier Félix, commissionnaire, courtier de commerce et de l'Agence du sous-comptoir du commerce et de l'industrie, rue Vieilles-Études, 14.
Muscat Henri, rue Bancasse, 19.
Nicolas Claude, place Corps-Saints, 7.
astergue Desiré, courtier seulement, rue du Puy, 21.
Pila Justin, rue Banasterie, 20.
Tournier fils, rue Bon-Pasteur, 5.

Allumettes chimiques (fabricants d')

Duclos Antoine, rue Four-de-la-Terre, 23.
Lisbonne aîné, boulevard St Michel à St-Ruf.

Antiquités, curiosités, objets d'art et bouquins, livres anciens et modernes.

Barbantan père, rue de la Masse, 9.
Baup, rue Calade, 5.
Bellon, place Jérusalem, 6.
Debrois Louis, vieux meubles, rue du Saule, 7.
Gonnet, place Crillon, 7.
Guérin, rue Calade, 27.
Méry (veuve), rue Saunerie, 36.
Peyrot, vieux meubles, rue St-Agricol, 21.
Pochy, rue Calade, 7.
Régis, rue Petit Change, 5
Rougon Louis, place St-Didier, 4.
Roussel, marchand de meubles, rue Calade, 39.

9.

Architectes.

Achard Agricol, rue Banasterie, 52.
Astruc, rue Pavot, 2.
Alexis Joseph, rue Aigarden, 32.
Jeoffroy, architecte du département, rue Bonneterie, 49.
Olagnier, professeur de l'Ecole municipale, rue des Ortolans, 6.
Pascal Eugène, architecte des monuments historiques, rue Cardinal, 12.
Pougnet, prêtre rue Bertrand, 37.
Reboul, rue Bertrand, 25.
Thiers Auguste, rue St-Marc, 17, cloître St Didier.
Wolf, directeur du Canal Crillon, rue Calade, 98.

Armuriers-Arquebusiers.

Chapouen Tiburce fils aîné, articles de chasse, chaussures imperméable et recommandé par sa spécialité, fabrique d'armes à St Etienne, rue des Marchands, 35.
Courbet, rue Saunerie, 8; ateliers rue Jacob, 2.
Fleury Paul, place Principale, 21.

Artificier.

Rey Balthazard, artificier de la Mairie, quartier St Véran, (extrà-muros.)

Aubergistes.

Aubergier, (*Guinguette St-Michel*), boulevard St-Michel.
Barthélemy Antoine, (*Au Lion d'Or*), sur la route de Lyon.
Bergier (Mad.), rue Balance, 28.
Biscarat, rue Balance, 1, place Puits-des-Bœufs.

AUBERGISTES.

Blanc, (*Auberge du Marché aux Bestiaux*), boulevard St-Roch.
Bosviel aîné, (*Guinguette de la Maison Carrée*), boulevard St-Michel.
Cartoux André, sur la route de Marseille.
Chauvin, (*Guinguette de Monclar*), boulevard Napoléon.
Collier Laurent, (*Au Cheval Sauvage*), rue Limas, 17.
Coussin Joseph, boulevard Napoléon.
Daniel Léon, rue Peyrollerie, 8.
Domergue, (*Au Poisson frais du Rhône*), quai de la Ligne, 9.
Duschamp Pierre, rue Gal-Grenier, 5.
Favre Jules, rue Fromageon, 7.
Fléchaire, (*A la Croix Blanche*), rue Carréterie, 29.
Frutus Xavier, (*A l'Avenue du Pont*), place Crillon, 11.
Gerente, (*Auberge du Cheval Blanc*), rue Colombe, 31.
Gibert Catherine, rue Balance, 22.
Gondin, boulevard Napoléon, route de Tarascon.
Janin, rue Bancasse, 16.
Luyard, (*Au Petit Versailles*), rue de l'Hôpital, 42.
Marliague (veuve), place Jérusalem, 4.
Monseret, rue Calade, 124.
Mouret Charles, place Corps-Saints, 36.
Paul, rue Petite Meuse, 11.
Perret, (*Auberge de la Pompe*), rue Carreterie, 32.
Peyre, (*A l'Ecu de France*), rue de la Masse, 14.
Pic, (*A la Tête de Bois*), place Corps-Saints, 2.
Ponto-Farinet (Mad.), mère des compagnons serruriers et forgerons, rue Collége-de-la-Croix, 1.
Raoux Anne, rue Carreterie, 120.
Ravot (veuve), rue Banasterie, 4.
Roux, (*A la Ville de Toulouse*), rue Infirmières, 103.
Pierreplane Simon, (*Aux Quatre Marronniers*), boulevard Napoléon.
Salin, (*Auberge de Bourgogne*), mère des compagnons maréchaux-ferrants, rue Bonaparte.
Savard (veuve), rue Puits-Trois-Carreaux, 2.

Viale, rue des Lices, 32.
Voulan, boulevard Limbert, ancienne auberge Gilles.

Badigeonneurs.

Barbut André, rue Banasterie, 33.
Blanc, rue grande Fuierie, 49.
Bouyer Jules, rue Ste-Catherine, 50.
Dessinge, dit *Cérise*, rue Grande Fusterie, 17.
Rigaud Charles, rue Banasterie, 11.
Viau, rue Petite-Fusterie, 2,

Bains Publics

Brun Théophile, (*Bains des Grands-Jardins*), rue des Bains, 19, rue Sorguette, 4, rue Saluce, 12.
Fouque, (*Bains des Voyageurs*), rue Limas, 1, rempart du Rhône, 2.
Fanchon, (*Bains des Carmes*), place des Carmes, 14.
Lapierre, (*Bains à la Romaine*), rue Bonaparte, rue Collége d'Annecy, 6.
Lapierre Louis, (*Bains de la Poste*), rue Bonaparte et rue des Ortolans.

Balanciers.

Chapouen Tiburce et fils ainé, r. des Marchands, 35.
Carol, rue Petite-Saunerie, 19.
Courbet, fabricant de bascules, rue Saunerie, 8.
Vallon Pierre, rue Bonneterie, 77.

Bandagistes.

Lartigue, place du Change, 15.
Pansin père, rue Galante, 18.
Pansin fils, rue Bonneterie, 2.
Thomas (Mme), place du Change, 28.
Tyran et Nardy, breveté, rue Vieux-Septier, 4

Banquiers.

Alphandéry Joseph, place Pie, 1.
Cousin Eugène et Cie , comptoir d'Avignon , rue des Encans, 15.
Mugnier , directeur de la Banque de France , place Puits-des-Bœufs, 2.
Paget, directeur du Crédit agricole, rue Bancasse, 18.
Ricard et Cie., comptoir de titres et coupons , rue Annanelle, 4.

Bateaux à Vapeur.

Jaléz fils agent, de *Compagnie Générale de Navigation*, rue Annanelle, 29.
A. Calvet fils, agent des *Express*, quai de la Ligne, 3.

Billards *(fabricants de)*

Désandré Louis, rue Bonneterie, 20.
Ponson fils , rue d'Amphoux , 6 , rue du Saule, 8.
Raoulx, rue Four-de-la-Terre, 31.
Ymonet, place Pyramide, 4.

Blés, grains, légumes, et farines,
(marchands en gros.)

Breuil et fils , commissionnaires ; grains, farines et graines de luzerne, rue Baraillerie, 25.
Combe Michel, rue Carreterie, 31.
Daruty A., entrepôt de sels, quai de la Ligne, et à la gare de marchandises.
David et Bresset, marchands de pailles de maïs, rue St-Jean-le-Vieux, 57.
Deyma Charles et Cie.; graines de luzerne, place Principale, 4 ; bureaux porte de la Ligne.

Dufour père, place des Carmes, 15 et 17.
Dufour, rue St-Christophe, 23.
Rey Louis fils, rue d'Amphoux, 5.
Samuel frères ; graines de luzernes, quai de la Ligne, 17.
Venthalac, commissionnaire en grains, place des Carmes, 27.
Vernet père et fils, commissionnaires, rue Carreterie, 23.

Bois de construction et à brûler
(Marchands de)

Bedouin Etienne fils, quai St-Lazare, 4.
Berisset, quai St-Lazare, 14.
Calvet Antoine, bois à brûler, quai St-Lazare, 12.
Chaussy Agricol, bois à brûler, boulevard St-Roch.
Crivel fils, boulevard Limbert.
Deville-Ferrier, marchand de pierres, hors la porte St-Lazare.
Dibon Antoine, quai de la Ligne, 24.
Dorel père et fils, bois de démolition de bateaux, quai St-Lazare, 6.
Eldin, entrepôt de bois pour charronage, boulevard St-Michel.
Fabre et Perrié, bois à brûler, quai St-Lazare, 5.
Granier Antoine, bois à brûler, quai St-Lazare, 11.
Lesbros Gabriel, quai St-Lazare, 2.
Quioc, scie hydraulique, bois de menuiserie, quai St-Lazare, 10.
Raynaud dit Raymond, bois à brûler, quai St-Lazare, 9.
Rochetin Jean-Baptiste, bois à brûler, boulevard Napoléon.
Sylvestre Raymond, scie hydraulique, marchand de pierres, hors la porte Limbert.

Boîtes de Montres (Monteur de)

Martin Théophile, place St-Pierre, 10.

Boîtes en Carton (*Fabricant de*)

Mayan, rue Campane, 9.

Bonnetiers et Marchands de laines.

Raisin Etienne, marchand de laines, rue des Fourbisseurs, 19.
Robert fils aîné, rue Saunerie, 16.

Bouchers.

Arnaud Gabriel, rue Vieux-Septier, 29.
Ayme, rue Lafare, 4.
Ayme (veuve), rue Vieux-Septier, 36.
Borel A. (veuve), rue Vieux-Septier, 22.
Dame Laurent, rue Vieux-Septier, 43.
Dame Louis (veuve), rue des Fourbisseurs, 50.
Delorme Esprit, rue Vieux-Septier, 37.
Delorme Marius, rue Vieux-Septier, 40.
Faye (veuve), Place-Pie, 25.
Gener Marius, charcutier, rue Grande-Fusterie, 5.
Gire Francois, rue Portail-Matheron, 11.
Joyeuse François, rue St-Agricol, 2.
Joyeuse Simon, place du Change, 13.
Joyeuse jeune, rue Tête-Noire, 21.
Juvin Auguste, rue Trois-Faucons, 29.
Maurice, rue du Chapeau-Rouge, 6.
Megère Françoise (Mad.), rue Balance, 26.
Mejean Emilie (Mlle), rue Vieux-Septier, 30.
Mouret Charles, place Corps-Saints, 56.
Roux Jean (veuve), rue Bonneterie, 78.

Bouchons (*Fabricants de*).

Nème, rue Saunerie, 54.
Sylve, rue des Encans, 5.

Boulangers.

Adet Joseph, rue Cocagne, 1.
Armandy Etienne, rue St Jean-le-Vieux, 18.
Armandy François, rue Four-de-la-Terre, 7.
Astier Pierre, rue Grande-Fusterie, 40.
Bachet, rue Petite-Meuse, 7.
Bayle Louis, rue Portail-Magnanen, 6.
Bayllou Pierre, rue St-Jean-le-Vieux, 3.
Berteaud, rue Campane, 28.
Bertrand Agricol, boulevard St-Michel.
Blanc Jules, rue Calade, 28.
Bœuf, rue Carreterie, 110.
Bonnaud Etienne, cours Bonaparte.
Bouin Auguste, rue St-Etienne, 26.
Brémond Agricol, rue Balance, 30.
Brès Jean, rue Carreterie, 48.
Calade Raymond, rue Vieux-Septier, 11.
Chabran, rue Four-de-la-Terre, 28.
Charasse Alphonse, rue Trois-Faucons, 24.
Coulet J.-B., rue de l'Hôpital, 19.
Combe Joseph, rue Banasterie, 52.
Crabe Isidore, rue Portail-Matheron, 50.
Creysson Louis, rue Infirmières, 55.
Dame Pierre, rue Carreterie, 95.
Darut, rue Infirmières, 34.
Delhomme Pierre, rue Portail-Magnanen, 1.
Ducreux Hippolyte, rue St-Agricol, 17.
Dugas Casimir, rue Infirmières, 65.
Durand Auguste, rue Chapeau-Rouge, 34.
Edouard Louis, rue Carreterie, 158.
Ferigoule Jean, place des Châtaignes, 14.
Fourès Louis, rue Philonarde, 69.
Geoffroy André, rue Bonneterie, 99.
Geoffroy fils, rue Calade, 49.
Goubert, rue Vieilles-Etudes, 12.
Goumarre Félix, rue des Lices, 17.
Gros Barthélemy, rue Carreterie 114.
Habrial Gilbert, rue Florence, 17.
Imberton Esprit, place Corps-Saints, 62.

Labeaume Auguste, rue Portail-Matheron, 17.
Lassia, rue des Fourbisseurs, 33.
Longuet, rue St-Marc, 29.
Manivet Martin, rue Potrail-Magnanen, 8.
Marandon Etienne, rue Carreterie, 31.
Maurin (veuve), rue Saunerie, 59.
Mirandol Pierre, rue Hercule, 2.
Morel (veuve), rue Balance, 31.
Mouzin Lazare, (*A la renommée des bons Gâteaux au beurre*), rue Bancasse, 29.
Neveu Joseph, rue des Teinturiers, 59.
Olivier Antoine, rue Carreterie, 81.
Palun Raymond (veuve), rue des Teinturiers, 7.
Pavier, rue Calade, 69.
Peilen Hippolyte, place Crillon, 6.
Peloux Jean, rue du Saule, 9.
Pitol, rue Galaute, 29.
Prat, rue Limas, 13.
Raymond Ferdinand, rue Trois-Faucons, 30.
Reboul Jean, rue Balance, 5.
Rey, (*Four continu*), rue de l'Arc-de-l'Agneau, 3.
Roland Antoine, rue Ste-Catherine, 29.
Roure, rue Limas, 56.
Roussin Louis, rue Palapharnerie, 11.
Sautel Joseph, rue Infirmières, 13.
Soulier Auguste, rue Saunerie, 5.
Taxil Antoine, rue Lafare, 7.
Teste François, place Corps Saints, 21.
Varenne, place du Change, 26.
Vignal Anselme, rue des Teinturiers, 31.

Boisseliers, fabricants de bois de galoches.

Ayme frères, fabricant de mesures de capacité, rue Carreterie, 53.
Colin, rue Banasterie, 49.
Lardat André, rue Franche, 9.
Mornay Pierre-Claude, place Principale, 6.
Royer J.-B., rue Saunerie, 47.

Bourreliers.

Bernard, rue Carreterie, 162.
Boulaire Antoine, rue St-Michel, 2.
Couteron, rue Carreterie, 143.
Mauric Esprit, boulevard Limbert.
Viardot dit Bourguignon, rue Calade, 9.

Brasseries et entrepôts de bières de Lyon

Catelin, entrepositaire, place Crillon, 21.
Duplan, idem. rue Ste-Praxède, 5.
Fort frères et Lyon ; brasseurs, rue des Clés, 6.
Gund et Maas, brasseurs, rue Lagne 4.
Mauras Félix, brasseur, place Pignotte, 29.
Passemard, entrepôt de bière de Lyon, boulevard Limbert.

Broderies, lingeries et dentelles

Bent Michel, broderies, or, argent et soies, place Principale, 4.
Bouffier Auguste, articles blancs, place Pie, 17.
Fortuné Sorbier, rue des Fourbisseurs, 14.
Gontelle Benoît, rue Vieux-Septier, 17.
Protin jeune, rue Saunerie, 17.
Rosinès (Mme), rue Bonneterie, 12.
Sorbier Eugène, rue Saunerie, 4.

Cabaretiers.

Allemand Félix, rue des Fourbisseurs, 40.
Aymard, boulevard St-Dominique.
Bœuf J.-B. (veuve), (A ma Campagne), route de Tarascon.
Doussot Réné, rue Trois-Faucons, 18.

CABARETIERS, CABINETS DE LECTURE, CAFÉS.

Dufour (*Au Raisin*), à St-Véran (*extrà-muros*).
Férigoule, boulevard St-Dominique.
Guérin Joseph, rue St-Jean-le-Vieux, 8
Ler Frédéric, (*A la Coucourde*), à St-Véran, (*extrà-muros*.)
Méry, boulevard St Dominique.
Paulet Louis, rue St-Etienne, 9.
Pivot Antoine, rue de l'Arc-de-l'Agneau, 10.
Richard Vardéon, rue Florence, 9.
Ycard, rue Bonneterie, 50.

Cabinets des lectures.

Clément St-Just, place de l'Horloge, au coin de la rue des Marchands
Kiosque Chinois, vente de tous les journaux, rue Bonaparte.
Troncy, Kiosque Avignonais, abonnements avec primes, lectures des journaux, place Pie, 20.

Cafés.

Barret Jean, quai de la Ligne, 3.
Barretta (veuve), salon de glaces pour les Dames, place St-Didier, 12.
Barrial Pierre, place Pie, 9.
Boch Florian, place Pie, 23.
Bonnaud, (*Café du Brave Crillon*), place de l'Horloge, 10.
Bonnet Anaïs (Mlle), (*Café du Louvre*), rue Bon-Parti, 3.
Bouvet, place de l'Horloge, 18.
Bounaud Ferdinand, (*Café d'Europe*), cours Bonaparte.
Bouisseau, (*Brasserie Gambrinus*), rue Fromageon, 5.
Brunel, (*Café Henri IV*), salon de glaces pour les dames, rue Galante, 4, rue Bancasse, 9.
Bruyère Louis, rue St-Jean-le-Vieux, 13.
Bugand, (*Café du Théâtre*), place de l'Horloge, 19.
Bus Félix, (*Café Althen*), place Pie, 15.
Calvet, rue Carreterie, 67.

Cœur, (*Café de l'Univers*), place de l'Horloge.
Cournaud, (*Café de Paris*), place de l'Horloge, 24.
Debernardi, (*Café Février*), place de l'Horloge, 22.
Calmin Jacques (*Café de la Comète*), rue des Teinturiers, 67.
Chevraux, rue Cardinal, 5.
Clerc, (*Café Grande Brasserie*), place de l'Horloge, 8.
Dame Pierre, (*Café St Lazare*), rue Carreterie, 122.
Eméry, (*Café Luxembourg*), place Corps-Saint, 31.
Duval, (*Café de France*), place de l'Horloge, 20.
Fabre, rue Carreterie, 189.
Florent Lyon, (*Café de Strasbourg*), place Crillon, 20.
Frasse, rue Petite-Meuse, 3.
Gouthier Michel, (*Café du Boulevard*), près la gare des Voyageurs.
Guillot (veuve), rue Pucelle, 5.
Klemm Guillaume, rue des Teinturiers, 69.
Isnard, rue Vieilles-Etudes, 12.
Malen, (*Café du Luxembourg*), rue Chapeau-Rouge, 36.
Manon, (*Café Molière, Académie des dix billards*), rue Molière, 14.
Marin, rue Carreterie, 72.
Martin, place de l'Horloge, 26.
Masson, (*Café du Cours*), rue des Chevaliers, 47.
Maubon Barthélemy, place Corps-Saints, 4.
Mestre, rue Infirmières, 60.
Michel Joseph, rue des Lices, 46.
Milon, rue Carreterie, 46.
Novière, rue Balance, 9.
Noël, Joseph, rue Vieux-Sextier, 36.
Penne, (*Café des Mille Colonnes*), place de l'Horloge, 16.
Ponge Noel, (*Café de la Bourse*), rue Vieux-Sextier, 12.
Pradel, (veuve) rue Portail Matheron, 26.
Rougier (veuve), Café du Cours Bonaparte.
Rasse Neveu, place Corps-Saints, 32.
Raymond, rue Peyrollerie, 11.
Satragno et Arnoux, (*Café des Ambassadeurs*), cours Bonaparte.

CAFÉS, CAGES, CAMIONNEURS, CARRELEURS.

Sernoux, (*Café du Globe*), place Crillon, 18.
Tailleux, (*Café des Voyageurs de Commerce*), place Pie, 3.
Tardi Thomas, place Pie, 21.
Vialette, rue Carreterie, 27.
Vial Charles, (*Café du Commerce*), rue St-Jean-le-Vieux, 23.
Vacher Michel, (*Café Racine*), rue Racine, 17.

Cages et grillages *(Fabricants de)*.

Boronni, triageur, rue Saunerie, 24.
Mandelli Ferdinand, rue Saunerie, 7.

Camionneurs.

Couston, rue Florence, 7.
Mourre Louis, rue Violette, 4.
Rampon Alexis, rue Palapharnerie, 23.
Roux, rue Infirmières, 53.
Teste Claude, rue Palapharnerie, 21.
Teste Pierre, rue Palapharnerie, 26.

Carreleurs.

Gontard Théophile, rue Banasterie, 42.
Gontard, rue Escalier de Ste-Anne, 5.
Gontard Louis, place Corps-Saints, 72.
Gontard Louis, rue Portail-Magnanen, 10.

Cartes à jouer *(Fabricants de)*

Lantier, rue des Fourbisseurs, 27.
Tourès, rue de La Croix, 16.

Cartons en pâte et papier *(Fabricant de)*.

Désandré Hilaire, rue des Lices, 16.

214 CARTONS, CERCEAUX, CERCLES, CHAPELIERS.

Poncet frères, ※, papeteries mécaniques, rue du Gal, 7.
Redon Victor, cartons pour garances et garancines, papiers de pliage, rue Calade, 6 ; fabrique à Longchamp, près le Thor.

Cerceaux (Marchands de).

Lesbros Gabriel, quai St-Lazare, 2.
Niquet Joseph, quai St-Lazare, 5.

Cercles

De la Rotonde, rue Bon-Parti, 1.
De la Bourse, place de l'Horloge, 15.
Maçonnique, rue Banasterie, 38.
Des Mille Colonnes, place de l'Horloge, 16.
De la Foi, rue Mazan, 5.
De la Paix, Café Henri IV, rue Galante, 4.
Du Commerce, place de l'Horloge, 22.
Scientifique, rue Dorée, 5.
Vauclusien, place de l'Horloge, 22.

Chapeliers.

Albert, rue Saunerie, 21.
Battalier frères, fabricant de casquettes, rue Peyrollerie, 3.
Bernard Daniel, fabricant, rue Saunerie, 12.
Bœuf Martin, fabricant, fabrique de casquettes, rue Bonneterie, 18.
Brat (veuve), objets d'enfants, rue des Marchands, 20.
Bressy Auguste, place de l'Horloge, 7.
Brun Alcide, fabricant, rue Corderie, 2.
Cappeau Joseph, rue St-Michel, 4.
Coste Casimir, souffleur de peaux de lapins, rue des Teinturiers, 15.
Genela Siffrein, rue Chapeau-Rouge, 14.

Guiaud, fabricant, rue Bonneterie, 16.
Mazet Adolphe, rue Portail-Matheron, 19.
Perroche (veuve), blanchit les chapeaux de paille, repasse les chapeaux de soie, rue des Encans, 5.
Pujet, successeur de M. Janisset, rue des Marchands, 37.
Raquillet Christophe, fabricant, rue St-Michel, 31.
Remacle neveu, marchand et fabricant, rue des Marchands, 26.
Paulin Camille, place du Change, 28.
Rey, casquetier, rue Carreterie, 18.
Tombereau, fabricant, rue Infirmières, 51.

Charbons de terre (*Marchands de*)

André Eugène, marchand de trouilles, rue Calade, 84; magasin, au Pontet.
Arbousset, rue Limas, 54.
Aubert, représentant de la Maison Pitras et Glas de Givors, rue Philonarde, 36, au Pontet et à la Gare.
Belladen, rue Bancasse, 32 et rue Collége d'Annecy, 4.
Bounaud, marchand de trouilles, route de Marseille.
Boudon Joseph, charbons, de coke et trouilles, boulevard St-Michel.
Brulat Vincent, voiturier sur Arles, rue des Etudes, 10.
Calvet, rue Infirmières, 26.
Charvet, rue Hercule, 3.
Chapas-Bouché, entrepôt de charbon des mines de Lalle, près la gare des marchandises.
Chaussy Agricol, boulevard St-Roch.
Dibon Antoine, quai de la Ligne, 24.
Marnas Pierre, rue Velouterie, 3.
Perrier et Fouque, boulevard St Roch.
Richard Joseph, représentant de la Compagnie Houillière de Robiac et Bessèges, place Crillon, 19, rue Limas, 40.
Rochetin J.-B., marchand de charbons, et bois, hors la porte St-Michel.
Thibaud, rue Carreterie, 138.
Sylvestre Raymond, hors la porte Limbert.

Charcutiers.

Ayme frères, rue Carreterie, 53.
Blanc Jacques, rue St-Agricol, 3.
Cullet Jean, rue des Teinturiers, 61.
Dame Joseph, rue Vieux-Septier, 24.
Delorme Agricol fils aîné, rue Vieux-Septier, 20.
Demorte Pierre, place Corps-Saints, 26.
Didier, charcutier provençal, rue Saunerie, 33.
Fontaine François, rue St-Jean-le-Vieux, 21, place Pie.
Flaverge, rue Ste-Catherine, 36 (bis).
Geoffroy, rue Calade, 38.
Gire François, rue Portail-Matheron, 11.
Imbert Auguste (veuve) place Pie, 11.
Marcelin Jh (veuve), rue Vieux-Septier, 41 (bis).
Maridet, rue Carreterie, 113.
Martin, rue de l'Hôpital, 46.
Monier, rue Banasterie, 66, place Pie.
Mouret Claude, rue Carreterie, 73.
Palun Alphonse, rue Trois-Faucons, 27.
Poulin Hippolyte, rue Vieux-Septier, 33.
Ressegaire Pierre, rue Carreterie, 109.
Richard Henri, rue des Teinturiers, 35.
Roubeau, rue Carreterie, 65.
Rouvière François, rue Puits-de-la-Reille, 7.
Roux Hippolyte, rue St-Agricol, 37.

Chardons (*Négociants de*).

Blétrix et Ressegaire, rue Ste-Catherine, 8 bis.
Félix (de) Faustin, rue Bonneterie, 52.
Fortunet et Justet, rue Saluce, 11.
Granier Frédéric, ✻, et Cie, rue Oriflamme, 14.

Charrons.

Barret Jean, rempart de la Ligne, 6.
Breton Henri, boulevard Limbert.
Chevillon Antoine, boulevard Limbert, 1.
Clément Antoine, rue Carreterie, 150.
Clerc Antoine, rue Portail-Magnanen, 56.
Colombon, rue Limas, 18.
Corbert, rue Carreterie, 132.
Goffre Louis, rue Carreterie, 168.
Goffre Bertrand, rue des Clés, 18.
Marchandeau Jean, rue Bonneterie, 51.
Michel, rue Carreterie, 42.
Penable Antoine, hors la porte St-Lazare.
Peyre fils aîné, rue Grande-Fusterie, 1.
Ravel (veuve), rue Palapharnerie, 27.
Rosan, dit *Berry*, rempart St-Lazare, 11.
Vitel, place Crillon.
Vialès Joseph, rempart St-Michel, 25.

Chaudronniers-Pompiers.

Delmas Pierre, rue d'Amphoux, 2.
Fanguin Guillaume, chaudières en tous genres, pour garancines, filatures, papeteries, etc., tuyautage en tous genres. Dépot des manomètres Bourdons et des Injecteurs-Giffard pour chaudières, boulevard Limbert.
Liane Benoit, réparations en tous genres, place Trois-Pilats, 18.
Mouret Joseph, rue St-Jean-le-Vieux, 25.
Pommèra Louis, boulevard St-Michel.
Reynaud et Gabelon, rue Four-de-la-Terre, 31.
Trocolo père, pompier en tous genre, rue Carreterie, 22.

Chaussons (*Fabricants de*).

Auguet Louis, place St-Didier, 5.

Capdevilla Isidore, rue Saunerie, 56.
Capella Mariano, rue des Fourbisseurs, 26.
Pavi Jean, rue des Fourbisseurs, 8.
Raphaël Mathieu, rue Portail-Matheron, 13.
Rocalba, rue des Fourbisseurs, 58.
Tournier, rue Carreterie 20,

Chemises (*spécialités.*)

Chabal Régis, rue Saunerie, 14.
Perrot fils aîné, (*Au Phénix*), rue des Fourbisseurs, 4.

Chevaux (*Marchands de*).

Bois et Soupiquet, rue St-Michel, 1.
Desangles, rue d'Amphoux, 5.
Ferradou, place Pignotte, 12.
Gonet, rue Carreterie, 155.
Manuel Charles, boulevard St-Dominique.
Rossignol, rue Carreterie, 126.
Sévéran Joseph, rue Carreterie, 173.
Voulan Jacques, boulevard Limbert.

Chiffonniers, marchands de vieux fers.

Béraud, marchands de vieux fers, rue Carreterie, 3.
Comtat, marchands de vieux fers, place Principale, 24.
Fabre, achat en gros de peaux de lapins et md de vieux fers, rue Carreterie, 10.
Flour, rue Carreterie, 102.
Jayet Laurent, marchand de vieux fers, rue Carreterie, 62
Pliquet Joseph, marchand de vieux fers, rue Carreterie, 105.
Reynard, rue Infirmières, 30.
Robert Joseph, rue Four-de-la-Terre, 19.

Chocolat (*Fabricants de*).

Barretta frères, place du Change, 10, rue Bancasse, 2.
Barretta (veuve), place St-Didier, 12.
Barnel-Charpentier et Cie, place Pignotte, 15.
Chiron Eugène, rue Portail-Matheron, 16.
Faucon Louis, rue Vieux-Septier, 55.
Magnin, rue des Fourbisseurs, 5.
Pourchier J.-B. (veuve), rue des Teinturiers, 73.
Prévot Philippe jeune, successeur de Bouissou, place de l'Horloge, 1, place du Change, 2.

Cierges et bougies stéariques.

Bérard Michel, place Pignotte, 12.
Coulont Louis, rue des Teinturiers, 41.
Fontaine L., fabricant de chandelles, rue N.-D.-des-Sept Douleurs, 7.
Magnin fils, rue des Fourbisseurs, 5.

Ciments, Asphaltes, Plâtres et Chaux
(*Entrepôts de*).

Ayme Antoine, entrepreneur et applicateur, rue Colombe, 15.
Barles, plâtre seulement et crisalydes, rue Charrue, 20
Beaudran, marchand de plâtres, rue Franche, 1.
Dibon Antoine, id. quai de la Ligne, 24.
Fandrin, applicateur, rue Limas, 57.
Moureau Guillaume, chaux hydrauliques, ciments et plâtre de toutes qualités, rue Pommier, 8.
Montagnié Etienne, ciments et plâtre de toutes qualités, rue Campane, 6.
Tulié, asphaltes de Seyssel, applicateur, dépôt de ciments, place de l'Horloge, 24.

Cloutier.

Rippe, rue Mazan, 6.

Comestible et Salaisons (Marchands de).

Bénézech, entrepôt d'huîtres, rue Bonaparte.
Cavillon, fruits secs, dépôt des produits anglais, rue des Fourbisseurs, 4.
Combette (veuve), fruits secs, r des Fourbisseurs, 47.
Faye Suzanne (Mlle), rue Vieux Septier, 38
Faye Agricol, sa aisons, rue St Jean-le-Vieux, 15.
Motte Denis (veuve), rue Vieux-Septier, 35.
Paul mère (Mme), fruits secs, place du Change, 24.

Commissionnaires expéditeurs.

Brulat Vincent, voiturier sur Arles, rue des Etudes, 10.
Frainet frères, correspondants et camionneurs du chemin de fer, rue Trois Faucons, 1.
Gilles Henri, roulage pour tous pays, boulevard Limbert.
Mollet Emile, entrepreneur de transport, rue Saunerie, 23.
Rasse, messageries impériales, roulage accéléré pour tous pays, service maritime, abonnements aux journaux, Portail Matheron, rue de la Croix, 25.
Vincent Isidore, voiturier sur Nîmes, rue Muguet, 18.
Poulin Etienne, rue St-Dominique, 4.

Confectionneurs.

Aron Adolphe, (*Aux 100,000 paletots*), habillements confectionnés pour hommes, place du Change, 9.
Boreil Barthélemy, rue Saunerie, 20.
Borel Guillaume, rue St-Agricol, 25.
Borel Philippe (Mlle), rue Saunerie, 11.
Canbet (veuve), rue Petite Saunerie, 19.
Marel Louis, rue Ste Garde, 2.
Merle, confections pour enfants, rue des Marchands, 2.
Combe, (*Au Burnous français*), rue des Marchands, 4. place du Change, 8.
Doux, rue des Marchands, 14.
Dugas, (*A la ville de Paris*), rue des Marchands, 6 et 8, rue Petit-Change, 4.

Métaillet Xavier, rue Saunerie, 40.
Molière Charles, rue des Marchands, 9.
Perrot (veuve), vêtements sur mesure, rue des Marchands, 15.
Pimont (Mlles), rue des Marchands, 40.
Pitras aîné (*Au Petit Bénéfice*), rue Portail-Matheron, 5.
Sibuet Hippolyte, rue Saunerie, 26.

Confiseurs-Pâtissiers.

Alexandre Reau Tournade, fabricant de fruits confits, boulevard St-Michel.
Barretta frères, place du Change, 10, rue Bancasse, 2.
Chiron Eugène, rue Portail-Matheron, 16.
Combette (veuve), spécialité de pâtés froids, et toutes pâtisseries, rue des Fourbisseurs, 47.
Dumas et Broc, spécialité de fruits confits, marrons fondants, dattes farcies, rue St-Jean-le-Vieux, 20.
Dumas, spécialité de fruits confits en gros, et marrons fondants, place Coste-Belle, 4.
Escoffier, successeur de M. Bonnet, place du Change, 24 bis.
Gaulhier, rue de l'Hôpital, 50.
Just (*Aux Palmiers*), spécialité de liqueurs et bonbons fins, rue des Marchands, 26.
Magnin fils, rue des Fourbisseurs, 5.
Pelissero Joseph, place Crillon, 5.
Pelissero (*Au Grand Avenir*), rue Carreterie, 44.
Prévot Philippe jeune, successeur de Bouissou, place de l'Horloge, 1, place du Change, 2.
Pouthier, (*Au Fidèle Berger*), successeur de Schucan, rue des Marchands, 7.
Roure, spécialité de fruits confits et bonbons fins, rue St-Agricol, 29.
Tranchand Frédéric, (veuve), spécialité de fruits confits, rue Saunerie, 40.

Cordes Harmoniques (*Fabricant de*).

Thierry (veuve), fournitures de boyaux pour charcutiers, rue Portail-Magnanen, 28.

Cordiers.

Bourillon Martin, rue Carreterie, 195.
Brun Louis, rue St-Michel, 13.
Brun Benoit, rue Carreterie, 33.
Capeau Pierre, dépôt du Phospho-Guano, rue Vieux-Septier, 52.
David (veuve), rue Carreterie, 43.
Gaussaud, grainetier, rue Calade, 19.
Molière fils, place Crillon 25.
Verdier Agricol, rue St-Michel, 15.
Verdier Henri, rue Vieux-Septier, 6.

Cordonniers-Bottiers

Adam Auguste, rue Four-de-la-Terre, 8.
Alphan (mad.), marchande de chaussures, place Pie, 6.
Aubert, spécialités pour Dames, rue St-Pierre, 3.
Audier, rue de la Monnaie, 1.
Augier Louis, cordonnier pour dames, place du Change, 22.
Belhomme, marchand, rue Chapeau-Rouge, 32.
Basile Joseph, rue Saunerie, 48.
Bœuf Louis, rue Bonneterie, 3.
Cazot, rue des Marchands, 40.
Chenivesse, rue Saunerie, 41.
Clavel J. B., cordonnier pour dames, rue Bonneterie, 19.
Clérico fils, marchand, rue Portail-Matheron, 2.
Croquet Paul, rue St-Jean-le-Vieux, 9.
Dessort, rue Calade, 25.
Dupont, rue des Fourbisseurs, 31.
Duvernet, marchand de chaussures, rue des Marchands, 41.
Fabre Joseph, rue des Fourbisseurs, 13.
Fajol Pierre, rue des Teinturiers, 57
Frérot, cordonnier en tous genres, rue Saunerie, 14.
Galas François, rue Portail-Magnanen, 8.

Gérard Joseph, rue Saunerie, 56.
Halary, cordonnier pour dames, rue Saunerie, 49.
Istre, rue Bonneterie, 103.
Jouffret, rue Carreterie, 1.
Julien Jean, rue Calade, 24.
Lazare Jean-François, rue Carreterie, 108.
Lecuyer, rue Galante, 28.
Latour Félix, rue Saunerie, 57.
Marcel Joseph, rue Bonneterie, 4.
Mauron Louis, rue Chapeau-Rouge, 6.
Mauric père et fils, rue des Fourbisseurs, 30.
Michon Baudile, (*A la Grande Tige*), rue St Michel, 21.
Miolan, rue des Fourbisseurs, 6.
Nevejans, cordonnier pour dames, rue Bonneterie, 22.
Parrel fils aîné, place du Change, 14.
Pascal Marius, rue St Jean-le-Vieux, 7.
Pertuis Antoine, marchand, rue des Marchands, 19.
Périé, rue St-Agricol, 35.
Poisson Guillaume, chaussures pour dames et enfants, rue Saunerie, 1.
Rabasse Isidore, rue Saunerie, 22.
Rebierre, place Corps-Saints, 30.
Rey Antoine, cordonnier en tous genres, place Corps-Saints, 1.
Rieusset, rue Four-de-la-Terre, 11.
Ripert Auguste, place Corps-Saints, 15.
Rool François, rue Saunerie, 42.
Rieux Edouard, marchand de chaussures, rue Portail-Matheron, 20.
Rolando, rue Balance, 6.
Ruffi Noël, rue Bourguet, 23.
Sanqueri, rue Carreterie, 195.
Sega, marchand, rue des Marchands, 42.
Seguin Victor, rue des Fourbisseurs, 56.
Tournié, marchand de chaussures, rue Carreterie, 20.
Trouillet Jean, rue Carreterie, 102.

Corsets pour dames.

Ferrier (Mme), rue Fromageon, 13.

Laffet Thomas, rue Rouge, 7.
Chambon Amenthe (Mme), rue des Fourbisseurs, 15.
Coulon, fabricant de crinolines, place Principale, 4.
Perrot fils aîné, (*Au Phénix*), rue des Fourbisseurs, 4.

Couleurs (*Marchand de*).

Malet Léonard, rue Saunerie, 16.

Courtiers en tout genre.

Brun Joseph, rue Géline, 4.
Chaneur, rue Colombe, 14.
Colombet Gibaud, rue de l'Hôpital, 12.
Dumas fils, rue Bonneterie, 41.
Combe, courtier en grains, rue Ste-Garde, 1.
Félix Achille, rue Saunerie, 3.
Fouque jeune, rue Trois Faucons, 15.
Guillaume, place Principale, 18.
Lobreaux, rue Bonaparte.
Morin, rue de l'Olivier.
Noyer Louis, rue Carreterie, 156.
Nitard (veuve), rue de la Croix, 21.
Prade Casimir, pour denrées coloniales, rue Florence, 13.
Richard fils, facteur de denrées, rue Roquette, 12.
Richard père, courtier en grains et autres denrées, rue de Puy, 12.
Tamaillon, rue Carreterie 134.
Tyran jeune, rue Bertrand, 29.

Couteliers.

Boucarut Félix, rue des Marchands, 40.
Deville, rue Petite-Meuse, 9.
Lartigue, place du Change, 18.
Sautel (veuve), rue Saunerie, 11.
Thomas (Mme), place du Change, 28.

Crépins (Marchands de).

Billion, fabricant, rue des Fourbisseurs, 18.
Colin (veuve et frères), rue St Jean-le-Vieux, 4.
Nimal et Cie, rue St-Pierre, 5, maison à Marseille.
Taulier Andéol,, rue Portail-Matheron, 9.

Crieur juré.

Pochy, rue Calade, 7.

Cuirs (Marchands de).

Biscarel, articles de cuirs de fantaisies, maroquiniers en tous genres, rue Laboureur, 2.
Duvernet, rue des Marchands, 41, rue Saunerie.
Lavaissière Louis, rue St-Jean-le-Vieux, 9.
Layrac et Meilhoc, rue Chapeau-Rouge, 8.
Michon Baudile, (A la Grande Tige), rue St-Michel, 21.
Morenas Joseph neveu, articles pour relieurs, etc , rue Saunerie, 38.
Morenas fils et Cie, poils, laines, suifs, agneaux et chevreaux ; médaille d'honneur, 1re classe, impasse de la Carreterie, 88.
Morenas Napoléon, rue Rappe, 8, rue des Marchands.
Ravan Augustin, rue Bonneterie, 37.
Teissonneyre, marchand de peaux en poils, rue Petite-Meuse, 17.

Dégraisseurs et Teinturiers en soies.

Castellan fils, rue des Teinturiers, 11.
Chazard, rue Carreterie, 12.
Favre (Mme), rue Fromageon, 15.
Requien père et fils, rue des Lices, 59.
Requien fils aîné, rue de la Masse, 3.
Rosotte André, place du Change, 21.
Saillard, inventeur de la Gazuline pour l'éclairage, rue des Fourbisseurs, 29.

Dentistes-Chirurgiens.

Bonnet, rue du Saule, 7.
Dufour Gustave, successeur de M. Perpignan, rue St-Pierre, 7.
Lélard Henri, rue l'Anguille, 4.
Morel, rue Petite-Meuse, 10.
Vielleden, rue Place St-Pierre, 3.

Doreurs et Argenteurs.

Barnoin, fabricant-expéditionnaire, rue Bonneterie, 48.
Bent Michel, place Principale, 4.
Bougette Auguste, rue des Fourbisseurs, 38.
Brive, rue Calade, 10.
Chanus, rue Bonneterie, 46.
Establet Frédéric, rue Bonneterie, 42.
Lambert, place des Châtaignes, 5.
Souchon, (Au Miroir sans tache), rue Bonneterie, 28.

Dorures sur étoffes, métaux, et pour ornements d'Églises.

Bent-Michel, place Principale, 4.

Drapiers (Marchands).

Aurouze, toileries, articles pour trousseaux et layettes, spécialité pour tous les articles blancs et de deuil, rue St-Agricol, 20.
Beissier, (A la Grâce de Dieu), nouveautés pour hommes et pour dames, rue Vieux-Septier, 47.
Chéri Véroly, place Pie, 1.
Clap Vincent, tissus, rue des Marchands, 26.
Courbier Frédéric, successeur de Léon Richaud, toilier, rue des Marchands, 27.
Dupoux Hippolyte, rue Argentière, 1, rue Bonaparte.

Fage François Xavier, toileries, rue Chapeau-Rouge, 19.
Gilles Clément, rue Vieux-Septier, 25.
Joubert G., rouenneries, tissus en gros et graines de vers-à-soie, rue Saunerie, 50.
Henri Espieux, Dinard et Bonnard, toileries, rue Vieux-Septier, 32.
Lyon jeune, rue Vieux-Septier, 24.
Lyon Benjamin, marchand de rouenneries, rue Vieux-Septier, 51.
Mouret Joseph fils, toilerie, rue Saunerie, 51.
Perrot Louis, rouenneries, calicots, velours, etc , en détail rue Portail-Matheron, 1, gros rue Bonneterie, 45.
Roure Jean-Baptiste, marchand de tissus, rue des Marchands, 21.
Vincent et Duret, marchands de tissus en gros, place Coste-Belle, 4, au 1er.

Droguistes et produits chimiques.

Battalier Albert fils, rue Portail Matheron, 10.
Chauvet frères, rue des Marchands, 29.
Faucon Louis, rue Vieux-Septier, 55.
Liotier Philippe, rue Chapeau-Rouge, 18.

Eaux de selz et limonades gazeuses
(Fabricants de).

Duplan Jean, rue Ste-Praxède, 5.
Sylvestre, rue Vieux-Septier, 34.
Passemard, boulevard Limbert.
Thibes Henri, place Principale, 14.
Mauras Félix, place Pignotte, 19.

Ebénistes (*Marchands de Meubles.*)

Avy Alfred fils, marchand de glaces, rue Carreterie, 32.
Carrière André, rue Chapeau-Rouge, 21.
Bony, rue Petite-Fusterie, 7.

Désandré, rue Bonneterie, 20.
Fruc dit Basile, meubles d'occasion, place St-Pierre, 2.
Gery, marchands de paniers et glaces, rue du Chapeau-Rouge, 14.
Guigue, rue Bonneterie, 31.
Manon, marchand de glaces, rue Chapeau-Rouge, 15.
Marin-Arbod (veuve), épouse Eugène Hubert, march. de glaces et marbres, rue Carreterie, 185.
Puig jeune, successeur de Monier, march. de glaces, r. Philonarde, 52.
Ponson père, rue d'Amphoux, 6, rue du Saule, 8.
Rougon Louis, meubles d'occasion, place St-Didier, 4.
Poux, rue St-Agricol, et rue Petite-Fusterie, 1.
Teste, rue Carreterie, 34.
Turin, rue Chapeau-Rouge, 21.

Ecrivains publics.

Bonnet Joseph, rue Fromageon, 11.
Ferrier, instituteur primaire, rue Fromageon, 13.

Elastiques pour meubles (Fabricant de.)

Gras Amable, rue Carreterie, 39.

Encaveurs, purgeurs de puits et emballeurs de meubles.

Calamel Pierre, rue Piot, 2.
Dumas Pascal, rue St-Agricol, 33.
Pochy, rue Calade, 7.
Raynaud Etienne, rue Puits-Trois-Carreaux, 11.

Entrepreneurs de bâtiments et autres entreprises.

André André, rue Banasterie, 7.
Aury Jean, rue Philonarde, 96.
Aubert Jean, rue Philonarde, 0.
Barailler François fils, rue Persil Magnanen, 1
Baudoin Jules, entrepreneur du chemin de fer d'Avignon à Salon, boulevard St-Dominique.
Bérard François. dit la Rose, rue des Fonderies, 1.
Besse, rue Infirmières, 32.
Brun Siffrein, rue Portail-Magnanen, 11.
Chantron, rue de l'Hôpital, 31.
Chassel Etienne, rue N.-D.-des-Sept-Douleurs, 1.
Chay Jean, entrepreneur du pavé de la ville, rue l'Onde, 3.
Clément François fils, cours Bonaparte.
Crès, rue Colombe, 39.
Daruty, rue St-André, 10.
Dame frères, entrepren. de travaux publics, rue Carreterie, 161.
Dibon Etienne, rue Philonarde, 85.
Doutavès Claude, dit *Ollivier*, rue Portail-Magnanen, 17.
Doutavès Joseph, dit *Ollivier*, rue de la Masse 15.
Félix Etienne-Charles, rue de la Masse, 6.
Forestier, rue Baraillers, 12.
Gayet Laurent, rue Infirmières, 61.
Gilles fils, rue Grande-Fusterie, 35.
Icard Hippolyte, rue Bonneterie, 50.
Jabry, rue de la Masse, 25.
Jouve, rue Luchet, 5.
Marmet, rue Carreterie, 42.
Mallet Ferdinand, fabricant de tombeaux en pierre de Chauméral et Crussol, boulevard Limbert.
Michel Jean, rue du Gal, 2.
Monnier François, rue Banasterie, 33.
Montagner Agricol, rue St-Agricol, 18.
Morel Joseph, rue St-André, 8.

Motte fils aîné, rue St-Christophe, 26.
Mouret Claude, rue Baraillerie, 15.
Nicolas Simon, rue Velouterie, 7.
Niel Jean, rue Carreterie, 22.
Pavier, rue d'Annanelle, 2.
Philibert fils, rue Grande-Fusterie, 47.
Ponge Martin, rue Philonarde, 68.
Ponge Isidore, rue Trois-Faucons, 21.
Ponge André, boulevard St-Michel.
Ponge Etienne, boulevard Napoléon.
Peauleau Véran, rue Philonarde, 68.
Reynard Joseph, rue de l'Hôpital, 16.
Rousset, rue Carreterie, 6.
Roux Mathieu, rue Bourguet, 2.
Sac Jacques, rue Lanterne, 30.
Antoine dit Sarian, entrepreneur des travaux publics, rue du Diable, 24.
Saurel Etienne, rue Carreterie, 72.
Selen Louis, rue St-Bernard, 13.
Souvet Joseph, rue Balance, 44.
Vincent Pierre, rue Cabassole, 2.
Viret père et fils, rue Portail Magnanen, 53.

Epiciers.

Antoniotti Antoine, rue Petite-Meuse, 13.
Arnaud Auguste, rue Portail-Magnanen, 28.
Astoux Désiré, rue Vieux-Septier, 13.
Barbantan Claude, rue St-Michel, 3.
Barret Pierre, rue Palapharnerie, 27.
Beraud Emilie (Mlle), rue Chapeau-Rouge, 28.
Berle Jean-Baptiste, rue Trois-Faucons, 29.
Blache Vincent, rue Bonneterie, 72.
Bouget, place Puits-des-Bœufs, 17.
Bourgeois Frédéric, rue Portail-Matheron, 14.
Boyer Jean, rue Carreterie, 160.
Boyer Antoine, rue Calade, 20.
Branche Antoine, marchand d'huiles, rue Carreterie, 112.

ÉPICIERS.

Brun Joseph, rue Fromageon, 6.
Bruneau Michel, rue St-Marc, 63.
Capeau Pierre, denrées coloniales, rue Vieux-Septier, 52.
Charasse (Mlle), rue Bonneterie, 55.
Charvet, rue Bonneterie, 76.
Chevillon (veuve), rue Philonarde, 4.
Cousin Victor, denrées coloniales, rue Vieux-Septier, 23.
Dabry François, rue Carreterie, 37.
Dame Laurent, rue Carreterie, 75.
Demorte Pierre, place Corps-Saints, 26.
Farge (Mme), rue St-Agricol, 7.
Faucon Louis, rue Vieux-Septier, 55.
Faucon César, rue Petite-Meuse, 6.
Feste Sébastien, rue St-Marc, 39.
Fouque cadet, rue St-Jean-le Vieux, 24.
Gallet, rue Calade, 25.
Gassin Pierre, denrées coloniales, fabrique de chandelles, rue St-Jean-le-Vieux, au coin de la rue du Chapeau-Rouge.
Gauthier, rue des Encans, 7.
Girard, rue Balance, 16.
Hugues, rue Galante, 23.
Lavy, rue Calade, 55.
Lagnel (Mlle), rue Trois-Faucons 13.
Laty, rue Banasterie, 51.
Marron Urie, rue St-Jean-le-Vieux, 19.
Meilhon Pierre, rue Infirmières 47.
Monier, rue Calade, 6.
Nicolet Jean, rue Petite-Saunerie. 1.
Pagès frères, denr. coloniales, rue Vieux-Septier, 29.
Pelisson, rue de la Masse, 1.
Peloux Paul, place Ste-Magdeleine, 6.
Prévot Philippe, rue des Teinturiers, 21.
Prévot Antoine, rue des Teinturiers, 53.
Priad Hippolyte, place Corps-Saints, 13.
Raffier, rue Vieilles Etudes, 16.
Reynaud aîné, place Puits-des Bœufs, 15.
Rietti Joseph, rue St-Marc, 65.

Roux Hippolyte, rue St-Agricol, 37.
Rulh Théodore, rue Limas, 68.
Tempier J.-B., rue Cocagne, 9.
Valentin Guerin père et fils, rue Vieux-Septier, 16.
Vaysse Laurent, rue Calade, 9.
Vernet, place Puits-des-Bœufs, 11.
Vesian, entrepôt d'artifices, rue Carreterie, 25.
Vincent Pierre, rue Rouge, 14.
Vienne (veuve), rue Campane, 32.
Vitout, rue des Clés, 10
Ymonet (veuve), rue Balance, 43.

Escrime (Professeurs d').

Rochetin, professeur maître d'escrime au Lycée, r. Racine, 2, au Théâtre.
Chabaud Ange, rue Franche, 10.
Chambon, sous-officier en retraite, médaille militaire, rue des Fourbisseurs, 15.
Vernet, rue du Pont, 4.

Fers et quincailleries (Marchands de).

Berton et Cie, mds de métaux, ornements d'église et cloches en acier, rue Rappe, 2, maison à Marseille, place Pentagone.
Chevillon, serrureries, quincailleries, meubles de jardins, huiles minérales et lampes, rue Portail-Matheron, 2.
Denoves Joseph, rue Chapeau-Rouge, 20.
Lautard Auguste, rue Vieux-Septier, 7, rue Rappe, 4.
Roux Louis, rue Bonneterie, 45.

Ferblantiers, lampistes et pompiers.

Barthélemy Jean, rue des Lices, 74.
Berbiguier, rue du Chapeau-Rouge, 12.
Breton Eugène, ferblantier seulement, quai St-Lazare, 7.
Chevillon, lampes et huiles minérales, rue Portail-Matheron, 2.
Dupont, rue de l'Arc-de l'Agneau, 2.

FERBLANTIERS, FILEURS DE SOIE. 233

Durand Héraud, rue Carreterie, 58.
Chassing, éclairage au schiste et pétrole, rue Philonarde, 59.
Colonjard, place des Châtaignes, 6.
Estornel Jacques, rue Trois-Faucons, 2.
Faucon, appareils pour le gaz, rue des Fourbisseurs, 24.
Gabalda, rue St-Agricol, 26.
Labrouas Adrien, rue Bonneterie, 17.
Mazel Jean, rue Campane, 5.
Neveu Henri, rue St-Marc, 49.
Nème Charles, fabricant de bouchons, rue Saunerie, 54.
Repos Auguste, place Pyramide, 2.
Salard Michel, rue Saunerie, 19.
Servent, successeur de Murat, éclairage au schiste et pétrole, rue Petite-Meuse, 15.
Vigier Louis, plombier, march. d'appareils pour l'éclairage par le gaz, rue Saunerie, 52.

Fileurs de soie.

Anseu Louis, négociant en débris de soies, rue Petit-Amouyer, 4, rue St Guillaume, 8.
Chastel Louis, rue Carreterie, 78.
Champin aîné frères, rue Carreterie, 28.
Dabry, rue Infirmières, 14.
Dabry, boulevard Limbert.
Gat F. A. rue Pétramale, 10.
Gamounet aîné, rue Vieneuve, 8.
Girard Antoine, rue Trois-Colombes, 21.
Grivolas Louis, rue de la Forêt, 19.
Hély Adolphe, rue Ciseaux-d'Or, 9.
Hurard André, rempart de la Ligne, 4.
Pavin fils, rue Carreterie, 47.
Penne fils aîné, rue Pétramale, 6.
Perrot et Estrayer, rue de l'Amouyer, 16.
Puy Jean, rue Officialité, 2.
Ricard Léon (veuve et fils), rue des Teinturiers, 12.

Rimbaud Dominique, rue Petite-Meuse, 4.
Riqueau et Louis Duprat, rue Ste-Perpétue, 1.
Verdet Joseph, O ✳, et Cie, rue Calade, 71 ; le comptoir, rue Victoire, 4.
Valens Niel, rue Four de la Terre, 37.

Fleurs artificielles.

Bent-Michel, place Principale, 4.
Godard (Mme), fleurs artificielles et naturelles, rue Balance, 48.
Magnin fils, fabr. et spécialité gros et détail, rue des Fourbisseurs, 3.
Paul mère, fleurs artificielles et naturelles, place du Change, 24.
Paul Adélaïde (Mlle), fleurs artificielles et naturelles, r. St-Agricol, 5.

Fondeurs en métaux.

Boutillon Clément, rempart St-Michel, 5, près la porte Limbert.
Desfond frères, fonderies en fonte, maîtres de forges et hauts-fourneaux; usine St-Michel, boulevard St-Michel.
Gaspard François, entrepreneur de fonderies, 2me fusion, boîtes de roues alésées, sableries et pièces mécaniques, breveté S. G. D G. pour les produits en goudrons solidifiés, tels que tuyaux, noms de rue, Nos de maison, incrustations, etc., rue des Lices, 21.
Giovanna Thomas, modeleur, place Principale, 20.
Michel Agricol, rue Rempart St-Michel, près la porte Limbert.
Mollo, fondeur et tourneur en cuivre, place des Carmes, 8.
Montagnat fils, laminoirs, martinets, fonderie de cuivre, rue Calade, 100 ; fabrique à Aiguille, par Vedènes.

Perre Joseph, constructeur, fonderie de fer et cuivre, de machines, grosses cloches, tons garantis; ateliers St-Roch, entre la gare des marchandises et le Rhône.
Perre de Vincent Anne (Mlle), sonnettes et grelots, rempart du Rhône, 1.
Peyre fils aîné, grosses cloches, sonnettes et grelots, boulevard Limbert, hors la porte St-Lazare.
Reynier François, sonnettes et grelots, rue des Teinturiers, 26.

Forgerons.

Bonnaud Jean, place Corps-Saints, 17.
Delaye Gens-Blaise, boulevard St-Michel.
Goffre Louis, rue Carreterie 168.
Rosan, dit *Berry*, rempart St-Lazare, 14.

Forgerons en voitures.

Bonnet père, rue Carreterie, 24.
Gerbaud, rue Carreterie, 118.
Joussemet, fabricant de pressoirs, breveté, place St-Joseph, 5.
Henri Marc, rue Grande-Fusterie, 24.
Michel, rue Carreterie, 42.
Morlz, dit *Alsacien*, hors la porte St-Lazare.
Peyre fils aîné, rue Grande-Fusterie, 1.
Revol, rue Grande-Fusterie, 6.

Formiers pour la coiffure et la chaussure.

Chabas Alexis, rue St-Marc, 2.
Clément, rue d'Amphoux, 17.
Germain cadet, place Principale, 18.
Germain, rue des Fourbisseurs, 8, au 2me,

Fourrages et pailles (Marchands de).

Bouvier Marius, rue St-Bernard, 9.
Chambon Ange, fournisseur des chevaux militaires, rue de la Tour, 9.
Gazagne, paille de maïs, rue Carreterie, 149.
Jallez père, rue de l'Observance, 1.
Sallière André, rue Charrue, 17.

Fourneaux en tous genres (Fabricants de).

Lauront, breveté, rue Piot, 3, rue Galante, 21.
Pertus, breveté, rue Carreterie, 14.

Fripiers.

Berlandier (veuve), rue des Chevaliers, 24.
Berthilier (veuve), place du Palais, 11.
Bilger Michel (veuve), rue St-Jean-le-Vieux, 7.
Bonpar Joseph, rue Philonarde, 51.
Chastel, (*A l'Étoile du Bazar*), rue Balance, 21.
Dumont Jean, rue de la Mounaie, 2.
Lheguret, rue de la Monnaie, 1.
Prade Casimir, rue Florence, 13.
Reboulette Jeanne, rue Four-de-la-Terre, 21.
Retzer François, rue Balance, 10.
Rey, place Corps-Saints, 1.
Tuy (veuve), rue de la Monnaie, 8.
Trouillet, rue Balance, 8.
Vallet (veuve), rue de la Mounaie, 8.
Villon (Mlle), rue Ste-Etienne, 4.

Fromages, huiles, et beurre en gros et en détail (Marchands de)

Bellon aîné et Compagnie, rue Vieux-Septier, 31.

Challe frères, rue Vieux-Septier, 49.
Charvet Jean, place des Carmes, 20.
Guérin aîné, rue Vieux-Septier, 46.
Guérin Antoine et fils, rue Bonneterie, 29.
Turin Jean, rue Vieux-Septier, 18.

Fruits (*Marchands et expéditeurs de*)

Arnaud Jacques, marchands de fruits secs, place Pignotte, 10.
Aubert (Mme), rue Infirmières, 20.
Battelier Adrien, expéditeur, rue Philonade, 58.
Borelly, expéditeur, rue d'Amphoux, 11.
Brémond expéditeur, rue Puvot, 3.
Charbonnier, expéditeur, place Crillon, 14.
Héraud Jacques, rue des Teinturiers, 37.
Julien Jean, expéditeur, rue Petit-Paradis, 9.
Martin Auguste, expéditeur, r. Four-de-Terre, 37.
Monleaud (Mme), place Trois-Pilats, 11.
Paul Adélaïde (Mlle), rue St-Agricol, 5.
Pauleau, expéditeur, rue Bonneterie, 47.
Raphaël, expéditeur, rue de l'Hôpital, 36.
Salanon Benoît, rue de l'Hôpital 36.
Semeria Joseph, rue Carreterie, 115.
Venissat Jean, rue St Agrical, 15.
Volle, expéditeur, rue Four-de-la-Terre, 12.
Ytier (veuve), expéditeur, rue de l'Ollivier, 6.
Paul mère, place du Change, 21.

Garances, garancines (*Négociants en*).

Abric Maurice, impasse de l'Oratoire, 6.
Achard Antoine, dépôt de tourteaux, rue Trois-Faucons, 23.
Amic André, fleurs de garances et alcool, rue des Clés, 1.
Barillon J., rempart St-Lazare, 12.
Bérard Charles père et fils, rue Bonneterie, 101.
Bouyer André et Cie, rue d'Amphoux, 39.

Castellan Philippe, laveur de garances, à la Fontaine Couverte.
Chevalier fils et Cie, rue Bonneterie, 66.
Clauseau père fils Palun et Compagnie, place du Grand-Paradis, 2.
Clauseau Aimé, rue Calade, 87.
Coulon Louis, presseur de garances et racines pour expédition, rue de l'Hôpital, 7.
Courrat Adolphe, rue Bonneterie, 20.
Dupont Charles, rue des Lices, 51.
Escoffier Victor, cloître St-Didier, 14, rue Prévot, 7.
Faure Prosper, rue Collége-de-la-Croix, 9.
Foulc frères, place de la Préfecture, 1.
Granier Frédéric, ❋, et Cie, rue Oriflamme, 14.
Goudareau frères, rue Petite-Saunerie, 9.
Julian fils et Roquer, de Sorgues, rue St-Jean-le-Vieux, 17.
Kinh W.-F. et Cie, rue de la Masse, 10; comptoir, rue des Études.
Martin Martial, rue des Griffons, 2.
Martin et Cie, rue de la Croix, 9.
Monestier aîné, ❋, place St-Pierre, 1.
Picard E. et Pernod, rue Saluce, 11.
Raveau et Compagnie, commissionnaires en garances, place Coste-Belle, 4.
Rieu Victor et Cie, alcool, rue Bonneterie, 49; fabrique à Sorgues.
Riqueau et Louis Duprat, commissionnaires, rue Ste-Perpétue, 1.
Speyr (de) Jules, rue de la Masse, 28.
Speyr (de) Auguste, rue Bertrand, 2, rue du Four, 5.
Sancerotto A. et Cie, rue des Lices, 23.
Thomas frères, ❋, rue de la Masse, 7.
Valabrègue fils, ❋, rue de la Croix, 7; comptoir, rue de l'Amelier.
Valens Niel, rue Four-de-la-Terre, 37.
Verdet, O ❋, et Cie, rue Calade, 71; comptoir, rue Victoire, 4.
Ymer frères et Leenhardt, à Sorgues; bureaux à Avignon, rue Bonneterie, 30, au 1er.

Géomètres.

Niel, rue Barailliers, 1.
Niquet Joseph, quai St-Lazare, 5.
Palun Emile, rue Philonarde, 11.
Roquet, rue de l'Hôpital, 42.
Roux Martin, quai St-Lazare 7.

Graines de vers-à-soies, grains, graines fourragères, minotiers et marchands de farines, etc., etc.

Capeau Pierre, graines fourragères et grains, dépôt du Phospho-Guano, rue Vieux-Septier, 52.
Dupont Joseph, rue Saunerie, 52.
Duprat Ernest, rue Calade, 13.
Fouque Pierre, graines de vers à soie, rue Trois-Faucons, 15.
Gaussaud, graines fourragères et grains, rue Calade, 19.
Guilhermont fils, entrepôt de graines de vers à soie pour exportation, rue Puits-des-Toumes, 24.
Joubert G., graines de vers à soie, rue Saunerie, 50.
Latrille (veuve), graines fourragères et grains, rue Trois-Faucons, 30.
Linsolas fils aîné, minotier, rue Bonneterie, 70.
Pila père et fils, graines de vers à soie, rue Banasterie, 26.
Rey Louis fils, rue d'Amphoux, 5.
Sylvestre J., rue Bonneterie, 50.

Graveurs sur métaux, héraldique en tout genre.

Petit Philippe, à la vice-gérence.
Sinard, rue Galante, 5.

Gravures et tableaux (*Marchands de*).

Craméry Antoine, fabricant de cadres, rue Saunerie, 8.
Dorizzi, successeur de M. Manéga, dessin, peinture et assortiment de lunettes, place de l'Horloge, 7.
Dorizzi Marc-Antoine, fabricant de cadres, rue des Fourbisseurs, 44.
Noséda, fournitures de bureaux, fabricants de cadres, rue des Marchands, 17.

Gymnastiques (*Professeurs de*)

Blanchard Joseph, constructeur de bassins en rocailles, rue Vieux-Septier, 34.
Martin Agricol, rue du Pont, 1.

Horlogers

Brun Honoré, membre du Conseil général, rue Saunerie, 58.
Carrolet fils, rue Carreterie, 23.
Dillemans, rue St-Agricol, 11.
Dubois Jules, horloger suisse, rue des Marchands, 10.
Ducommun, place du Change, 20.
Dupont Henri, place Principale, 18.
Eparvier Louis, place du Palais, 7.
Grosset, place du Change, 12.
Imbert, rue Bonneterie, 98.
Lascombe, rabilleur de montres, rue Four-de-la-Terre, 47.
Mayr Louis, place Pie, 1.
Sain François, rue Portail-Matheron, 24, angle de la rue Philonarde.
Sandoz neveu, rue Galante, 7.
Sandoz Jules, rue des Marchands, 12.
Soubeyraud Remy, spécialité de montres garanties et pièces de commande, pendules en bois sculpté d'Allemagne et coucous, rue des Marchands, 42.

Horticulteurs-fleuristes et pépiniéristes

Ailes Michel, boulevard Napoléon.
Coindre Pierre, rue Colombe, 36.
Mouton père et fils, rue Velouterie, 13.
Mouton Pierre, rue Lanterne, 34.
Mouton aîné et Cie, rue Velouterie, 4.
Niel oncle, boulevard St-Michel.
Niel Claude, sur la route de Tarascon.

Hôtels.

D'Europe : Perre Emile, omnibus faisant le service de la gare et des bâteaux à vapeur, place Crillon, 12, rue du Limas, 2.
Du Luxembourg, près les messageries Poulin et le bureau des postes : Bouguiard, bureau des omnibus du chemin de fer, chaque train desservi, nuit et jour, rue Chapeau-Rouge, 23.
Du Louvre, Caire Camille, omnibus pour le chemin de fer, chaque train desservi nuit et jour, rue St-Agricol, 23.
De Provence, Bosse, place Corps-Saints, 28.
St Yves, Clerc Mathieu, rue du Saule, 6.
De France Chastan, place Pie, 19.
Du Chapeau-Rouge, Gauthier Amand, place Pie, 19.
Du Commerce. Murguillan, rue Carreterie, 50.
Du Cours Bonaparte, Rogier (veuve), cours Bonaparte.

Huiles (*Marchands d'*).

Alexis François et Vernet, spécialité d'huiles de graissages et huiles tournantes, rue Portail-Magnanen, 36.
Barret Philippe, fabricant de sparteries, rue Chapeau-Rouge, 25.
Blanc Jacques, rue St-Agricol, 3.

Brante Michel, rue Baraillerie, 7.
Cousin Victor, rue Vieux-Septier, 23.
Fouque cadet, rue St-Jean-le-Vieux, 24.
Fournier-Duchier, rue Peyrollerie, 5.
Fournier-Joly, rue Bonneterie, 43.
Mathieu (veuve), rue Bonneterie 21
Parrel fils, sparteries, rue Chapeau-Rouge, 16.
Roux Jean, marchand en détail, rue Four-de-la-Terre, 5.

Huîtres (Entrepôt d').

Bénézech Antoine, rue Bonaparte.

Imprimeurs en caractères.

Aubanel frères, impr. de l'Archevêché de N. S. P. le Pape et du Lycée, place St-Pierre, 7.
Bonnet fils, (Vve), rue Bouquerie, 7 ; imprimerie et lithographie administratives et commerciales. Double presse mécanique mue par la vapeur. Bureaux du *Méridional*.
Chaillot Amédée, éditeur, place du Change, 5.
Gros frères, imprimerie commerciales et administr.(*Petite Gazette*), rue Géline, 3.
Offray aîné, place St-Didier, 11.
Penable et Cie, (*Courrier de Vaucluse*), rue St Agricol, 22.
Seguin François aîné, rue Bouquerie, (*Revue Paroissiale*) 13.

Imprimeurs-lithographes.

Bonnet fils (Vve), travaux d'art, de commerce et d'administration, rue Bouquerie, 7.
Chauvin A., rue Puits-Trois-Carreaux, 7.
Clément St-Just, place de l'Horloge, au coin de la rue des Marchands, 2.
Delmas Léon, place de l'Horloge, 11, au 1er.

Lagier-Fornéry, rue Bonneterie, 14, angle de la rue des Fourbisseurs.
Maurou, successeur de Petit, lithographie com. et adm. rue St-Agricol, 1.

Ingénieurs civils.

Sers, directeur du chemin de fer d'Italie, rue St-Marc, 67.
Wolf, directeur du canal Crillon, rue Calade, 98.

Libraires.

Aubanel frères, place St-Pierre, 7.
Chaillot Amédée, éditeur, place du Change, 5.
Clément St-Just, place de l'Horloge, au coin de la rue des Marchands, 2.
Maria Elie, rue des Fourbisseurs, 42.
Offray aîné, place St Didier, 11.
Pradel Eugène, rue Carreterie, 2.
Roumanille Joseph, éditeur, rue St-Agricol, 19.
Seguin François aîné, rue Bouquerie, 13.

Lingères.

Brun Auguste (Mme), rue des Marchands, 18.
Guyon (Vve), rue Saunerie, 12.
Hardy (Mad.), rue des Marchands, 40.
Lemery (Mad), rue Calade, 20.
Mouret (Mad.), rue Rouge, 10.
Nicolas (Milo) Mad, rue Bonaparte, 4; rue Argentière, 3.

Liquoristes (*Débitants*).

Arnaud Jeune, boulevard Napoléon.
Besse, rue Balance, 34.
Blanc Jean, boulevard Napoléon.

Bled Antoine, rue Balance, 18.
Dumas Charles, (A l'Avenue du Palais), place Puits-des Bœufs, 17.
Etienne, rue Fonderie, 3.
Fayol, rue Bonneterie, 82.
Genty Jean, (Buvette St-Roch), boulevard St-Dominique.
Goutier Michel fils, (Buvette Gambrinus), place de l'Horloge, 3.
Haby, rue Balance, 4.
Hermite Barthélemy, rue Bancasse, 13.
Imbert Louis, rue Trois-Faucons, 28.
Longuet Joseph, rue St-Michel, 35.
Menabé François, place Pie, 14.
Monot, rue Balance, 35.
Merinton (veuve), rue Pucelle, 2.
Nogier Louis, place Corp-Saints, 46.
Pastrau, (Buvette Niçoise), place Crillon, 4.
Pelissero, rue Carreterie, 46.
Privas Rose (Mad.), boulevard Napoléon.
Reynaud, cours Bonaparte.
Sorbier, rue des Lices, 21.
Tarascon, rue St Jean-le-Vieux, 17.

Liquoristes (Distillateurs).

Blachère Louis, rue Balance, 12 et 14.
Heldstab Jacques, rue Balance, 7.
Salanon père et fils, rue Carréterie, 56.
Tarascon, rue St-Jean-le-Vieux, 17.

Luthiers, instruments, orgues, pianos et musiques. (Facteurs et marchands).

Abeille Laurent, tabletier, pianos et orgues, rue St-Agricol, 4.
Bérard jeune, tabletier, spécialité pour réparation de toutes sortes d'instruments et objets d'art, assortiments complets d'accessoires pour billards, rue Bonneterie, 12.

MALLES, MARBRIERS, MARÉCHAUX-FERRANTS. 245

Dau fils, rue Infirmières, 9.
Imbert Théophile, rue des Marchands, 5.
Pairault S., pianos et harmoniums de Paris, vente avec garantie, abonnement à la lecture de la musique, rue St-Agricol, 18.
Payan, facteur d'orgues, rue Galante, 59.
Raffy, rue de la Croix, 23.

Malles. (Fabricant de).

Chapuis, de Lyon, rue du Collège, 4.

Marbriers-Sculpteurs.

Bonnefille Joseph, rue Trois-Faucons, 12.
Ducroit Auguste, place Corps-Saints, 5.
Dupré, rue Galante, 30.
Filhol et Blanc, place Corps-Saints, 38.
Gros François, scierie de marbre, près la traille de Sorgues, terroir d'Avignon, rue Racine, 6.
Marchon Jean, rue Calade, 76.
Marin-Arbod (Vve), épouse Eugène Hubert, march. de glaces, rue Carreterie, 185.

Maréchaux-Ferrants.

Baudouin (Vve), rue Carreterie, 130.
Couteron fils aîné, rue Infirmières, 109.
Duclos Barthélemy (Vve), rempart St-Michel, 23.
Goffre Louis, rue Carreterie, 168.

Membres Mécaniques. (Fabricant de).

Ancelin André, ex-fournisseur de l'Hôtel des Invalides d'Avignon, rue St-Marc, 41.

Mécaniciens-Charpentiers.

Aurouze Agricol, mécanicien en métaux, rue Carreterie, 166.
Bonnet fils aîné, forgeur-mécanicien, rue Carreterie, 76.
Chambon, dit *Marmande*, quai St-Lazare, 5.
Chapuis Louis neveu, fabricant du tuyaux en plomb, rue des Teinturiers, 45.
Crosy jeune, quai du Rhône, 1.
Deville-Ferrier, hors la porte St-Lazare.
Kaloche Jh., boulevard Limbert, 2.
Monier (veuve) fils et Cie., constructeurs de machines rue des Teinturiers, 83.
Moreau et Pebandengo, rue des Teinturiers, 75.
Maire Etienne, entrepreneur, sur la route de Marseille.
Naud Auguste, rue St-Marc, 4.
Perre Joseph, entre la gare de marchandises et le Rhône.
Reynard fils, mécanicien pour soieries, rue Bourgneuf, 5.
Sicard Nicolas, rue des Clés, 8.

Menuisiers en caisses de voitures.

Charrin, rue Ferruce, 3.
Dibon Pierre, rue Petite-Fusterie, 17.
Michel, rue Courte-Limas, 3.

Menuisiers-Ebénistes

Ancelin, rue St-Marc, 41.
Berlandier, rue Fromageon, 9.
Bouque Victor, rue Bonneterie, 23.
Bounaud Joseph, place Trois-Pilats, 13.
Bousquet Michel, rue Palapharnerie, 18.
Bressy Joseph, rue Ferruce, 12.
Bresset, rue Carreterie, 132.
Brunet Louis, rue Bonneterie, 39.

MENUISIERS.

Cantin Antoine, rue des Lices, 19.
Carpentras, rue Infirmières, 99.
Carrière François, rue de l'Hôpital, 40.
Chabrol Louis, rue de l'Hôpital, 12.
Chave Napoléon, réparateur de meubles précieux anciens et modernes, place Crillon, 1.
Chevalier, place des Carmes, 14.
Combe, rue Limas, 12.
Durand, rue Violette, 3.
Dibon, rue Petite-Fusterie, 17.
Drujon Pierre, place Principale, 10.
Dunan, rue des Chevaliers, 25.
Ferrer Louis, marchand et loueur de meubles, rue Calade. 45.
Fouquère Paul, rue de la Croix, 8.
Guindon Auguste, rue Grande-Fusterie, 57.
Hermitte Michel, rue St-Etienne, 13.
Memet Jean, rue Puits Trois Carreaux, 4.
Monier jeune, ébéniste à façon, rue Vieilles-Etudes, 16.
Monvoisin, rue Petite-Fusterie 22.
Parrère, rue Philonarde, 92.
Ponson, rue du Saule, 8 ; rue d'Amphoux, 6.
Protton Philippe, sculpteur, répare toutes sortes d'ouvrages d'art, rue St-Pierre, 5.
Raoulx, fabricant de billards, rue Four-de-la-Terre, 31.
Rigaud, rue Colombe, 5.
Roustan, rue Carreterie, 134.
Savoyat François, rue des Lices, 35.
Segonne, rue Laboureur, 15.
Tissier, rue Gal Grenier, 10, au 1er.
Tonin Joseph, rue St-Praxède, 4.
Ymonet, fabricant de billards, rue Bonr-Neuf, 4.

Menuisiers.

Allard François, rue Carréterie, 79.
Barreau, rue l'Amelier, 4.
Bayol Antoine, dit *Clermont*, rue Barailliers, 12.
Billot, rue Calade, 82.

Barrillon Jean, place des Châtaignes, 10.
Bonneaud, rue Carreterie, 119.
Branet Jean, rue Portail-Magnanen, 46.
Charrin, rue Ferruce, 3.
Crumière, rue de l'Hôpital, 32.
Daruty Barthélemy, rue St-Sébastien, 4.
Delhomme, rue du Collége, 6.
Ducret, rue Florence, 19.
Gelin, rue Limas 11.
Jaffuer, rue Bancasse, 13.
Jayet père et fils, fabricants d'outils, vente et achat de vieilles portes et fenêtres, rue Trois-Colombes, 8.
Maurin, rue Philonarde, 35.
Napoléon Alphonse, rue des Bains, 2.
Philibert, rue Grande-Monnaie, 5.
Reboul A., rue du Gal, 5.
Rivière, rue Cocagne, 7.
Roux Jacques, rue des Etudes, 13.
Saurel Joseph, rue St-Sébastien, 7.
Sernoux Jacques, rue des Encans, 11.
Vial, rue Balance, 40.
Vier Pierre, rue Balance, 39.

Menuisiers en Fauteuils.

Clément Auguste, rue Bonneterie, 87.
Guigue, rue Bonneterie, 34.
Mathieu François, rue des Bains, 1.
Naltet, rue des Bains, 6.
Strébler, rue Campane, 55.
Segonne, rue Laboureur, 15.

Merciers et Quincaillers.

Albrand Claude, *Bazar Populaire*, rue Rouge, 13.
Athenoux, rue Corderie, 15.
Auran Léopold, successeur de M. Mottet *A la Renaissance*, rue des Marchands, 24.
Banache Antoine, place Trois Pilats, 15.
Barnel jeune (veuve), rue Vieux-Septier, 26.

MERCIERS ET QUINCAILLERS, MIROITIERS.

Barnel Charpentier et Cie, gros, demi-gros et détail, place Pignotte, 15.
Bertrand (Mme), rue Calade, 16.
Bouyer Joseph, rue Balance, 20.
Brun Justin, gros et détail, rue Vieux-Septier, 21.
Bruneau Michel, rue St-Marc, 33.
Clavel Bruno, rue des Teinturiers, 33.
Fauque Louis, articles pour fumeurs, rue Ste-Garde, 4.
Fizaire-Chare, rue Vieux Septier, 20.
Giéra Joseph, rue Vieux Septier, 8.
Girard, (A la Ville de Marseille), bijoux et jouets d'enfants, rue Rouge, 9.
Giroux (Mlles), rue Trois Faucons, 10
Joly Jean Baptiste, rue Vieux Septier, 48.
Guillaume-Tell (Mme), cours Bonaparte.
Lespinasse, marchand bijoutier, rue des Marchands, 32.
Manuel, place Puits-des-Bœufs, 11.
Méchine, rue Balance, 33.
Milhe Léon, rue Vieux-Septier, 48.
Meynet Ferdinand, place Pie, 25.
Monier jeune, jouets d'enfants et articles de Paris, rue des Marchands, 25.
Montagner Agricol (Mme), rue St-Agricol, 18.
Neveu Marius fils, rue Puits-de-la-Reille, 10.
Nimal et Cie, rue St-Pierre, 5, maison à Marseille.
Odoyer-Terzani, lunetier, place du Change, 12.
Ricard Désirée (Mlle), rue Vieux-Septier, 17.
Roman Louise (veuve), Desmarieu, rue Vieux-Septier, 28.
Roussel, soies en menu détail, rue des Fourbisseurs, 48.
Rosines (Mme) articles de fantaisies, rue Bonneterie, 12.
Sergent, rue Carreterie, 49.
Tamisier Louis, rue Portail-Matheron, 17.
Taulier Andéol, rue Portail-Matheron, 9.
Vessière-Terzani, rue des Marchands, 22, rue Rappe, 9.
Vissac V., rue Vieux-Septier, 44.

Miroitiers.

Avy fils, rue Carreterie, 32.
Barnouin, expéditionnaire, rue Bonneterie, 48.
Manon, rue Chapeau-Rouge, 15.
Poux, rues St-Agricol, Petite-Fusterie, 1.
Souchon (*Au Miroir sans tache*), rue Bonneterie, 28.

Modes (*Faiseuses et marchands de*)

Achard (Mme), rue Campane, 7.
Almandy Venance (Mme), rue Arc-de-l'Agneau, 14.
Boneau Cécile (Mlle), rue Carreterie, 28.
Bonnard Julie (Mlle), rue St-Agricol, 5.
Brousset Elisa (Mlle), rue Calade, 29.
Brunel Marie (Mlle), rue Balance, 11.
Brunel (Mlle), place Puits-des-Bœufs, 9.
Cizaire Antoinette (Mlle), spécialité pour la haute nouveauté, rue St-Agricol, 27.
Coste Casimir, (Mad.), rue Vieux-Sextier, 22.
Charasse (Mad.), rue Carreterie, 26.
Dillemans (Mad), rue St-Agricol, 11.
Doulavés Claude, dit *Ollivier*, (Mlles), rue Portail-Magnanen, 17.
Drevet Alexandre (Mlle), rue Saunerie, 4.
Gauthier J.-R., marchand de nouveauté, rue Bonneterie, 15.
Gay (Mme), rue Philonarde, 45.
Giraudon (Mlle), rue des Fourbisseurs, 66.
Guyon (Mlle), place Principale, 4, au 1er.
Louis Jean (Mlle), rue Puits-Trois Carreaux, 1.
Merle (Mlle), rue Rouge, 3.
Mouret (Mad.), rue Bonaparte, angle de la rue l'Anguille.
Nicolas Millo (Mme), rues Bonaparte, 4, et Argentière, 3.
Pradelle Eugénie (Mlle), rue Bonneterie, 15.
Raspail (Mlle), rue Saunerie, 5.
Picard Leydier, spécialité pour deuil, rue Bonneterie, 30.
Roubaud (Mme), rue Bouquerie, 2.

Serre (Mlle), rue Petit Paradis, 6.
Virieux Marie (Mlle), rue Trois-Faucons, 11.
Wistraéte (Mme), Cours Bonaparte.

Mouliniers en Soies

Blache (veuve), rue des Teinturiers, 77.
Escoffier Joseph, rue des Teinturiers, 27.
Imbert Henri, rue Bourg-Neuf, 7.
Masse Joseph, rue Puits-Tarasque, 2.
Moulin, rue Calade, 96
Plouton Antoine, rue Tarasque, 1.
Puy Jean, rue Officialité, 2.

Musiques. (Professeur de).

Arnand Gabriel, (chant), rue Trois-Testons, 1.
Bernard E., (composit.), rue de l'Hôpital, 13.
Beraud, rue du Chapeau-Rouge, 40.
Beraud Germain, rue Criflamme, 7.
Brun Joseph, (violon), directeur du Conservatoire et de l'Orphéon, rue Vieux-Septier, 42.
Cassan maître de chœur, rue Rouge, 14.
Canron (Mlle), (piano), rue Trois-Faucons, 9.
Chauvin fils, (violon), rue Cardinal, 5.
Choulet Gabriel, (piano), rue Petit-Paradis, 4.
David Marie (Mlle), (piano), rue Petite-Fusterie, 5.
Dau fils (piano et chant), rue Infirmières, 9.
Dumont, chef de musique au Collége St-Joseph, rue St-Marc, 15, et cloître St-Didier.
Durand, (chant), rue Carreterie, 91.
Fabre jeune, (piano) organiste de St-Didier, rue St-Agricol 21.
Flasseur (Mlle), (piano), rue Infirmières, 3.
Heps, professeur de violon au Conservatoire, rue Calade, 42.
Imbert aîné, (violoncelle compositeur), rue Petite-Saunerie, 12.
Imbert Théophile, (violoncelle et vocale), rue des Marchands, 5.
Lovie Alexandre, (piano), place de la Préfecture, 1.
Mounier T., (vocale et violon), rue du Gal, 3.

Paitrault fils, (piano et accompagnateur), rue St-Agricol 18.
Raynaud, (flûte), rue Bonneterie, 81.
Sylvestre Joseph, rue Bonneterie, 50.
Spenlé, (violon et piano), organiste de la métropole, place du Palais, 13.

Nouveautés (Marchands de).

Arnaud (veuve), rue Vieux-Septier, 22.
Arnoux François, marchand de tissus, rue Vieux-Septier, 22.
Beissier A, (*A la Grâce de Dieu*), nouveautés pour hommes et pour dames, rue Vieux-Septier, 47.
Brun Auguste, rue des Marchands, 18.
Carcassonne-Numa, (*Aux Fabriques de France*), rue des Marchands, 57.
Claude, place des Chataignes, 5, cloître St-Pierre, 2.
Crémieux Théodore et Léon frères, soieries, châles, confections, draperies, rouenneries, toileries et spécialité pour deuil, rue Ste-Garde 4.
Gerbaud Auguste, tissus et rouenneries, rue Vieux-Septier, 22
Dibon-Toulouse (veuve), broderies, nouveautés, articles de fantaisie, place du Change, 23.
Four A, jeune, rue des Marchands, 38.
Laye et Cie, rue des Marchands, 33.
Lyon jeune, draperies et tissus, rue Vieux-Septier, 24.
Lyon Digne, marchand de tissus, rue Vieux-Septier, 57.
Martin-Four, rue des Fourbisseurs, 1.
Nicolas Millo (Mme), rue Bonaparte, 4, rue Argentière, 5.
Rimbaud Joseph, (*Au Coin de Rue*), rue Vieux-Seprier, 19.

Opticien.

Contesse, ancienne Maison Duroni, rue des Marchands, 28.

Orfèvres, Bijoutiers et Joailliers.

Aillaud Antoine, rue Rouge, 15.
Bassaget Auguste rue Rouge, 12.
Brunel neveu, rue Bonneterie, 6.
Brunel Léon, chandeliers et ornements d'églises, rue Bonneterie, 9.
Colombi, orfèvre à façon, rue des Griffons, 1.
Gonnet, rue Ste-Garde, 2.
Guerillot, orfèvre à façon, rue de la Masse, 13.
Heury Chrétien, rue Rouge, 5.
Julian Prosper, dépôt d'orfèvrerie Ruolz et Christofle, rue Vieux-Septier, 2.
Lheureux Alexandre, rue Bonneterie, 8.
Martin-Ducroit, orfèvre à façon, place St-Didier, 9.
Peyre, orfèvre à façon, rue des Lices, 8.
Rey Louis, rue Rouge, 2.
Roudier, gros et expédition, rue Bonneterie, 5.
Tassel-Berteaud, ornements d'églises, échange de monnaies or et argent, rue Rouge, 6 et 8.

Ornements d'églises (Marchands de).

Bent-Michel, dorures, fleurs et broderies, place Principale, 4.
Magnin fils, rue des Fourbisseurs, 3.

Ouates (Fabricant de).

Dubuis Marius, rue Philonarde, 100.

Outils d'agriculture.

Bonnet François, breveté, rue Carreterie, 125.
Cartoux J.-B. rue Carreterie, 164.
Cartoux fils, boulevard Napoléon.
Garcin, rue Carreterie, 193.
Nitard, rue des Clés, 7.
Viau Etienne, rue Carreterie, 144.

Papetiers et fournitures de bureaux.

Calvet Alexandre jeune, place du Change, 7.
Calvet Leblond, rue des Marchands, au coin de la place de l'Horloge.
Gamet Léon, rue Chapeau-Rouge, 38.
Lagier Fornéry, rue Bonneterie, 14.
Maria Elie, rue des Fourbisseurs, 42.
Protin jeune, rue Saunerie, 17.
Ramain (veuve), rue Saunerie, 2.
Ruffin Auguste, rue des Fourbisseurs, 7.

Papier (*Fabricants de*).

Poncet frères, ✳, rue du Gal, 7.
Redon Victor, papiers de pliage, et pour garances garancines, rue Calade, 6.
Thevenin Drujon, fabrique de papiers peints, rue Banasterie, 24.

Parfumeries (*Marchands de*).

Cresp, rue des Marchands, 39.
Décius-Déo, rue des Marchands, 28.
Laune, rue des Marchands, 13.
Roche Numa, rue des Marchands, 3.

Parapluies (*Marchands de*).

Bergougnoux (veuve), spécialité d'articles de fantaisie, rue des Marchands, 16.
Broc Pierre, rue Saunerie, 55.
Chanteranne, rue des Fourbisseurs, 16.
Riberotte J. A, rue Vieux-Septier, 19.
Riberotte François, rue Rouge, 17.
Sabattier Pierre, rue Calade, 19.
Seince, rue des Fourbisseurs, 5.
Seince fils aîné, fabricant, rue St-Agricol, 4.

Passementiers.

Crémieux Jules, rue des Marchands, 11.
Bent Michel, place Principale 4.
Mehn Agricol, rue Rouge, 11.
Polliard aîné, rue des Marchands, 30.
Polliard Dorothée, rue Saunerie, 10.

Pédicures.

Bonnet (Mme), rue du Saule, 7.
Rachet, rue Galante, 25, au 1er.

Peignes en corne (Fabricants de).

Capdegelle, marchand d'engrais, rue des Teinturiers, 79.
Frachon (veuve), rue Infirmières, 54.

Peintres sur verres.

Guilbert-d'Anelle, professeur de peinture de la ville, rue Dorée, 5.
Martin Frédéric, rue St-Dominique, 6.

Peintres en bâtiments.

Baldovin, rue Saunerie, 10.
Barbantan, rue de la Masse, 9, place St-Didier, 1.
Brunet J., rue des Fourbisseurs, 1.
Cauchard Henri, rue St-Michel, 11.
Coussin Jh., rue Gul Grenier, 3.
Besse Jacques, rue Tarasque, 6.
Cristophe, rue Peyrollerie, 7.
Granet, rus Limas, 4.
Lescure, rue Petite-Fusterie, 19.
Ferrier, rue Bonneterie, 28.

PEINTRES.

Fracher Gustave, rue Bonneterie, 64.
Martin, rue Petite-Fusterie, 7.
Magistra, rue Philonarde, 28.
Magne E. marchand de verres, rue Carreterie, 36.
Maurou, Hippolyte, place du Palais, 7.
Noble, place des Carmes, 1.
Requien, rue Bonneterie, 80.
Ressegaire, rue Petite-Saunerie, 2.
Ricard fils jeune, impasse de l'Oratoire, 5.
Ripert, rue Cardinal, 17.
Thierry, rue des Fourbisseurs, 54.

Peintres décorateurs.

Baldovin aîné, décorateur du théâtre, rue Racine, 5.
Baldovin jeune, rue Saunerie, 10.
Barbantan Charles, rue de la Masse, 9, place St-Didier, 1.
Barbantan Nicolas, rue Calade, 126.
Brunet Jh. rue des Fourbisseurs, 1.
Ripert, rue Cardinal, 17.
Thierry, spécialités de transparents, en bois d'Allemagne, fabricant de stores, rue des Fourbisseurs, 54.

Peintres d'histoire et en miniature.

Bourges Gabriel, rue Galante, 50.
Brunet Jh. rue des Fourbisseurs, 1.
David Charles, frère de Félicien David, rue Calade, 6.
Buffet place Principale, 21.
Clavel, rue Trois Faucons, 17.
Garnier, place de l'Horloge, 22.
Guilbert-d'Annelle, rue Dorée, 5.
Grivolas, rue Bonneterie, 95.
Lacroix, rue Petite-Fusterie, 6.
Plat Louis, restaurateur de tableaux, rue Four-de-la-Terre, 25.
Reboul J.-B., rue Ste-Catherine, 2.
Reyne, ancien professeur de peinture de la ville, rue Calade, 28.

Peintres en voiture.

Granet, rue Limas, 4.
Lescure, rue Petite-Fusterie, 19.
Ripert Clément, rue St-André, 9.

Photographes.

Alexandre, rue Balance, 35.
Bertet, cours Bonaparte.
Garnier, place de l'horloge, 22.
Michel, rue St-Jean-le-Vieux, 21.
Roux Amable, rue Ferruce, 13.

Perruquiers-Coiffeurs.

Agricol, rue Carreterie, 157.
André Auguste, place Corps-Saints, 23.
Armand fils, rue Ste-Garde, 2.
Armand André, rue Carreterie, 53.
Aubert, cours Bonaparte.
Auriol, rue Florence, 5.
Aury Jean, rue Philonarde, 7.
Bertrand Jacques, place Corps-Saints, 24.
Bertet, rue des Marchands, 14.
Bigot, place du Change, rue Rouge.
Bourges, Rosa (Mlle), coiffeuse pour dames, boulevard Limbert.
Carteron jeune, rue Carreterie, 101.
Cœur Jacques, rue Petite-Franche, 16.
Colombé, rue Bonneterie, 103.
Décius-Deo, coiffeur pour dames, rue des Marchands, 28.
Darssot Jh., rue Portail-Magnanen, 14.
Dupay, (veuve), rue des Teinturiers, 67.
Favier, rue St-Jean-le-Vieux, 27.
Fay dit Castellan (veuve), coiffeuse pour dames, rue Saunerie, 26.

PERROQUIERS-COIFFEURS.

Ferrier Toussaint, place Pie, 13.
Ferrière, rue Racine, 17.
Feste, place Corps-Saints, 19.
Florent, rue Chapeau-Rouge, 25.
Gaucherand, rue des Lices, 21.
Gaucherand fils, cours Bonaparte.
Garnesson, place St-Joseph, 2.
Girard, rue Carreterie, 191.
Gros-Jean Henri, rue St-Agricol, 6.
Grivolas Etienne, rue Puits-de-la-Reille, 11.
Isnard, cessionnaire de la vraie luciline, place des Carmes, 13.
Journoleau, rue Balance, 16.
Laurent, place de l'Horloge, 9.
Leaune, rue des Marchands, 13.
Luxembourg (veuve), coiffeuse pour dames, rue des Fourbisseurs, 32.
Massiaux, Emilie (Mlle), coiffeuse pour dames, cloître St-Pierre, 4.
Matoi, rue Infirmières, 79.
Malclés, rue Carreterie, 18.
Malclets, rue Saunerie, 45.
Massé, spécialité pour les ouvrages en cheveux, dit souvenirs, rue des Fourbisseurs, 4.
Moreau André, rue des Teinturiers, 49.
Moureau, place de l'Horloge, 12.
Mery Jean, place du Palais, 3.
Nave François, place Pie, 1.
Olagnier Eugène, rue Fromageon, 13.
Ovide, spécialité d'ouvrages en cheveux, rue Saunerie, 28.
Pelegrin, place de l'Horloge, 6.
Piquet, rue Carreterie, 31.
Pourière, rue Ste-Magdeleine, 7.
Pouzol Pierre, rue Saunerie, 5.
Renaud, rue Calade, 46.
Requien Marius, rue Bonneterie, 74.
Richard Antonin, rue St-Agricol, 33.
Roche Numa, place de l'Horloge, 4.
Rodil, rue Carreterie, 37.

Sagner Théodore, rue Philonarde, 84.
Saïn, rue de la Masse, 4.
Saurel Amédée, place Corps-Saints, 42.
Terron, rue Limas, 1.
Trouillet Henri, rue Trois-Faucons 54.
Verdet, place du Change, 3.
Vigne Noël, rue Vieux-Septier, 14.

Peseurs.

Antonioti Antoine, Petite-Meuse, 13.
Arambourg Jh., rue d'Amphoux, 22.
Barret, rue Annanelle 10.
Besson, rue Four-de-la-Terre, 4.
Charvet fils ainé, place Pie, 20.
David et Bresset, rue St-Jean-le-Vieux, 37.
Gamounet, rue de la la Foret, 19.
Isoire Pierre, rue Vieux-Septier, 41.
Martin, place Jérusalem, 18.

Placement de domestiques et nourrices.

Bouverot, office de publicité, rue du Chapeau-Rouge 30.
Charles (Mme), rue Philonarde, 10.
Millet Marie, rue Bonneterie, 59.

Plâtriers

Barret, rue Calade, 50.
Dabry Bénézet, rue des Fourbisseurs, 30.
Flandrin, rue Petite Fusterie, 6.
Molino, sur la route de Tarascon.
Montanarau, rue Pommiers, 13.
Pavesi, rue Figuière, 10.
Rigoli Joseph, mosaïste, rue St-Marc, 45.
Tassy, rue Banasterie, 3.

Poëliers.

Cantarel Pierre, rue du Saule, 3.
Chassing, éclairage au schiste et pétrole, rue Philonarde, 59.
Hugon, rue Four-de-la-terre, 14.
Pertus, fabricant des fourneaux et calorifères, rue Carreterie, 14.

Pompiers.

Cartoux, jeune, rue Petite-Calade, 5.
Rieux dit Cartoux, breveté, rue Calade, 8.

Poissonniers.

Bonnaud, rue Courte Limas, 5.

Porcelaines, Cristaux et Poteries.

Blanchard, place Pignotte, 4.
Charvet fils aîné, *Au Palais de Cristal*, rue Saunerie, 6.
Giera Joseph, rue Vieux-Septier, 8.
Praye Frédéric fils, place du Change, 19.
Vève Jean, rue Carreterie, 4.

Poteries et tuiles (*Fabricants de*).

Blanchard, rue Pontrouca, 5.
Ruel fils, fabricant de creusets, rempart St Lazare, 38.
Chiarri Isidore, rue Trois Faucons, 32 ; fabrique au Pontet.

Potiers d'Etain.

Ciovanna Narcelin, rue Vieux-Septier, 4.
Pico Nante, rue des Marchands, 39.

Produits chimiques *(Fabricant de)*.

Ollivier Jules, cours Bonaparte, fabrique au Pontet.

Réglisses *(Fabricant de)*.

Duprat Louis, rue des Teinturiers, 43.

Relieurs.

Alexandre, rue Colombe, 5.
Armand Claude, rue Petit-Paradis, 13.
Cornu Etienne, rue Portail-Magnanen, 23.
Gamet Léon, rue Chapeau-Rouge, 38.
Maria Elie, rue des Fourbisseurs, 42.
Montagnac François, cartonnier, rue du Coq, 4.
Regis, rue Petit-Change, 5.
Tempier Agricol, rue Baracanne, 8.

Retailleur de limes.

Jacob, rue Carreterie, 132.

Revendeurs de denrées.

Aubert (veuve), rue Grande-Fusterie, 41.
Barillon, rue Four-de-la-Terre, 6.
Barthelemy Louis, rue de l'Arc-de-l'Agneau, 4.
Baume, rue Philonarde, 82.
Belladen, boulevard St-Michel.
Bérard Honorine (Mlle), rue Carreterie, 37.
Besse Antoine, rue Infirmieres, 32.
Billet Claude, rue Philonarde, 80.
Bioulès Pierre, rue Carreterie 119.
Bonnaud (veuve), rue St-Michel, 19.
Bonoure, rue Balance, 40.
Bourges (Mlle), rue Limas, 6.
Branet Jean, rue Portail-Magnanen, 46.

REVENDEURS.

Bouyard Laurent, rue des Teinturiers, 3.
Brouchier (Mlle) rue St-Etienne, 9.
Brun Siffrein, rue Portail-Magnanen, 11.
Brussol Jules, rue St-Christophe, 24.
Busquet Bruno, place Corps-Saints, 66.
Cauonge, rue des Encans, 8.
Castel, place Corps Saints, 11.
Cartoux, rue Infirmières, 48.
Cèbe (Mlle), rue Limas, 39.
Chabal, rue St-Marc, 19.
Combe Hélène (Mlle), rue Infirmières, 97.
Cornu Louis, rue de la Croix, 20.
Dabry Pierre, rue Carreterie, 185.
Dufour François, rue Portail-Magnanen 13.
Fournon, rue Bonneterie, 67.
Gilles Victoire (Mlle), rue des Fourbisseurs 55.
Gleize Philippine (Mlle), rue Carreterie, 97.
Imbert Antoine, rue Calade, 54.
Imbert Louis, rue Philonarde, 86.
Lanjard (veuve), rue Ste-Catherine, 30.
Lève Jh· rue des Teinturiers, 65.
Liffrand Claude, rue St Etienne, 8.
Loubière (veuve), rue Carreterie, 128.
Magnan Marguerite, rue Calade 78.
Massonot Lucie (Mlle), rue St Jean le-Vieux, 6.
Masse Jean, rue Vieilles Etudes, 18.
Michel, rue Calade 56.
Miffrein, rue Infirmières 6.
Mourier Pierre, rue Four-de-la-Terre, 9.
Palavesin, rue des Fourbisseurs, 62.
Prraud (veuve), rue St Etienne, 25.
Paulet, rue Oriflamme, 9.
Payan (Mme). rue Petite-Fusterie, 28.
Pascal (veuve), rue Muguet, 6.
Plaisant (veuve), rue Baraillerie, 14.
Pouinard. rue Infirmières, 39.
Quenin Jh., rue Philonarde, 89.
Ravanier rue Philonarde, 104·
Redon, rue Pucelle 4.

Richaud Auguste, rue Petit-Paradis, 7.
Roux Jh., rue Colombe, 4.
Sabot, rue Calade, 74.
Sernoux, rue Ferruce, 1.
Sève (veuve), rue Calade, 47.
Turin, rue Petit Change, 7.
Yvan (Mme), place Corps Saints, 64.

Rubans (*Marchand*).

Crémieux Jules, rue des Marchands, 11.

Ressorts en cuivre (*Fabricant de*).

Gras Amable, rue Carreterie, 39.

Sabotiers, chaussons, paniers et chapeaux de paille.

Aimé (veuve) place Pignotte, 21, impasse.
Chauvin (Mlle), rue Petite-Meuse, 12.
Daniel (Mme), rue du Saule, 3.
Delmas Pierre, rue d'Amphoux, 2.
Enault Auguste, rue Portail Matheron, 8.
Houlet Alphonse, rue Philonarde, 48.
Martin Foulc, spécialité de paniers pour expédition, rue du Chapeau-Rouge, 9.
Merle Jean, rue Philonarde, 16.
Petitat Jean, rue Philonarde 13.
Sauvaget (veuve), rue Saunerie, 44.
Tardieu, rue d'Amphoux, 10.

Sangsues gros et détail.

Latrille, place des Carmes, 11.

Savons (*Fabricants de*).

Dibon Thomas, boulevard Limbert.
Germain et Portalès, boulevard Limbert.

Sculpteurs.

Armand, rue Calade, 53.
Cery, rue Calade, 102.
Cournaud, rue Bonaparte.
Demariaux, rue Galante, 25.
Gabaret, rue St-Agricol, 22.
Griottier, statuaire cire et cartons, rue de la Masse, 38.
Lafitte J.-B., rue St-Michel, 6.
Leofanti Simon, mouleur en plâtre, rue Philonarde, 70
Raynaud Pierre, rue St-Charles, 6.
Roubart, figuristes en cire et en cartons, rue Trois-Faucons, 5.
Roux Félix, rue des Lices, 15.
Reyne, statuaire, cire et cartons, rue Calade, 23.

Selliers carrossiers.

Charles Louis, rue St-Dominique, 4.
Dumas Xavier, rue Calade, 26.
Roche, sellier à façon, place Pignotte, 4.
Savard, rue Limas, 44.

Serruriers.

Audemard, rue Bonneterie, 64.
Benoit Bernard, rue Grande-Fusterie, 15.
Bobba fils, forgeron, rue Figuière, 12.
Bobba père, rue St-Etienne, 5.
Bourget, rue de la Masse, 16.
Brat jeune, rue Petite-Fusterie, 9.
Brat Jean, rue Ste-Praxède, 6.
Carol, rue Petite-Saunerie, 19.
Cristin, rue Infirmières, 2.
Colombe Henri, rue Ciseaux-d'or, 11.
Denis, rue Four-de-la Terre, 18.
Didiée Joseph, rue Peyrollerie, 4.
Dionnet Louis, rue Philonarde, 98.

Dourcin Jean, rue St-Etienne, 1.
Dumas Jules, rue Oriflamme, 8.
Fauger, place Jérusalem, 16.
Galtier fabricant de lits, rue Vieilles-Etudes, 4.
Gelin Antoine, rue des Teinturiers, 51.
Guigue fabricant de noriats, place Corps Saints, 74.
Layet, rue de L'Hôpital, 24.
Gapiand, rue Vieilles-Etudes, 10.
Goffre, rue Gal-Grenier, 4.
Marron, rue des Chevaliers, 27.
Millo, rue Calade, 90.
Naud Auguste, rue St-Marc, 4.
Monteil, rue St-Michel, 35.
Pons Etienne, rue Ste-Praxède, 18.
Rebeyrol (veuve), rue de l.Hôpital, 11.
Rebeyrol (veuve), rue Cocagne, 6.
Rolland Ferdinand, rue Tête-Noire, 10.
Rousseau breveté, rue des Lices, 60.
Salard, Jh, rue Philonarde, 15.
Servent Louis, rue Infirmières, 49.
Vincent André, rue Saboly, 6.

Soies (Négociants et Fabricants).

Allier Auguste, rue de la Masse, 56.
Bigot Alphonse, débris de filature et cocons, rue des Encans, 13.
Anceu Louis, débris de soies, rue Petit Amouyer, 4.
Bérard Charles père et fils, rue Bonneterie, 101.
Bon de Chabran et Cie, commissionnaires en soies, r. Petite-Saunerie, 13.
Carbonel Louis fils, rue Infirmières, 1.
Félix (de) Théodore, rue de la Masse, 32.
Fouque aîné, commissionnaires des ouvraisons, r. Campane, 13.
François J.-B., rue Infirmières, 43.
Franquebalme A. et fils, rue Calade, 116.
Gat F. A. rue Pétramale, 10.
Granier Frédéric ✳, et Cie, rue Oriflamme, 14.
Hély Adolphe, rue Ciseaux-d'Or, 9.

Monestier aîné ※, rue Place St-Pierre, 1.
Joly Abric et Cie, cocons, déchets de filature, spécialité de doupions, place des Carmes, 25.
Martin et Cie, rue de la Croix, 9.
Mabistre, Rousset et Estanove, fabricants de soies à coudre, rue des Teinturiers, 28.
Manivet Millie, fabricant rue Lagne, 6.
Muscat aîné, rue Bancasse, 23.
Pavin fils ※, rue Carreterie, 47.
Penne fils aîné, rue Pétramale, 6.
Penne fils, rue Trois-Faucons, 21 (bis).
Puy frères, rue Officialité, 2.
Raymond, représentant de la Maison Richard et Giely de Lyon, rue Petite-Fusterie, 17, au 1er.
Ricard Léon veuve et fils, rue des Teinturiers, 12.
Rimbaud, rue Petite-Meuse, 4.
Riquau et Louis Duprat, commissionnaires, rue Ste-Perpétue, 1.
Saury Lapierre, débris de soies, rue d'Amphoux, 8.
Saury André, débris de soies, place Pyramide, 6.
Thomas frères ※, rue de la Masse, 7.
Valabrègue fils, ※, rue de la Croix, 6, rue de l'Amelier.
Valens Niel, fabricants de velours, rue Four-de-la-Terre, 37.
Vernet père et fils, commissionnaires, rue Carreterie, 23.
Verdet O ※, et Cie, rue Calade, 71 ; Bureaux rue Victoire, 4.
Vincent, marchand de frisons de soies, rue Carreterie, 159.

Tabacs.

Armand (veuve), rue Bonneterie, 72.
Boule, rue Limas, 15.
Boyer, rue Portail-Magnanen, 2.
Desjean veuve), rue Racine, 2 (bis).
Couturier (Mlle), rue Portail-Matheron, 22.
Dumas (veuve), place Pie, 7.
Estoruel Jacques, rue Trois-Faucons, 2.
Fabry (Mlles), rue St-Agricol, 16.

TABACS, TAILLANDIERS, TAILLEURS.   267

Gibelin rue Carreterie, 69.
Jery François, rue Carreterie, 43.
Issard Louise (Mme), place de l'Horloge, 30.
Lambert Auguste, place Puits-des-Bœufs, 9.
Mandon, rue Infirmières, 15
Magny (veuve), place de l'Horloge, 14.
Mathieu, rue Bancasse, 7.
Payet (veuve), rue St-Michel, 17.
Rodos (veuve), distribution de papiers timbrés, place du Change 15.
Roux Urbain, rue St-Marc, 57.
Roux Balmoissière (veuve), rue Ste-Garde, 1.
Pochy, place Crillon, 3.
Sivet Pascal, place de l'Horloge, 11.
Tinousin Pierre, rue des Marchands, 42.
Trouillet, place Corps-Saints, 9.
Veyradier, rue Balance, 11.

Taillandiers.

Bonnet père, rue Carreterie, 24.
Favat Jean, place Corps-Saints, 27.
Ferrier Louis, rue Carreterie, 85.
Granier Marc, rue Carreterie, 54.

Tailleurs (Marchands).

Bernard, rue Galante, 5.
Borel Guillaume, rue St-Agricol, 25.
Bousquier Maurice, rue des Encans, 5.
Brun Etienne, rue Saunerie, 45.
Chabrol-Béranger, rue Bonneterie, 26.
Cristin Théophile, rue St-Agricol, 12.
Doux, rue des Marchands, 14.
Ferrier Frédéric, rue Bonneterie, 33.
Maurin, rue Bonaparte.
Perpignan Joseph, rue Saunerie, 15.
Pitras aîné, (*Au petit Bénéfice*), rue Portail-Matheron, 5.

Pouzol père et fils, rue des Marchands, 23.
Stœssel, rue St Agricol, 41.
Wistraete père, rue St-Agricol, 9.
Vallon, rue Petit-Change, 3.

Tailleurs.

Abrigeon Charles, rue Philonarde, 83.
André Julien, costumier du Théâtre, rue Racine, 17.
Basque, tailleur pour ecclésiastiques, rue Bonneterie, 60.
Beffort, rue Bonneterie, 10.
Bernard François, place des Châtaignes, 12.
Bonnefoi Jean, tailleur pour ecclésiastiques, rue St-Marc, 49.
Bonnet Léon, tailleur pour ecclésiastiques, rue Bouquerie, 15.
Boulletin, place Puits-des-Bœufs, 11, au 2me.
Bouvachon, tailleur pour ecclésiastique, rue Corderie, 7.
Bijonnet Sabin, rue Arc-de l'Agneau, 1.
Genin Auguste, rue Saunerie, 41.
Glaizaud, rue Bonneterie, 87.
Gros, rue Infirmière, 24.
Jean Auguste, place des Châtaignes, 4.
Jean Michel, tailleur pour ecclésiastique, rue Vieux-Septier, 13, en face de la Bourse.
Lhonneux, rue Limas 21
Maffet, rue St-Jean-le-Vieux, 21.
Madon Amédée, rue St-Jean-le-Vieux, 25.
Maurou, rue Bonneterie, 23.
Monteux, rue Bonneterie, 103.
Munch Charles, rue Trois-Faucons, 11.
Parel Lucien, rue Ste-Garde, 2.
Paul G., rue Corderie, 6.
Rivier, rue Carreterie, 95.
Roux et Gleise, rue Philonarde, 50.

Tailleuses en Robes.

Ayassse (veuve), rue Banasterie, 22.
Barbut (Mlle), rue Ste-Etinne, 24.
Blanc (Mlle), rue Ste Catherine, 34.
Cantin (Mlle), rue St-Marc, 23.
Chorlier Sophie (Mlle), cours Bonaparte.
Dumas (Mme), rue des Fourbisseurs, 36.
Ginoux (Mad), cloître St-Pierre, 7.
Julien (Mad), rue des Fourbisseurs, 27.
Lajard (veuve), rue de l'Hôpital, 18.
Lapierre (Mlle), rue Carreterie, 111.
Lapierre (Mme), rue du Chapeau Rouge, 36.
Latour (Mlle), rue Philonarde, 21.
Martin (Mlle), rue Trois-Faucons, 1.
Milon Thérèsine (Mlle), rue Rappe, 8, rue des Marchands.
Moulet (Mlle), rue Bancasse, 28,
Pascal (Mme), rue Racine, 7.
Peytier (Mme), rue du Chapeau-Rouge, 21.
Platel (Mme), rue Bancasse, 6.
Puig (Mme), rue des Fourbisseurs, 60.
Rencnrel (Mme), rue Ciseaux-d'Or, 6.
Richier (Mme), rue des Fourbisseurs, 39.
Reynard (Mlle), rue Campane, 34.
Teissier Joséphine (Mlle), rue St-Dominique, 4.

Tanneurs et Corroyeurs.

Faure, rue des Lices, 38.
Favier Joseph, rue des Lices, 58.
Garde père et fils, rue des Lices, 24.
Gent Gustave, fabricant de courroie, rue des Teinturiers, 29.
Guinochet, mégissier, fabricant de peaux blanches, rue des Lices, 50.
Ramon Capdevilla, fabricant de courroies, rue des Lices, 30.
Tournez François, rue des Lices, 26.

Tapissiers-Décorateurs.

Dufour Louis, rue Collége de la Croix, 11.
Pansin Jean-Baptiste, rue St-Agricol, 12.
Parel, successeur de M. Ray, rue Galante, 41.
Poux, rue St-Agricol et rue Petite-Fusterie, 1.
Sagnard Joseph, rue Bonneterie, 53.
Sauret aîné, rue Bancasse, 23.

Toiles Métalliques. (*Fabricant de*).

Latrille, toiles, fer et laiton, pour usines à garances, et fabricant de tamis, place des Carmes, 11.

Toiles peintes. (*Fabricants de*).

Borel Edouard fils jeune, rue des Teinturiers, 25.
Fabre Joseph, rue des Teinturiers, 10.
Foulc fils, rue des Teinturiers, 19.
Perret Pierre, rue des Teinturiers, 5.
Seytour Henri (veuve), rue des Teinturiers, 25.

Toiles peintes, Rouennerie et Tissus
(*Marchands de*).

Bois et Soupiquet, rue St-Michel, 1.
Brun Joseph (Mme), rue Vieux-Septier, 42.
Chabrol Henri, marchand en gros, rue Philonarde, 54.
Farge sœurs (Mlles), rue Pétramale, 5.
Ferradou, place Pignotte, 12.
Lyou jeune, rue Vieux-Septier, 24.
Mascadaux, rue Limas, 64.

Tonneliers.

André Auguste, rue des Lices, 48.
Audard Charles, spécialité de barils pour huiles et eaux-de-vie, broquerie en tout genre, place Principale, 12.
Barrès Bruno, rempart St-Lazare, 36.
Bezias Laurent, boulevard Limbert.

Bocoyran Alexandre, rue Petit-Paradis, 5.
Castellan Alexandre, rue Pétramale, 18; rue des Études.
Colin, rue Banasterie, 49.
Farget Auguste, fondrier, boulevard Limbert.
Girard, rue des Clés, 3.
Jeaume, rue Cocagne, 11.
Lacoste Etienne, fabricant d'échelles, rue Carreterie, 181.
Lautier Alexis, boulevard St-Dominique.
Marchand Claude, spécialité, chaises rustiques, barils d'huiles et cadeaux d'olives, place Principale, 8.
Moulet père et fils, barils pour huiles et eaux-de-vie, rue Bancasse, 26.
Rouet Boniface, rempart St-Lazare, 18.
Boux Victor, rue des Clés, 8.
Roux Martin, quai de la Ligne, 7.
Valens Calixte, rue Bon-Pasteur, 6.

Tourneurs-Mécaniciens sur bois et métaux.

Audin Louis, rue St-Michel, 37.
Chabrol Agricol, rue Four-de-la-Terre, 24.
Jouveau Félicien, rue Philonarde, 47.
Jouveau J.-B., inventeur breveté, rue Carreterie, 68.
Mouillasse André, rue Philonarde, 102.
Morenas Charles, rue Banasterie, 18.
Rosan, dit *Berry* fils, fabricant d'essieu et grosse quincaillerie, (breveté), rue des Teinturiers, 24.

Tourneurs en chaises.

Bouche Henri, rue Carreterie, 71.
Clamon, rue Philonarde, 84.
Fabre, réparateur de chaises rotin, rue Carreterie, 33.
Manivet Vincent, rabilleur, rue Bertrand, 17.

Marc, rue Four-de-la-Terre, 26.
Prat Augu.te, rabilleur, rue Oriflamme, 5.
Rigaud, rue Carreterie, 141.
Vergier Louis, rue Trois-Colombes, 3.

Traiteurs et Restaurateurs.

Auran Eugène, rue du Saule, 4.
Berne, rue du Saule, 2.
Blache, (*Restaurant du Midi*), place Puits-des-Bœufs, 11.
Boulier, successeur de M. Peyron, place de l'Horloge, 26.
Campé aîné, à la gare des voyageurs, rue Galante, 19.
Chiron Auguste, rue Bancasse, 28.
Constantin Jean, rue Saunerie, 46.
Coudert Philippe (veuve), St-Jean-le-Vieux, 29.
Dapré, rue Molière, 4.
Lance, rue des Fourbisseurs, 54.
Maillet Eugène, rue St-Jean-le-Vieux, 11.
Peyron jeune, rue St-Marc, 5.
Peyron aîné, rue de l'Arc-de l'Agneau, 5.
St-Martin, pâtissier, rue Bancasse, 10.
Taulier, (*Restaurant des Voyageurs*), place Crillon, 2.
Toussaint Antoine, place Pie, 5.
Vitel, mère des Compagnons charrons et forgerons, rue du Saule, 12.

Triturateurs.

Boudon Joseph, graines de luzerne, sur la route de Tarascon.
Deville Charles, triturateur de garances, graines de luzernes, bois de teinture, achats et vente, route de Lyon.
Garde père et fils, rue des Lices, 24.
Kalèche Joseph, triturateur en tout genres, boulevard Limbert.
Liotier Louis, bois de teinture, rue Infirmières, 3.
Teste Henri, trituration de garances, rue des Lices, 48.

Vanniers. (Fabricants)

Amiot Jacques, rue Vieilles Etudes, 16.
Chaulet Louis, rue Galante, 24.
Chantron, rue Carreterie, 64.
Chapuy frères, rue Migrenier, 5.
Delmas, marchand, rue d'Amphoux, 2.
Dupont François, rue Calade, 9.
Féraud François, rue Banasterie, 27.
Vidal, rue Carreterie, 118.

Vermicelles et Pâtes. (Fabricants de).

Chaspoul cadet, spécialité par la supériorité de ses pâtes de Gênes, rue Chapeau-Rouge, 10.
Chaspoul fils, semoule, macaroni, etc., rue Portail-Matheron, 15.
Maurice Honoré, rue du Chapeau-Rouge, 14.
Raymond et Roullié, pâtes de toutes qualités, rue Tête-Noire, 18.

Verres pour Pharmaciens, Confiseurs et Droguistes.

Bouillon, rue Chapeau-Rouge, 30.
Brunel fils, bouteilles et gobeleteries, hors la porte St-Lazare.
Dibon Antoine, quai de la Ligne, 24.
Fabre, achats en gros de peaux de lapins, rue Carreterie, 10.
Rodil, entrepôt de bouteilles, rue Carreterie, 40.

Vidanges. (Sociétés des).

Marcelin Agricol, entrepreneur de Vidanges, rue Cocagne, 27.
Nicolas et Louis Noyer, *Société Avignonaise*, rue Bonaparte, 4 ; rue Saunerie, 47 ; rue Carreterie, 155.

Vins en detail (Marchands de).

Ayme Antoine, rue Colombe, 15.
Ayme Ange, rue Four-de-la-Terre, 10.
Blanc Vital, rue Pommiers, 20.
Bonniaux Joseph, rue Limas, 22.
Benezeth Anne (Mlle), rue Prévot, 6.
Bouyard Laurent, rue des Teinturiers, 3.
Chabrol (Mme), rue Portail-Matheron, 6.
Camps François, rue des Teinturiers, 39.
Clavel Isidore, seul dépôt de la liqueur du Châlet, passage St-Agricol, 6.
Colombe, rue Tête-Noire, 19.
Combe Jean, rue Ste-Magdeleine, 12.
Cornu Agricol, rue Cremade, 8.
Dabry, rue Infirmières, 113.
Derbès, rue Barailliers, 15.
Deydier (veuve), rue Galante, 17.
Dibon, rue Carreterie, 53.
Dieudet, place Jérusalem, 7.
Donzel, rue Infirmières, 81.
Duclos Louis, rue Petite-Meuse, 6.
Dumas Jacques, rue Philonarde, 49.
Dupay, rue Luchet, 17.
Faure (veuve), rue Baraillers, 15.
Flandrin, loueur de tentes, rue Limas, 81.
Fleuri (Mme), rue Galante, 8.
Gazay, rue Annanelle, 5.
Garcin Camille, rue Puits-de-la-Reille, 4.
Gonard, rue Figuières, 6.
Guiraud Pierre, rue Portail-Magnanen, 32.
Guillon Louis, rue St-Etienne, 7.
Jonquet Jean, rue des Teinturiers, 1.
Hugon Joseph, rue Barailliers, 3.
Jouffret Bénézeth, rue Charrue, 4.
Jouffret Jacques, rue Infirmières, 111.
Lautier, rue St-Etienne, 10.
Lion Victor, rue Vieilles-Etudes, 6.
Manon Pascal, rue Molière, 8.
Martin-Vidal, rue Crémade, 6.

Mandelli, rue Saunerie, 7.
Maurin (veuve), rue Saunerie, 39.
Peytaud, rue Grande-Fusterie 21.
Nicolas (Mlle), place Corps-Saints, 7.
Nicolaud Etienne, rue Trémoulet, 5.
Nogier Louis, rue Philonarde, 91.
Piraque Auguste, rue Puits de la Reille, 10.
Preseau Antoine, rue St-Michel, 23.
Pujola Louis, rue Philonarde, 41.
Pascal Michel, rue Balance, 23.
Pomel Pierre, rue des Chevaliers, 6.
Pontien André, place St-Didier, 2.
Rabier, rue Calade, 101.
Ratabon Véran, rue Grande-Fusterie, 34.
Robert, place des Châtaignes, 1.
Reynaud Régis, rue Petite-Meuse, 16.
Rigaud, rue des Chevaliers, 31.
Rivarol, rue Balance, 29.
Rochevalier Louis, rue Trois-Faucons, 20.
Ronc Amédée, rue Portail-Magnanen, 12.
Roux Jean, rue Gal-Grenier, 6.
Roux Jb, rue Oriflamme, 7.
Roullié Pierre, rue des Bains, 4.
Talin J.-B. rue Philonarde, 48.
Teissier Louis, rue Carreterie, 139.
Vigne Claude, rue St-Christophe, 17.
Viret, rue Carreterie, 148.

Vins en gros et spiritueux *(Marchands de)*.

Berton et Cie, propriétaires des vignobles de Condorcet-la Nerthe, à Châteauneuf-des-Papes, rue Rappe 2, maison à Marseille, place Pentagone.
Breuil et fils, rue Baraillerie, 25.
Camps François, rue des Teinturiers, 39.
Dupont Charles, rue des Lices, 31.
Duverdier-Vallier, représentant de la maison Neuilly fils et Cie. de Lyon, vins et liqueurs, entrepôt de l'Eau de Condillac, rue Portail-Matheron, 7,

Faget (de), vins fins et spiritueux, rue Galante, 55.
Gaya, vins fins et spiritueux, rue St-Agricol, 22.
Gerbend Alexandre, ancienne maison Bouissou, vins fins et liqueurs, confiseur-patissier, place de l'Horloge 1, place du Change, 2.
Gilles Henri, prop. des vignobles de Châteauneuf-du-Pape, boulevard Limbert.
Kuntzmann Frédéric, négociant et prop. du grand Clos de la Gardiole, à Châteauneuf-du-Pape, rue des Lices 21 (bis).
Roubaud négociant en vins de Lédenon, représentant la maison Tourneysen, rue Petite-Fusterie, 13.
Vernet, gros et détail, place Puits-des-Bœufs, 11.

Voitures (Fabricants de).

Endignoux fils, place Crillon, 15.
Martin fils, rue Carreterie, 116.
Meynadier Auguste, impasse Oratoire 8.
Peyre cadet, rue St-Etienne, 22.
Reynard, place St-Joseph, 1.

Volailles et comestibles (Marchands de).

Crivel Pierre, rue Vieux-Septier 26.
Désandré Balthazar, rue Vieux-Septier, 43.
Libercier Etienne, rue Vieux-Septier, 83.

Marée, Poissons frais.

Beauge Charlemagne, rue Grande-Futerie, 14.
Bénézech, rue Bonaparte.
Bidon fils, rue St-Etienne, 25.
Bonnaud cadet, rue Courte-Limas, 5.
Bonnaud et Chabas, rue St-Michel, 11.
Gaty, rue St-Michel, 37.

LISTE GÉNÉRALE

DE MESSIEURS

les Négociants, Commerçants, Courtiers, Avocats, Avoués, Notaires, Docteurs en Médecine, Propriétaires et principaux Employés de toutes les Administrations de la ville d'Avignon,

Par lettres alphabétiques.

A

Abeille Laurent, luthier, pianos et orgues, rue St-Agricol, 4.
Abric Maurice, négociant en garances, rue de l'Oratoire, 6.
Abric, négoc. place des Carmes, 25.
Abrigeon Charles, tailleur, rue Philonarde, 83.
Achard, archiviste de la préfecture, rue Collège du Roure, 3.
Achard, employé des hospices, rue Campane, 7.
Achard (Mme), modiste, rue Campane, 7.
Achard Eugène, agent d'assurance, place du Palais, 17.
Achard (Mlle), rentière, rue Peyrollerie, 1.
Achard Antoine, prop. r. Ste-Perpétue, 3.
Achard Antoine, négociant en garances et garancines, rue Trois Faucons, 23.
Achard Agricol, architecte, r. Banasterie, 32.
Adet bolanger, r. Cocagne, 1.
Adam, cordonnier, rue Four-de-la-Terre, 8.
Affion (D') de Champier, ✯, capitaine en retraite pl. Trois-Pilats, 8.
Agricol perruquier-coiffeur, rue Carreterie, 157.

Ailland Antoine, orfèvre, rue Rouge, 15.
Aillaud de Brissis (Mme d'), propriétaire, place du Palais, 13.
Aillaud chanoine, rue Galante, 26.
Aillaud, bureau de roulages, directeur de la Cie lyonnaise, rue Saunerie, 52.
Allier Auguste, négociant en soies, rue de la Masse, 36.
Aimé (veuve), marchande de sabots, place Pignotte, 21.
Aizac (d') Aimé, prop., rue Bonneterie, 49.
Alais, agent d'assurances, rue Balance, 19.
Albert, chapelier, rue Saunerie, 21.
Albrand Claude, quincailler bazar populaire, rue Rouge, 13
Alexandre, photographe, rue Balance, 35.
Alexandre, relieur, rue Colombe, 5.
Alexandre Reau et Tournade, fabric. de fruits confits, boulevard St-Michel.
Alexis François et Vernet, marchands d'huiles, huiles de graissages et huiles tournantes, rue Portail-Magnanen, 36.
Alexis Jh, architecte, rue Aygarden, 32.
Allamelle, commis nég., rue de la Croix, 12.
Allard François, menuisier, r. Carreterie, 179.
Allard Jh, propr., r. St-Agricol, 31.
Allard Amédée, garçon de recette à la banq. de France pl. du Palais, 17.
Allard Charles, propr., rue Balance, 7.
Allemand Félix, cabaretier, rue des Fourbisseurs, 40.
Allez Michel, horticulteur fleuriste, boulevard Naléon.
Allibaud, instituteur particulier, rue d'Amphoux, 12.
Allien Etienne, prop. rue Galante, 7.
Allier, prop., rue Carreterie, 128.
Almandy Venance (Mme), modiste, rue Arc-de l'Agneau 14.
Almaric, notaire rue Bancasse, 11.
Almaric (veuve), rentière, rue Banasterie, 25.
Alphan (Mme), marchande de chaussures, place Pie, 6.
Alphandery Jh., banquier, place Pie, 1.
Alphandery Aristippe, propr., place Pie, 1.

Alphandery fils, agent de change, courtier, rue Bonneterie, 37.
Alphandery, huissier, rue Petite Meuse, 6.
Amand Gauthier, *Hôtel du Chapeau-Rouge*, place Pie, 23.
Amic André, négociant en garances et garancines, rue des Clés, 1.
Amic (veuve), prop., rue des Lices, 1.
Amic Désiré, négociant, rue la Masse, 12.
Amiot Jacques, vannier, rue Vieilles-Etudes, 16.
Ancelin André, menuisier fabricant de membres mécaniques, rue St-Marc, 41.
Anceu, fileur de soies, négociant en débris de soies, rue Petit Amouyer, 4.
Andre André, entrepreneur de bâtiments, rue Banasterie, 7.
André Auguste, tonnelier, rue des Lices, 48.
André, dit Papushaut, march. de crisalides ou débris de vers-à-soies, rue des Etudes, 14.
André Eugène, courtier, agent d'affaires, rue de la Croix, 14.
André, perruquier-coiffeur, place Corps-Saints, 23.
André (veuve), rentière, rue Calade, 84 (bis).
André Charles, employé à la recette générale, rue Calade, 84 (bis).
André Eugène, négociant, rue Calade, 81.
André, directeur de l'usine à gaz, rempart St-Roch, 1.
André William, pr., rue St-Agricol, 23.
André Xavier, employé à la préfecture, rue Trois Faucons, 29.
Anglesi (marquis d'), pr. rue petite-Fusterie, 1.
Aurès, employé au Crédit agricole, rue des Lices, 22.
Aurès André, pr. rue Piot, 1.
Anselme (d') Hubert, ancien officier supérieur, rue Calade, 108.
Anselme (Mlle d'), pr. rue Calade, 108.
Antoine Pierre Joseph dit Sarrians, entrepr. de travaux publics, rue du Diable, 24.
Antoniotti, épicier, peseur juré, rue Petite-Meuse, 15.
Aranbourd Jn peseur juré, rue d'Amphoux, 22.
Arbousset, nég. en charbons, rue Limas, 54.

A

Archimbaud (veuve marquise d'), propr., rue Trois-Faucons 7.
Arlaud (Mlles), rentières, rue Calade, 30.
Armand (veuve), rentière, rue d'Amphoux, 55.
Armand Claude, relieur, rue Petit Paradis, 13.
Armand fils, perruquier-coiffeur, rue Ste-Garde, 2.
Armand, ancien économe de l'Hôtel-Dieu, rue de Latour, 11.
Armand (veuve), débitante des tabacs, rue Bonneterie, 72.
Armand, sculpteur, rue Calade, 53.
Armand père, perruquier coiffeur, rue Carreterie, 53.
Armand, avoué, rue des Encans, 11.
Armandy François, boulanger, rue Four-de-la-Terre, 7.
Armandy Etienne, boulanger, rue St-Jean-le-Vieux, 18.
Arnaud, ancien employé du chemin de fer, r. Collège d'Annecy, 12.
Arnaud Marius, lieutenant en retraite, place du Palais, 3.
Arnaud Amédée, D.-M. place du Palais, 3.
Arnaud (Mlle), rentière, rue Bonneterie, 73.
Arnaud Guillaume, propr. rue Carreterie, 123.
Arnaud (veuve), rentière, rue Colombe, 10.
Arnaud Jacques, marchand de fruits secs, place Pignotte, 10.
Arnaud Auguste, épicier, rue Portail-Matheron, 28.
Arnaud Gabriel, boucher, rue Vieux-Septier, 20.
Arnaud (veuve), marchande de tissus, rue Vieux-Septier, 22.
Arnaud Gabriel, professeur de chant, rue Trois-Testons, 1.
Arnaud jeune, débitant de liqueurs, boulevard Napoléon.
Arnoux, préposé en chef de l'octroi, rue Grande-Fusterie, 28.
Arnoux François, marchand de tissus, rue Vieux-Septier, 22.
Aron Adolphe, confectionneur, *Aux 100,000 paletots*, place du Change, 9.
Aron, professeur de rhétorique, au Lycée, rue Bancusse, 25.

Astier (veuve d'), rentière, rue des Fourbisseurs, 57.
Astier, boulanger, rue Grande-Fusterie, 40.
Astoux Désiré, épicier, rue Vieux-Septier, 13.
Astruc, architecte, rue Pavot, 2.
Astruc (Mlle), rentière, rue St-Marc, 25.
Athénosy (d'), pr. rue Calade, 30.
Athenoux, quincailler, rue Corderie, 18.
Aubanel frères, imprimeurs libraires, place St-Pierre, 9.
Aubanel Agricol, chanoine, place St-Pierre, 9.
Aubanel Louis, teneur de livres, rue Trois-Faucons, 11.
Aubergier, aubergiste, *Guinguette St-Michel*, boulevard St-Michel.
Aubert, négociant en charbons, représentant de la maison Pitrat et Glas de Givors, rue Philonarde, 56.
Aubert (Mme), fruitière, rue Infirmières, 20.
Aubert (veuve), revendeuse, rue Grande-Fusterie, 41.
Aubert Jean, entrepreneur de bâtiments, r. Philonarde, 9.
Aubert, perruquer-coiffeur, cours Bonaparte.
Aubert, agent d'affaires, rue Portail-Matheron, 12.
Aubert Joseph, agent d'assurances, rempart de la Ligne, 2.
Aubert Jacques, cordonnier, rue St-Pierre, 5.
Aubert, vicaire de St-Pierre, rue Petite-Saunerie, 8.
Aubert, chanoine, place St-Pierre, 5.
Audard Charles, tonnelier foudrier, place Principale, 12.
Audemard, docteur médecin, rue Bancasse, 21.
Audemard, serrurier, rue Bonneterie, 64.
Audibert, commis des contributions indirectes, r. de l'Hôpital, 16.
Audibert, (veuve), rentière, place du Palais, 5.
Audier, cordonnier-bottier, rue de la Monnaie, 1.
Audigane (Mlle), rentière, rue des Lices, 3.
Audin Louis, tourneur mécanicien et tonnelier, r. St-Michel, 37.
Augier, cordonnier pour dames, place du Change, 22.
Augier, marchand de vins en détail, rue Galante, 28.

Aulagnier, pr., rue Balance, 17.
Auran Léopold, successeur de Mottet, quincailler, rue des Marchands, 24.
Auran Eugène, traiteur, rue du Saule, 4.
Auriol, perruquier-coiffeur, rue Florence, 5.
Aurouze Agricol, mécanicien, rue Carreterie, 166.
Aurouze, toilier, spécialité de blanc et deuil, rue St-Agricol, 20.
Aury Jean, perruquier-coiffeur, rue Philonarde, 7.
Aury Jean, entrepreneur de bâtiments, rue Philonarde, 96.
Autard, agent d'assurances, r. Philonarde, 16.
Auzias fils, avocat, rue Petit Paradis, 27.
Auzias (veuve), pr., rue Petit Paradis, 27.
Averton (veuve comtesse d'), propriétaire, rue Calade, 106.
Avon, propr., r. Galante, 8.
Avy, (Mlles), rentières, rue des Amoureux, 3.
Avy Alfred fils, fabricant de meubles et miroitier, rue Carreterie, 32.
Avy père, pr., rue Carreterie, 32.
Ayasse (veuve), tailleuse en robes, rue Banasterie, 22.
Aymard Etienne, propr., rue Petit-Paradis, 14.
Aymard, aubergiste, boulevard St-Dominique.
Aymard Denis, propr. rue des Teinturiers, 29.
Ayme frères, fabricants de mesures de capacité et charcutier, rue Carreterie, 53.
Ayme, boucher, rue Lafare, 4.
Ayme Antoine, entrepreneur d'asphalte, marchand de vin au détail, rue Colombe, 15.
Aysac, facteur du télégraphe, rue Bouquerie, 18.
Ayme (veuve), bouchère, rue Vieux-Septier, 56.
Ayme Ange, marchand de vin en détail, rue Four-de-la-Terre, 10.
Azaïs (Mlle), maîtresse de pension, rue Banasterie, 37.

Babeau, commis des contributions indirectes, rue Banasterie, 55.
Bachiocchi (Mlle de), propriétaire, rue St-Etienne, 19.
Bachiocchi Adorno (baron de), propriétaire, rue Portail-Bienson, 3.
Bachet, boulanger, rue Petite-Meuse, 7.
Bailiou Pierre, boulanger, rue St-Jean-le-Vieux, 3.
Bailly, ingénieur des ponts et chaussées, place Crillon, 21.
Baldovin, peintre décorateur du Théâtre, rue Racine, 5.
Baldovin jeune, peintre décorateur, rue Saunerie, 10.
Baldovin (veuve), rentière place Corps-Saint, 68.
Banache Antoine, quincailler, place Trois-Pilats, 15.
Baraillers François fils, entrepreneur de batiments, rue Persil-Magnanen, 1.
Barbantan Charles, peintre en bâtiments et en décors, rue de La Masse, 9 ; place St-Didier, 1.
Barbantan père, marchand d'antiquités et curiosités, rue de La Masse, 9.
Barbantan Nicolas, peintre décorateur, rue Calade, 126.
Barbaste, propriétaire, rue des Fourbisseurs, 31.
Barbe Paul, propriétaire rue Dorée, 7.
Barbe Théodore, marchand de poteries, rue Carreterie, 36.
Barbantan Claude, épicier, rue St-Michel, 5.
Barbeyrassi, propriétaire, rue des Encans, 18.
Barbut (Mlles), tailleuses en robes, rue St-Etienne, 24.
Barbut, badigeonneur, rue Banasterie, 33.
Bardinet, professeur au Lycée, rue Saunerie, 6.
Bareau, menuisier, rue de l'Amelier, 4.
Barrellet père, propriétaire, rue Portail-Matheron, 5.
Barellet Henri, propriétaire, rue de l'Hôpital, 22.

Baretta (veuve), café St Didier, fabrique de chocolats, place St-Didier, 12.
Baretta frères, confiseur pâtissier, place du Change, 10.
Barial, cafetier, place Pie, 9.
Barillon, revendeur, rue Four-de-la-Terre, 6.
Barillon J., négociant en garances et garancines, rue rempart St-Lazare, 12.
Barillon (veuve), rentière, rue Palapharnerie, 29.
Barillon Jean, menuisier, place des Châtaignes, 10.
Barles Agricol, marchand de plâtres, ciments, crysalides, rue Luchet, 34.
Barles, marchand de plâtres, rue Charrue, 20.
Barnel jeune (veuve), mercier et quincailler, rue Vieux-Septier, 26.
Barnel, Charpentier et Cie, merciers quincailliers, gros demi-gros et détail, place Pignotte, 15.
Barnoin, doreur miroitier, rue Bonneterie, 48.
Baroncelli-Javon (marquis de), propriétaire, rue Collège du Roure, 3.
Barrème, secrétaire général des hospices, rue Portail-Matheron, 8.
Barrème Louis, employé au Mont-de-Piété, rue Portail Matheron, 8.
Barrès Bruno, tonnelier, rue rempart St-Lazare, 36.
Barret, plâtrier, rue Calade, 50.
Barret, marchand d'huiles et esparteries, rue du Chapeau-Rouge, 28.
Barret Pierre, épicier, rue Palapharnerie, 27.
Barret (Mme), cafetier, quai de la Ligne.
Barret Jean, charron, rue rempart de la Ligne, 6.
Barret peseur à l'abbattoir, rue Annanelle, 10.
Barrière Eugène, pharmacien, rue du Saule, 4.
Barruco Jean-Etienne, ✳, maréchal de logis en retraite, rue Bancasse, 34.
Barry père, instituteur, place Trois-Pilats, 14.
Barry (veuve), pharmacien, rue Trois-Faucons, 38.
Barthélemy Antoine, aubergiste (*Au Lion d'Or*), boulevard Limbert.
Barthélemy, ferblantier, lampiste, pompier, rue des Lices, 74.

Barthélemy Louis, épicier, rue de l'Arc-de-l'Agneau, 4.
Bas, R P., supérieur du Collège St-Joseph, rue des Lices, 62.
Bassaget Auguste, orfévre, rue Rouge, 8.
Bastide Eugène, avocat, juge suppléant, rue de la Masse, 20.
Bataille, adjudant sous-officier du pénitentier militaire en retraite, boulevard Napoléon.
Batailler Albert fils, droguiste, rue Portail-Matheron, 10.
Batailler (veuve), rentière, rue de La Masse, 15.
Batailler frères, fabricants de casquettes, rue Peyrollerie, 3.
Battellier Adrien, expéditeur de fruits, rue Philonarde, 58.
Baudon, ancien cafetier, boulevard St Michel.
Baudouin Jules, entrepreneur du chemin de fer d'Avignon à Salons, boulevard St-Dominique.
Baume, revendeur, rue Philonarde, 82.
Baup, marchand d'antiquités, rue Calade, 5.
Basile Joseph, cordonnier bottier, rue Saunerie, 48.
Bayle Louis, boulanger, rue Portail-Magnanen, 6.
Bayle, propriétaire, rue de la Croix, 17.
Bayol Antoine, dit *Clermont*, menuisier, rue Barailler, 12.
Beaudran, marchand de plâtres, rue Franche, 1.
Beaudran, propriétaire, rue des Lices, 3.
Beaulieu, commis négociant, rue St-Pierre, 5.
Beaume, propriétaire, rue St-Etienne, 20.
Beaumefort (vicomte de), propriétaire, place du Palais, 5.
Beaux Edmond, négociant, rue de la Masse, 52.
Beaux (veuve), rentière, rue Bonneterie, 35.
Bechet, docteur médecin homœopathe, rue Dorée, 11.
Bechetoile, propriétaire, rue Banasterie, 29.
Bechon Charles, garçon de recette à la Banque de France, rue Calade, 19.
Becq, commis d'inspection d'académie, rue Petite-Fusterie, 17.

Bédarride Laurence (Mme), accoucheuse, rue St-Antoine, 1.
Bédarride Fortuné, propriétaire, rue de l'Amelier, 4.
Bédel, inspecteur des forêts, rue Petite Saunerie, 10.
Bédouin Etienne, marchand de bois de service, quai St-Lazare, 4.
Bédouin (veuve), maréchal ferrant, rue Carreterie, 130.
Beff, conducteur des ponts et chaussées, boulevard Limbert.
Beffort, tailleur, rue Bonneterie, 10.
Belladen, revendeur, boulevard St Michel,
Belladen, négociant en charbons, rue Bancasse, 32 ; bureaux, rue Collége d'Annecy, 4.
Belladen Henri, négociant, rue Laboureur, 9.
Beissier A., marchand drapier, rue Vieux-Septier, 45.
Belhomme, cordonnier, marchand de chaussures, rue du Chapeau-Rouge, 32.
Bellon aîné et Cie, marchands d'huiles et fromages, rue Vieux-Septier, 31.
Bellon, marchand d'antiquités, place Jérusalem, 6.
Benezet Anne (Mlle), marchande de vins en détail, rue Prévot, 6.
Benoit, avocat, rue Galante, 6.
Benoit, contrôleur des hospices, rue Lafare, 8.
Benoit, propriétaire, rue Ste-Praxède, 13.
Benoit Auguste, agent-voyer spécial, rue du Saule, 5.
Benoit, vicaire de St-Didier, rue Calade, 130.
Bent Michel, doreur, marchand d'ornements d'Eglise place Principale, 4.
Bérard Michel, fabricant de bougies et cierges lithurgiques, place Pignotte, 12.
Bérard jeune, luthier, tabletier, marchand de musique rue Bonneterie, 12.
Bérard née Dely (veuve) accoucheuse, rue St-Agricol, 3.
Bérard François, entrepreneur de bâtiments, rue des Fonderies, 4,
Bérard Isidore, négociant, rue des des Etudes, 8.
Bérard Charles père et fils, négociants en soies et garances, rue Bonneterie, 101.
Bérard, avocat, rue Bonneterie, 101.

Bérard Louis, négociant, rue Bonneterie, 101.
Bérard, vicaire de St-Agricol, rue Bouquerie, 10.
Béraud Emilie (Mlle), épicier, rue du Chapeau-Rouge, 28.
Béraud Germain, professeur de musique, rue Oriflamme, 7.
Béraud, professeur de musique, rue du Chapeau-Rouge, 40.
Béraud, chiffounier, marchand de vieux fers, rue Carreterie, 3.
Berbiguier, propriétaire, place Principale, 6.
Berbiguier, ferblantier, lampiste et pompier, rue du Chapeau-Rouge, 12.
Berger (veuve), rentière, rue de l'Hôpital, 20.
Bergier Raphaël, propriétaire, rue Philonarde, 73.
Bergier, aubergiste, rue Balance, 28.
Bergougnoux (veuve), marchand de parapluie et articles de fantaisie, rue des Marchands, 16.
Berlandier, huissier, rue Puits des Allemands, 4.
Berlandier, menuisier ébéniste, rue Fromageon, 9.
Berlandier (veuve), fripière, rue des Chevaliers, 34.
Berle Jean-Baptiste, épicier, rue Trois-Faucons, 29.
Berlier, commissaire de police, rue Racine, 7.
Bernard, employe au télégraphe, boulevard Napoléon.
Bernard, employé aux ponts et-chaussées, rue Trois-Faucons, 12.
Bernard François, tailleur place des Châtaignes, 12.
Bernard, commis négociant, rue Fromageon, 20.
Bernard Daniel, chapelier, rue Saunerie, 12.
Bernard aîné, propriétaire, rue Portail-Matheron, 8.
Bernard Eugène, compositeur et professeur de musique, rue de l'Hôpital, 13.
Bernard, marchand tailleur, rue Galante, 5.
Bernard, bourelier, rue Carreterie, 162.
Bernardi, docteur médecin, rue Campane, 16.
Bernardi fils, avocat, rue Campane, 16
Berne, traiteur restaurateur, rue du Saule, 2.
Beroière, employé aux hospices, rue Campane, 25.
Bertaud, boulanger, rue Campane, 28.

Bertaud jeune, propriétaire, place Principale, 7.
Bertet, coiffeur, rue des Marchands, 14.
Bertet, peintre photographe, rue Bonaparte.
Berthilier (veuve), fripière, place du Palais, 11.
Berti Charles, propriétaire, rue Bonneterie, 16.
Berti, propriétaire, rue Bon-Parti, 3.
Bertoglio (veuve), rentière, rue St-Agricol, 29.
Berton et Cie, négociants en fers, propriétaires des vignobles dit Condorcet-La Nerthe, rue Rappe, 2.
Bertrand (Mlle), rentière, rue Vieux-Seplier, 13.
Bertrand, perruquier coiffeur, place Corps-Saints, 24.
Bertrand, menuisier et quincailler, rue Calade, 16.
Besse, entrepreneur des bâtiments, rue des Infirmières, 32.
Besse Jacques, peintre en bâtiments, rue Tarasque, 6.
Besse, débitant de liqueurs, rue Balance, 34.
Besson, peseur juré, rue Four-de-la-Terre, 4.
Betout, propriétaire, rue Collége d'Annecy, 11.
Bezias Laurent, tonnelier, boulevard Limbert.
Bezias Dominique, propriétaire, rue Cocagne, 28.
Bichebois Guillaume, facteur de la poste, rue Barracanne, 7.
Bigonnet (veuve), rentière, rue Ferruce, 22.
Bigot, Alphonse, courtier en soies, débris de soies et cocons, rue des Encans, 13.
Bigot, coiffeur parfumeur, place du Change, 28.
Bijonnet Pierre, commis négociant, rue Portail-Matheron, 0.
Bijonnet Sabin, tailleur, rue de l'Arc-de-l'Agneau, 1.
Bilger (veuve), fripière, rue St-Jean-le-Vieux, 7.
Billet Claude, revendeur, rue Philonarde, 80.
Billon, marchand de crépins, rue des Fourbisseurs, 18.
Billot, menuisier, rue Calade, 82.
Binon, garde des collections du Musée, rue Calade, 65.
Bioulès Pierre, revendeur, rue Carreterie, 119.
Biscarel (veuve), propriétaire, rue Grande-Fusterie, 18.

Biscarel, fabricant d'articles de maroquinerie en tous genres, rue Laboureur, 2.
Biscarrat fils, aubergiste, rue Balance, 1.
Blache, aubergiste, *Hôtel du Midi*, rue Balance, 1.
Blache (veuve), moulinier en soies, rue des Teinturiers, 7.
Blache Vincent, épicier, rue Bonneterie, 72.
Blachère Louis, liquoriste distillateur, rue Balance, 14.
Blachière (veuve), née Amic, rentière, rue Calade, 130.
Blachière Raphaël (veuve), rentière, rue Philonarde, 108.
Blachière aîné, propriétaire, rue Bancasse, 32.
Blanc, aumônier des pénitents blancs, rue Ste-Carine, 36.
Blanc Jacques, charcutier, marchand d'huiles, rue St-Agricol, 3.
Blanc, agent d'affaires, place Crillon, 10.
Blanc Joseph, badigeonneur, rue Grande-Fusterie, 49.
Blanc Jean, débitant de liqueurs, boulevard Napoléon.
Blanc Claire (Mlle), propriétaire, rue St-Dominique, 3.
Blanc, (*Auberge du Marché*), boulevard St-Roch.
Blanc (veuve), rentière, rue Saunerie, 31.
Blanc (Mlle), tailleuses en robes, rue Ste-Catherine, 34.
Blanc, employé des octrois, rue Ste-Catherine, 34.
Blanc Vital, marchand de vins en détail, rue Pommier, 20.
Blanc, fourrier de ville, rue Peyrollerie, 7.
Blanc, comptable des lits militaires, place Lamirande, 1.
Blanc Jules, boulanger, rue Calade, 28.
Blanc Claire, accoucheuse, rue Carreterie, 119.
Blanchard Joseph, professeur de gymnase, constructeur de bassins en rocaille, rue Vieux-Septier, 54.
Blanchard, marchand de poteries et cristaux, place Pignotte, 2 et 12.

Blanchard père, fabricant de poteries, et tuiles, rue rue Pontrouca, 5.
Blanchet (veuve), rentière, rue Trois-Faucons, 19.
Blanchetti (veuve comtesse de), propriétaire, rue de la Croix, 3.
Blanchetti (comte de), propriétaire, rue de la Croix, 3.
Blanchon Edouard, clerc d'avoué, rue Cardinal, 10.
Blanquin, commis négociant, rue des Chevaliers, 21.
Blayrac (Mlle), propriétaire, rue St-André, 4.
Bled Antoine, débitant de liqueurs, rue Bilance, 18
Blein Sapey, inspecteur de l'enregistrement en retraite, rue des Encans, 7.
Blétrix Louis, négociant, rue Ste-Catherine, 11.
Blétrix et Ressegaire, négociants en chardons, rue Ste-Catherine, 8 (bis.
Bobba père, serrurier, rue St-Etienne, 5.
Bobba fils, serrurier entrepreneur, rue Figuière, 12.
Bocoyran Alexandre, tonnelier, rue Petit-Paradis, 5.
Bœuf Louis, cordonnier bottier, rue Bonneterie, 3.
Bœuf, boulanger, rue Carreterie, 110.
Bœuf Martin, fabricant de chapeaux, rue Bonneterie, 18.
Bohat Conchon, O ✳, Préfet de Vaucluse, place de la Préfecture, 2.
Bois et Soupiquet, marchands de chevaux, rue St-Michel, 1.
Bon de Chabran et Cie, négociants et commissionnaires en soies, rue Petite-Saunerie, 13.
Bon Marie (Mlle), propriétaire, rue Petite-Saunerie, 13.
Bon de Chabran (comte), négociant, rue Philonarde, 26.
Bon Gustave, négociant, rue Petite-Fusterie, 21.
Bonafous (veuve), rentière, rue de la Masse, 12.
Bonami, propriétaire, rue des Lices, 6.
Bonavion, propriétaire, rue des Lices, 29.
Boneau Cécile (Mlle), modiste, rue Carreterie, 28.
Boneaud, menuisier, rue Carreterie, 119.
Bonnefille Joseph, sculpteur marbrier, rue Trois-Faucons, 12.

Bonefoi Jean, tailleur pour ecclésiastique, rue St-Marc, 51.
Bonefoy Antoinette, accoucheuse, rue Petite-Fusterie, 4.
Bouieaux Joseph, marchand de vins en détail, rue Limas, 22.
Bonnard (veuve), rentière, rue de l'Hôpital, 22.
Bonnard Julie (Mlle), modiste, rue St-Agricol, 5.
Bonnard, négociant, rue Philonarde, 38.
Bonnaud, *Café du Brave Crillon*, place de l'Horloge, 10.
Bonnaud Pierre, propriétaire, boulevard St-Dominique.
Bonnaud (veuve), revendeuse, rue St-Michel, 19.
Bonnaud, poissonnier, rue Courte-Limas, 5.
Bonnaud, forgeron, place Corps-Saint, 17
Bonnand Etienne, boulanger, cours Bonaparte.
Bonnaud Ferdinand, *Café d'Europe*, cours Bonaparte.
Bonnet, ancien confiseur, place du Change, 23.
Bonnet (veuve), rentière, rue des Lices, 44.
Bonnet, chirurgien-dentiste, rue du Saule, 7.
Bonnet Joseph, écrivain public, rue Fromageon, 11
Bonnet (Vve), imprimeur typographe, lithographe, directeur du *Méridional*, journal politique, rue Bouquerie, 7.
Bonnet Philippe, propriétaire, rue Ste Catherine, 10.
Bonnet, aumônier des Prisons, rue Peyrollerie, 10.
Bonnet père, forgeron taillandier, rue Carreterie, 24.
Bonnet Anaïs (Mlle), *Café du Louvre*, rue Bon-Parti, 2.
Bonnet François, fabricant d'outils d'agriculture, rue Carreterie, 125.
Bonnet Léon, tailleur pour ecclésiastiques, rue Bouquerie, 15.
Bonnet fils aîné, forgeur-mécanicien, rue Carreterie, 76.
Bonnet Clovis, vicaire de St-Symphorien, rue Bertrand, 9.

Bonot, propriétaire, rue Bonneterie, 35.
Bonoure, revendeur, rue Balance, 40.
Bonpar Joseph, fripier, rue Philonarde, 51.
Bontoux Charles, sacristain de St-Pierre, rue Peyrollerie, 7.
Bony, ébéniste, marchand de meubles, rue Petite-Fusterie, 7.
Borel Barthélemy, marchand tailleur, rue Saunerie, 20.
Borel Edouard fils jeune, fabricant de toiles peintes, rue des Teinturiers, 25.
Borel (veuve), bouchère, rue Vieux-Sextier, 22.
Borel Philippine (Mlle), confectionneur, rue Saunerie, 11.
Borel Guillaume, confectionneur, rue St-Agricol, 25.
Borel père, greffier du Tribunal de Commerce, place des Carmes, 5.
Borel fils, commis greffier du Tribunal de Commerce, place des Carmes, 5.
Borel Auguste, propriétaire, rue des Lices, 60.
Borel Victor, propriétaire, rue Baraillerie, 21.
Borelly, expéditeur de fruits, rue d'Amphoux, 11.
Boroni, fabricant de cages et triageur, rue Saunerie, 24.
Bosse Joseph, inspecteur des Enfants Assistés, rue des Marchands, 34.
Bosse Auguste, employé à la Préfecture, rue des Marchands, 34.
Bosse, traiteur, *Hôtel de Provence*, place Corps-Saints, 28.
Bosse Charles, propriétaire, rue Carréterie, 74.
Bosviel Aimé, aubergiste, *Guinguette de la Maison Carrée*, boulevard St-Michel.
Boucarut Félix, coutellier, rue des Marchands, 40.
Bouche Henri, tourneur en chaises, rue Carreterie, 71.
Boucherle, négociant, rue des Encans, 22.
Bouchet Jeanne (Mlle), propriétaire, rue Trois-Faucons, 8.
Bouchet Louise (Mlle), rentière, place Corps-Saints, 34.

uchet Rosine (Mlle), rentière, rue Bertrand, 11.
uchet Charles, commis négociant, rue Bourg-Neuf, 9.
uchony Albin (de), propriétaire, place du Palais, 13.
uchony Joseph (veuve de), propriétaire, rue Petite Calade, 3.
udard Auguste (de), propriétaire, chevalier de St-Sylvestre, rue Petite-Calade, 3.
udin, ancien négociant en garances, rue de Puy, 23.
udin Auguste, propriétaire, rue St Michel, 23.
udin Auguste, propriétaire, rue Saunerie, 3.
udin Augustin, homme de lettres, rue Bancasse, 20.
udin Etienne, propriétaire, rue Bancasse, 20.
udin Louis, propriétaire, rue Bancasse, 20.
udon, facteur du télégraphe, rue Bouquerie, 18.
udon (Mme), institutrice protestante, rue Dorée, 5.
udon Joseph, marchand de charbons de coke et trouilles, boulevard St Michel.
uffier Auguste, marchand d'articles blancs, place Pie, 17.
uget, épicier, place Puits-des-Bœufs, 17.
ugette, doreur, rue des Fourbisseurs, 38.
igniasd, maître d'hôtel, *Hôtel du Luxembourg*, rue du Chapeau-Rouge, 23.
uillon, marchand de verres, rue du Chapeau-Rouge, 30.
uin Auguste, boulanger, rue St-Etienne, 26.
uisseau, cafetier, *Brasserie Gambrinus*, rue Fromageon, 5.
ulaire Antoine, bourelier, rue St-Michel, 2.
ule, débitant de tabacs, employé à la recette principale, rue Limas, 15.
ulletin, tailleur, place Puits-des-Bœufs, 11.
inaud, marchand de charbons et trouille, boulevard St-Michel.
unaud Joseph, menuisier ébéniste, place Trois-Pilats, 13.
uque Victor, menuier ébéniste, rue Bonneterie, 23.

Bourcier (Mlle), propriétaire, place du Palais, 1.
Bourdonne, ✳, militaire en retraite, rue Colombe, 17.
Bourgeois Frédéric, épicier, rue Portail-Matheron, 12.
Bourges Louis, huissier, rue Philonarde, 9.
Bourges Rosa (Mlle), coiffeuse pour dames, boulevard Limbert.
Bourges (Mlle), revendeuse, rue Limas, 6.
Bourges, ✳, officier d'administration en retraite, rue Bancasse, 23.
Bourges (veuve), rentière, rue Galante, 30.
Bourges fils, peintre artiste, rue Galante, 30.
Bourget, serrurier, rue de La Masse, 16.
Bourgue, fabricant d'hosties et pains a cacheteter, rue St-André, 5.
Bourillon, cordier, rue Carreterie, 195.
Bouscarle, commis négociant, rue des Lices, 10.
Bousquet Michel, menuisier ébéniste, rue Palapharnerie, 18.
Bousquier Maurice, tailleur, rue des Encans, 5.
Bousquier fils, commis négociant, rue des Encans, 5.
Boussot, maître adjoint à l'école normale, rue Calade, 114.
Boutier, successeur de Peyron, traiteur, place de l'Horloge, 26.
Boutillon Clément, fondeur en métaux, rue Rempart St Michel, 5
Bouvachon, tailleur ecclésiastique, rue Corderie, 12.
Bouvachon Commin-Alfred, agent des chemins de fer du Midi, rue place St-Pierre, 2.
Bouvachon Commin (veuve), propriétaire, rue place St-Pierre, 2.
Bouvachon, facteur de la poste, rue Ste-Catherine, 38.
Bouverot, office de publicité, rue du Chapeau-Rouge 40.
Bouvet, voyageur de commerce, rue Petite-Saunerie, 21.
Bouvet, caf tier, place de l'Horloge, 18.
Bouvet (Mlle), rentière, rue Calade, 14.

Bouvier Marius, marchand de fourrages et paille, rue St Bernard, 9.
Bouvier Charles, propriétaire, entrepreneur de la rue Bonaparte, cours Bonaparte.
Bouyard Laurent, revendeur, rue des Teinturiers, 3.
Bouyard, commis en librairie, rue Saunerie, 19.
Bouyer André et Cie, négociants en garances et garancines, rue d'Amphoux, 59.
Bouyer Jules, badigeonneur, rue Ste-Catherine, 30.
Bouyer Jh. quincailler, rue Balance, 20.
Bouyssavy (veuve), rentière, rue Roquette, 6.
Boyer Antoine, loueur de voitures, rue Calade, 20.
Boyer (Mme), débitante des tabacs, rue Portail Magnanen, 2.
Boyer Prosper, O ✷, cap. de vaisseau, rue Saluce, 15.
Boyer (veuve(, propriétaire, rue Collège d'Annecy, 21.
Boyer Jean, épicier, rue Carreterie, 160.
Boyer, conducteur des ponts et chaussées, boulevard St Dominique.
Branche, épicier, rue Carreterie, 112.
Branche jeune, agent d'assurance L'*Urbaine*, place des Carmes, 23.
Branet Jean, menuisier et revendeur, rue Portail-Magnanen, 46
Bransch E. commis nég. rue de la Masse, 26.
Brante Michel, marchand d'huiles, rue Baraillerie, 7.
Brat Jean, serrurier, rue Ste-Praxède, 6.
Brat (veuve), chapelier, objets d'enfants, rue des Marchands, 20.
Brat jeune, serrurier, rue Petite-Fusterie, 9.
Brault, ✷, capitaine en retraite, rue Carreterie, 134.
Brémond, expéditeur de fruits, rue Pavot, 3.
Brémond, propr., rue de l'Hôpital, 1.
Brémond Félicien, receveur caissier du Mont-de-Piété, boulevard Limbert.
Brémond Pierre, empl. au Mont-de-Piété, rue des Fourbisseurs, 30.
Brémond, employé au Mont-de-Piété, rue St-Jean-le-Vieux, 21.

Brémond, ✻, ch. hon., curé de St-Symphorien, pl. Trois Pilats, 5.
Brémond, boulanger, rue Balance, 30.
Brès, aumonier de l'Hôtel-de-Dieu, rue Rascas, 1.
Brès Jean, boulanger, rue Carreterie, 48.
Bresset, menuisier, rue Carreterie, 132.
Bresset, propr. rue Baraillerie, 17.
Bressy Jh, menuisier ébéniste, rue Ferruce, 12.
Bressy, ancien minotier, rue Puits-de-la-Reille, 7.
Bressy, chapelier, place de l'Horloge, 7.
Breton Henri, charron, boulevard Limbert.
Breton Eugène, ferblantier, quai St-Lazare, 7.
Breuil, courtier de garances, rue Bancasse, 29.
Breuil et fils, nég. en grains, farines, vins et spiritueux, rue Baraillerie, 25.
Brive, doreur et argenteur, rue Calade, 10.
Brive (veuve), pr., rue Balance, 37.
Broc Pierre, marchand de parapluie, rue Saunerie, 35.
Broc, confiseur-pâtissier, brev. rue St Jean-le-Vieux, 20.
Brochéri, avoué, rue Dorée, 9.
Broët, inspecteur des chemins de fer, rue Annanelle, 8.
Brouchier (Mlle), revendeuse, rue St Etienne, 9.
Brouchier, commissaire aux inhumations, rue Bertrand, 33.
Brousset Elisa (Mlle), modiste, rue Calade, 29.
Broustet, commis des hypothèques, rue Balance, 39.
Brulat, messager d'Avignon à Arles, rue des Etudes, 10.
Brun Auguste (Mme), march. de modes et nouveautés, r. des Marchands, 18.
Brun Justin, mercier et quincailler, rue Vieux-Septier, 21.
Brun Etienne, march. tailleur, rue Saunerie, 45.
Brun Honoré, horloger, conseiller général rue Saunerie, 58.
Brun Louis, cordier, rue St-Michel, 13.
Brun Joseph, directeur du Conservatoire et de l'Orphéon, rue Vieux-Septier, 42.

Brun Jh (Mme), march. de tissus et toiles peintes, rue Vieux-Septier, 42
Brun Théophile, *Bains des Grands Jardins*, rue Sorguette, 4, rue des Bains, 19, rue Saluce, 12.
Brun Joseph, épicier, rue Fromageon, 9.
Brun Alcide, fabricant de chapeaux, rue Corderie, 2.
Brun Albert, avocat, rue Philonarde, 54.
Brun André, propr., rue Philonarde 54.
Brun Léopold, pharmacien, place Puits-des-Bœufs, 7.
Brun Siffrein, entrepreneur de bâtiments et revendeur, rue Portail-Magnanen, 11.
Brun, inspecteur des travaux publics, place du Palais, 7.
Brun Jh. courtier, rue Géline, 4.
Brun, cortier, rue Carreterie, 53.
Bruneau Michel, mercier et épicier, rue St-Marc, 63.
Brunel (veuve), *Café Henri IV*, rue Galante, 2.
Brunel (Mlle), modiste, place Puits-des-Bœufs, 9.
Brunel Marie (Marie), modiste, rue Balance, 11.
Brunel fils, marchand de bouteilles et gobeleteries, boulevard Limbert.
Brunel ✻, capitaine en retraite, rue Calade, 83.
Brunel neveu, orfèvre, rue Bonneterie, 6.
Brunel Léon, orfèvre, rue Bonneterie 9.
Brunet fils aîné, peintre en bâtim. et en décors, r. des Fourbisseurs, 1.
Brunet (comtesse de), propriétaire, rue Petite Calade, 3.
Brunet Louis, menuisier ébéniste, rue Bonneterie, 39.
Brunet Charles, propriétaire, rue Bonneterie, 41.
Brunet, vicaire de St-Agricol, rue Bouquerie, 17. rue Collége-d'Annecy, 12.
Brunswig N., marchand de lingeries, rue Vieux-Septier, 53.
Brunswig, marchand d'antiquités et tableaux, rue Cardinal, 21.
Brucher Fernand (comte de), propriétaire, rue Bouquerie, 16.
Brucher Gaston (comte de), propriétaire, rue Bouquerie, 16.
Brussol Jules, revendeur, rue St-Christophe, 24.

Bruyère Louis, cafetier, rue St-Jean le-Vieux, 13.
Bruyère, vicaire de St-Didier, place Corps Saints, 40.
Buchot, secrétaire général de la Préfecture, rue Velouterie, 4.
Buffardin, aumônier des religieuses hospitalières, rue Rascas, 1.
Buffet, peintre artiste, pl. Principale, 21.
Bugand, *Café du Théâtre*, pl. de l'Horloge, 17.
Buisson (veuve), rentière, rue Trois-Faucons, 25.
Buisson (veuve) rentière, rue Balance, 23.
Buron, adjudant en 1er de l'intendance militaire, r. Petite-Fusterie, 26.
Buros (veuve baronne de), propriétaire, rue Laboureur, 5.
Bus Félix, *Café Althen*, place Pie, 15.
Busquet (Mlle) propr. rue de la Masse, 20.
Busquet, employé au télégraphe, rue Grande-Fusterie, 19.
Busquet Bruno, revendeur, place Corps-Saints, 66.

C

Cabannes, propr., rue Calade, 58.
Cabisolle, propr., rue de la Masse, 12.
Cade, docteur médecin, rue Corderie, 4.
Cadiergue conseiller de préfecture rue Calade, 98.
Cadillan (de), avocat, rue Saunerie, 32.
Cadaillan (veuve) propriétaire, rue Saunerie, 32.
Caillet (veuve), pr. rue Calade, 81.
Caire Camille, *Hôtel du Louvre*, rue St-Agricol, 23.
Calade Raymond, boulanger, rue Vieux-Seplier, 11.
Calamel Pierre, encaveur, purgeur de puits, rue Piot, 2.
Calamel propriét. rue Bonneterie, 84.
Calmin Jacques, *Café de la Comète*, rue des Teinturiers, 67.
Calvet (Mlle), propr. rue de l'Hôpital, 8.
Calvet Antoine, marchand de bois à brûler, quai St-Lazare, 2.
Calvet A. fils, agent des bateaux à vapeur les Express, quai de la Ligne, 3.

Calvet-Leblond, papetier, rue des Marchands, 1.
Calvet, marchand de charbon de Givors, rue Infirmières, 26.
Calvet, cafetier, rue Carreterie, 67.
Calvet Alexandre, papetier, place du Change, 7.
Cambis Alais (veuve vicomtesse d'), propriétaire, r. Violette, 5.
Cambis d'Ursan (veuve marquise de), propriétaire, rue Calade, 33.
Campan (Mlle), rentière, pl. Crillon, 21.
Campé, directeur du buffet de la gare, rue Galante, 19.
Campou (de), professeur du Lycée, rue St-Marc, 57.
Camps François, marchand de vin au détail, et en gros rue des Teinturiers, 39.
Canouge, épicier, rue des Encans, 8.
Canrou Victorine (Mlle), professeur de pianos, r. Trois-Faucons, 9.
Canron Augustin, avocat, rue Barracanne, 12.
Cantarel Pierre, poëlier, rue du Saule, 3.
Cantin Louise (Mlle), tailleuse en robes, rue St-Marc, 23.
Cantin Antoine, menuisier ébéniste, rue des Lices, 19.
Cantin (veuve), pr. rue des Ciseaux-d'or, 1.
Cantu (veuve), rentière, rue de la Masse, 21.
Capdegelle, fabricant de peignes et march. d'engrais, r. des Teinturiers, 79
Capdevilla Isidore, fabricant de chaussons, rue Saunerie, 66
Capeau Clément, propr. rue Carreterie, 102.
Capeau (veuve), rentière, rue des Lices, 44.
Capeau André, pensionnaire des postes, rue St-Marc, 53.
Capeau Clémentine (Mlle), rentière, rue St-Jean-le-Vieux, 17.
Capeau Marie (Mlle), rentière, rue St-Jean-le-Vieux, 17.
Capeau Abel, clerc de notaire, rue Calade, 19.
Capeau (veuve), pr., rue St Marc, 85.
Capeau Abel, pr, rue Mazan, 7.
Capeau Hector, employé des postes, rue Colombe, 27.
Cappeau Jh., chapelier, rue St-Michel, 4.

Cappeau Pierre, grainetier, denrées coloniales, chanvres et cordages, entr. du phospho-guano, r. Vieux-Septier, 52.
Capella Mariana, fabricant de chaussons, rue des Fourbisseurs, 26.
Capieu-Massip, pr., rempart de l'Oulle, 1.
Carbonel Evariste, pharmacien, successeur de M. Carre, rue Saunerie, 18.
Carbonel, chan. hon., curé de St-Pierre, rue Peyrollerie, 14.
Carbonnel, commis des Contributions indirectes, rue Rappe, 13.
Carbonnel fils Louis, négociant en soieries, rue Infirmières, 1.
Carcassonne Numa, marchand de nouveautés, rue des Marchands, 31.
Cardot (Mlle), rentière, rue Philonarde, 34.
Carol, serrurier balancier, rue Petite Saunerie, 19.
Carpentras, menuisier, rue Infirmières, 99.
Carpentras (Mlle), rentière, rue Limas, 25.
Carre Prosper, ancien pharmacien, rue Calade, 61.
Carre Marius docteur médecin, rue Banasterie, 28.
Carrière François, menuisier ébéniste, rue de l'Hôpital, 40.
Carrière J.-C., ❋, brigadier de gendarmerie en retraite, boulevard Napoléon.
Carrière André, ébéniste, march. de meubles, rue du Chapeau-Rouge, 21.
Carriot, censeur des études au Lycée, rue Laboureur 2 (bis).
Carrolet, horloger, rue Carreterie, 23.
Carteron, médecin, place des Carmes, 22.
Cartier, ancien cafetier, rue des Teinturiers, 63.
Cartier Louis, pr., place du Grand Peradis, 2.
Cartoux André, aubergiste, boulevard Limbert.
Cartoux fils, fabricant d'instruments aratoires, boulevard Napoléon.
Cartoux, nég. rue Bertrand, 29.
Cartoux, revendeur, rue Infirmières, 48.
Cartoux jeune, pompier, rue Calade, 5.

Cartoux J.-B. fabricant d'instruments aratoires, r. Carreterie, 104.
Casaux, employé au télégraphe, rue Calade, 64.
Casimir Jh., pharmacien médecin, rue Carreterie, 8.
Cassan Denis, homme de lettres, rue Rouge, 14.
Cassin, docteur médecin, rue St-Marc, 53.
Cassin (veuve), rentière, rue Calade, 17.
Castagnié, employé à la caisse d'épargne, place des Carmes, 20.
Casteau ✻, capitaine en retraite, rue de la Masse, 17.
Castel, revendeur, place Corps Saints, 11.
Casteljan (de), pr., rue Ste-Catherine, 26.
Castellan fils, teinturier dégraisseur et en soies, rue des Teinturiers, 11.
Castellan Alexandre, tonnelier, rue Pétramale, 18.
Castinel Juste, propriétaire, rue Laboureur, 5.
Castion père, ancien notaire, rue St-Marc, 55.
Castion fils, juge au tribunal civil, rue St-Marc, 55.
Cathelani (Mlle), pr., rue Bonaparte.
Cathelani, pr., rue Bonaparte.
Catelin, employé au télégraphe, rue Lanterne, 1.
Catelin Louis, entrepositaire de bière de Lyon, place Crillon, 21.
Catillon Henri, pr., rue de l'Hôpital, 50.
Caubet (veuve), confectionneur, rue Petite Saunerie, 19.
Cauchard Henri, peintre en bâtiments, rue St-Michel, 11.
Cauvin, commissaire de police, place du Palais, 4.
Cavailler, employé à la préfecture, rue Gal-Grenier, 8.
Cavaillon, pr., rue Bonneterie, 18.
Cavaillon Ulysse, commis négociant, rue Trois-Faucons, 15.
Cavillon, march. de fruits secs, commestibles et produits anglais, rue des Fourbisseurs, 4.
Cazal (baronne de), pr., rue de la Masse, 6.
Cazot, marchand cordonnier, rue des Marchands, 40.
Cèbe (Mlle), revendeuse, rue Limas, 59.
Cercle de la Foi, rue Mazan, 5.

Cercle Maçonnique, rue Banasterie, 38.
Cercle de la Bourse, place de l'Horloge, 13.
Cercle des Mille Colonnes, place de l'Horloge, 16.
Cercle Vauclusien, place l'Horloge, 22.
Cercle de la Rotonde, rue Bon Parti, 1.
Cerri, sculpteur statuaire, rue Calade, 102.
Cerri, garde des collections du Musée Requien, place Pie, 20.
César Auguste, employé des postes, rue Bancasse, 24.
Chabailler, prop., rue Tête Noire, 17.
Chabal Régis, chemisier, rue Saunerie, 14.
Chabal, revendeur, rue St-Marc, 19.
Chabanel, ※, capitaine en retraite, rue Trois-Colombes, 27.
Chabanon aîné, propriétaire, rue Puits-Trois-Carreaux, 5.
Chabanon jeune, prop. place Principale, 5.
Chabas Alexis, formier, rue St-Marc, 2.
Chabaud Ange, professeur d'escrime, rue Franche, 10.
Chabaud, agent général, de la Compagnie La *Confiance*, rue de l'Hôpital, 14.
Chabert (baron de), prop., rue Saunerie, 25.
Chabert, loueur de voitures, rue St-Agricol, 31.
Chabert, chanoine hon., secrétaire de l'archevêché, rue Cardinal, 8.
Chabran (veuve comtesse de), propriétaire, rue Philonarde, 26.
Chabran, boulanger, rue Four-de-la-Terre, 28.
Chabrignac (Mlle de), rentière, rue Campane, 23.
Chabiol, aumônier du Bon-Pasteur, rue Puits-des-Tomes, 9.
Chabrol, employé à la condition des soies, rue Piot, 2.
Chabrol (Mme), march. de vin en détail, rue Portail-Matheron, 6.
Chabrol, menuisier ébéniste, rue de l'Hôpital, 12.
Chabrol Henri, march. de tissus en gros, rue Philonarde, 54.
Chabrol Béranger, marchand tailleur, rue Bonneterie, 26.

Chaillot Adolphe, propr., rue Bancasse, 3.
Chaillot Louis, direct. de la *Providence*, syndicats et liquidations, rue des Lices, 29.
Chaillot Eusèbe, employé à la Mairie, rue Bancasse, 3.
Chaillot Amédée, imprimeur libraire éditeur, place du Change, 5.
Chaillot Augustin (veuve), rentière, rue l'Arc de-l'Agneau, 8.
Chaine, ancien négociant, place des Carmes, 12.
Challe frères, march. d'huiles et fromages, rue Vieux-Septier, 49.
Chambeau Ernest, greffier en chef du tribual civil, pl. St Pierre, 1.
Chambeau (Mlle). prop., rue Infirmières, 3.
Chambeau, relieur, rue Laboureur, 5.
Chambeau (veuve), rentière, rue des Lices, 23 (bis).
Chambon, dit Marmande, charpentier, quai St-Lazare, 3.
Chambon Ange, marchand de fourrage, rue de Latour 9
Chambon, commis nég., rue Philonarde, 108.
Chambon, march. de fourrages, fournisseur des chevaux militaires, boulevard Limbert.
Chambon, professeur d'escrime, rue des Fourbisseurs, 15.
Chambon Amenthe (Mme), fabricante de corsets pour dames, rue des Fourbisseurs, 15.
Champin aîné frères, fileurs de soies, rue Carreterie, 28.
Chamoux, propriétaire, rue Campane, 22.
Chancur, courtier en tous genres, rue Colombe, 14.
Chanlaire (veuve), rentière, rue Four de la Terre, 41.
Chansiergue (veuve comtesse de), propr., rue de l'Anguille, 10.
Chanteranne, march. de parapluies, rue des Fourbisseurs, 16.
Chantron (veuve), propr., rue St Etienne, 16.
Chantron Antoine, inspecteur de l'enregistrement, rue St Etienne, 16.

Chantron, propr. teneur de livres, rue Dorée, 10.
Chantron, entrepreneur de bâtiments, rue de l'Hôpital, 31.
Chantron, vannier, rue Carreterie, 64.
Chanus, doreur, rue Bonneterie, 46.
Chapas Bouché, entr. de charbons des mines de Lalle, boulevard St-Dominique.
Charpaux, ancien professeur de musique, rue Bancasse, 6.
Chapot, clerc de notaire, rue Bonneterie, 75.
Chapouen T. et fils aîné, armuriers, rue des Marchands, 35.
Chapuis Louis neveu, mécanicien, rue des Teinturiers, 45.
Chapuis (veuve), rentière, rue Bon-Martinet, 2.
Chapuis fils, commis négociant, rue Bon-Martinet, 15.
Chapuis père, propr. rue Bon-Martinet, 15.
Chapuis, fabricant de malles, rue du Collége, 4.
Chapuy frères, vanniers, rue Migrenier, 5.
Charasse (Mlle), épicière, rue Bonneterie, 85.
Charasse Alphonse, boulanger, rue Trois-Faucons, 22.
Charrasse, agent-voyer, rue Carreterie, 26.
Charasse (Mme), modiste, rue Carreterie, 26.
Charbonnet, prêtre bénéficier à la Métropole, rue Trois-Faucons, 11.
Charbonnier, expéditeur de fruits, place Crillon, 16.
Charles Dayma et Cie, négociants en grains, rempart St-Lazare, 4.
Charpeaune, ✳, conseiller de préfecture, rue Bonaparte.
Charles Louis, sellier carrossier, rue St-Dominique, 4.
Charles Louis (Mme), accoucheuse, rue St-Dominique, 4.
Charles Xavier, négociant, place Pignotte, 15.
Charrin, menuisier, rue Ferruce, 5.
Charvet fils aîné, peseur juré, place Pie, 20.

Charvet, négociant en charbons de Givors, rue Hercule, 3.
Charvet, épicier, rue Bonneterie, 76.
Charvet fils aîné, *Au Palais de Cristal*, march. de porcelaines et cristaux, rue Saunerie, 6.
Charvet, employé au greffe du tribunal civil, place des Carmes, 20.
Charvet Jean, march. de fromages et beurre, place des Carmes, 2).
Chaspoul cadet, fabricant de vermicelles et pâtes, rue du Chapeau-Rouge, 10.
Chaspoul fils, fabricant de vermicelles, pâte, rue Portail-Matheron, 15.
Chaspoul père, propr., rue Campane, 5.
Chassel Etienne, entrepreneur de bâtiments, rue N.-D.-des Sept Douleurs, 1.
Chassing, poêlier, éclairage au schiste et pétrole, rue Philonarde, 59
Chastan Etienne, *Hôtel de France*, place Pie, 19.
Chastel, fripier, *A l'Etoile du Bazar*, rue Balance, 21.
Chastel Louis, fileur de soies, rue Carreterie, 78.
Chauchart, propr., rue St Etienne, 48.
Chauchart (veuve), rentière, rempart de Loulle, 1.
Chaudon, avocat, rue de l'Hôpital, 29.
Chauffard, O ✳, docteur médecin, rue Dorée, 4
Chaussy Agricol, march. de charbon et bois à brûler, boulevard St-Roch.
Chautard, propr. rue des Chevaliers, 7.
Chauvet frères, droguistes, rue des Marchands, 29.
Chauvet, propr., rue Ferruce, 9.
Chauvet, entrepreneur de bâtiments, rue Balance, 44
Chauvet Claude, employé à la préfecture, rue Calade, 45.
Chauvin, aubergiste, *Guinguette de Monclar*, boulevard Napoléon.
Chauvin, conducteur des ponts et chaussées, rue des Encans, 10.
Chauvin, imprimeur lithographe, rue Puits-Trois-Carreaux, 7.

Chauvin (Mlle), marchande de sabots, rue Petite-Meuse, 12.
Chauvin, professeur de musique, rue Cardinal, 5.
Chave (Mlle), rentière, place des Carmes, 4.
Chave Napoléon, ébéniste réparateur de meubles anciens et modernes, place Crillon, 1.
Chay Jean, entrepreneur de pavé de la ville d'Avignon, rue de l'Onde, 3.
Chazard, dégraisseur teinturier, rue Carreterie, 12.
Chenivesse, cordonnier bottier, rue Saunerie, 41.
Chéri Véroly, marchand drapier et tissus, place Pie, 1.
Chevalier fils et Cie, négociants en garances, rue Bonneterie, 66.
Chevalier, menuisier ébéniste, place des Carmes, 14.
Chevalier, ✵, rentier, rue Collège du Roure, 3.
Chevillon Antoine, charron, boulevard Limbert.
Chevillon (veuve), épicier, rue Philonarde, 4.
Chevillon, quincailleries, serrureries, meubles de jardins, lampes et huiles minérales, rue Portail-Matheron, 2. rue Chapeau-Rouge, 40.
Chevraux, café buvette, rue Cardinal, 3.
Chiari Isidore, march. de poteries fabrique, au Pontet, rue Trois-Faucons, 32.
Chiron Eugène, confiseur pâtissier, rue Portail-Matheron, 16.
Cholin, professeur d'anglais au Lycée, place St-Didier, 11.
Choulet père, ✵, capitaine en retraite, rue Bonneterie, 41.
Choulet Gabriel, professeur de pianos, rue Petit-Paradis, 4.
Cizaire Antoinette (Mlle), modiste, spécialité de haute nouveauté, rue St-Agricol, 27.
Clamon, tourneur en chaises, rue Philonarde, 84.
Clap Vincent, marchand drapier et tissus, rue des Marchand, 2c.
Claude, marchand de nouveautés, place des Châtaignes, 5.

Claude J.-Baptiste, sergent de recrutement, rue Peyrollerie, 4.
Clauseau père et fils, Palun et Cie, négociants en garances et garancines, place du Grand Paradis, 2.
Clauseau Aimé, négociant, rue Laboureur, 6.
Clauseau Pistoy, ✵, propriétaire, rue Calade, 87.
Clausel Victor, propriétaire, rue Calade, 105.
Clavel Isidore, marchand de vins en détail, passage St-Agricol, 6.
Clavel peintre en tableaux et miniatures, rue Trois-Faucons, 17.
Clavel Bruno, quincailler, rue des Teinturiers, 53.
Clavel, rentier, rue des Fourbisseurs, 60.
Clavel, cordonnier bottier, rue des Fourbisseurs, 28.
Clément St-Just, libraire, cabinet de lecture et imprimeur lithographe, place du Change, 1 et rue des Marchands.
Clément Antoine, charron, rue Carreterie, 130.
Clément François fils, entrepreneur de bâtiments, cours Bonaparte.
Clément Adolphe, docteur médecin, place St-Pierre, 3.
Clément (Mlles), rentières, rue de la Croix, 8.
Clément, vicaire général, rempart de la Ligne, 8.
Clément, formier, rue d'Amphoux, 17.
Clément, vicaire de St Didier, rue de la Masse, 6.
Clément Auguste, bâtonnier, rue Bonneterie, 87.
Clément, secrétaire de la chambre des prud'hommes, rue Bonneterie, 60.
Clément (Mme), rentière, rue des Chevaliers, 28.
Clerc-Mathieu, *Hôtel St-Yves*, rue du Saule, 6.
Clerc Jean-Baptiste, propriétaire, rue St Marc, 7.
Clerc Appolonie (Mlle), propriétaire, rue St-Marc, 7.
Clerc Antoine, charron, rue Portail Magnanen, 56.
Clerc, *Café grande Brasserie*, place de l'Horloge, 8.
Clerico fils, marchand cordonnier, rue Portail-Matheron, 2.
Coard Isidore, propriétaire, rue Banasterie, 40.
Coard Basile, propriétaire, rue Carreterie, 89.
Cœur, perruquier-coiffeur, rue Petite Franche, 16.
Cœur, *Café de l'Univers*, place de l'Horloge, 19.

Cognac, employé des contributions indirectes, rue Saunerie, 3.
Coindre, jardinier fleuriste et pépiniériste, rue Colombe, 36.
Colin (veuve), marchand de crépins, rue St-Jean-le-Vieux, 4.
Colin, tonnelier, rue Banasterie, 4).
Colinet père, propriétaire, rue Laboureur, 6.
Colinet fils, propriétaire, rue Laboureur, 6.
Collet fils, propriétaire, rue Lafare, 6
Collet père, avocat, place l'Amirande, 2.
Collet Louis, facteur de la poste, rue Ste-Catherine, 10.
Collier Laurent, aubergiste au *Cheval Sauvage*, rue Limas, 17.
Colomb (Mlle), rentière, place Puits-des-Bœufs, 17.
Colombe, marchand de vins en détail, rue Tête-Noire, 19.
Colombe, menuisier ébéniste, rue Limas, 12.
Combe, confectionneur, rue des Marchands, 4.
Combe (Mlle), revendeuse, rue Infirmières, 97.
Colombe fils, négociant, rue Banasterie, 29.
Colombe Henri, serrurier entrepreneur, rue Ciseaux-d'Or, 11.
Colombe, perruquier coiffeur, rue Bonneterie, 103.
Colombet Gibaud, courtier en soies, rue de l'Hôpital, 12.
Colombi, orfèvre à façon, rue des Griffons, 1.
Colombon, sacristain de la congrégation des hommes, rue Philonarde, 31.
Colombon, charron, rue Limas, 18.
Colomer, contrôleur principal des contributions directes, rue St. Catherine, 25.
Colonjard, ferblantier lampiste pompier, place des Châtaignes, 6.
Colonieu Louis, commis négociant, rue Trois-Faucons, 15.
Combe Jean, marchand de vins en détail, place Ste-Magdeleine, 12.
Combe, courtier en grains, rue St-Garde, 1.

Combe Joseph, boulanger, rue Banasterie, 52.
Combe, marchand de grains, rue Carreterie, 31.
Combette, confiseur pâtissier, fruits secs et comestibles, rue des Fourbisseurs, 47.
Communauté des Religieuses de St-Thomas-de-Villeneuve, rue Bouquerie, 22.
Communauté des Dames de St-Eutrope, rue des Fourbisseurs, 41.
Communauté des Dames Religieuses de St-Charles, rue Grande Fusterie, 8.
Communauté des Religieuses du Mont-Carmel, rue de l'Observance, 3.
Communauté des Frères des Écoles chrétiennes, rue des Ortolans, 1.
Communauté des Religieuses de la Visitation, rue Annanelle, 45.
Communauté des Religieuses Ursulines, rue Annanelle, 33.
Communauté des Religieuses de St-François, rue Portail-Magnanen, 82.
Communauté des Religieuses du St-Sacrement, rue Philonarde, 37.
Communauté des Religieuses du Sacré-Cœur, rue Palapharnerie, 14.
Communauté des Religieuses de l'Immaculée Conception, rue Philonarde, 25.
Communauté des Religieuses du Bon-Pasteur, rue Puits-des-Tournes, 9.
Communauté des Religieuses hospitalières de St-Joseph, rue Rascas, 1.
Communauté des Révérends Pères Récolets, rue St-André, 1.
Communauté des Révérends Pères Jésuites, rue Bonaparte.
Communauté des Orphelines sous la direction des Religieuses de St-Charles, rue St-Charles, 8.
Constant, greffier de la Justice de Paix (nord), rue Infirmière, 13.
Constant, représentant de la Maison Verdet et Cie, rue Dorée, 4.

Constantin Jean, traiteur, rue Saunerie, 46.
Constantin Edouard, propriétaire, rue de la Masse, 50.
Constantin Henri, propriétaire, rue Arc-de-l'Agneau, 7.
Conte Henri, agent d'affaires, rue Calade, 112.
Conte (veuve), propriétaire, rue Campane, 21.
Contesse, opticien, ancienne maison Duroui, rue des Marchands, 28.
Corbert, charron, rue Carreterie, 132.
Cordonnier Denis, propriétaire, place des Carmes, 18.
Corenson Joseph-Magny, aumônier du Saint-Sacrement, rue Lafare, 6.
Corenson (Mlle), rentière, rue Lafare, 5.
Cornillia Agricol, sacristain de St-Didier, rue Figuière, 16.
Cornu Etienne, relieur, rue Portail-Magnanen, 23.
Cornu Guillaume, employé des postes, rue Puits-des-Tournes, 26.
Cornu Louis, revendeur, rue de la Croix, 20.
Cornu Agricol, marchand de vins en détail, rue Cremade, 8.
Costa, inspecteur des contributions directes, rue Grande Fusterie, 10.
Coste Adrien, notaire, rue Arc-de-l'Agneau, 9.
Coste, vicaire de St-Agricol, rue Arc-de-l'Agneau, 9.
Coste Adolphe, rentier, rue Arc-d-el'Agneau, 9.
Coste Ferdinand (veuve), rentière, rue Arc-de-l'Agneau, 9.
Coste Casimir (Mme), modiste, rue Vieux-Septier, 22.
Coste Félix, propriétaire, rue Petit Saunerie, 10.
Coste Casimir, souffleur de peaux de lapins, rue des Teinturiers, 15.
Coste Albert (veuve), propriétaire, rue des Teinturiers, 22.
Coste Maximin (veuve), propriétaire, rue Dorée, 9.
Coste Théodore, ancien négociant, rue Bon Martinet, 1.

Coudert (veuve), aubergiste, rue St Jean-le Vieux, 29.
Coulet, boulanger, rue de l'Hôpital, 19.
Coulon (Mme), rentière, rue St Marc, 43.
Coulon Louis, fabricant de cierges et bougies, rue des Teinturiers, 41.
Coulon Joseph, fabricant de corsets pour dames, place Principale, 4.
Conlon Louis, presseur de garances, rue de l'Hôpital, 5.
Courbet, armurier et balancier, rue Saunerie, 8.
Courbier Frédéric, marchand drapier et toiliers, rue des Marchands, 27.
Couren Henri, pharmacien, rue Bonneterie, 58.
Couren Isidore, ancien négociant, rue Colombe, 25.
Cournaud, *Café de Paris*, place de l'Horloge, 24.
Cournaud, sculpteur statuaire, rue Bonaparte.
Courrat Adolphe, négociant en garances, rue Bonneterie, 20.
Courrat Charles (veuve), propriétaire, rue Bouquerie, 20.
Courrier (veuve), rentière, rue Bonneterie, 65.
Courtet, ✻, ancien sous-Préfet, rue Géline, 6.
Courtial, professeur du Lycée, rue Saunerie, 57.
Courtin Julie, accoucheuse, rue Muguet, 10.
Cousin Philippe, conducteur des ponts et chaussées, rue Grande-Monnaie, 6.
Cousin et Cie, banquiers, rue des Encans, 14.
Cousin Victor, épicier denrées coloniales, rue Vieux-Septier, 23
Cousin, ancien professeur de dessin et de peinture, rue Aygarden, 11.
Coussin Joseph, aubergiste, boulevard Napoléon.
Coussin, peintre en bâtiments, rue Gal Grenier, 3.
Coussin Joseph, négociant rue des Marchans, 33.
Couston, camionneur, rue Florence, 7.
Couteron, maréchal-ferrrant, rue Infirmières, 109.
Couteron, bourelier, rue Carreterie, 143.
Couturier (Mlle), débitante de tabacs, rue Portail-Matheron, 22.
Crabe Isidore, boulanger, rue Portail-Matheron, 30.

Crameri Antoine, marchand de gravures et cadres, rue Saunerie, 8.
Crameri, propriétaire, rue des Fourbisseurs, 46.
Cremieux (veuve), propriétaire, rue Ste-Garde, 4.
Crémieux Théodore et Léon frères, marchands de nouveautés, rue Ste-Garde, 4.
Cremieux Jules, passementier et marchand de rubans, rue des Marchands, 11.
Crémieux Désiré (Mlle), propriétaire, rue Bonneterie, 33.
Crès, entrepreneur de bâtiments, rue Colombe, 89.
Crésp, parfumeur, rue des Marchands, 39.
Crié, clerc de notaire, rue des Ortolans, 4.
Crillon père, propriétaire, rue Philonarde, 22.
Crillon fils, rentier, rue du Chapeau-Rouge, 10.
Cristin Théophile, marchand tailleur, rue St-Agricol, 12.
Christin, serrurier, rue Infirmières, 2.
Cristophe, peintre en bâtiments, rue Peyrollerie, 7.
Crivel Pierre, marchand de volailles, rue Vieux-Sextier, 26.
Crivel père, propriétaire, place des Carmes, 2.
Crivel fils, marchand de bois de service, boulevard Limbert.
Croquet Paul, cordonnier, rue St-Jean-le-Vieux, 9.
Crosy jeune, charpentier, quai du Rhône, 1.
Crous, ✻, commandant de la gendarmerie, rue Petite-Fusterie, 21.
Croze, Adolphe, propriétaire, rue Banasterie, 25.
Croze Sophie (Mlle), rentière, rue Calade, 33.
Crumière, menuisier rue de l'Hopital, 32.
Culet Jean, charcutier, rue des Teinturiers, 61.

D

Dabry Joachim, fileur de soies, rue Infirmières, 14.
Dabry François, épicier, rue Carreterie, 37.
Dabry fileur de soies, boulevard Limbert.

Dabry Bénézeth, plâtrier, rue des Fourbisseurs, 50.
Dabry, marchand de vin en détail, rue Infirmières, 113.
Dabry Pierre, revendeur, rue Carreterie, 185.
Dacla, propr., rue Banasterie, 34.
Dagenez, inspecteur divisionnaire des contr. indir., rue de l'Hôpital, 9.
Dalteyrac, employé au Mont-de-Piété, rue Pontrouca, 5.
Dame Pierre, *Café St-Lazare*, rue Carreterie, 122.
Dame cadet, propr., rue Carreterie, 161.
Dame Laurent, épicier, rue Carreterie, 75.
Dame Joseph, charcutier, rue Vieux-Septier, 24.
Dame Laurent, boucher, rue Vieux-Septier, 43.
Dame Pierre, boulanger, rue Carreterie, 95.
Dame (veuve), bouchère, rue des Fourbisseurs, 50.
Danel, propr., rue de la Masse, 19.
Daniel Léon, aubergiste, rue Peyrollerie, 8.
Daniel (Mme), marchande de paniers et sabots, rue du Saule, 3.
Dangles (veuve), propr., rue Banasterie, 41.
Dapré, traiteur, rue Molière, 4.
Darssot Joseph, perruquier-coiffeur, rue Portail-Magnanen, 14.
Darut Casimir, boulanger, rue Infirmières, 34.
Daruty Barthélemy, menuisier, rue St-Sébastien, 4.
Daruty André, négociant en grains, légumes et sel, quai de la Ligne, 27.
Daruty, entrepreneur de bâtiments, rue St-André, 10.
Daspré, dit Firmin, concierge de la banque de France, place Puits-des-Bœufs, 2.
Dau fils, professeur de musique, de chants, march. de musique et pianos, rue Infirmières, 9.
Daumas, garçon de bureaux à la préfecture, pl. de la Préfecture, 2.
Dauteroche (veuve), rentière, rue Barailleric, 1.
Dauvergne, propr., rue Vieneuve, 6.
Dauvergne (veuve), propr., rue Oriflamme, 12.
David (veuve), cordier, rue Carreterie, 45.
David Charles, artiste peintre, frère de Félicien Davide rue Calade, 6.

14

David et Bresset, négoc. en paille de maïs, pommes de terre, etc., rue Vieux-Septier, place Pignotte.
David Marie (Mlle), professeur de piano, rue Petite-Fusterie. 5.
Dayma Charles, négoc., place Principale, 4.
Debernardi, *Café Février*, place de l'Horloge, 22.
Debrois Louis, march. d'antiquités et vieux livres, rue du Saule, 7.
Decius Deo, coiffeur, nouveautés et parfumeries, rue des Marchands, 28.
Dédréa (Mlle), rentière, rue Figuière, 2.
Degonnet, secrétaire du Receveur Général, rue Calade, 31.
Deitz, ministre officiant du culte israélite, rue Jacob, 2.
Delacour (veuve), rentière, rue St-Marc, 19.
Delaye Gens, forgeron, boulevard St-Michel.
Delcelier, vicaire général, rue Cardinal, 8.
Délestrac, prêtre habitué, rue des Lices, 54.
Delhomme Pierre, boulanger, rue Portail-Magnanen, 1.
Delhomme, menuisier, rue du Collége, 6.
Delmas Eugénie (Mlle), rentière, rue Trois-Faucons, 9.
Delmas Pierre, chaudronnier pompier et vannier, rue d'Amphoux, 2.
Delmas Léon, imprimeur lithographe, place de l'Horloge, 11.
Delor Louis, ✳, capitaine de cavalerie en retraite, rue Aygarden, 7.
Delorme Agricol, charcutier, rue Vieux-Septier, 22.
Delorme Esprit, boucher, rue Vieux-Septier, 37.
Delorme Marius, boucher, rue Vieux-Septier, 40
Delorme Etienne, charcutier, rue Carreterie, 48.
Deloué (veuve), propr., rue Oriflamme, 13.
Deloye Augustin, conservateur du Musée Calvet, pl. du Grand Paradis, 4.
Deloulme (veuve) rentière, rue de l'Oratoire, 3.
Delpuech Léopold, propriétaire, rue Trois-Colombes, 29.
Demaine (comte du), propriétaire, rue St-Marc, 8.

Demandolx (de) de Dons (marquis), propr., rue Calade, 92.
Demariaux, sculpteur statuaire, rue Galante, 25.
Dembrun, contrôleur de la garantie, rue Linias, 57.
Demian, propr., rue Pontrouca, 9.
Demorte Jh., propr., rue Calade, 61.
Demorte Pierre, épicier, place Corps-Saints, 20.
Denis, serrurier, rue Four-de-la-Terre, 18.
Denis, médecin homœopathe, rue Oriflamme, 13.
Denorus, professeur du Lycée, rue Campane, 27.
Denoves, marchand de fer et quincailleries, rue du Chapeau-Rouge, 20.
Derbes, marchand de vin en détail, rue Barailliers, 13.
Derrive Marius, receveur des actes judiciaires, rue Trois-Faucons, 19.
Désandré père et fils, agents d'assurances, la *Nationale*, rue Petite-Saunerie, 11.
Désandré, ébéniste, fabricant de billards, rue Bonneterie, 20.
Désandré Balthazar, marchand de volailles, rue Vieux-Septier, 43.
Désandré Hilaire, fabricant de cartons en pâte, rue des Lices, 16.
Desangles, marchand de chevaux et toilier, rue d'Amphoux, 5.
Descatte fils, huissier, rue Petite-Saunerie, 19.
Descuret, commis des contributions indirectes, rue Bonneterie, 70.
Desfond frères, fondeurs en fonte, usine St-Michel, maîtres de forges et hauts-fourneaux, boulevard St-Michel.
Dessinge dit Cerise, badigeonneur, rue Grande-Fusterie, 17.
Desjean (veuve), débitante de tabacs, rue Racine, 2, (bis).
Dessort, bottier, rue Calade, 55.
Destable (veuve), accoucheuse, rue Oriflamme, 7.
Devaux, vicaire de St-Pierre, rue des Ciseaux-d'Or, 6.
Deveria, propr., rue Calade, 51.

Deville Ferrier, mécanicien, marchand de bois et pierres, boulevard Limbert, hors St-Lazare.
Deville père, propr., boulevard Limbert.
Deville Charles, triturateur de garance, graines de luzerne, bois de teinture, achats et vente, boulevard Limbert.
Deville, coutelier, rue Petite-Meuse, 9.
Deye Louis, ✻, propr., place du Palais, 5.
Dianous (baron de), propr., rue Banasterie, 36.
Dibon Thomas, fabricant de savons, boulevard Limbert.
Dibon Etienne, entrepreneur de bâtiments, rue Philonarde, 85.
Dibon Antoine, march. de bois de service, charbons, bouteilles et plâtres, quai de la Ligne, 24.
Dibon Toulouse (veuve), march. de broderies et articles de nouveautés, place du Change, 23.
Dibon, marchand de vin en détail, rue Carreterie, 53.
Dibon Eugène, employé au Mont-de-Piété, rue Bonneterie, 11.
Dibon, menuisier ébéniste, rue Petite-Fusterie, 17.
Didier Isidore, leveur des boîtes de postes, rue Collége de la Coix, 6.
Didier, charcutier provençal, rue Saunerie, 3².
Didier, chanoine, place du Palais, 13.
Dieudet, marchand de vin en détail, place Jérusalem, 7.
Digne, coupeur de peaux de lapins, rue des Lices, 60.
Dillemans (Mme), modiste, rue St-Agricol, 11.
Dillemans, horloger, rue St-Agricol, 11.
Dionet Louis, serrurier, rue Philonarde, 98.
Dions (marquis de), employé au chemin de fer, boulevard St-Dominique.
Dollinger (Mme), rentière, rempart de Loulle, 1.
Domergue aubergiste, *Au Poisson Frais du Rhône*, quai de la Ligne, 9.
Domergue, aubergiste, *A la Tour d'Auvergne*, rue Balance, 15.
Donzet, marchand de vin en détail, rue Infirmières, 81.

Dorel père et fils, march de bois à brûler, démolition de bateaux, quai St-Lazare, 6.
Dorizzi, marchand de gravures, fabricant de cadres, rue des Fourbisseurs, 44.
Dorizzi François, successeur de Manega, marchand de gravures, lunetterie et dessins, place de l'Horloge, 9.
Dourcin Jean, serrurier, rue St-Etienne, 1.
Doussot Réné, cabaretier, rue Trois-Faucons, 18.
Doutavès Claude, entrepreneur de bâtiments, rue Portail-Magnanen, 17.
Doutavès Jh. dit Ollivier, entr. de bâtiments, rue de la Masse, 15.
Doux, confectionneur, rue des Marchands, 13.
Doux Raymond, propr., rue de la Masse, 28.
Doxat, propr., rue des Fourbisseurs, 57.
Drevet Alexandrine (Mlle), modiste, rue Saunerie, 4.
Drujon Pierre, menuisier ébéniste, pl. Principale, 10.
Drujon, fabricant de papiers peints, rue Banasterie, 24.
Dubois J., horloger, rue des Marchands, 10.
Dubourguier fils, employé à la Mairie, rue Vieille Poste, 6.
Dubourguier (veuve), propriétaire, rue Vieille-Poste, 6.
Dubreil Anne Marie, O ✻ (Sa Grandeur), Archevêque d'Avignon, rue Cardinal, 8.
Dubuis Marius, fabricant de ouates, rue Philonarde, 100.
Duc Laurent, propriétaire, rue Collége d'Annecy, 10.
Duclos Barthélemy (veuve), maréchal ferrant, rempart St-Michel, 23.
Duclos Antoine, fabricant d'allumettes chimiques, rue Four-de-la-Terre, 23.
Ducommun, horloger, place du Change, 20.
Ducret, menuisier, rue Florence, 19.
Ducreux Hippolyte, boulanger, rue St Agricol, 17.
Ducroit, sculpteur marbrier, place Corps-Saints, 3.
Dufour, ancien bourrelier, marchand de grains, rue St-Christophe, 23.
Dufour Gustave, chirurgien dentiste, rue St Pierre, 7.
Dufour, tapissier, rue Collége de la Croix, 11.

Dufour Louis, marchand de grains, place des Carmes, 17.
Dufour François, revendeur, rue Portail-Magnanen, 13.
Dufour, C. ✻, colonel en retraite, adjoint, rue Laboureur, 5.
Dugas, boulanger, rue Infirmières, 65.
Dugas, confectionneur, *A la Ville de Paris*, rue des Marchands, 8.
Dumas, vicaire auxiliaire de St-Agricol, rue Vieneuve, 5.
Dumas Pascal, encaveur, purgeur de puits, rue St-Agricol, 33.
Dumas Charles, cafetier, *A l'avenue du Palais*, place Puits-des-Bœufs, 17.
Dumas (veuve), débitante de tabacs, place Pie, 7.
Dumas, confiseur pâtissier, spécialité de fruits confits en gros et marrons fondants, place Coste Belle, 4.
Dumas François, employé à la Préfecture, rue Carreterie, 104.
Dumas Alexis, propriétaire, rue Carreterie, 101.
Dumas et Gallet, voituriers pour Remoulin, correspondants pour Nîmes, rue Limas, 8.
Dumas (veuve), propriétaire, rue Bonneterie, 37.
Dumas fils, courtier en soies, rue Bonneterie, 41.
Dumas Xavier, sellier carossier, rue Calade, 26.
Dumas (Mme), tailleuse en robes, rue des Fourbisseurs, 56.
Dumas, secrétaire de la chambre de Commerce, rue des Fourbisseurs, 36.
Dumas Jules, serrurier, rue Oriflamme, 8.
Dumont, professeur de violon, rue St-Marc, 15.
Dumont Jean frippier, rue de la Monnaie, 2.
Dumon, menuisier ébéniste, rue des Chevaliers, 25.
Dupay (veuve), perruquier coiffeur, rue des Teinturiers, 67.
Dupay, marchands de vins en détail, rue Puchet, 17.
Duplan Jean, fabricant d'eaux minérales, entrepôt de bière de Lyon, rue Ste-Praxède, 5.

Duplantier Dominique, propriétaire, rue Trois-Faucons, 25.
Duplessis de Pouzilhac Louis (baron), propriétaire, rue Bonneterie, 44
Duplessis de Pouzilhac Adolphe, propriétaire, rue Bonneterie, 44.
Dupont, ferblantier lampiste, rue Arc-de-l'Agneau, 2.
Dupont Henri, horloger, place Principale, 18.
Dupont, marchand de grains, rue Saunerie, 58.
Dupont, ancien carossier, rue St-Etienne, 21.
Dupont, vannier, rue Calade, 9.
Dupont, cordonnier, rue des Fourbisseurs, 31.
Dupont Charles, négociant en garances et vins, rue des Lices, 31.
Dupoux Hippolyte, marchand drapier, rue Bancasse, 8, rue Bonaparte.
Duprat Emmanuel, caissier de la Banque de France, place Puits des-Bœufs, 2.
Duprat Louis, négociant rue Puits-de-la-Reille, 2.
Duprat Emile, commis négociant, rue Puits-de-la-Reille, 2.
Duprat Louis, fabricant de réglisse, rue des Teinturiers, 43.
Duprat Ernest, négociant en grains, rue Calade, 13.
Dupray, sacristain de St-Symphorien, rue Infirmières, 15.
Dupré, sculpteur marbrier, rue Galante, 30.
Dupré, agent lyrique, rue Balance, 11.
Durand, conducteur des ponts et chaussées, rue Philonarde, 5.
Durand, menuisier ébéniste, rue Violette, 3.
Durand, employé à la Préfecture, rue Campane, 10.
Durand, perruquier-coiffeur, professeur de chant, rue Carreterie, 91.
Durand Heraud, ferblantier lampiste et pompier, rue Carreterie, 38.
Durand, boulanger, rue du Chapeau-Rouge, 34.
Duschamp Pierre, aubergiste, rue Gal-Grenier, 5.
Dussiricx (Mlle), maîtresse de pension pour les demoiselles, rue Calade, 85.

Dutré, commissaire central, rue St-Agricol, 5.
Duval, *Café de France*, place de l'Horloge, 20.
Duverdier Vallier, négociant en vins et liqueurs, rue Portail Matheron, 7.
Duvernet, marchand de cuirs et chaussures, rue des Marchands, 41.
Duzas, pharmacien, rue Bonneterie, 84.

Edouard, boulanger, rue Carreterie, 158.
Einesy (Mlle), rentière, rue Rappe, 11.
Eldin, entrepot de bois pour charronage, boulevard St-Michel.
Emery Louis, *Café Luxembourg*, place Corps-Saint, 31.
Enault Auguste, sabotier, rue Portail-Matheron, 8.
Endignoux, sellier carossier, place Crillon, 13.
Eparvier Joseph, employé aux eaux, rue Vieilles-Etudes, 2.
Eparvier Louis, horloger, place du Palais, 5.
Ernoult, caissier du comptoir Cousin, rue Carreterie, 23.
Escoffier (veuve), propriétaire, rue Racine, 3.
Escoffier, succeseur de M. Bonnet, confiseur patissier, place du Change, 24 (bis).
Escoffier Joseph, moulinier en soies, rue des Teinturiers, 27.
Escoffier Victor, négociant en garances, rue Prévot, 7.
Espieux Henri, Dinard et Bonnard, marchands drapiers et toiliers, rue Vieux-Septier, 32.
Espine Xavière (Mlle de l'), rue Calade, 63.
Espine (marquis de l'), ✱, propriétaire, rue Calade, 35.
Estanove Emile, négociant, rue Philonarde, 46.
Estienne (Mlle), rentière, rue des Encans, 4.
Estornel, ferblantier, débitant de tabacs, rue Trois-Faucons, 2.

Estradier, employé au télégraphe, rue Grande Fusterie, 29.
Escrayer frères, propriétaire, quai St-Lazare, 3.
Estuder, commis négociant rue Collége de la Croix, 11.
Etienne, débitant de liqueurs, rue des Grottes, 3.
Eyrier cadet, propriétaire, passage St-Agricol, 6
Eyrier Louis, représentant de commerce, passage Agricol, 6.
Eyssautier, employé au télégraphe, rue Calade, 68.

Fabre Eugène, employé à la Préfecture, rue Annanelle, 41.
Fabre Joseph, employé à la Préfecture, organiste de St-Didier, rue St-Agricol, 21.
Fabre Claude-Louis, directeur des domaines, rue Ste-Praxède, 11.
Fabre Joseph, fabricant de toiles peintes, rue des Teinturiers, 10
Fabre et Perrié, marchands de bois à brûler, quai St-Lazare, 3.
Fabre, marchand de vieux fers et verres pour pharmaciens et confiseur, rue Carreterie, 10.
Fabre, réparateur de chaises rotins, rue Carreterie, 33.
Fabre, cafetier, rue Carreterie, 189
Fabre, directeur des Docks Vauclusiens, rue de la Croix, 10.
Fabre, cordonnier bottier, rue des Fourbisseurs, 15.
Fabre Prosper, propriétaire, rue de la Masse, 34.
Fabre Jules, propriétaire, rue Mazan, 8.
Fabry, commis des postes, rue Bonneterie, 28.
Fabry (Mlles), débitantes de tabacs, rue St-Agricol, 16.
Fabry Herminie (Mlle), institutrice, rue St-Agricol, 16.
Fage Xavier, marchand drapier, rue du Chapeau-Rouge, 19.

Fagegaltier, huissier, rue du Mont de Piété, 2.
Faget (de), négociant en vins et spiritueux, rue Galante, 53.
Faivre, officier comptable d'administration, escalier de Ste-Anne, 4, à la Manutention.
Fanchon, étuviste, *Bains des Carmes*, place des Carmes, 16.
Fanguin Guillaume, chaudronnier pompier, fabricant de chaudières à vapeur pour garancine, filature, papeterie, etc., tuyautage en tous genres, dépôt des manomètres Bourdon et des Injecteurs-Giffard pour chaudières, boulevard Limbert.
Fanot Clément, distributeur en ville, rédacteur du *Guide-Fanot*, place St Didier, 1 (bis.)
Fanton Jules, commis négociant, rue Vieille-Poste, 5.
Fanton (veuve), rentière, rue Peyrollerie, 0.
Farges Agricol, propriétaire, rue Portail-Magnanen, 2.
Farges sœurs (Mlles), marchandes de toiles peintes et rouenneries, rue Pétramale, 3.
Farges Auguste, commis négociant, rue St-Agricol, 7.
Farges (Mme), épicière, rue St-Agricol, 7.
Farget Auguste, tonnelier, boulevard Limbert.
Farnaud, médecin vétérinaire, rue Grande-Fusterie, 55.
Faucher (veuve de), rentière, cloître St-Didier, 13.
Faucher (veuve), propriétaire, rue des Ciseaux-d'Or, 7.
Faucon Louis, droguiste, épicier, rue Vieux-Septier, 55.
Faucon, ferblantier lampiste pompier, rue des Fourseurs, 24.
Faucon César, épicier, rue Petite-Meuse, 6.
Fauger, serrurier, place Jérusalem, 16.
Fauque Louis, mercier, quincailler, articles pour fumeurs, rue Ste-Garde, 4.
Faure, économe du Grand Séminaire, rue St-Charles, 4.
Faure Jacques, facteur de la poste, rue Bourgneuf, 5.

Faure Prosper, négociant en garances, rue Collége-de la Croix, 9.
Faure Emile, négociant, rue Collége de la Croix, 9.
Faure, commis négociant, rue des Ciseaux-d'Or, 5.
Faure, chef de bureau de l'état civil, rue Petite-Fusterie, 11.
Faure (veuve), marchande de vins en détail, rue Baraillers, 15.
Faure, tanneur, rue des Lices, 58.
Favat, taillandier, place Corps-Saints, 27.
Favier Louis, perruquier-coiffeur, rue St-Jean-le-Vieux, 27.
Favier, tanneur, rue des Lices, 58.
Favre Jules, aubergiste, rue Fromageon, 7.
Favre (Mme), dégraisseur teinturier, rue Fromageon, 15.
Favre de Thierrens, négociant, rue de la Croix, 9.
Fay (veuve), perruquier-coiffeur, coiffure pour dames, rue Saunerie, 26.
Faye (veuve), propriétaire, rue Racine, 4.
Faye Suzanne (Mlle), marchande de comestibles, rue Vieux-Septier, 38.
Faye (veuve), bouchère, place Pie, 25.
Faye Agricol, marchand de salaisons, rue St-Jean-le-Vieux, 15.
Fayette Victor, marchand de tissus, place Pie, 16.
Fayol, débitant de liqueurs, rue Bonneterie, 82.
Fayol Pierre, cordonnier, rue des Teinturiers, 57.
Fdziecckiewiez Charles (veuve), rentière, rue Grande-Fusterie, 10.
Félix (de) Achille, avocat, rue Hercule, 1.
Félix (de) Théodore, négociant en soies, rue de la Masse, 32.
Félix (de) Faustin, négociant en chardons, rue Bonneterie, 52.
Félix, cafetier, rue Balance, 9.
Félix Charles, entrepreneur de bâtiments, rue de la Masse, 6.
Félix Achille, agent de change, rue Saunerie, 3.
Féraud Constant, commis négociant, rue Pétramale, 5.

F

Ferraud François, vannier, rue Banasterie, 27.
Ferigoulo, aubergiste, boulevard St-Dominique.
Ferigoule Jean, boulanger, place des Châtaignes, 14.
Ferradou, marchand de chevaux et toiles, place Pignotte, 12.
Ferrer Louis, marchand et loueur de meubles, rue Calade, 45.
Ferriaud aîné, propriétaire, rue Grande-Fusterie, 63.
Ferriaud Louis, employé à la Mairie, rue Limas, 25.
Ferrier Toussaint, perruquier-coiffeur, marchand de parfumeries, place Pie, 13.
Ferrier Frédéric, marchand tailleur, rue Bonneterie, 33.
Ferrer, instituteur primaire, écrivain public, rue Fromageon, 13.
Ferrier, peintre en bâtiment, rue Bonneterie, 28.
Ferrier François, rentier, place des Carmes, 7.
Ferrier Louis, taillandier, rue Carreterie, 85.
Ferrier (Mme), fabricante de corsets pour dames, rue Fromageon, 13.
Ferrière, perruquier-coiffeur, rue Racine, 17.
Ferry du Pommiers (de), propriétaire, rue Calade, 14.
Feste Sébastien, épicier, rue St-Marc, 39.
Feste, perruquier-coiffeur, place Corps-Saints, 19.
Février, ancien cafetier, boulevard Limbert.
Filhol et Blanc, sculpteurs marbriers, place Corps-Saints, 38.
Fischer Théodore, employé à la Mairie, rue des Ortolans, 4.
Fizairé Charre, mercier et quincailler, rue Vieux-Septier, 20.
Flandrin, plâtrier, rue Petite-Fusterie, 6.
Flandrin, applicateur d'asphalte, rue Limas, 57.
Flandrin aîné, marchand de vins et loueur de tentes, rue Limas, 61.
Flasseur (Mlle), professeur de pianos, rue Infirmières, 3.
Flaverge, charcutier, rue Ste-Catherine, 36 (bis).
Fléchaire, hôtel de la *Croix Blanche*, rue Carreterie, 29.

Fleuri, marchand de vins en détail, rue Galante, 8.
Fleury Paul, arquebusier, place Principale, 21.
Florent, perruquier-coiffeur, rue du Chapeau-Rouge, 25.
Florent, cafetier, place Crillon, 28.
Florian, cafetier, place Pie, 23.
Flour, chiffonier, rue Carreterie, 102.
Follier dit Chambéry, propriétaire, rue Trois-Colombes, 14.
Font Joachin, prêtre habitué, rue Saluce, 5.
Fontaine François, charcutier, rue St Jean-le-Vieux 21.
Fontaine Léon, fabricant de cierges, bougies et chandelles, rue N.-D-des-Sept-Douleurs, 7.
Forbin Oddon (comte de), propriétaire, plan Lunel, 4.
Forestier, entrepreneur de bâtiments, rue Baraillers, 12.
Forneri, conducteur des ponts et chaussées, rue des Ortolans, 4.
Fort Benoît, négociant, rue des Teinturiers, 55.
Fort frères et Lyon, brasseurs, rue des Clés, 6.
Fortuné Casimir, négociant, rue Collége d'Annecy, 19.
Fortuné Sorbier, marchand de dentelles, rue des Fourbisseurs, 14.
Fortuné Léotard, avocat, rue Saunerie, 27.
Fortuné Antoine, propriétaire, rue St-Marc, 67.
Fortuné et Justet, négociants en chardons, rue Saluce, 11.
Foulc fils, fabricant de toiles peintes, rue des Teinturiers, 19.
Foulc père, propriétaire, rue des Teinturiers, 19.
Foulc frères, négociants en garances et garancines, place de la Préfecture, 1.
Fouque aîné, commissionnaire des ouvraisons, rue Campane, 35.
Fouque cadet, épicier, marchand d'huiles, rue St-Jean-le-Vieux, 39.
Fouque Pierre, marchand de graines de vers à soies, rue Trois Faucons, 15.

Fouque, *Bains des Voyageurs*, rue Limas, 1.
Fouquère, menuisier ébéniste, rue de la Croix, 8.
Four Amable, marchand de nouveautés, rue des Marchands, 38.
Fourès Louis, boulanger, rue Philonarde, 69.
Fourmont, directeur de l'atelier d'orfévrerie de M. Roudier, rue Bonneterie, 53.
Fournier Duchier, négociant en huiles, rue Peyrollerie, 5.
Fournier Joly, marchand d'huiles, rue Bonneterie, 43.
Fournon Joseph, revendeur, rue Bonneterie, 67.
Fracher Gustave, peintre en bâtiments, rue Bonneterie, 64
Frachon (veuve), fabricante de peignes en corne, rue Infirmières, 54.
Frainet frères, cammionneurs et correspondants du chemin de fer, rue Trois-Faucons, 1.
Francion, commis négociant, rue Petit-Paradis, 14.
François, négociant en soies, rue Infirmières, 43.
François François, propriétaire, rue Bancasse, 1.
Franconi (de), agent général et inspecteur de la Compagnie *Le Soleil*, rue des Lices, 9.
Francou, pharmacien, place puits-des-Boeufs, 7.
Franquebalme A. et fils, négociants en soies, rue Calade, 116.
Franquealme Henri, négociant, rue Calade, 116.
Franquebalme Ferdinand, négociant, rue Calade, 116.
Franquebalme Léon, négociant, rue Bonaparte.
Frauquet, commis des contributions indirectes, rue l'Hôpital, 16.
Frasse, cafetier, rue Petit-Meuse, 3.
Frat dit Basile, marchand de meubles d'occasion, place St Pierre, 2
Frérot, marchand et fabricant de chaussures, rue Saunerie, 14.
Freud, ✻, capitaine en retraite, rue Puits-de-la-Reille, 7.
Fritz Frédéric, employé à la brasserie, rue Barracane, 4.
Frutus Xavier, aubergiste, place Crillon, 11.

G

Gabalda, ferblantier, lampiste pompier, rue St A-
grîcol, 22.
Gabaret, sculpteur, rue St-Agricol, 22.
Gabis, employé au télégraphe, place de l'Horloge, 17.
Galas François, cordonnier, rue Portail-Magnanen, 8.
Gaillard, ✠, capitaine en retraite, rue escalier de Ste-Anne, 3.
Galeron, propriétaire, rue Petite-Fusterie, 5.
Galle, professeur du Lycée, rue Trois-Faucons, 15.
Gallés, rentier, rue Bonneterie, 62.
Gallét (veuve), rentière, rue de l'Hôpital, 20.
Gallét, épicier, rue Calade, 25.
Galli, sergent de recrutement en retraite, rue Collége de la Croix, 6.
Galtier, serrurier, fabricant de lits, rue Vieilles Etudes, 4.
Gamet, papetier, relieur, rue Chapeau-Rouge, 38.
Gamounet, peseur juré, rue de la Forêt, 19.
Gamounet aîné, fileur de soies, rue Vieneuve, 8.
Gandon, lieutenant du 7e chasseur, officier d'ordonnance du général, rue Fromageon, 6.
Ganichot dit Florent, propriétaire, rue Bertrand, 3.
Gapiand, serrurier, rue Vieilles Etudes, 10.
Garantier, concierge de la Mairie, place de l'Horloge, 15.
Garantier Antoine, propriétaire, rue Racine, 17.
Garantier Edouard fils, commis négociant, rue Racine, 17.
Garban, professeur de physique au Lycée, rue Petit Change, 6.
Garcin fils et Cie, entrepreneurs de diligences, loueurs de voitures, place de l'Horloge, 6.
Garcin Isidore, négociant, place Pignotte, 15.
Garcin Camille, marchand de vin en détail, rue Puits de la Reille, 4.
Garcin, fabricant de charrues, rue Carreterie, 193.
Garde père et fils, tanneurs et triturateurs en tous genres, rue des Lices, 24.

Gardiol (veuve), rentière, rue de la Masse, 29.
Garnesson, perruquier-coiffeur, place St-Joseph, 2.
Garnier, artiste peintre, photographe, place de l'Horloge, 22 et rue Cardinal
Gaspard François, fondeur, fabricant de noms de rues et numéros de maisons, rue des Lices, 21.
Gasqui Auguste (de), propriétaire, rue Bancasse, 23.
Gassend Louis, facteur de la poste, rue des Fourbisseurs, 62.
Gassin aîné, propriétaire, rue Calade, 15.
Gassin fils, propriétaire, rue Calade, 15.
Gat F. A., négociant en soies et fileur, rue Pétramale, 10.
Gaucherand père, perruquier-coiffeur, rue des Lices, 21.
Gaucherand fils, perruquier-coiffeur, cours Bonaparte.
Gaudin d'Arlay (veuve), propriétaire, rue Bouquerie, 16.
Gaumont, ancien constructeur de chaudières à vapeur, boulevard Limbert.
Gaussaud, cordier et grainetier, rue Calade, 19.
Gauthier Jacques, loueur de voitures, entrepreneur de diligences, place de l'Horloge, 1.
Gauthier (veuve), rentière, rue Ciseaux-d'Or, 3.
Gauthier J.-R., marchand de nouveautés, rue Bonneterie, 15.
Gauthier, confiseur, rue de l'Hôpital, 50.
Gauthier (Mlle), rentière, rue des Encans, 4.
Gauthier, épicier, rue des Encans, 7.
Gay (Mme), modiste, rue Philonarde, 45.
Gay, employé au télégraphe, rue Grande-Fusterie, 16.
Gay, directeur des prisons, rue Galante, 21.
Gaya, marchand de vins en gros et liqueurs, rue St-Agricol, 22.
Gayet (veuve), rentière, rue Trois-Colombes, 23.
Gayet Laurent, entrepreneur de bâtiments, rue Infirmières, 61.
Gayet, propriétaire, rue Campane, 24.

Gazagne, marchand de paille de maïs, rue Carreterie, 149.
Gazail, marchand de vins au détail, rue Annanelle, 5.
Gazel Jules, trésorier-payeur de Vaucluse, rue Ste-Catherine, 9.
Gegot (veuve), propriétaire, rue Ste-Catherine, 14.
Gelin Antoine, serrurier, rue des Teinturiers, 51.
Gelin, menuisier ébéniste, rue Limas, 11.
Gendarme de Bévotte O ※, ingénieur en chef des ponts et chaussées place Crillon, 14.
Genella (veuve), rentière, rue Géline, 2.
Genella Claude, employé des ponts et chaussées, rue du Saule, 8.
Genella Eugène, commis négociant, rue Rappe, 7.
Genella Paul, commis négociant, rue Rappe, 7.
Genella (veuve), rentière, rue Rappe, 7.
Genella, chapelier, rue Saunerie, 49.
Gener, boucher, rue Grande-Fusterie, 5.
General Emile, notaire, rue des Lices, 27.
Geniez Jean Jules, sous-chef de division à la préfecture, rue Velouterie, 6.
Geniez Louis, chef de comptabilité, garde magasin des Domaines, rue Velouterie, 6.
Geniez père, propriétaire, rue Velouterie, 6.
Genin Auguste, tailleur, rue Saunerie, 41.
Gent Gustave, fabricant de courroies, rue des Teinturiers, 29.
Genty Jean, débitant de liqueurs, boulevard St-Dominique.
Geoffret, marchand de vins en détail, rue Charrue, 4.
Geoffroy Gabriel, propriétaire, rue Oriflamme, 25.
Geoffroy Théodore, teneur de livres, rue Pus, 7.
Geoffroy, charcutier, rue Calade, 38.
Geoffroy, boulanger, rue Calade, 49.
Geoffroy Casimir, propriétaire, rue Gal-Grenier, 12.
Geoffroy Antoine, boulanger, rue Bonneterie, 99.
Geoffroy (veuve), propriétaire, rue Balance, 37.

Geoffroy Catherine (Mlle), propriétaire, rue Annanelle, 51.
Geoffroy, avocat, rue des Encans, 24.
Gerard, médecin, rue de l'Hôpital, 54.
Gerard Joseph, cordonnier pour dames, rue Saunerie, 60.
Gerbaud Auguste, marchand de tissus, rue Vieux-Septier, 22.
Gerbaud, forgeron, rue Carreterie, 118.
Gerboud Alexandre, confiseur pâtissier, ancienne maison Bouissou, place de l'Horloge, 1, place du Change, 2.
Gerente, aubergiste, rue Colombe 31.
Gerente (veuve comtesse de), propriétaire, rue St-Agricol, 3.
Germain Etienne, négociant, rue Trois-Faucons, 1.
Germain et Portalès, fabricants de savons, boulevard Limbert.
Germain Alexandre, formier, place Principale, 18.
Germain, formier, rue des Fourbisseurs, 8, au 2me.
Germanes, O ✶, ancien président de cour impériale, rue Violette, 5.
Gervais, inspecteur des douanes en retraite, rue des Ortolans, 4.
Gery, marchand de meubles et glaces, rue du Chapeau-Rouge, 14.
Geslin (de), directeur des contributions directes en retraite, chevalier de l'ordre de Pie IX, rue Bancasse, 30.
Gibelin, débitant des tabacs, rue Carreterie, 69.
Gibert, aubergiste, rue Balance, 22.
Giera Jules, notaire, rue Banasterie, 15.
Giera Paul (veuve), propriétaire, rue Banasterie, 18.
Giera Jh, marchand de porcelaines et cristaux, r Vieux-Septier, 8.
Gilles fils, entrepreneur de bâtiments, rue Grande Fusterie, 55.
Gilles père, propriétaire, rue Grande-Fusterie, 89.

Gille Henri, commissionnaire expéditeur, propriétaire, des vignobles de Château neuf du Pape, (Vaucluse), boulevard Limbert.
Gilles Dominique, propriétaire des eaux de Propiac (Drôme), boulevard Limbert.
Gilles Victoire, revendeuse, rue des Fourbisseurs, 55.
Gilles Clément, marchand drapier, rue Vieux Septier, 25.
Gilles, vicaire de St-Symphorien, rue Lafare, 2.
Gillet, propriétaire, rue Chapeau-Rouge, 32.
Gilly Henri, secrétaire en chef de la Mairie, rue Géline 2 (bis).
Gineston, pharmacien, rue Rappe, 6.
Ginoux (Mme), tailleuse en robes, cloître St-Pierre, 7.
Giovanna Marcellin, potier d'étain, rue Vieux-Septier, 4.
Giovanna Thomas, fondeur modeleur, place Principale, 20.
Girard Jean, épicier, rue Balance, 16.
Girard Antoine, fileur de soies, rue Trois Colombes, 21.
Girard Eugène, commis négociant, rue Roquette, 2.
Girard, quincailler, *A la Ville de Marseille*, rue Rouge, 9.
Girard, perruquier-coiffeur, rue Carreterie, 191.
Girard, tonnelier, rue des Clés, 3.
Girardon (veuve), propriétaire, rue Oriflamme, 21.
Giraud, chan. hon., directeur des bibliothèques paroissiales, rue St-Charles, 6.
Giraud, commis négociant, rue Petite-Fusterie, 11.
Giraud, vicaire de St-Didier, rue d'Amphoux, 39.
Giraud Emile, épicier, rue Portail-Magnanen, 4.
Giraud Pierre, inspecteur des écoles primaires, rue Colombe, 18
Giraudon (Mlle), modiste, rue des Fourbisseurs, 66
Giraudy Marie (Mme), accoucheuse, rue Balance, 56.

Giraudy, propriétaire, rue Banasterie, 28.
Giro François, charcutier boucher, rue Portail-Magnanen, 11.
Giroux (Mlle), quincailler, rue Trois-Faucons, 10.
Giry (de), avoué, rue Campane, 12.
Giry (de), conservateur des hypothèques, place Grand-Paradis, 4.
Giry, débitant des tabacs, rue Carreterie, 43.
Giry Agathange (de), propriétaire, rue des Amoureux, 3.
Glaizaud, tailleur, rue Bonneterie, 87.
Glasson (veuve marquise de), propriétaire, rue Violette, 5.
Gleize Philippine (Mlle), revendeuse, rue Carreterie, 97.
Gleize (veuve), rentière, rue de la Croix, 24.
Godard, employé à l'enregistrement, rue Balance, 48.
Godard (Mme) et fils, fleurs artificielles et naturelles, rue Balance, 48.
Goffre, serrurier, rue Gal-Grenier, 4.
Goffre Louis, charron forgeron, et maréchal-ferrant, rue Carreterie, 168.
Goffre Joseph, entrepôt de plâtres, rue Calade, 82.
Goffre Bertrand, charron, rue des Clés, 18.
Gois, commissaire-priseur, rue Ste-Catherine, 26.
Gonard, marchand de vins en détail, rue Figuière, 6.
Gondin, aubergiste, boulevard Napoléon.
Gon, marchand de chevaux, rue Carreterie, 155.
Gonnet, orfèvre, rue Ste-Garde, 2.
Gonnet, marchand d'antiquités, place Crillon, 7.
Gonnet, aumônier du Sacré-Cœur, place Trois Pilats, 3.
Gondois (veuve), rentière, rue Saunerie, 27.
Gondois Adolphe (veuve), rentière, rue Saunerie, 27.
Gontard Louis, carreleur, rue Portail-Magnanen, 10.

Gontard, carreleur, place Corps-Saints, 72.
Gontard Etienne, carreleur, rue Escalier de Ste-Anne, 5.
Gontard Théophile, carreleur, rue Banasterie, 42.
—Gontelle Benoît, marchand de dentelles, rue Vieux-Sep-
   tier, 13.
Gorenflot, censeur des études au lycée, rue Laboureur, 26.
Goubet Jh., propriétaire, rue Oriflamme, 6.
Goubet, avocat, rue de la Masse, 34.
Goubert, boulanger, rue Vieilles-Etudes, 22.
Goubin, vicaire-général honoraire, supérieur du grand
   Séminaire, rue St-Charles, 4.
Goudareau Emile, négociant, rue de la Masse, 12.
Goudareau Albin, propriétaire, place St-Pierre, 7.
Goudareau frères, négociants en garances et garancines
   rue Saunerie, 9.
Goudareau Louis, négociant, rue Saunerie, 9.
Goudet François, représentant de commerce, rue St-
   Marc, 29.
Gouisset, vicaire de St-Pierre, rue Arc-de-l'A-
   gneau, 6.
Goumarre, boulanger, rue des Lices, 17.
Gout, pharmacien, rue des Marchands, 29.
Goutier Michel (veuve), *Café du Boulevard*, boulevard
   St Roch.
Goutier Michel fils, débitant de liqueurs, *Buvette Gam-
   brinus*, place de l'Horloge, 3.
Granet, peintre en bâtiments, rue Limas, 4.
Granet Jean, facteur en chef de la poste, rue Petite-
   Fusterie, 9.
Granger, aumônier du Noviciat des frères, rue Ras-
   cas, 4.
Grangier, conducteur des ponts et chaussées, rue Cala-
   de, 68.
Granier Frédéric, ✸, et Cie, négociants en garances et
   garancines, rue Oriflamme, 14.
Granier Claude, ✸, fermier de la pêche, quai St-Laza-
   re, 2.
Granier Antoine, marchand de bois à brûler, quai St-
   Lazare, 12.
Granier Marc, taillandier, rue Carreterie, 54.

Gras Félix, aspirant au notariat, rue Vieille-Poste, 6.
Gras Auguste, commis négociant, rue Rappe, 9.
Gras, née de La Valette (Mme), propriétaire, rue Calade, 43.
Gras Amable, fabricant de ressorts élastiques, rue Carreterie, 39.
Gravier Gaston, directeur de l'école protestante, rue Portail-Magnanen, 21.
Gravier, propriétaire, rue Bonneterie, 28.
Gravil, propriétaire, rue Philonarde, 16.
Griolet, commis des contributions indirectes, rue des Encans, 7.
Griottier, statuaire en cire et en cartons, rue de la Masse, 18.
Grisol, propriétaire, rue Banasterie, 38.
Grivolas, fileur de soies, rue de la Forêt, 19.
Grivolas père, rentier, rue Infirmières, 12.
Grivolas fils, caissier du Comptoir Cousin, rue Infirmières, 12.
Grivolas Etienne, perruquier-coiffeur, rue Puits de la Reille, 11.
Grivolas, peintre d'histoire, rue Bonneterie, 97.
Gros frères, imprimeurs, — imprimerie commerciale et administrative, rue Géline, 3.
Gros François, scierie de marbres, rue Racine, 6.
Gros, ancien orfèvre, rue Petite-Fusterie, 14.
Gros, boulanger, rue Carreterie, 114.
Gros, garde principal du génie, rue des Clés, 8.
Gros, tailleur, rue Infirmières, 24.
Grosclaude (veuve), rentière, rue des Licés, 53.
Gros Jean Henri, coiffeur, rue St-Agricol, 6.
Grosset, horloger, place du Change, 12.
Gueneau (veuve), rentière, rue des Fourbisseurs, 53.
Guerillot, orfèvre à façon, rue de la Masse, 13.
Guerin Louis, agent de l'assurance *La Clémentine*, pl. St-Didier, 9.
Guerin Antoine et fils, marchands d'huiles et fromages, rue Bonneterie, 29.
Guerin aîné, marchand de fromages et huiles, rue Vieux-Septier, 46.

Guerin Jh, cabaretier, rue St-Jeon-le-Vieux, 8.
Guerin, marchand d'antiquités et curiosités, rue Calade, 27.
Guerin Camille, propriétaire, boulevard St-Michel.
Guiaud, chapelier, rue Bonneterie, 16.
Guibal (veuve), rentière, rue Gal-Grenier, 20.
Guibert (veuve), propriétaire, place St-Didier, 1.
Guibert, avocat, rue Balance, 16.
Guibert (veuve), rentière, rue Balance, 16.
Guibert, propriétaire, rue Petite-Fusterie, 17.
Guichard, propriétaire, rue Calade, 103.
Guignot (veuve), propriétaire, rue des Clés, 1.
Guigue, ébéniste, menuisier en fauteuils, rue Bonneterie, 31.
Guigue serrurier, fabricant de noriats, place Corps-Saints, 74.
Guigue, entrepreneur de bâtiments, rue Galante, 29.
Guilbert-Dannelle, professeur de l'école de dessin et de peinture, officier d'Académie, peintre sur verre, rue Dorée, 5.
Guilhermier Louis (comte de), propriétaire, rue Trois-Faucons, 4.
Guilhermier Albert (comte de), propriétaire, rue Portail-Bienson, 2.
Guilhermont père, ✱, capitaine en retraite, rue Puits des Toumes, 24.
Guilhermont fils, représentant de commerce, rue Puits des Toumes, 24.
Guillabert, propriétaire, rue Philonarde, 4.
Guillaume, courtier, place Principale 18.
Guillaume Tell, quincailler, teneur de livres, cours Bonaparte.
Guille Ignace (veuve), rentière, rue Trois-Faucons, 2.
Guillermet, employé des ponts et chaussées, rue Campane 33.
Guillot (veuve), cafetier, rue Pucelle, 5.
Guilon Louis, marchand de vins en détail, rue St-Etienne, 7.

Guindon Auguste, menuisier ébéniste, rue Grande-Fusterie, 57.
Guindon, fondé de pouvoir du trésorier-payeur, rue Balance, 46.
Guinochet, fabricant de peaux blanches, rue des Lices, 50.
Guiraud Pierre, marchand de vins en détail, rue Portail-Magnanen, 32.
Guittard (veuve) rentière, rue Aygarden, 4.
Gund et Maas, brasseurs, rue Lagne, 4.
Guy, professeur du Lycée, rue Dorée, 2.
Guyon (veuve de), propriétaire, rue Calade, 1.
Guyon (veuve), lingère, rue Saunerie, 12.
Guyon, (Mlle), modiste, place Principale, 4, au 1er.

H

Habrial Gilbert, boulanger, rue Florence, 17.
Haby, débitant de liqueurs, rue Balante, 4.
Halary, propriétaire, rue Bon-Martinet, 17.
Hardy (Mme), marchande de lingeries, rue des Marchands, 40.
Hartmann (veuve), propriétaire, rue de l'Hôpital, 9.
Heldstab Jacques, liquoriste distillateur, rue Balance, 7.
Heliot, lieutenant trésorier de la Gendarmérie, rue Racine, 1.
Hely Adolphe, négociant en soies, rue des Ciseaux-d'Or, 9.
Henri, sacristain de l'Eglise Métropolitaine, Rocher-des-Doms, 4.
Henriquez (d'), propriétaire, rue des Ortolans, 4.
Heps, professeur de musique (violon) au Conservatoire, rue Calade, 12.
Heraud Jacques, fruitier, rue des Teinturiers, 37.
Héraud (Mlle), propriétaire, rue des Bains, 2.
Héraud, ancien négociant en soies, rue Colombe, 7.
Hermelin (veuve), rentière, place des Carmes, 6.

Hermite Michel, menuisier, rue St-Etienne, 15.
Hermite, débitant de liqueurs, rue Bancasse, 13.
Heury Chrétien, orfèvre, rue Rouge, 5.
Higonnenc Casimir, clerc d'avoué, licencié en droit, rue Campane, 15.
Hinze, propriétaire, rue Arc-de-l'Agneau, 1.
Hitzchler, ✷, sous-intendant militaire, rue Petite-Fusterie, 2.
Holette, surveillant de navigation, rue Ferruce, 22.
Honoré (sœur St-), écoles de petites filles, rue Annanelle, 27.
Hostalery, propriétaire, rue du Four, 14.
Hôtel de Ville, place de l'Horloge, 13.
Houlet Alphonse, sabotier, rue Philonarde, 28.
Hubert Eugène, ex huissier, agent d'assurances, rue Carreterie, 185.
Hugon, poëlier, rue Four-de-la-Terre, 14.
Hugues, épicier, rue Galante, 23.
Hurard, commis négociant, rue Bonneterie, 73.
Hurard André, fileur de soies, rempart de la Ligne, 4.
Hus, ✷, commandant du Pénitencier militaire, place Corps-Saints, 29.
Husson, proviseur du Lycée impérial, rue du Collége.

I

Imbert Louis, débitant de liqueurs, rue Trois-Faucons, 28.
Imbert, chef des logements militaires, rue des Lices, 23.
Imbert aîné, professeur de musique, violoncelle et compositeur, rue Petite-Saunerie, 12.
Imbert Théophile, marchand de pianos et musique, rue des Marchands, 5.
Imbert, horloger, rue Bonneterie, 93.
Imbert Henri, moulinier de soies, rue Bourgneuf, 7.
Imbert Antoine, revendeur, rue Calade, 54.
Imberton, boulanger, place Corps-Saints, 62.
Imbert Louis, revendeur, rue Philonarde, 86.

Imbert Auguste (veuve), charcutier, place Pie, 11.
Ingrand (veuve), rentière, rue Puits-Trois-Carreaux, 5.
Inguimbert (comte d'), ✻, propriétaire, rue Rempart de Loulle, 3.
Isnard Louis (marquis des), propriétaire, rue Petite-Fusterie, 3.
Isnard, receveur de la navigation, quai de la Ligne, 2.
Isnard Emile, propriétaire, rue Bonneterie, 9½.
Isnard, perruquier-coiffeur, cessionnaire de la vraie Luciline, place des Carmes, 13.
Isnard, cafetier, rue Vieilles Etudes, 12.
Issard Louise (Mme), débitante de tabacs, place de l'Horloge, 30.
Isoire Pierre, peseur juré, rue Vieux-Sextier, 41.
Istre, cordonnier, rue Bonneterie, 103.

Jabry, entrepreneur de bâtiments, rue de la Masse, 25.
Jacot J. P., directeur des pompes funèbres, rue Banasterie, 70.
Jacquet, receveur des actes judiciaires, rue de la Masse, 52.
Jacquet Charles, avoué, rue Petite-Saunerie, 17.
Jacquet Joseph, ancien imprimeur, rue St-Agricol, 22.
Jacquetty, chanoine honoraire, directeur de la Maîtrise, Rocher des Doms, 1.
Jaffuer, menuisier, rue Bancasse, 13.
Jalabert, rentier, place Crillon, 16.
Jalez père, négociant en fourrage et paille, rue de l'Observance, 1.
Jalez fils, agent de la Compagnie générale de navigation, rue Annanelle, 20.
Janin, aubergiste, rue Bancasse, 16.
Janisset, ancien chapelier, rue Corderie, 10.

Janvier, afficheur public, rue Ferruce, 4.
Jayet père et fils, menuisiers, rue Palapharnerie, 7.
Jayet, marchand de vieux fers, rue Carreterie, 62.
Jean de Peyre, voiturier, service à volonté, rue Chapeau-Rouge, 17.
Jean fils, propriétaire, rue Calade, 84.
Jean Romain, ancien greffier de la Justice de paix, (nord), rue Bertrand, 15.
Jean Auguste, tailleur, place des Châtaignes, 4.
Jean Hippolyte, ancien fabricant de pâtes, rue Tête-Noire, 18.
Jean Jules, propriétaire, rue Escallier de Ste-Anne, 9.
Jean Michel, tailleur pour ecclésiastique, rue Vieux-Septier, 13, en face de la Bourse.
Jeannel (veuve), rentière, rue St-Agricol, 11.
Jeaume, porteur de contraintes, rue Philonarde, 43.
Jeaume, tonnelier, rue Cocagne, 11.
Jeaume, ancien notaire, négoc., rue des Encans, 20.
Jehan (veuve), propriétaire, rue Banasterie, 12.
Jenselme Octavien, directeur du théâtre, rue Fromageon, 1.
Jeoffroy, architecte du département, rue Bonneterie, 56.
Joannis Joseph, chanoine honoraire, archiprêtre, curé de St Agricol, rue St-Praxède, 10.
Joly, Abric et Compagnie, négociants en soies, cocons déchets de filature, spécialité de doupions, place des Carmes, 25.
Jonc, vicaire de St-Symphorien, place Trois-Pilats, 3.
Jonquet Jean, marchand de vins en détail, rue des Teinturiers, 1.
Jonquière Elzéard (de), propriétaire, rue Bancasse, 22.
Joubert G., négociant de tissus en gros, graines de vers à soies, rue Saunerie, 50.
Jouffret Jacques, marchand de vins en détail, rue Infirmières, 11.
Jouffret, marchand cordonnier, rue Carreterie, 1.
Jourdan (veuve), propriétaire, rue Trois-Faucons, 14.

Jourdan (veuve), rentière, rue Oriflamme, 1.
Jourdan (veuve), propriétaire, rue St-Agricol, 29.
Journolleau, perruquier coiffeur, rue Balance, 16.
Jousseaume (veuve), rentière, rue des Griffons, 5.
Joussème (veuve), rentière, rue des Griffons, 2.
Joussemet, forgeron en voitures, fabricant de pressoirs, (breveté), place St Joseph, 5.
Jouve Henri, propriétaire, rue Petite Calade, 1.
Jouve, clerc de notaire, place des Carmes, 12.
Jouve Narcisse, propriétaire, rue des Marchands, 25.
Jouve, entrepreneur de bâtiments, rue Luchet, 5.
Jouveau Félicien neveu, tourneur en tous genres, rue Philonarde, 47.
Jouveau Jean-Baptiste, tourneur mécanicien breveté, rue Carreterie, 68.
Jouvèn, ancien serrurier, rue Collége de la Croix, 11.
Joyeuse François, boucher, rue St-Agricol, 2.
Joyeuse, boucher, place du Change, 13.
Joyeuse jeune, boucher, rue Tête-Noire, 21.
Julian (veuve), propriétaire, rue Ste-Catherine, 12.
Julian et Roquer, négociants en garances et garancines, rue St-Jean-le-Vieux, 17.
Jullian P., orfèvre, rue Vieux-Sextier, 2.
Julien André, costumier du théâtre, rue Racine, 6.
Julien (Mme), tailleuse en robes, rue de Fourbisseurs, 27.
Julien, contrôleur de l'octroi, rue des Fourbisseurs, 27.
Julien Jean, cordonnier bottier, rue Calade, 24.
Julien Jean, expéditeur de fruits, rue Petit-Paradis, 9.
Just, confiseur pâtissier, *Aux Palmiers*, rue des Marchands, 26.
Justet, négociant, rue Philonarde, 17.
Juvin Auguste, boucher, rue Trois-Faucons, 29.

Kalèche Joseph, mécanicien charpentier, triturateur de graines de luzerne, etc., boulevard Limbert.

King John, négociant, rue Pétramale, 8.
King W. F. et Cie., négociants en garances et garancine, r. de la Masse, 10; comptoir r des Etudes 11.
King Georges, négociant, rue de la Masse, 10.
Klemm Guillaume, cafetier, rue des Teinturiers, 69.
Kingt Alexandre (Mme), rentière, rue des Etudes, 16.
Kunkelr, administrateur des eaux, rue St-Marc, 17.
Kuntzmann Frédéric, entrepreneur de la caserne communale, et négociant en vins, rue des Lices, 23.
Kuszelewski Casimir, commis négociant, rue Collége d'Annecy, 7.

Labastide (veuve de), propriétaire, place Trois-Pilats, 16.
Labastide (Edmond de), avocat, place Trois-Pilats, 16.
Labastide Elie (de), propriétaire, boulevard Napoléon.
Labaume Auguste, boulanger, rue Portail-Matheron, 17.
Labaume (de), substitut du procureur impérial, rue Fromageon, 1.
Laborde Gustave (comte de), propriétaire, rue Violette, 8
Laborde St-Clair (vicomte de), propriétaire, rue e l'Oratoire, 2.
Laborel, avoué, rue Saunerie, 27.
Labrouas Adrien, ferblantier, rue Bonneterie, 17.
Lacombe Guillaume, propriétaire, rue Bonaparte.
Lacoste, tonnelier, fabricant d'échelles, rue Carreterie, 181.
Lacour Louis, sous-chef de division, à la Préfecture, rue Dorée, 8.
Lacroix, peintre d'histoire, rue Petite Fusterie, 6.
Lacroix, propriétaire, rue Petite-Fusterie, 12.
Laffet Thomas, fabricant de corsets pour dames, rue Rouge, 7.
Lafitte Jean-Baptiste, sculpteur statuaire, rue St-Michel, 6

Lafont, juge de paix (canton nord), rue Limas, 21.
Lafont, employé des ponts et chaussées, rue Escalier de Ste-Anne, 1.
Lagier-Fornery, imprimeur lithographe, papetier et régleur de registres, rue Bonneterie, 14.
Lagnel (Mlle), épicière, rue Trois-Faucons, 13.
Laguerre, agent d'assurances, rue des Bains, 2.
Lajard (veuve), tailleuse en robes et pour hommes, rue de l'Hôpital, 18.
Lajard, ✻, propriétaire, rue Calade, 83.
Lack, employé aux hypothèques, rue des Bains, 2.
Lallement (Mlle), propriétaire, rue Ste Catherine, 10 (bis).
Lallement Hubert, commis négociant, rue St-Marc, 3.
Lallement Emile, propriétaire, rue des Lices, 29.
Lamale, cordonnier bottier, rue Petit Change, 5.
Lambert, ✻, directeur des contributions indirectes, rue de la Masse, 19.
Lambert Auguste, débitante de tabacs, place Puits-des Bœufs, 9.
Lambert Marius, employé à la Préfecture, place Puits-des Bœufs, 9.
Lambert, doreur, place des Châtaignes, 5.
Lami, professeur émérite, rue Peyrollerie, 1.
Lamy François, commis négociant, rue Petite-Meuse, 14.
Lance, traiteur, rue des Fourbisseurs, 34.
Langard (veuve), revendeuse, rue Ste-Catherine, 50
Lantier, fabricant de cartes à jouer, rue des Fourbisseurs, 27.
Lapierre (veuve), rentière, rue Trois Faucons, 8.
Lapierre François, *Bains à la Romaine*, rue Bonanaparte.
Lapierre Louis, *Bains de la Poste*, rue Bonaparte.
Lapierre (Mlle), tailleuse en robes, rue Carreterie, 111.
Lapierre (Mme), tailleuse en robes, rue Chapeau-Rouge, 36.

Lardat, broquier boisselier, rue Franche, 9.
Lardat (veuve), rentière, rue Galante, 29.
Lartay, professeur au Lycée, rue Galante, 16.
Lartigue, coutelier, place du Change, 18.
Lascombe, rabilleur de montres, rue Four de la Terre, 47.
Lassia, boulanger, rue des Fourbisseurs, 55.
Latour (Mlle), tailleuse en robes, rue Philonarde, 21
Latour Félix, cordonnier bottier, rue Saunerie, 37.
Latreille (veuve), grainetier, rue Trois-Faucons, 30.
Latrille, marchand de sangsues, fabricant de soies pour bluttoirs, place des Carmes, 11.
Laty fils, employé des postes, rue Ste-Catherine, 24.
Laugier, ancien boulanger, rue Four de la Terre, 28.
Laurans, ✱, procureur impérial, rue Bancasse, 30.
Laurans Auguste, avocat, rue Bancasse, 30.
Laurens Amédée (veuve baronne du), propriétaire, rue Dorée, 1.
Laurens Louis (baron du), avocat, rue St-Etienne, 14.
Laurens Hector (veuve baronne du), propriétaire, rue St-Etienne, 14.
Laurens Ulysse (veuve baronne du), propriétaire, rue Petite Saunerie, 18.
Laurens Alfred (baron du), propriétaire, rue Petite-Saunerie, 18.
Laurent Joseph, voiturier sur Tavel, rempart du Rhône, 12.
Laurent, coiffeur, place de l'Horloge, 9.
Laurent Louis, propriétaire, directeur de la Cie d'assurances *La Centrale*, rue Oriflamme, 23.
Lautier Alexis, tonnelier, boulevard St-Dominique.
Lautier, professeur en ville, rue Fromageon, 6.
Lautier, marchand de vins en détail, rue St-Etienne, 10.
Lauriol, docteur médecin, rue Philonarde, 20.
Lauront, fabricant de fourneaux, rue Piot, 1.
Lautard Auguste, marchand de fers et quincailleries, rue Vieux-Sextier, 7.

Lauzière Charles (de), employé à la recette principale, rue Petite-Meuse, 13.
Lavaissière Louis, marchand de cuirs, rue St-Jean-le-Vieux, 9.
Laval (veuve), rentière, rue Peyrollerie, 10.
Lavondès Henri, propriétaire, rue St-Christophe, 30.
Lavy, épicier, rue Calade, 55.
Laye et Cie, marchands de nouveautés, rue des Marchands, 33.
Layet, serrurier, rue de l'Hôpital, 24.
Layrac et Meilhoc, marchands de cuirs, rue Chapeau-Rouge, 8.
Lazare Jean Louis, cordonnier bottier, rue Carreterie, 108.
Leaune, parfumeur et coiffeur, rue des Marchands, 13.
Leclancher ※, capitaine de recrutement, rue du Four, 14.
Leclerc, rentier, rue Saluce, 5.
Lecuyer Michel, cordonnier bottier, rue Galante, 28.
Legues (veuve), rentière, rue Tête-Noire, 24.
Lélard Henri, chirurgien dentiste, rue l'Anguille, 4.
Lemery (Mme), lingère, rue Calade, 20.
Lemery Louis, employé à la Mairie, rue Calade, 20.
Leofanty Simon, figuriste mouleur, rue Philonarde, 70.
Léotard Fortuné, avocat, rue Saunerie, 27.
Lesbros Gabriel, marchand de bois de service et cerceaux, quai St-Lazare, 1.
Lescure, peintre en voiture et bâtiments et décorateur, rue Petite-Fusterie, 19.
Lespinasse, bijoutier, articles de fantaisies, jouets d'enfant, rue des Marchands, 19 et 32.
Lève, employé des ponts et chaussées, rue Campane, 43.
Lève Joseph, revendeur, rue des Teinturiers, 65.
Lévêque (veuve), propriétaire, rue Oriflamme, 12.

Levesou Marc, sacristain de St-Agricol, passage St-Agricol, 1.
Leydier (veuve), rentière, rue Ste-Catherine, 21.
Leydier (veuve), marchande de vins en détail, rue Galante, 17.
Leydier, employé des hospices, rue Campane, 41.
Lheguret, fripier, rue de la Monnaie, 1.
Lheureux mère, rentière, cloître St-Pierre, 5.
Lheureux, orfèvre, rue Bonneterie, 8.
Lhonneux, tailleur, rue Limas, 20.
Liane Benoît, chaudronnier, réparation en tous genres, place Trois-Pilats, 18.
Libercier Etienne, marchand de volailles, rue Vieux-Septier, 53.
Liffran Claude, revendeur, rue St-Etienne, 8.
Liffran (veuve), rentière, rue l'Amelier, 7.
Liffran fils, aspirant au notariat, rue l'Amelier, 7.
Linsolas fils aîné, négociant en grains, rue Bonneterie 70.
Lion Victor, marchand de vins en détail, rue Vieilles-Etudes, 6.
Lion père, propriétaire, rue Bonneterie, 74.
Lion fils, employé à la préfecture, rue Bonneterie, 71.
Liotard Adrien, commis négociant, rue Petite-Fusterie, 6.
Liotard, propriétaire, rue Balance, 25.
Liotier Félix, commissionnaire, courtier de commerce et de l'agence du sous comptoir du commerce et de l'industrie, rue Vieilles Etudes, 14.
Liotier Louis, triturateur de bois de teinture, rue Infirmières, 3.
Liotier Philippe, droguiste, rue Chapeau-Rouge, 18.
Lisbonne aîné, fabricant d'allumettes chimiques, boulevard Napoléon, à St-Ruf.
Lisbonne Elisa, rédacteur de la *Loi Mosaïque*, rue Bonneterie, 49.
Lisbonne Samuel, propriétaire, rue Bonneterie, 70.
Lobreaux, courtier du commerce, rue Bonaparte.

Lointier, caissier de MM. King et Cie, rue des Etutes, 11.
Lombard, directeur du télégraphe, rue Bouquerie, 18.
Longchamp (veuve de), propriétaire, rue Banasterie, 34.
Longuet, boulanger, rue St-Marc, 29.
Longuet Jh, débitant de liqueurs, rue St-Michel, 35.
Lorillard, ancien négociant, rue Roquette, 1.
Loubière (veuve), revendeuse, rue Carreterie, 128.
Louis Jean (Mlle), modiste, rue Puits-Trois-Carreaux, 1.
Loursac, huissier, place des Carmes, 3.
Lovie Alexandre, professeur de pianos, place de la Préfecture, 1.
Lozière (de), commis des contributions indir, rue Petite-Meuse, 13.
Luchesi, propriétaire, rue Petite-Calade, 4.
Lugan, ✳, capitaine en retraite, rue Galante, 16.
Luneau (veuve), rentière, rue St-Michel, 1.
Luneau, médecin vétérinaire, rue St-Michel, 59.
Lurie, ancien pharmacien, rue Rappe, 6.
Luxembourg (Mme), coiffeuse, rue des Fourbisseurs, 32.
Luyard (veuve), aubergiste, rue Balance.
Lyon jeune, marchand drapier, tissus et nouveautés, r. Vieux-Septier, 24.
Lyon Digne, marchand de tissus et nouveautés, rue Vieux-Septier, 37.
Lyon Abraham, propriétaire, rue Philonarde, 65.

M

Maas, négociant, rue Calade, 83.
Madon, tailleur, rue St-Jean-le-Vieux, 28.
Maffet, tailleur, rue St-Jean-le-Vieux, 21.
Maffet (Mlle), rentière, rue Vieille-Poste, 6.

Magistra, peintre en batiments, rue Philonarde, 28.
Magnan Marguerite (Mme), revendeuse, rue Calade, 78.
Magne Etienne, vitrier marchand de verres, rue Carreterie, 56.
Magnin père, propriétaire, rue Ste-Catherine, 32.
Magnin, confiseur pâtissier, fabricant de fleurs artificielles et ornements d'église, rue des Fourbisseurs, 3.
Magny (veuve), débitante des tabacs, place de l'Horloge, 14.
Magny (veuve), rentière, rue Balance, 16.
Mahistre Ferdinand, négociant, rue Philonarde, 46.
Mahistre, Rousset et Estanove, fabricants de soies à coudre, rue des Teinturiers, 28.
Maillaguet, aumônier des Religieuses Carmélites, rue Velouterie, 13.
Maillet Eugène, traiteur restaurateur, rue St-Jean le Vieux, 11.
Maillet, pharmacien, successeur d'André Guerin, rue St-Jean-le-Vieux, 22.
Maire Etienne, mécanicien charpentier, entrepreneur, boulevard St Michel, route de Marseille.
Malarte (veuve), rentière, rue Bonneterie, 84.
Malclés, perruquier-coiffeur, rue Carreterie, 18.
Malclets J.-B., perruquier coiffeur, rue Saunerie, 43.
Malen, *Café du Luxembourg*, rue du Chapeau-Rouge, 36.
Malet Léonard jeune, marchand de couleurs, rue Saunerie, 13.
Malet André, propriétaire, rue Saunerie, 13.
Malet Auguste, propriétaire, rue Banasterie, 20.
Malige (Mlle), accoucheuse, rue Vieille-Poste, 1.
Malinet, employé aux contributions indirectes, rue d'Amphoux, 15.
Mallet Ferdinand, fabricant de tombeaux en pierre froide de Chaumerac et Crussol, fait la taille de pierre, boulevard Limbert.

Malosse (veuve), propriétaire, rue Plaisance, 1.
Mandelli, fabricant de cages et marchand de vins en détail, rue Saunerie, 7.
Mandon, cafetier, rue Portail-Matheron, 26.
Manega, propriétaire, place du Change, 5.
Manenty (veuve), rentière, rue de la Forêt, 15.
Manivet Millie, fabricant de soies, rue Lagne, 6.
Manivet Hippolyte, négociant, rue Cocagne, 19.
Manivet Martin, boulanger, rue Portail-Magnanen, 15.
Manivet Vincent, rabilleur de chaises, rue Bertrand, 17.
Manivet Auguste, employé au pénitentier militaire, rue Colombe, 18.
Manobre (veuve), propriétaire, rue Limas, 53.
Manon Pascal, marchand de vins en détail, rue Molière, 8.
Manon, *Café Molière*, académie de Billards, rue Molière, 14.
Manon, ébéniste, marchand de meubles, rue Chapeau-Rouge, 15.
Manselon, propriétaire, place de l'Horloge, 20.
Manuel Hyacinthe, quincailler, place Puits-des-Bœufs, 11.
Manuel, directeur de la Cie d'assurances *La Paternelle* sur la vie, rue Four-de-la-Terre, 41.
Manuel (veuve), propriétaire, rue Oriflamme, 11.
Manuel Charles, marchand de chevaux, boulevard St-Dominique.
Marandon, boulanger, rue Carreterie, 51.
Marc, fabricant de chaises, rue Four-de-la-Terre, 26.
Marceaux, employé aux travaux du chemin de fer, rue St-Thomas-d'Aquin, 1.
Marcel Joseph, successeur de Molin, bottier, rue Bonneterie, 4.
Marcelin fils, propriétaire, boulevard Napoléon.
Marcelin Agricol, entrepreneur de vidanges, rue Cocagne, 27.
Marcellin (veuve), charcutier, rue Vieux-Septier, 41 (bis).

Marchand Claude, tonnelier foudrier, fabricant de rusti-
   que, place Principale, 8.
Marchandeau Jean, charron, rue Bonneterie, 51.
Marchaud, propriétaire, rue Géline, 1.
Marchon Jean, marbrier, rue Calade, 76.
Maréchal (veuve), rentière, rue Laboureur, 5.
Marel Emilie (Mme), rentière, rue Bonneterie,
   16.
Maret Louis, confectionneur, rue Ste-Garde, 2.
Margaillan, *Hôtel du Commerce*, voitures à volonté,
   rue Carreterie, 50.
Maria Repos, libraire, papetier et relieur, rue des Four-
   bisseurs, 42.
Maridet, charcutier, rue Carreterie, 113.
Maridet, boucher, rue Vieux-Septier, 35.
Marin, cafetier, rue Carreterie, 72.
Marin Arbod (veuve), épouse Hubert Eugène, marchand
   de meubles, glaces et marbres, rue Carreterie,
   185.
Marin, propriétaire, rue Chapeau-Rouge, 2.
Marliague (veuve), aubergiste, place Jérusalem, 4.
Marmet, entrepreneur de bâtiments, rue Carrete-
   rie, 42.
Marnas Pierre, marchand de charbons, rue Velou-
   terie, 3.
Marrel, aumônier de la Visitation, rue Annanelle,
   41.
Maron Urie, épicier, rue St-Jean-le-Vieux, 19.
Marron, serrurier, rue des Chevaliers, 37.
Marteau, facteur de la poste, rue Petite-Calade, 4.
Martin Foulc, fabricant de paniers pour expédition,
   sabots et chaussons, rue Chapeau-Rouge, 9.
Martin frère, dit Lavierge, propriétaire, rue de l'Hô-
   pital, 15.
Martin Martial, négociant en garances et garancines, r.
   des Griffons, 2.
Martin, propriétaire, rue de l'Oratoire, 2.
Martin fils, fabricant de voitures, rue Carreterie,
   116.
Martin (veuve), rentière, rue Cocagne, 13.

Martin, distributeur du *Moniteur*, rue Rouge, 4.
Martin (Mme), marchande de lingerie, rue Rouge, 4.
Martin Hippolyte, propriétaire, rue Four-de-la-Terre, 1.
Martin Four, marchand de nouveautés, rue des Fourbisseurs, 1.
Martin Vidal, marchand de vins en détail, rue Cremade, 6
Martin (Mlle), tailleuse en robes, rue Trois-Faucons, 1.
Martin, peseur juré, place Jérusalem, 18.
Martin Ducroit, orfèvre à façon, place St-Didier, 9.
Martin Théophile, monteur de boîtes de montres, place St Pierre, 10.
Martin Frédéric, peintre sur verres, r. St-Dominique, 6.
Martin Agricol, professeur de gymnastique, rue du Pont, 1.
Martin, ancien avoué, rue Pétramale, 14.
Martin, peintre en bâtiments, rue Petite-Fusterie, 7.
Martin Auguste, expéditeur de fruits, rue Four-de-la-Terre, 37.
Martin Touzet (Mme), propriétaire, rue Bonneterie, 18.
Martin et Cie, négociants en soies et garances, rue de la Croix, 9
Martin-Moricelly, ✻, docteur médecin, rue Dorée, 6.
Martin Agricol, commis au tribunal de commerce, r. Aygarden, 26.
Martinet Placide, commis négociant, place des Carmes, 21.
Martinon (Mlle), rentière, rue Trois-Faucons, 2.
Martz Charles, directeur de l'école normale, rue Calade, 114.
Mascle, conducteur des ponts et chaussées, rue de l'Oratoire, 3.
Massador, notaire, rue de l'Hôpital, 3.
Massador Camille, avocat, rue de l'Hôpital, 5.
Massador Ulysse, propriétaire, rue Bertrand, 1.

Masse Joseph, moulinier en soie, rue Puits-Tarasque, 2.
Masse Emile, sous-chef de gare des marchandises, rue Aygarden, 26.
Masse Henri, propriétaire, rue Aygarden, 26.
Masse Jean, revendeur, rue Vieilles-Etudes, 18.
Massé, perruquier-coiffeur, spécialité d'ouvrages en cheveux, dit Souvenirs, rue des Fourbisseurs, 4.
Massiaux Emilie (Mlle), coiffeuse pour dames, cloître St-Pierre, 4.
Masson, juge de paix à Pernes, rue Arc-de-l'Agneau, 7.
Masson, *Café du Cours*, rue des Chevaliers, 47.
Masson Adolphe, commis négociant, boulevard Napoléon.
Massonnet, clerc d'avoué, rue Balance, 35.
Massonot Lucie (Mlle), revendeuse, rue St-Jean-le-Vieux, 6.
Mathieu, greffier de la justice de paix (sud), rue Collège-d'Annecy, 7.
Mathieu Louis, menuisier en fauteuils, rue des Bains, 1.
Mathieu (veuve), marchande d'huiles, rue Bonneterie, 21.
Mathieu Anselme, homme de lettres, rue St-Agricol, 23.
Mathieu, aumônier de la Conception, rue Banasterie, 41.
Mathieu, débitant des tabacs, rue Bancasse, 7.
Mathieu Antoine, commis négociant, rue Bouquerie, 9.
Mathieu (Mme), rentière, rue de la Croix, 23.
Matoy, perruquier-coiffeur, rue Infirmières, 79.
Maubon, cafetier, place Corps-Saints, 4.
Maumet Léon (veuve), propriétaire, rue Ste Catherine, 6.
Maumet jeune (veuve), propriétaire, rue Petite-Fusterie, 25.
Mauperlier (de) fils, employé à la préfecture, rue Petit-Paradis, 11.

Mauperlier (de) fils aîné, employé aux contributions directes, agent universel de commerce, rue Saluce, 1.
Mauras Félix, brasseur, place Pignotte, 19.
Mauric Esprit, bourelier, boulevard Limbert.
Mauric père et fils, cordonniers bottiers, rue des Fourbisseurs, 30.
Maurice, boucher, vermicellier, rue Chapeau-Rouge, 14.
Maurin, menuisier, rue Philonarde, 35.
Maurin (veuve), boulanger, march. de vin en détail, r. Saunerie, 39.
Maurin, marchand tailleur, rue Bonaparte, 1.
Mauron, marchand cordonnier, rue du Chapeau-Rouge, 6.
Maurou, successeur de Petit, lithographie administrative commerciale et artistique, rue St-Agricol, 1.
Maurou, propriétaire, rue Petite-Calade, 5.
Maurou, peintre en bâtiments et en décors, place du Palais, 5.
Mayan, cartonnier, rue Campane, 9.
Mayer, autozincographe à la préfecture, rue Racine, 17.
Mayeur, propriétaire, rue St-André, 5.
Mayr Louis, horloger, place Pie, 1.
Mazel J.-A., aîné, professeur en ville, représentant de commerce, courtier en tous genres, place des Carmes, 9.
Mazel père, agent d'assurances, rue des Etudes, 4.
Mazel Jean, ferblantier, lampiste et pompier, rue Campane, 8.
Mazet Adolphe, chapelier, rue Portail-Matheron, 19.
Mazetty (veuve), propriétaire, rue Trois-Faucons, 17.
Mechine, quincailler, rue Balance, 33.
Megeres Françoise, bouchère, rue Balance, 26.
Megy Edouard, pharmacien, place St-Didier, 3.
Mehn Agricol, passementier, rue Rouge, 11.

Mailhoc Pierre, épicier, rue Infirmières, 47.
Meissonnier Samatan (veuve), propriétaire, place St-Didier, 1.
Meissonnier François, chef de gare des marchandises, r. Trois-Faucons, 17.
Mejean Emilie (Mlle), bouchère, rue Vieux-Septier, 30.
Memet Jean, menuisier, rue Puits Trois Carreaux, 4.
Menabé, gardien des bureaux des postes, rue Bonaparte.
Menabé François, débitant de liqueurs, place Pie, 11.
Menassieu, (veuve), propriétaire, rue Banasterie, 41.
Mentasti Bruno, professeur au Lycée, rue des Lices, 6.
Mercier Casimir Sébastien, propriétaire, rue Bonneterie, 79.
Mercurin, aspirant au notariat, rue Petite Saunerie, 3.
Mérindol (veuve), propriétaire, rue St-Michel, 9.
Mérinton (veuve), débitante de liqueurs, rue Pucelle, 2.
Merle, propriétaire, rue Mijeanne, 5.
Merle, confections pour enfants, rue des Marchands, 3.
Merle Jean, sabotier, rue Philonarde, 6.
Merle (Mlle), modiste, rue Bonaparte.
Merle Edouard, directeur de l'école normale annexe, rue Calade, 114.
Mery, aubergiste, boulevard St-Dominique.
Mery (veuve), marchande de meubles d'occasion et antiquités, rue Saunerie, 36.
Mery Jean, perruquier-coiffeur, place du Palais, 3.
Mesnil de Buisson (vicomte du), propriétaire, rue Laboureur, 5.
Mestre, cafetier, rue Infirmières, 60.
Métaillet Xavier, confectionneur, rue Saunerie, 40.
Métivier, commissaire de surveillance administrative du chemin de fer, rue Philonarde, 28.
Meynadier aîné (veuve), propriét., rue de l'Oratoire, 3.
Meynadier Auguste, fabricant de voitures, rue de l'Oratoire, 8.

Meynadier François, propriétaire, rue St-Dominique, 8.
Meynaud Léopold, propriétaire, rue St-Agricol, 29.
Meynet Ferdinand, quincailler, place Pie, 25.
Meynier Xavier, propriétaire, place Pignotte, 6.
Meynier Casimir, propriétaire, place Pignotte, 6.
Mianne Pierre, débitant de liqueurs, boulevard St-Michel.
Michaëlis (veuve), propriétaire, rue Trois-Faucons, 14.
Michaëlis Xavier, propriétaire, rue Trois-Faucons, 14.
Michaëlis Polidore, propriétaire, rue des Ciseaux-d'Or, 4.
Michaëlis, ✶, président du tribunal civil, rue Dorée, 4.
Michaëlis (veuve), rentière, rue Arc-de-l'Agneau, 9.
Michel, capitaine en retraite, rue Collége du Roure, 3.
Michel, docteur médecin, rue Bonneterie, 66.
Michel fils, avocat, rue Bonneterie, 66.
Michel Alfred, commis négociant, rue Laboureur, 15.
Michel, propriétaire, rue Calade, 23.
Michel, revendeur, rue Calade, 56.
Michel et Boutin, photographes, rue St-Jean-le-Vieux, 21.
Michel Jean, tailleur, rue Vieux-Septier, 13.
Michel Joseph, cafetier, rue des Lices, 46.
Michel, entrepreneur de bâtiments, rue du Gal, 2.
Michel Alfred, clerc d'avoué, rue Campane, 18.
Michel Agricol, fondeur en métaux, rempart St-Michel, 1.
Michel, charron et forgeron, rue Carreterie, 42.
Michel Agricol, fabricant de caisses de voitures, rue Courte Limas, 3.
Michon Baudile, *A la Grande Tige*, marchand de cuirs, rue St-Michel, 21.
Miffrein, revendeur, rue Infirmière, 6.
Milhe Léon, mercier et quincailler, rue Vieux-Septier, 50.

Millaudon Casimir (de), propriétaire, rue Laboureur, 8.
Millaudon Adrien (de), ✻, ancien capitaine de gendarmerie, rue Laboureur, 8.
Millie (veuve), rentière, rue Lagne, 6.
Millie (veuve), rentière, rue Trois-Faucons, 8.
Millet Victor, propriétaire, rue Pétramale, 7.
Millet, aumônier de l'Hospice St-Louis, rue Vieilles-Etudes, 20.
Millet (Mme), placement de domestiques et nourrices, rue Bonneterie, 59.
Millo, serrurier, rue Calade, 90.
Milon (Mlle), tailleuse en robes, rue Rappe, en face la rue des Marchands.
Milon, cafetier, rue Carreterie, 46.
Minard, ancien notaire, agent d'assurances, rue Banasterie, 51.
Miolan, cordonnier bottier, rue des Fourbisseurs, 6.
Miseramont, employé au Mont-de-Piété, rue de la Forêt, 2.
Mirandol, boulanger, rue Hercule, 2.
Mirapelli, propriétaire, rue Bonneterie, 28.
Miziewiez J., garde mine, rue Calade, 114.
Molière Charles, confectionneur, rue des Marchands, 9.
Molinier Félix, professeur au Lycée, rue Trois-Faucons, 14.
Molino, plâtrier, boulevard Napoléon.
Mollard, propriétaire, rue Gal-Grenier, 7.
Mollet Emile, entrepreneur de transport, rue Saunerie, 23.
Mollo, fondeur et tourneur en cuivre, place des Carmes, 8.
Mombet, professeur émérite, rue Colombe, 19.
Monestier aîné, ✻, négociant en soies et garances, rue Place St-Pierre, 1.
Monestier Séraphin, négociant, rue de l'Hôpital, 44.
Monestier, professeur du Lycée, rue Ste-Catherine, 14.
Monier jeune, mercier quincailler, jouets d'enfants, articles de fantaisie, rue des Marchands, 25.

Monier des Taillades Hippolyte, docteur médecin, seul propriétaire de l'Irroé purgatif, fébrifuge, vermifuge et derrivatif, efficacité constatée par plus d'un siècle d'existence, rue Calade, 60.
Monier des Taillades (baron), juge au tribunal civil, rue Calade, 45.
Monier Charles, propriétaire, rue de la Masse, 30.
Monier jeune, menuisier ébéniste à façon, rue Vieilles Etudes, 16.
Monier (veuve), rentière, rue Philonarde, 52.
Monier Louis, charcutier, rue Banasterie, 66.
Monier Louis, docteur médecin, rue Calade, 98.
Monier Xavier (veuve), rentière, rue Calade, 98.
Monier (veuve) fils et Compagnie, mécaniciens, rue des Teinturiers, 83.
Monier, épicier, rue Calade, 6.
Monleaud (Mme), fruitière, place Trois-Pilats, 11.
Monnier Auguste, propriétaire, rue Four-de-la-Terre, 43.
Monnier, entrepreneur de bâtiments, rue Banasterie, 33.
Monot, débitant de liqueurs, rue Balance, 35.
Monseret, aubergiste, rue Calade, 124.
Montagard, vicaire de St-Symphorien, rue Oriflamme, 25.
Montagard, fripier, rue Balance, 13.
Montagnac François, cartonnier, rue du Coq, 4.
Montagnat fils, négociant, rue Calade, 100.
Montagner Agricol, entrepreneur de bâtiments et quincailler, rue St-Agricol, 18.
Montagnier Louis, inspecteur du gaz, rue St-Marc, 27.
Montanarau, plâtrier, rue Pommier, 13.
Montanié Etienne, entrepositaire de ciments, rue Campane, 6.
Monteil, serrurier, rue St-Michel, 35.
Monteux, tailleur, rue Bonneterie, 103.
Montfort (Mlle de), propriétaire, rue des Lices, 5.
Montigny (veuve comtesse de), propriétaire, rue Infirmières, 3.

Montval (de), directeur des magnaneries expérimentales de Vaucluse, place Crillon, 17.
Montvoisin, menuisier ébéniste, rue Petite-Fusterie, 22.
Mostowski Arthur, docteur médecin, rue des Amoureux, 1.
Montvoisin (veuve), accoucheuse, rue Balance, 36.
Moreau, surnuméraire, des contributions indirectes, rue d'Amphoux, 33.
Moreau André, perruquier-coiffeur, rue des Teinturiers, 49.
Moreau et Rebandengo, mécaniciens, rue des Teinturiers, 75.
Morel, chirurgien dentiste et pédicure, rue Petite-Meuse, 10.
Morel Joseph, entrepreneur de bâtiments, rue St-André, 8.
Morel (veuve), boulanger, rue Balance, 31.
Morenas Napoléon fils, marchand de cuirs, rue Rappe, 8.
Morenas neveu, marchand de cuirs, rue Saunerie, 58.
Morenas Charles, tourneur sur bois, rue Banasterie, 18.
Morenas Charles, propriétaire, place des Carmes, 25.
Morenas neveu, propriétaire, rue Bonneterie, 83.
Morenas fils et Compagnie, marchands de cuirs, rue Carreterie, 88.
Moriceau (veuve), rentière, rue Calade, 56.
Morin, courtier de grains, rue de l'Olivier, 1.
Mornet Pierre, fabricant de bois de galoche, place Principale, 6.
Mortz dit Alsacien, forgeron, boulevard Limbert, porte St Lazare.
Mossé (veuve), propriétaire, rue Philonarde, 67.
Mossé, grand rabbin, rue Florence, 23.
Motte fils aîné, entrepreneur de bâtiments, rue St-Christophe, 24.
Motte Denis (veuve), marchande de comestibles, rue Vieux-Septier, 35.

Mottet, propriétaire, place St-Pierre, 7.
Mouilliasse André, tourneur sur bois, rue Philonarde, 102
Moulard, ✻, ancien chef de division à la Préfecture, rue Trois-Faucons, 25.
Moulet père et fils, tonneliers foudriers, rue Bancasse, 26
Moulet (Mlles), tailleuses en robes, rue Bancasse, 28.
Moulin, moulinier en soies, rue Calade, 96.
Mounier Joseph, huissier, rue Philonarde, 28.
Mounier, professeur de musique, rue du Gal, 3.
Moureau Guillaume, marchand de plâtres, rue Pommiers, 8.
Moureau Balthazard, logeur, rue Pommier, 7.
Moureau, coiffeur, place de l'Horloge, 12.
Mouret Gabriel, employé des ponts et chaussées, rue Infirmières, 16.
Mouret J. fils, marchand drapier et toilier, rue Saunerie, 51.
Mouret Joseph, propriétaire, rue des Teinturiers, 13.
Mouret (Mme), lingère, rue Rouge, 10.
Mouret, boucher, place Corps-Saints, 36.
Mouret Joseph, chaudronnier pompier, rue St-Jean-le-Vieux, 25.
Mouret (Mme), modiste, rue Bonaparte, angle de la rue l'Anguille.
Mouret Claude, entrepreneur de bâtiments, rue Baraillerie, 15.
Mouret Claude, charcutier, rue Carreterie, 73.
Mourges, propriétaire, rue Infirmières, 41.
Mourier Léopold, propriétaire, agent d'assurances, place du Palais, 15.
Mourier Pierre, revendeur, rue Four-de-la-Terre, 9.
Mourou, tailleur, rue Bonneterie, 23.
Mourre Louis, camionneur, rue Violette, 4.
Mouton Pierre, pépiniériste, rue Lanterne, 54.
Mouton aîné et Cie., jardiniers fleuristes et pépiniéristes, rue Velouterie, 4.
Mouton père et fils, jardiniers fleuristes et pépiniéristes, rue Velouterie, 13.

Moutonnet, chanoine honoraire, curé de St-Didier, rue Galante, 20.
Mouttet, propriétaire, rue des Bains, 2.
Mouzin Lazare, boulanger, rue Bancasse, 33.
Mouzin Alexis, employé à la Préfecture, rue Bancasse, 33.
Mugnier Jules, directeur de la Banque de France, place Puits des Bœufs, 2.
Munch Charles, tailleur, rue Trois Faucons, 11.
Muscadaux, marchand de toiles peintes et draps, rue Limas, 64.
Muscat Prosper, négociant, rue St-Catherine, 11.
Muscat Henri, agent de change, courtier de garances, agent d'assurances, rue Bancasse, 19.
Muséum Calvet, rue Calade, 65.

N

Nadal (veuve), rentière, rue Ciseaux-d'Or, 4.
Naltet, menuisier en fauteuils, rue des Bains, 6.
Napoléon Alphonse, menuisier, rue des Bains, 2.
Naud Auguste, serrurier mécanicien, rue St-Marc, 4.
Naudo Pierre, chanoine, rue des Griffons, 5.
Naugier Louis, débitant de liqueurs, place Corps-Saints, 46.
Nave François, perruquier-coiffeur, place Pie, 1.
Nègre, propriétaire, place St-Didier, 16.
Nègre, propriétaire, rue du Four, 14.
Neme Charles, ferblantier lampiste, marchand de bouchons, rue Saunerie, 54.
Neron Antoine, ✳, employé à la Mairie, rue Bancasse, 27.
Nevejans, cordonnier pour dames, rue Bonneterie, 22.
Neveu Marius fils, quincailler, rue Puits-de-la-Reille, 10.
Neveu Henri, ferblantier lampiste et pompier, rue St-Marc, 49.
Neveu Joseph, boulanger, rue des Teinturiers, 59.
Nevière, cafetier, rue Balance, 9.
Nicolaï C. ✳, général de brigade, commandant la subdivision, place Crillon, 12.

Nicolas et Louis Noyer, directeurs de la Société Avignonaise de vidanges, rue Bonaparte, 4.
Nicolas, employé des ponts et chaussées, rue des Marchands, 31.
Nicolas, commis des postes, place de l'Horloge, 24.
Nicolas Millo, marchand de modes et lingeries, hautes nouveautés, rue Bonaparte, 4, rue Argentière, 3.
Nicolas, entrepreneur de bâtiments, rue Velouterie, 7.
Nicolas, propriétaire, rue Bonneterie, 36.
Nicolas Claude, courtier en garances, place Corps-Saints, 7.
Nicolas Auguste, employé des postes, boulevard Limbert.
Nicolas Philippe, propriétaire, boulevard Limbert.
Nicolaud Etienne, marchand de vins en détail, rue Trémoulet, 5.
Nicolet Jean, épicier, rue Petite-Saunerie, 1.
Nicolon (veuve), rentière, boulevard Limbert.
Nicot (veuve), propriétaire, rue Petit-Paradis, 14.
Nimal et Compagnie, marchands de crépins, rue St-Pierre, 3.
Nitard, fabricant d'outils d'agriculture, rue des Clés, 7.
Nitard (veuve), courtière, rue de la Croix, 21.
Nogier Louis, marchand de vins en détail, rue Philonarde, 91.
Noroy (veuve), rentière, rue l'Amelier, 5.
Niel Claude, horticulteur fleuriste, boulevard Napoléon, route de Tarascon.
Niel oncle, horticulteur fleuriste, boulevard St-Michel, route de Tarascon.
Niel François, propriétaire, rue Four-de-la-Terre, 37.
Niel, géomètre, rue Baraillers, 1.
Niquet Joseph, géomètre, marchand de cerceaux, quai St-Lazare, 5.
Noble, peintre en bâtiments, place des Carmes, 1.
Noël Joseph, cafetier, rue Vieux-Septier, 56.
Noguier, garçon de recette à la Banque de France, rue Rappe, 15.

Noseda, marchand de gravures, dessins, encadrements et fournitures de bureaux, rue des Marchands, 17.
Noviciat des frères des écoles chrétiennes, rue de l'Hopital, 64.
Noyer, courtier en tous genres, rue Carreterie, 156.

O

Odoyer Terzani, quincailler et opticien, place du Change, 12.
Offray aîné, imprimeur libraire, place St-Didier, 11.
Offray Hippolyte fils, agent départemental du *Moniteur Universel*, et correspondant de divers journaux, rue St-Etienne, 16.
Olagnier Eugène, perruquier coiffeur, rue Fromageon, 13.
Olanié, architecte, rue des Ortolans, 6.
Oléon Bonnet (d'), propriétaire, rue Ste-Praxède, 7.
Oléon Charles (d'), propriétaire, rue Ste-Praxède, 7.
Oléon Henri (d'), propriétaire, rue Oriflamme, 14.
Olivier de Pezet (d'), ※, ancien député, rue Violette, 7.
Olivier Albert (d'), propriétaire, rue Violette, 7.
Olivier, boulanger, rue Carreterie, 81.
Olivier Jules, négociant, rue Calade, 110.
Ollivier Etienne, chanoine, rue Pente-Rapide, 1.
Ourson, ※, juge d'instruction, rue Philonarde, 17.
Ourson Agricol, propriétaire, rue Philonarde, 17.
Ovide, perruquier-coiffeur, spécialité d'ouvrages en cheveux, rue Saunerie, 28.
Oziol, chef de section au chemin de fer, rue Bancasse, 23.

P

Pagès frères, épiciers, denrées coloniales, rue Vieux-Septier, 39.

Paget, directeur du Crédit Agricole, rue Bancasse, 15.
Paitrault S., assortiment de pianos et harmoniums de Paris. Vente avec garantie. Abonnement à la lecture de musique, rue St-Agricol, 18.
Paitrault fils, professeur de piano et accompagnateur, rue St-Agricol, 18.
Palavesin, épicier, rue des Fourbisseurs, 62.
Palun Raymond (veuve), boulanger, rue des Teinturiers, 7.
Palun Emile, géomètre, rue Philonarde, 11.
Palun Joseph oncle, propriétaire, rue Philonarde, 12.
Palun Joseph, homme d'affaires de M. le marquis de Cambis, rue Philonarde, 11.
Palun Adrien, négociant, adjoint, rue Banasterie, 13.
Palun Alphonse, charcutier, rue Trois-Faucons, 27.
Palus, propriétaire, rue Carreterie, 165.
Pamard Paul, O✻, député au Corps législatif, place l'Amirande, 6.
Pamard Alfred, docteur médecin, place l'Amirande, 6.
Pansin père, bandagiste, rue Galante, 18.
Pansin J.-Baptiste, tapissier, rue St-Agricol, 12.
Pansin fils, bandagiste, contrôleur du gaz, rue Bonneterie, 2.
Paquet, conducteur des ponts et chaussées, rue Colombe, 3.
Paraud (veuve), revendeuse, rue St-Etienne, 25.
Parrel Lucien, tailleur, rue Ste-Garde, 2.
Parrel, successeur de Ray, tapissier, rue Galante, 41.
Parrel fils aîné, cordonnier bottier, place du Change, 14.
Parel fils, marchand d'huiles et sparteries, rue Chapeau-Rouge, 16.
Parme, commis négociant, rue de l'Hôpital, 5.
Parère, menuisier ébéniste, rue Philonarde, 92.
Pascal, architecte, rue Cardinal, 12.
Pascal Honoré, propriétaire, rue St-Etienne, 24.

Pascal, propriétaire, rue Bonneterie, 19.
Pascal (veuve), revendeuse, rue Muguet, 6.
Pascal (Mme), tailleuse en robes, rue Racine, 7.
Pascal Marius, cordonnier, rue St Jean-le-Vieux, 7.
Pascal, marchand de vins en détail, rue Balance, 23.
Pascal Réné, propriétaire, rue Grande-Fusterie, 7.
Passemard, fabricant d'eaux de seltz, entrepôt de bierre de Lyon, boulevard Limbert
Passet, propriétaire, rue St-Thomas-d'Aquin, 3.
Pastergue Désiré, courtier en garances, rue de Puy, 21.
Pastrau, débitant de liqueurs, *Buvette Niçoise*, place Crillon, 4.
Pastre, ferblantier, lampiste et pompier, rue des Fourbisseurs, 6.
Paul mère, bouquetière, place St-Pierre. 8.
Paul Adélaïde (Mlle), bouquetière, rue St Agricol, 5.
Paul, aubergiste, rue Petite-Meuse, 11
Paul Marius, rentier, rue Philonarde, 29.
Paul G., tailleur, rue Corderie, 6.
Paul Henri, chef de division à la préfecture, rue Ste-Catherine, 22.
Paul (veuve), propriétaire, rue Ste-Catherine, 22.
Pauleau, fruitier, rue Bonneterie, 47.
Paulet François, peintre en voitures, rue St-André, 7.
Paulet Louis, cabaretier, rue St-Etienne, 19.
Paulet, revendeur, rue Oriflamme, 7.
Pavesi Ulysse, plâtrier, rue Figuière, 10.
Pavi Jean, fabricant de chaussons, rue des Fourbisseurs, 17.
Pavier, entrepreneur de bâtiments, rue Annanelle, 2.
Pavier, boulanger, rue Calade, 69.
Pavin fils, ✻, négociant en soies, rue Carreterie, 47.
Payan, facteur et accordeur de pianos, rue Galante, 39.
Payan, épicier, rue Petite-Fusterie, 28.
Payan, conducteur des ponts et chaussées, rue des Chevaliers, 21.

Payen, ancien marchand drapier, rue Collége du-Roure, 2.
Payen, docteur médecin homœopathe, rue de la Croix, 15.
Payen Ernest, commis négociant de Maison Frainet frères, rue Bonneterie, 47.
Payen Jean Alexis, propriétaire, rue St-Marc, 37.
Payet (veuve), débitante de tabacs, rue St-Michel, 17.
Pyot, propriétaire, rue des Marchands, 1.
Peauleau Véran, entrepreneur de bâtiments, rue Philonarde, 88.
Paulin Camille, chapelier, place du Change, 28.
Pecoul Henri, négociant, rue l'Amelier, 5.
Pegue, propriétaire, rue St-Agricol, 19.
Pegurier, pharmacien, rue St-Agricol, 13.
Pelegrin Bruno, propriétaire, rue Ste-Garde, 2.
Pelegrin (Mlle), rentière, rue Vieneuve, 4.
Pelegrin, coiffeur, place de l'Horloge, 6.
Pelissero, confiseur pâtissier, *Au Grand Avenir*, rue Carreterie, 41.
Pelissero Joseph, confiseur pâtissier, place Crillon, 5.
Pelisson, épicier, rue de la Masse, 1.
Pellen, boulanger, place Crillon, 6.
Peloux Jean, boulanger, rue du Saule, 9.
Peloux Paul, revendeur, place Ste-Magdeleine, 6.
Penable et Cie, imprimeurs typographes, journal *Courrier de Vaucluse*, rue St-Agricol, au coin de la rue Calade.
Penable Antoine, charron, boulevard Limbert.
Penable Martin, rentier, rue de l'Hôpital, 30.
Penjon, professeur du Lycée, place Principale, 3.
Penne fils, négociant en soies, rue Trois-Faucons, 21 (bis).
Penne fils aîné, négociant en soies et fileur, rue Pétramale, 6.
Penne, *Café des Milles Colonnes*, place de l'Horloge, 16.
Pensionnat des Frères, rue Hercule, 6.
Percie, propriétaire, rue St-Thomas d'Aquin, 3.
Périé J., cordonnier bottier, rue St-Agricol, 35.

Perillier, employé aux assurances, place Principale, 45.
Periol, aumônier de St-Eutrope, bénéficier de la métropole, rue Bonneterie, 39.
Pernod (veuve), rentière, rue des Lices, 74.
Pernod, négociant, adjoint, rue des Clés, 1.
Perpignan Edouard (veuve), rentière, rue St Pierre, 7.
Perpignan Joseph, marchand tailleur, rue Saunerie, 15.
Perre Joseph, fondeur en métaux, constructions de machines, grosses cloches, tons garantis, quartier St-Roch, entre la gare des marchandises et le Rhône; domicile rue Annanelle, 14.
Perre (veuve), rentière, à la fonderie St Roch.
Perre de Vincent Anne (Mlle), fondeur en métaux, rempart du Rhône, 1.
Perre Emile, *Hotel d'Europe*, place Crillon, 12.
Perre Pierron (veuve), rentière, place Crillon, 12.
Perret, *Auberge de la Pompe*, rue Carreterie, 32.
Perret Pierre, fabricant de toiles peintes, rue des Teinturiers, 5.
Perrier et Fouque, marchands de charbons, boulevard St-Roch.
Perrier J.-B., propriétaire, rue Bonneterie, 13.
Perriol, entrepreneur des omnibus de l'Hôtel du Luxembourg, rue Campane, 13.
Perroche (veuve), fabricant de chapeaux, place des Châtaignes, 8.
Perrot et Estrayet, fileurs de soies, rue de l'Amouyer, 16.
Perrot Louis, marchand drapier en gros, rue Bonneterie, 54; succursale au détail, r. Portail-Matheron, 1.
Perrot (veuve), confectionneur vêtements sur mesure, rue des Marchands, 15.
PERROT fils aîné, *Au Phénix*, spécialité de chemises d'hommes, corsets, crinolines, cravates et lingerie pour dames, Maison recommandée, rue des Fourbisseurs, 4.
Perrot (veuve), propriétaire, rue Galante, 8.
Perrot, employé à l'octroi, rue St-Sébastien, 10.

Pertuis Antoine, marchand cordonnier bottier, r. des Marchands, 19.
Pertus, poêlier, fabricant de fourneaux et calorifères, rue Carreterie, 14.
Petit, ancien lithographe, rue Cardinal, à la vice Gérence.
Petit Philippe, graveur, rue Cardinal, 15.
Petitat Jean, sabotier, rue Philonarde, 13.
Petre, propriétaire, rue Bonneterie, 71.
Peyre aîné, forgeron en voitures, rue Grande-Fusterie, 1.
Peyre, aubergiste, *A l'Ecu de France*, rue de la Masse, 14.
Peyre fils aîné, fondeur en métaux, grosses cloches, boulevard Limbert.
Peyre cadet, fabricant de voitures, rue St-Etienne, 22.
Peyre, orfèvre à façon, rue des Licés, 8.
Peyre (veuve), rentière, rue Baraillerie, 23.
Peyron jeune, traiteur, rue St-Marc, 5.
Peyron aîné, traiteur, rue Arc-de-l'Agneau, 5.
Peyrot, inspecteur de l'Académie, rue Petite-Fusterie, 17.
Peyrot, marchand d'antiquités et meubles, rue St-Agricol, 21.
Peytaud, marchand de vins en détail, rue Grande-Fusterie, 21
Peytier, chan. hon., supérieur du petit Séminaire, place du Palais, 2
Peytier (Mme), tailleuse en robes, rue du Chapeau-Rouge, 21.
Peytier, teneur de livres, rue Chapeau-Rouge, 21.
Philibert, menuisier, rue Grande Monnaie, 5.
Philibert, employé des postes, rue Racine, 6.
Philibert, entrepreneur de bâtiments, rue Grande-Fusterie, 47.
Philipp, contrôleur de l'Hospice St-Louis, rue Vieilles-Etudes, 20.
Pic, aubergiste, *A la Tête de bois*, place Corps-Saints, 2.

Picard (veuve), modiste, spécialité de deuil, *Au Sablier*, rue Bonneterie, 32.
Picard E. et Pernod, négociants en garances et garancines, rue Saluce, 11.
Picard Auguste, propriétaire, place Coste-Belle, 4.
Pico-Nante, potier d'étain, rue des Marchands, 39.
Picolet, receveur municipal, rue Racine, 9.
Pierreplane Simon, aubergiste, *Aux Quatre Marroniers*, boulevard Napoléon.
Pigeon (Mlle), rentière, rue Geline, 2 (bis).
Pila père et fils, négociants en graines de vers à soie, rue Banasterie, 26.
Pille, propriétaire, rue Grande-Fusterie, 18.
Pimont (Mlle), confectionneur, rue des Marchands, 40.
Pin, économe du Petit Séminaire, place du Palais, 2.
Pinaud Armand, ancien principal de Collége, rue Laboureur, 9.
Pion Pierre, propriétaire, place Corps-Saints, 40.
Pipet Jacques, propriétaire, place Pignotte, 8.
Piquet perruquier-coiffeur, rue Carreterie, 31.
Piraque Auguste, marchand de vins en détail, rue Puits-de-la-Reille, 10.
Pistoy de Maillane, née de Boudard (veuve), propriétaire, rue Calade, 25.
Pitol, boulanger, rue Galante, 29.
Pitras aîné, marchand tailleur, *Au petit Bénéfice*, rue Portail-Matheron, 5.
Pitt de Heurta (veuve), rentière, rue Ste-Catherine, 21.
Pivot Antoine, aubergiste, rue Arc-de-l'Agneau, 10.
Planchant (veuve), rentière, rue Philonarde, 108.
Plaindoux, employé au chemin de fer, rue Galante, 6.
Plaisant (veuve), revendeuse, rue Baraillerie, 14.
Plantinet Pierre, propriétaire, place Crillon, 8.
Plantinet François, agent d'assurances, place Crillon, 8.
Plat Louis, peintre, restaurateur en tableaux, rue Four-de-la-Terre, 25.

Platel (Mme), tailleuse en robes, rue Bancasse, 6.
Platel, employé au télégraphe, rue Bancasse, 6.
Platiau (veuve), rentière, rue Calade, 112.
Pliquet, propriétaire, passage St-Agricol, 6.
Pliquet, marchand de vieux fers, rue Carreterie, 105.
Ploton (Mlle), rentière, rue du Chapeau-Rouge, 11.
Ploton (Mlle), rentière, rue du Chapeau-Rouge, 11.
Plouton Antoine, moulinier en soies, rue Tarasque, 1.
Pochy, marchand d'antiquités, crieur public, débitant de Tabacs, rue Calade, 7.
Poisson Guillaume, cordonnier, chaussures pour dames et enfants, rue Saunerie, 1.
Poizat, docteur médecin, rue Ferruce, 24.
Polette, chanoine, place du Palais, 4.
Polliard Joseph, rentier, rue de la Masse, 1.
Polliard, propriétaire, rue Arc de l'Agneau, 6.
Polliard aîné, passementier enjoliveur, rue des Marchands, 30.
Polliard François, rentier, place du Change, 20.
Polliard Dorothée, passementier, rue Saunerie, 10.
Pomel, marchand de vins en détail, rue des Chevaliers, 6.
Pommère Louis, chaudronnier pompier, boulevard St-Michel.
Pommier, commis négociant, rue Infirmières, 22.
Poncet Paul, maire de la ville d'Avignon, rue du Gal, 7.
Poncet Félix, ✻, propriétaire, rue du Gal, 7.
Poncet frères, ✻, fabricants de papiers, rue du Gal, 7.
Poncet Eugène (veuve), propriétaire, rue Ste-Catherine, 8.
Poncet, ancien inspecteur du gaz, rue Saunerie, 29.
Ponge père, propriétaire, rue Oriflamme, 1.
Ponge Etienne, entrepreneur de bâtiments, boulevard Napoléon.
Ponge André, entrepreneur de bâtiments, boulevard St-Michel.
Ponge Martin, entrepreneur de bâtiments, rue Philonarde, 68.

Ponge Malachi, propriétaire, rue Philonarde, 79.
Ponge Isidore, entrepreneur de bâtiments, rue Trois-Faucons, 21.
Ponge Noël, *Café de la Bourse*, rue Vieux-Septier, 12.
Pons André, notaire, rue Bancasse, 30.
Pons Etienne, serrurier, rue Ste-Praxède, 18.
Pons, huissier, rue Bertrand, 25.
Pons, ancien aumônier de l'Hospice Isnard, rue Colombe, 21.
Ponson père, ébéniste, marchand de meubles, rue du Saule, 8.
Ponson fils, fabricant de billards, rue du Saule, 8.
Ponton-Farinet, aubergiste, mère des Compagnons serrurier et forgerons, rue Collége de la Croix, 1.
Portalés Henri, négociant, rue Bouquerie, 20.
Pouchon, prêtre habitué, rue Calade, 25.
Pougnet, prêtre, architecte, rue Bertrand, 25.
Pouinard, revendeur, rue Infirmières, 39.
Poulin Hippolyte, charcutier, rue Vieux-Septier, 33.
Poulin Etienne, entrepreneur de diligences et roulages, rue St-Dominique, 4.
Poulin (veuve), rentière, rue Limas, 1.
Poulin (Mlles), rentières, rue Ferruce, 26.
Poulin (Mlle), rentière, rue Limas, 35.
Pourchier (veuve), fils et Bresson, fabricants de chocolats, rue des Teinturiers, 73.
Pourquéry, contrôleur des contributions indirectes, rue des Lices, 42.
Pourriere Sébastien, coiffeur, place Ste-Magdeleine, 7.
Pourtalier, propriétaire, rue des Marchands, 40.
Poussel Henri, propriétaire, rue Bourgneuf, 3.
Poussel (veuve), propriétaire, rue Petit-Change, 6.
Poultier, confiseur pâtissier, *Au Fidèle Berger*, successeur de Schucan, rue des Marchands, 7.
Poux, tapissier, fabricant de meubles, miroitier, rue Petite-Fusterie, 1.
Pouzol père et fils, marchands tailleurs, rue des Marchands, 23.
Pouzol Pierre, perruquier-coiffeur, rue Saunerie, 5.

16.

Prade Casimir, courtier de denrées coloniales, rue Florence, 13.
Pradel Eugène, libraire, chirurgien dentiste, rue Carreterie, 2.
Pradelle Eugénie (Mlle), modiste, rue Bonneterie, 15, au 1er.
Pralong, propriétaire, rue Velouterie, 2.
Prat Auguste, rabilleur de chaises, rue Oriflamme, 5.
Prat Hippolyte, boulanger, rue Limas, 13.
Praye Frédéric, marchand de porcelaines et cristaux, pl. du Change, 17.
Preseau Antoine, marchand de vins en détail, rue St-Michel, 23.
Prévot Antoine, épicier, rue des Teinturiers, 53.
Prévot (veuve), rentière, rue des des Teinturiers, 21.
Prévot Philippe, épicier, rue des Teinturiers, 21.
Prévot, rentier, place des Carmes, 21.
Priad, épicier, place Corps Saints, 13.
Privas Rose (Mme), débitante de liqueurs, boulevard Napoléon.
Protin jeune, fournitures de bureaux et broderies, rue Saunerie, 17.
Protton Philippe, réparations d'objets d'art anciens et modernes, rue St-Pierre, 5.
Puig (Mme), tailleuse en robes, rue des Fourbisseurs, 60.
Puig jeune, ébéniste, marchand de meubles, rue Philonarde, 52.
Pujet (veuve), successeur de Janisset, chapelier, r. des Marchands, 37.
Pujolas Louis, marchand de vin en détail, rue Philonarde, 41.
Pujolas, propriétaire, rue Galante, 16.
Puy Xavier, avocat, notaire, rue des Encans, 20.
Puy Joannin, avocat, rue Officialité, 2.
Puy frères, négociants en soies, rue Officialité, 2.

Q

Quelrel, garçon de recette à la banque de France, rue Galante, 25.
Quenin Jean, reverdeur, rue Philonarde, 89.
Quinquin (veuve), rentière, rue St-Marc, 43.
Quioc Antoine, commis négociant, rue Pommiers, 26.
Quioc, marchand de bois de service et scie hydraulique, quai St-Lazare, 10.

R

Rabache, contrôleur ambulant du chemin de fer, rue Vieilles-Études, 7.
Rabasse Isidore, cordonnier pour dames, rue Saunerie, 22.
Rabier, marchand de vins en détail, rue Calade, 101.
Rachet, artiste pédicure, rue Galante, 25.
Raffi, fabricant d'instruments de musique et marchand de musique, rue de la Croix, 23.
Raffier, épicier, rue Vieilles-Études, 16.
Rafin, papetier, rue des Fourbisseurs, 7.
Raisin Etienne, marchand de laines, rue des Fourbisseurs, 19.
Ramain (veuve), papetier, rue Saunerie, 2.
Rambaud Philippe, aumônier des Ursulines, rue Velouterie, 9.
Ramon Capdevilla, fabricant de courroies, rue des Lices, 30.
Rampon Alexis, camionneur, rue Palapharnerie, 23.
Raoulx, menuisier ébéniste, fabricant de billards, rue Four-de-la-Terre, 29.
Raousset-Boulbon fils (comte de), propriétaire, rue Calade, 55.
Raoux, agent-voyer, rue Philonarde, 108.
Raoux Anne, aubergiste, rue Carreterie, 120.
Raphaël, expéditeur de fruits, rue Philonarde, 24.

R

Raphaël Mathieu, fabricant de chaussons, rue Portail-Matheron, 13.
Raquillet Christophe, fabricant de chapeaux, rue St-Michel, 31.
Raspail (Mlle), modiste, rue Saunerie, 5.
Rasse neveu, cafetier, place Corps-Saints, 32.
Rasse, directeur des Messageries Impériales, rue de la Croix, 23.
Rasse Félix Agricol, propriétaire, rue des Fourbisseurs, 64.
Ratabon Véran, marchand de vin en détail, rue Grande-Fusterie, 34.
Ravan Augustin, marchand de cuirs, rue Bonneterie, 37.
Ravanier Louis, revendeur, rue Philonarde, 104.
Raveau, négociant, place du Change, 21.
Raveau et Cie, commissionnaires en garances, place Coste-Belle, 4.
Ravel (veuve), charron, rue Palapharnerie, 27.
Ravot (veuve), aubergiste, rue Carreterie, 4.
Raymond, cafetier, rue Peyrollerie, 11.
Raymond et Rouillé, fabicants de vermicelles et pâtes, rue Tête-Noire, 18.
Raymond Ferdinand, boulanger, rue Trois-Faucons, 56.
Raymond, négociant en soies, représentant la maison Richard et Giely de Lyon, rue Petite-Fusterie, 17.
Raymond Marie, propriétaire, rue Baracanne, 6.
Raynaud dit Raymond, marchand de bois à brûler, quai St-Lazare, 9.
Raynaud Etienne, encaveur, purgeur de puits, r. Puits-Trois-Carreaux, 11.
Raynaud Alexis, propriétaire, rue Palapharnerie, 16.
Raynaud Pierre, facteur de poste, rue Aygarden, 19.
Raynaud (veuve), rentière, rue des Chevaliers, 45.
Raynaud et Gabelon, chaudonniers pompiers, rue Four-de-la-Terre, 31.
Raynaud, employé à la préfecture, rue Banasterie, 81.
Raynaud Seraphin, teneur de livres chez MM. Verdet, négociants, rue Bonneterie, 81.

Rebeyrol Marius (veuve), serrurier, rue Cocagne, 2.
Rebeyrol (veuve), serrurier, rue de l'Hôpital, 11
Rebière, cordonnier, place Corps-Saints, 30.
Reboul (veuve), rentière, rue des Ciseaux-d'Or, 4.
Reboul, architecte, rue Bertrand, 37.
Reboul, boulanger, rue Balance, 3.
Reboul J.-B., peintre d'histoire, rue Ste-Catherine, 2.
Reboul (Mlle), institutrice particulière, rue Ste-Catherine, 2.
Reboul A., menuisier, rue du Gal, 5.
Reboulette Jeanne (veuve), fripière, rue Four-de-la-Terre, 21.
Redon Joseph, revendeur, rue Pucelle, 4.
Redon (veuve), rentière, rue Calade, 6.
Redon Victor, fabricant de papier de pliage, rue Calade, 6.
Regis, bouquiniste, relieur, rue Petit-Change, 5.
Regnier (veuve), rentière, rue Philonarde, 56.
Regnier Victor, propriétaire, rue Colombe, 25.
Remacle Louis, receveur des hospices, place St-Didier, 7.
Remacle neveu, chapelier, rue des Marchands, 25.
Renaud, perruquier-coiffeur, rue Calade, 46.
Renaux Charles, propriétaire, rue Calade, 36.
Renaux, vérificateur des poids et mesures, cours Bonaparte.
Rencurel (Mme), tailleuse en robes, rue des Ciseaux-d'Or, 6.
Rencurel, gérant des prisons de Vaucluse, rue Ciseaux-d'Or, 6.
Repos Auguste, ferblantier, place Pyramide, 2.
Requien père et fils, teinturiers dégraisseurs, rue des Lices, 39.
Requien fils aîné, teinturier dégraisseur, rue de la Masse, 3.
Requien Marius, perruquier-coiffeur, rue Bonneterie, 74.
Requien, peintre en bâtiments, rue Bonneterie, 80.
Ressegaire jeune, commis négociant, place St-Pierre, 2.

Ressegaire aîné, négociant, place des Carmes, 12.
Ressegaire, peintre en bâtiments, rue Petite-Saunerie, 2.
Ressegaire, charcutier, rue Carreterie, 109.
Retzer Joseph (veuve), fripière, rue Balance, 10.
Revol, forgeron en voitures, rue Limas, 27.
Rey, ✻, percepteur des contributions directes, pl. Crillon, 21.
Rey Louis, orfèvre, rue Rouge, 2.
Rey, chapelier casquettier, rue Carreterie, 18.
Rey, boulanger, *Four Continu*, rue Arc-de-l'Agneau, 3.
Rey fils, minotier, rue d'Amphoux, 8.
Rey, pasteur protestant, rue Collége de la Croix, 9.
Rey, cordonnier fripier, place Corps-Saints, 1.
Rey Balthazar, artificier de la mairie, boulevard Limbert.
Rey Polidore, maître adjoint à l'école normale primaire, rue Calade, 114.
Reynard fils, tourneur sur bois, rue Bourgneuf, 5.
Reynard père, propriétaire, rue Bon-Pasteur, 3.
Reynard Lespinasse Adrien, négociant, rue St-Etienne, 17.
Reynard Lespinasse Eugène, propriétaire, rue Grande-Fusterie, 16.
Reynard, entrepreneur de bâtiments, rue de l'Hôpital, 16.
Reynard, chiffonnier, rue Infirmières, 30.
Reynard (Mlles), tailleuses en robes, rue Campane, 34.
Reynard, fabricant de voitures, place St-Joseph, 1.
Reynaud Pierre, sculpteur statuaire, rue St-Charles, 6 (bis).
Reynaud, employé au télégraphe, rue des Lices, 15.
Raynaud aîné, épicier, place Puits des Bœufs, 15.
Reynaud Regis, marchand de vin en détail, rue Petite-Meuse, 16.
Reyne, peintre en tableaux, ancien professeur de peinture et de dessin de la ville, rue Calade, 23.
Reynier Noël, ✻, propriétaire, agronome, rue Palapharnerie, 27.

Reynier François, fondeur en métaux, rue des Teinturiers, 26.
Reynier Xavier, propriétaire, rue Bourgneuf, 16.
Rhul Théodore, épicier, rue Limas, 68.
Riberotte François, marchand de parapluies, rue Rouge, 17.
Riberotte J., marchand de parapluies, articles de voyage rue Vieux-Septier, 17.
Ribiers (marquis de), ✳, propriétaire, place du Grand-Paradis, 3.
Ribiers Henri (comte de), propriétaire, place du Grand-Paradis, 3.
Ricard Léon (veuve), fabricant et fileur de soies, r. des Teinturiers, 12.
Ricard, préposé à la condition des soies, rue de la Croix, 13.
Ricard Louis, peintre en bâtiments, rue de l'Oratoire 5.
Ricard Joseph, commis négociant, rue de l'Oratoire, 5.
Ricard Désirée (Mlle), mercier et quincailler, r. Vieux-Septier, 17.
Ricard, commis greffier du tribunal civil, rue Colombe, 22.
Ricard, rentier, rue Figuière, 3.
Ricard et Cie, comptoir de titre et coupons, rue Annanelle, 4.
Richard Antoine, perruquier-coiffeur, rue St-Agricol, 33.
Richard (veuve), née Richard, propriétaire, place St-Didier, 1.
Richard (veuve), née Pion, rentière, rue Aygarden, 26.
Richard, représentant de la Cie houillère de Robiac et Bessége, place Crillon, 19.
Richard père, courtier en grains et autres denrées, rue de Puy, 12
Richard fils, courtier en tous genre, rue Roquette, 12.
Richard Vardeau, cabaretier rue Florence, 9.
Richard Henri, charcutier, rue des Teinturiers, 35.
Richard Jean, négociant, rue Barucanne, 14.

Richaud, professeur de dessin au lycée, place du Palais, 11.
Richaud Auguste, revendeur, rue Petit-Paradis, 7.
Richier, commis négociant, rue des Fourbisseurs, 39.
Richier (Mme), tailleuse en robes, rue des Fourbisseurs, 39.
Rietti Joseph, épicier, rue St Marc, 65.
Rieu, receveur principal des contributions indirectes, r. Petit-Paradis, 27.
Rieu Victor et Cie, négociants en garances, garancines, alcools et grains, rue Bonneterie, 49.
Rieusset, cordonnier, rue Four de la Terre, 11.
Rieux Edouard, marchand cordonnier, rue Portail-Matheron, 20.
Rieux dit Cartoux, fabricant de pompes, breveté, rue Calade, 8.
Rigaud Joseph, réparateur de chaises, rue Carreterie, 141.
Rigaud, menuisier ébéniste, rue Colombe, 5.
Rigaud, marchand de vins en détail, rue des Chevaliers, 31.
Rigaud (veuve), rentière, rue de la Forêt, 15.
Rigaud, ancien coiffeur, rempart de Loulle, 1.
Rigaud Charles, badigeonneur, rue Banasterie, 11.
Rigoli Jean, fabricant de mosaïque, rue St Marc, 48.
Rimbaud Joseph, marchand de nouveautés, *Au Coin de Rue*, rue Vieux-Septier, 19.
Rimbaud, gardien des bureaux des postes, rue Bonaparte.
Rimbaud Guillaume, propriétaire, rue Philonarde, 72.
Rimbaud Auguste, inspecteur d'assurances, rue Petite-Meuse, 4.
Rimbaud Dominique, fileur de soies, rue Petite-Meuse, 4.
Riousset, commis négociant, rue Carreterie, 1.
Riousset, huissier, rue Campane, 31.
Ripert Clément, peintre en voitures, rue St-André, 9.
Ripert, cordonnier, place Corps-Saints, 15.
Ripert, peintre décorateur et en bâtiments, rue Cardinal, 17.

Rippe, cloutier, rue Mazan, 6.
Riqueau et Louis Duprat, négociants commissionnaires en soies et garances, rue Ste-Perpétue, 1.
Ritter, ✳, capitaine en retraite, rue Racine, 7.
Rivarol, marchand de vins en détail, rue Balance, 29.
Rivier, employé au télégraphe, rue Trois-Faucons, 15.
Rivier, tailleur, rue Carreterie, 93.
Rivière, menuisier, rue Cocagne, 7.
Rivière, cordonnier, place Corps-Saints, 64.
Robert, marchand de vins en détail, place des Chataignes, 1.
Robert fils aîné, bonnetier, rue Saunerie, 16.
Robert Joseph, chiffonnier, rue Four de la Terre, 19.
Rocalbas, fabricant de chaussons, rue des Fourbisseurs, 58.
Roch Adolphe, commis négociant, rue Peyrollerie, 6.
Rochas (Mlle), rentière, place Principale, 14.
Roche (de), propriétaire, rue St-Marc, 7.
Roche Numa, parfumeur et coiffeur, rue des Marchands, 3, et place de l'Horloge, 4.
Roche, clerc d'avoué, rempart de Loulle, 1.
Roche fils, aspirant au notariat, rue Lafare, 8.
Roche, sous-chef de gare du chemin de fer, rue Galante, 5.
Roche Augustin, sellier à façon, place Pignotte, 4.
Roche, employé aux forêts, rue Limas, 51.
Roche Anne (Mme), accoucheuse, rue Cornue, 8.
Roche Hélène (Mlle), accoucheuse, rue Cornue, 8.
Rochegude (veuve marquise de), propriétaire, r. Trois-Faucons, 4.
Rochetin J.-B., marchand de charbons et bois à brûler, boulevard Napoléon.
Rochetin Pierre, professeur d'escrime, rue Racine, 2.
Rochevalier Louis, marchand de vins en détail, r. Trois-Faucons, 20
Rochier, vicaire de St-Agricol, rue Victoire, 6.
Rode (Mlle), pensionnat de demoiselles, rue du Mont-de-Piété, 2.

Rodil, perruquier-coiffeur, rue Carreterie, 57.
Rodil, marchand de bouteilles, rue Carreterie, 48.
Rodil, propriétaire, place de l'Horloge, 22.
Rodos (veuve), débitante des tabacs, distribution de papiers timbrés, place du Change, 15.
Rogier (veuve), *Hôtel du Cours Bonaparte*, et café, cours Bonaparte.
Rol, professeur de huitième, au Lycée, rue du Collége, 8.
Rol, née Bermès (veuve), rentière, rue Banasterie, 25.
Rolando, cordonnier, rue Balance, 6.
Rolland (veuve), née Germain, propriétaire, rue Four-de-la-Terre, 39.
Rolland, directeur des postes, rue Ste-Praxède, 16.
Rolland Delorme (veuve), propriétaire, rue Géline, 6.
Rolland, conducteur des ponts et chaussées, rue de l'Oratoire, 3.
Rolland, 1er commis des contributions directes, r. Petite-Saunerie, 21.
Rolland Antoine, boulanger, rue Ste-Catherine, 29.
Rolland Ferdinand, serrurier, rue Tête-Noire, 10.
Rollet, avocat, rue Baracanne, 2.
Roman Pierre propriétaire, rue Peyrollerie, 9.
Roman Auguste (veuve), propriétaire, rue St-Thomas-d'Aquin, 1.
Roman Louise, (veuve Desmarieu), mercier et quincailler, rue Vieux-Septier, 28
Roman J.-B., conducteur des ponts et chaussées, r. des Encans, 6.
Ronc Amédée, marchand de vins en détail, rue Portail-Magnanen, 12.
Rondel Alfred, ingénieur des ponts et chaussées, rue St-André, 6.
Rool François, cordonnier bottier, rue Saunerie, 42.
Roquet, géomètre, rue de l'Hôpital, 42.
Rosan dit Berry, charron et forgeron, rempart St-Lazare, 14.
Rosan dit Berry fils, fabricant d'essieux et grosse quincaillerie, (breveté), rue des Teinturiers, 21.

Rossel, chef de division à la préfecture, rue des Lices, 22.
Rossignol, contrôleur des contributions directes, rue Rappe, 8.
Rossignol, marchand de chevaux, rue Carreterie, 126.
Rosinés, ✻, capitaine en retraite, rue Bonneterie, 12.
Rosinés (Mme), mercière et articles de fantaisie, r. Bonneterie, 12.
Rosinés Marie (Mlle), institutrice, élève de la Légion-d'honneur, rue Bonneterie, 12.
Rosotte, dégraisseur teinturier, place du Change, 21.
Roubaud, accordeur de piano, rue Tête-Noire, 1.
Roubaud (Mme), directrice de l'école d'asile, rue Tête-Noire, 1.
Roubaud, négociant en vins de Ledenon, représentant la maison Tourneysen, rue Petite-Fusterie, 15.
Roubaud, ancien coiffeur, rue Bouquerie, 4.
Roubaud (Mme), modiste, rue Bouquerie, 4.
Roubeaud, charcutier, rue Carreterie, 65.
Roubert, statuaire en cire et en cartons, successeur de Griottier, rue Trois-Faucons, 5.
Roubin (comte de), propriétaire, rue des Encans, 11.
Roudier, orfèvre, rue Bonneterie, 5.
Rouède (veuve), rentière, rue Fromageon, 3.
Rouet dit Beaucaire, tonnelier, rempart St-Lazare, 18.
Rougon Louis, marchand d'antiquités et vieux meubles, place St-Didier, 4.
Rouleau (veuve), rentière, rue Trois-Faucons, 17.
Roulet, ✻, chef de bataillon, commandant du génie, r. Calade, 32.
Roullet, propriétaire, place Corps-Saints, 68.
Roullié François, commis négociant, rue Oriflamme, 10.
Roullié, employé au chemin de fer, rue Roquette, 4.
Roullié Pierre, marchand de vin en détail, rue des Bains, 3.
Roumanille, libraire éditeur, homme de lettres, rue St-Agricol, 19.

Roure, boulanger, rue Limas, 56.
Roure, confiseur, spécialité de fruits confits, rue St-Agricol, 29.
Roure, propriétaire, rue Petite-Fusterie, 10.
Roure J.-B., marchand de tissus, rue des Marchands, 21.
Roussas Amédée (baron de), propriétaire, rue Bouquerie, 6.
Rousseau (veuve), rentière, rue Infirmières, 41.
Rousseau, serrurier entrepreneur, (breveté), rue des Lices, 60.
Roussel, marchand de meubles et d'antiquités, rue Calade, 39.
Roussel, 1er commis des domaines, rue St-Marc, 7.
Roussel, marchand de soies en menu détail, rue des Fourbisseurs, 48.
Rousset, entrepreneur de bâtiments, rue Carreterie, 6.
Rousset, professeur émérite, rue Arc-de-l'Agneau, 6.
Rousset Emile, négociant, rue Bertrand, 35.
Roussin Louis, boulanger, rue Palapharnerie, 11.
Roustan, menuisier ébéniste, rue Carreterie, 134.
Rouvière François, charcutier, rue Puits de la Reille, 7.
Rouvière Antoine, propriétaire, rue des Fourbisseurs, 83.
Rouvière (de), O✷, ancien commandant de génie, rue Petite-Calade, 2.
Rouvière, pharmacien, place du Change, 16.
Rouvière Philippe (veuve), propriétaire, rue Laboureur 9.
Roux Balmossière (veuve), débitante de tabacs, rue Ste-Garde, 1.
Roux Jean, marchand d'huiles, rue Four de la Terre, 5.
Roux, quincailler en fer, rue Bonneterie, 45.
Roux Félix, sculpteur statuaire, rue des Lices, 15.
Roux Hippolyte, épicier charcutier, rue St-Agricol, 37.
Roux Martin, fabricant de tonneaux, quai St-Lazare, 7.

Roux Urbain, débitant des tabacs, et peseur, rue St-Marc, 56.
Roux Victor, tonnelier, rue des Clés, 8.
Roux Joseph, revendeur, rue Colombe, 4.
Roux Jacques, menuisier ébéniste, rue des Etudes, 13.
Roux Amable, photographe, rue Ferruce, 13.
Roux, chef de division à la préfecture, rue Petite-Fusterie, 23.
Roux Jean, marchand de vins en détail, rue Gal-Grenier, 6.
Roux, ancien négociant, rue Infirmières, 11.
Roux, camionueur, rue Infirmières, 53.
Roux, employé à l'agence du *Phénix*, rue Infirmières, 61.
Roux, aubergiste, *A la Ville de Toulouse*, rue Infirmières, 103.
Roux et Gleise, tailleurs, rue Philonarde, 50.
Roux, avoué, rue Philonarde, 13.
Roux Joseph, marchand de vins en détail, rue Oriflamme, 7.
Roux, représentant de commerce, rue Bonneterie, 89.
Roux Jean (veuve), bouchère, rue Bonneterie, 78.
Roux Mathieu, entrepreneur de bâtiments, rue Bourguet, 2.
Royer J.-B., galochier et broquier, rue Saunenerie, 47.
Ruel fils, fabricant de poteries et creusets, rempart St-Lazare, 38.
Ruffi Noël, cordonnier, rue Bourguet, 23.

Sabattier Pierre, marchand de parapluies, rue Calade, 19.
Sablier Félix, directeur gérant de la *Petite Gazette*, rue l'Amouyer, 27.
Sabot, revendeur, rue Calade, 74.
Sac Jacques, entrepreneur de bâtiments, rue Lonterne, 30.

Sagnard, tapissier décorateur, rue Bonneterie, 33.
Sagnier Alphonse, ancien avoué, rue Petite Saunerie, 17.
Sagnier Théodore, perruquier-coiffeur, rue Philonarde, 84.
Saillard, dégraisseur teinturier, inventeur de la Gazuline pour l'éclairage, rue des Fourbisseurs, 29.
Saïn François, horloger, rue Portail-Matheron, 24.
Saïn Michel, perruquier-coiffeur, rue de la Masse, 1.
Salanon Benoît, fruitier, rue de l'Hôpital, 36.
Salanon père et fils, distillateurs liquoristes, rue Carreterie, 56.
Salard Joseph, serrurier, rue Philonarde, 15.
Salard Michel, ferblantier lampiste et pompier, rue Saunerie, 19.
Salignon Cappeau (veuve), rentière, rue Colombe, 19.
Salin, *Auberge de Bourgogne*, mère des Compagnons maréchal-ferrant, rue Bonaparte.
Salles (de) de Bagnières Edgard, propriétaire, rue Calade, 25.
Salvador (vicomte de), propriétaire, rue Calade, 28.
Sambuc, facteur public, rue Banasterie, 11.
Samuel Benoît (veuve), propriétaire, quai de la Ligne, 16.
Samuel Eugène, propriétaire, quai de la Ligne, 16.
Samuel frères, négociants en grains et farines, quai de la Ligne, 16.
Samuel (veuve), propriétaire, rue Limas, 59.
Samuel Louis (veuve), propriétaire, rue Balance, 16.
Sancery, professeur du Lycée, rue des Ciseaux-d'Or, 9.
Sandoz neveu, horloger, rue Galante, 7.
Sandoz Jules, horloger, rue des Marchands, 12.
Sandoz Louis, ancien horloger, rue Oriflamme, 12.
Sanqueri, cordonnier, rue Carreterie, 195.
Sarazin de Chambonnet, née Guintandry (veuve), propriétaire, rue Bonneterie, 40.
Sardon, avocat, propriétaire, plan de Lunel, 2.
Saucerotte et Cie, négociants en garances, rue des Lices, 23 (bis.)

Saucerotte, ✳, capitaine en retraite, rue Bonneterie, 20.
Saurel Joseph, menuisier, rue St-Sébastien, 7.
Saurel Amédée, perruquier coiffeur, place Corps-Saints, 42.
Sauret Etienne, entrepreneur de bâtiments, rue Carreterie, 72.
Sauret aîné, tapissier, rue Bancasse, 23.
Saury André, négociant en débris de soies, place Pyramide, 6.
Saury Lapierre, négociant en débris de soies, rue d'Amphoux, 12.
Sautel (veuve), coutelière, rue Saunerie, 11.
Sautel, ancien moulinier de soies, rue Carreterie, 75.
Sautel, boulanger, rue Infirmières, 13.
Sauvaget (veuve), marchande de paniers et sabots, rue Saunerie, 44.
Sauvan, propriétaire, rue du Pont, 6.
Savard (veuve), aubergiste, rue Puits-Trois-Carreaux, 2.
Savard, sellier carossier, rue Limas, 44.
Savoyat, menuisier ébéniste, rue des Lices, 35.
Scamaroni, sous lieutenant, employé au recrutement, place du Palais, 7.
Sedaillan, conducteur des travaux du chemin de fer d'Italie, rue Bon-Martinet, 2.
Sega, marchand cordonnier, rue des Marchands, 42.
Segonne, menuisier en fauteuils, rue Laboureur, 15.
Seguin aîné, imprimeur libraire, rue Bouquerie, 13.
Seguin, cordonnier bottier, rue des Fourbisseurs, 56.
Seince, marchand de parapluies, rue des Fourbisseurs, 5.
Seince fils aîné, marchand et fabricant de parapluies, rue St-Agricol, 4.
Selen Louis, entrepreneur de bâtiments, capitaine des sapeurs-pompiers, rue St Bernard, 13.
Semeria Joseph, fruitier, rue Carreterie, 118.
Sergent, mercier quincailler, rue Carreterie, 49.

Serment, vicaire général, rue Arc-de-l'Agneau, 11.
Serment, employé au chemin de fer, rue Bonneterie, 83.
Sernous Joseph, *Café du Globe*, place Crillon, 15.
Sernous, revendeur, rue Ferruce, 1.
Sernoux (veuve), rentière, quai de la Ligne, 18.
Sernoux Jacques, menuisier, rue des Encans, 11.
Serre (Mlle), modiste, rue Petit-Paradis, 6.
Sers Henri, ingénieur du chemin de fer d'Italie, rue St-Marc, 67.
Servent Louis, serrurier, rue Infirmières, 49.
Servent Murat, ferblantier lampiste et pompier, rue Petite Meuse, 15.
Sève (veuve), rentière, rue Lafare, 3.
Sève (veuve), revendeuse, rue Calade, 49.
Sevéran, marchand de chevaux, rue Carreterie, 173.
Seyne (de), propriétaire, rue Calade, 58.
Seytour (veuve), fabricante de toiles peintes, rue des Teinturiers, 23.
Siaud, commis des contributions indirectes, rue Tête-Noire, 10.
Sibour (veuve), rentière, rue Laboureur, 3.
Sibuet Hippolyte, marchand tailleur, rue des Marchands, 30.
Sibuet, employé de la perception des contributions directes, rue Calade, 26.
Sicard, charpentier, rue des Clés, 8.
Sichard Joseph, facteur de la poste, rue des Fourbisseurs, 62.
Silve, fabricant de bouchons, rue des Encans, 5.
Simland, ✻, garde du génie de première classe, rue Laboureur, 2.
Sinard, graveur sur métaux, rue Galante, 3.
Sinety (vicomte de), ✻, propriétaire, rue Campane, 14.
Sivet Pascal, débitant de tabacs, place de l'Horloge, 11.
Sollier (veuve), née de Cochet, propriétaire, rue Banasterie, 59.
Sonchon, propriétaire, rue Vieilles Etudes, 5.
Sorbier, marchand de dentelles, rue Saunerie, 4.

Sorbier, débitant de liqueurs, rue des Lices, 21.
Soubeyran, horloger, rue des Marchands, 42.
Souchière, propriétaire, rue Pétramale, 16.
Soullier Auguste, boulanger, rue Saunerie, 3.
Soullier (veuve), rentière, rue Infirmières, 3.
Soullier, homme de lettres, journaliste, rue Racine, 3.
Soullier Charles (veuve), rentière, rue Campane, 14.
Soumille, médecin vétérinaire, rue Limas, 61.
Spenlé, professeur de musique, organiste de la Métropole, place du Palais, 13.
Speyr (de) Jules, négociant en garances, rue de la Masse, 28.
Speyr (de) Emile, négociant en garances et garancines, rue du Four, 5, rue Bertrand, 2.
Speyr Auguste (veuve de), propriétaire, rue du Four, 2.
Stœssel, marchand tailleur, rue St-Agricol, 11.
St-Laurent, ✻, (baron de), propriétaire, rue Calade, 25.
St-Martin, traiteur pâtissier, rue Bancasse, 10.
St Priest d'Urgel (de), propriétaire, rue Calade, 5.
St-Privat (de), chef de gare des Marchandises, rue Petite-Fusterie, 2.
Strebler, menuisier en fauteuils, rue Campane, 33.
Sylvain, aumônier de l'Hospice-Isnard, boulevard St-Michel.
Sylvestre, avocat, rue Campane, 11.
Sylvestre Joseph, marchand de grains et professeur de musique, rue Bonneterie, 50.
Sylvestre Michel, propriétaire, rue d'Amphoux, 10.
Sylvestre Raymond, marchand de bois, scie hydraulique, boulevard Limbert.

T

Taconet Ernest, chef de comptabilité à la Banque de France, place Crillon, 10.
Tailleux, cafetier, *Café des Voyageurs de Commerce*, place Pie, 3.
Tailleux fils, *Café du Théâtre*, ancien café Bugand, place de l'Horloge, 17.

Talagrand, propriétaire, rue St-Dominique, 5.
Tallet et Ferrier, entrepreneur d'omnibus, rue Portail-Matheron, 26.
Tamaillon, courtier en tous genres, rue Carreterie, 134.
Tamisier Dominique, propriétaire, rue de l'Hôpital, 28.
Tamisier Louis, mercier et quincailler, rue Portail-Matheron, 17.
Tanchon Joseph, propriétaire, place Principale, 10.
Tanchon, commis négociant, rue Balance, 8.
Tarascon, fabricant et débitant de liqueurs, rue St-Jean-le-Vieux, 17.
Tarbagayre, ✻, capitaine en retraite, rue d'Amphoux, 6.
Tardi Thomas, cafetier, place Pie, 21.
Tardieu, négociant en sabots, rue d'Amphoux, 10.
Tardiveau, professeur d'histoire au Lycée, rue Bonneterie, 28.
Tassel Bertaud, orfèvre, rue Rouge, 6.
Tassy, plâtrier, rue Banasterie, 5.
Tatin Jean-Baptiste, marchand de vins en détail, rue Philonarde, 48.
Taulier Andéol, quincailler, marchand de crépins, rue Portail-Matheron, 9
Taulier, *Restaurant des Voyageurs*, place Crillon, 2.
Taxil Antoine, boulanger, rue Lafare, 7.
Teissier, ✻, juge de paix (canton sud), rue Tête-Noire, 13.
Teissier Louis, marchand de vins en détail, rue Carreterie, 159
Teissier Joséphine (Mlle), tailleuse en robes, rue St-Dominique, 4.
Teissonneyre, marchand de cuirs, rue Petite-Meuse, 17.
Tempier Jean-Baptiste, épicier rue Cocagne, 9.
Tempier Agricol, relieur, rue Baracanne, 8.
Terasse Charles, ancien avoué, place St-Didier, 16.
Terasse Edouard, avoué, place St-Didier, 16.
Terron, perruquier-coiffeur, rue Limas, 1.

Terzani (veuve), rentière, rue Calade, 12.
Teste Claude, camionneur, rue Palapharnerie, 21.
Teste Pierre, camionneur, rue Palapharnerie, 26.
Teste, ébéniste, marchand de meubles, rue Carreterie, 34.
Teste, boulanger, place Corps-Saints, 21.
Teste Henri, triturateur de garances, rue des Lices, 48.
Thézet, propriétaire, rue Philonarde, 18.
Thibaud, marchand de charbons de Givors, rue Carreterie, 138.
Thibaud, ancien huissier, rue Oriflamme, 15.
Thibes Henri, fabricant d'eaux minérales, place Principale, 13.
Thibon, traiteur-restaurateur, rue Carreterie, 6.
Thierry (veuve), tripière, fabricante de cordes harmoniques, rue Portail-Magnanen, 28.
Thierry, chef de gare des Voyageurs, boulevard Napoléon.
Thierry, peintre en décors, fabricant de stores, spécialité de transparents en bois d'Allemagne, rue des Fourbisseurs, 54.
Thiers Auguste, architecte, rue St-Marc, 17.
Thomas, conseiller de Préfecture, place de l'Horloge, 17.
Thomas frères, ✳, négociants en garances, garancines et soieries, rue de la Masse, 7.
Thomas Joseph, négociant, rue Collége de la Croix, 10.
Thomas (Mme), coutelière, place du Change, 30.
Thouard, entrepreneur de la Gare, cours Bonaparte.
Tichadou (veuve), rentière, rue Calade, 28.
Tinousin Pierre, débitant des tabacs, rue des Marchands, 42.
Tissier, menuisier ébéniste, rue du Coq, 2.
Tombereau, fabricant de chapeaux, rue Infirmière, 51.
Tonin Joseph, ébéniste, rue Ste-Praxède, 4.
Tourel, directeur des Messageries Poulin, rue Saunerie, 34.

Tourès, fabricant de cartes à jouer, rue de la Croix, 16.
Tournel Etienne, facteur de la poste, rue Infirmières, 30.
Tournez François, tanneur, rue des Lices, 26.
Tournier, cordonnier, marchand de chaussons, rue Carreterie, 20.
Tournier fils, courtier, agent de change, rue Bon-Pasteur, 5.
Toussaint, traiteur restaurateur, place Pie, 5.
Touzet (veuve), rentière, rue Bancasse, 30.
Tranchand Frédéric (veuve), confiseur pâtissier, spécialité de fruits confits, rue Saunerie, 40.
Tregaut Florentin, commis négociant, rue Petit-Paradis, 4.
Tremolière Maurice, représentant de commerce, rue St-Agricol, 19.
Trescarte Théodore, négociant, rue Dorée, 8.
Trinquier, propriétaire, rue de la Croix, 18.
Trocolo père, chaudronnier pompier, rue Carreterie, 22.
Troncy Jean, *Kiosque Avignonais*, abonnement et lecture des journaux, place Pie, 20.
Trouillet (veuve), rentière, rue Rappe, 8.
Trouillet Frédéric, ancien banquier, rue Vieux-Septier, 15.
Trouillet Henri, perruquier-coiffeur, rue Trois-Faucons, 34.
Trouillet, cordonnier bottier, rue Carreterie, 102.
Trouillet, fripier, rue Balance, 5.
Trouillet, débitant de tabacs, place Corps-Sainte, 9.
Trouslard Benjamin, commis à la Banque de France, rue des Lices, 8.
Tulié, directeur des Haras Vauclusien et applicateur d'asphalte, place de l'Horloge, 24.
Turc, économe des Hospices, rue Calade, 104.
Turin Jean, marchand de fromages, huiles, spécialité pour le beurre, rue Vieux-Septier, 18.
Turin, revendeur, rue Petit-Change, 7.
Turin, ébéniste, marchand de meubles, rue du Chapeau-Rouge, 21.

Tuy (veuve), fripière, rue de la Monnaie, 5.
Tyran et Nardy, bandagistes, (brevetés), rue Vieux-Septier, 3.
Tyran fils et Cartoux, courtiers de soies et déchet de filature, rue Bertrand, 29.

U

Ulpat, vicaire de St-Pierre, rue Ste-Catherine, 5.

V

Vacher Michel, *Café Racine*, rue Racine, 17.
Vachier, courtier d'immeubles et agent d'affaires, rue Bonneterie, 61.
Valabrègue Zabulon (veuve), rentière, rue Galante, 10.
Valabrègue fils, ✲, négociant en soies et garances, rue de la Croix, 6.
Valabrègue Amédée, propriétaire, rue de la Croix, 6.
Valabrègue Joseph, négociant, rue Chapeau-Rouge, 4.
Valay, propriétaire, place Trois-Pilats, 7.
Valay, propriétaire, rue Calade, 56.
Valayer Bruno, propriétaire, rue de la Croix, 19.
Valens Niel, négociants en soies, velours, garances et fileurs de soies, rue Four-de-la-Terre, 37.
Valens Calixte, tonnelier, rue Bon-Pasteur, 6.
Valentin, employé des ponts et chaussées, rue Violette, 4.
Valentin Louis, artiste peintre et photographe, rue Ste-Catherine, 3.
Valentin Guerin père et fils, épiciers, rue Vieux-Septier, 16.
Valéry Félix, ✲, chef d'escadron en retraite, rue St-Agricol, 10.
Valette, agent d'affaires et bureau de renseignements, rue Petite-Saunerie, 6.
Vallet (veuve), fripière, rue de la Monnaie, 5.

Valleton (Mlle de), rentière, rue Violette, 5.
Vallon, marchand tailleur, rue Petit Change, 3.
Vallon, balancier, rue Bonneterie, 77.
Varenne, boulanger, place du Change, 26.
Vayson Xavier (veuve), propriétaire, place St Pierre, 9.
Vayson (veuve), propriétaire, rue Carreterie, 74.
Vaysse Laurent, épicier, rue Calade, 9.
Veisseire Louis, commis négociant, rue Figuière, 7.
Veissière-Terzani, mercier quincailler, rue des Marchands, 22.
Venissat Jean, fruitier, rue St-Agricol, 15.
Venthalac fils, commissionnaire en grains, place des Carmes, 27.
Verclos (veuve marquise de), rentière, rue Laboureur, 5.
Verdan, directeur des contributions directes, rue Annanelle, 23.
Verdet et Cie, négociants en soies, garances et garancines, rue Victoire, 4.
Verdet Jh, O ✻, négociant, rue Calade, 71.
Verdet Ernest, négociant, rue Calade, 71.
Verdet Gustave, négociant, rue Calade, 71.
Verdet Frédéric, ✻, ancien receveur général des finances, rue Calade, 67.
Verdet Gabriel, président du tribunal de commerce, rue St-Thomas-d'Aquin, 2.
Verdet, coiffeur, place du Change, 3.
Verdier Agricol, cordier, rue St-Michel, 15.
Verdier Henri, cordier, rue Vieux-Septier, 6.
Verger Léon, avocat, rue Banasterie, 17.
Verger Casimir (veuve), propriétaire, rue Banasterie, 17.
Vergier Louis, tourneur en chaises, rue Trois-Colombes, 3.
Vernet André, épicier, place Puits-des-Bœufs, 11.
Vernet, professeur d'escrime, rue du Pont, 4.
Vernet Jacques, négociant, place Principale, 15.
Vernet père et fils, commissionnaires en soies et grains, rue Carreterie, 23.

Vernet, clerc de notaire, rue Bancasse, 22.
Verot (de), vérificateur des domaines, rue Dorée, 2.
Verot (veuve de), propriétaire, rue Calade, 118.
Verrière Louis, entrepreneur du chemin de fer d'Italie, rue Collége du Roure, 3.
Versigny, directeur comptable des postes, rue Bonaparte.
Véve Jean, march. de porcelaines, cristaux et poteries, rue Carreterie, 4.
Vezian, épicier, entrepôt d'artifices, rue Carreterie. 25.
Veyradier, débitant des tabacs, rue Balance, 11.
Vial Charles, *Café du Commerce*, rue St-Jean-le-Vieux, 23.
Vial Scolastique, accoucheuse, rue Oriflamme, 21.
Viales Joseph, charron, rempart St-Michel, 25.
Vialette, cafetier, rue Carreterie, 27.
Vialle, aubergiste, rue des Lices, 32.
Vianet Auguste, rentier, rue Ste-Catherine, 24.
Viardot dit Bourguignon, bourrelier, rue Calade, 9.
Viau, badigeonneur, rue Petite-Fusterie, 2.
Viau, fabricant d'outils d'agriculture, rue Carreterie, 144.
Vicary (veuve), propriétaire, rue Petite-Fusterie, 3.
Vial (veuve), rentière, rue Palapharnerie, 29.
Vidal, vannier, rue Carreterie, 118.
Vidalcin, boulanger, rue Infirmières, 38.
Vié née Bertoldi (Mme), pensionnat de jeunes filles, rue Cardinal, 10.
Vien, commis des contributions indirectes, rue Bonneterie, 70.
Villain, receveur principal des contributions indirectes en retraite, place Puits-des-Bœufs, 7.
Vielleden et Pradel, chirurgiens dentistes, rue place St-Pierre, 2.
Vienne (veuve), épicière, rue Campane, 32.
Vier Pierre, menuisier, rue Balance, 39.
Vigier (veuve), propriétaire, rue Portail-Matheron, 4.
Vigier Louis, ferblantier, lampiste et pompier, rue Saunerie, 32.

Vignal Anselme, boulanger, rue des Teinturiers, 31.
Vigne Dominique, propriétaire, rue Pente-Rapide, 8.
Vigne Célestin, homme de lettres, rue des Fourbisseurs, 34.
Vigne Claude, marchand de vin en détail, rue St-Christophe, 17.
Vigne Noël, perruquier-coiffeur, parfumeur, successeur de Ferrier, place Pie.
Vignon (veuve), propriétaire, rue Galante, 6.
Villars, docteur médecin, rue Four de la Terre, 41.
Villars (veuve), rentière, rue Four de la Terre, 41.
Villars, ancien négociant, rue Lafare, 6.
Villars Eugène, propriétaire, agent d'assurances, rue Ste-Catherine, 5.
Villion (Mlle), fripière, rue St-Etienne, 4.
Vincent, commis négociant, rue Oriflamme, 11.
Vincent Pierre, épicier, rue Rouge, 14.
Vincent père et fils, serruriers, entrepreneurs, rue Saboly, 2.
Vincent, marchand de frisons de soies, rue Carreterie, 189.
Vincent Isidore, messager de Nimes, rue Charrue, 19.
Vincent et Duret, marchands de tissus en gros, rue St-Jean-le-Vieux, 24, place Pignotte.
Vincent Pierre, entrepreneur de bâtiments, rue Cabassole, 2.
Vincent (Mlle), rentière, rue Calade, 24.
Vincenti de Jocas, propriétaire, rue Bonneterie, 35.
Vincenti, notaire, rue Portail-Matheron, 4.
Viret père et fils, entrepreneurs de bâtiments, r. Portail-Magnanen, 58.
Viret, marchand de vins en détail, rue Carreterie, 184.
Virieux Marie (Mlle), modiste, rue Trois-Faucons, 11.
Vissac V., mercier quincailler, rue Vieux-Septier, 44.
Vitel, traiteur, mère des compagnons charrons et forgerons, rue du Saule, 12.
Vitel, charron, place Crillon, 10.
Vitout, épicier, rue des Clés, 10.

Vitoz Joseph, teneur de livres, rue de la Masse, 38.
Vitoz Félix, employé au Mont-de-Piété, rue de la Masse, 38.
Volle, expéditeur de fruits, rue Four-de-la-Terre, 12.
Voulan, aubergiste, marchand de chevaux, boulevard Limbert, ancienne auberge Gilles.

W

Weill, professeur d'allemand au Lycée, rue Collége de la Croix, 9.
Weis, adjudant à l'intendance militaire, rue Cardinal, 5.
Wistraëte, marchand tailleur, rue St-Agricol, 9.
Wistraëte fils, tailleur, cours Bonaparte.
Wistraëte (Mme), modiste, cours Bonaparte.
Wolf, ingénieur civil, directeur du canal Crillon, r. Calade, 98.
Wuillermet, ✳, capitaine de gendarmerie, rue Racine, 1.

Y

Ycard, cabaretier, rue Bonneterie, 50.
Ymer frères et Léenhardt, de Sorgues, négociants en garances, rue Bonneterie, 30, au 1er.
Ymonet, menuisier ébéniste, fabricant de billards, pl. Pyramide, 4.
Ymonet (veuve), épicière, rue Balance, 43.
Yol (veuve), propriétaire, rue Vieux-Septier, 22.
Ytier (veuve), expéditeur de fruits, rue de l'Olivier, 6.
Yvan (Mme), revendeuse, place Corps-Saints, 64.
Yvan, facteur de la poste, place Corps-Saints, 64.
Yvaren Prosper, docteur médecin, rue St-Dominique, 5.

17.

BANLIEUE D'AVIGNON.

La banlieue d'Avignon se compose de sept parties bien distinctes :

1° La paroisse de MONTFAVET, — 2° le bourg annexe de MORIÈRES, — 3° celui du PONTET, — 4° le hameau de BONPAS, — 5° la presqu'île de COURTINE, — 6° les îles de PIOT et de la BARTHELASSE, — et 7° la CAMPAGNE qui s'étend entre la Durance et la voie du chemin de fer.

MONTFAVET

Montfavet, dont la belle église paroissiale de N.-D.-de-Bon-Repos, fondé au XIVe siècle par le cardinal Bertrand de Monte Farentio, se trouve à 6 kilomètres de la ville, et où, en attendant l'achèvement du chemin de fer des Alpes, se dirigent journellement 4 services d'omnibus, compte 1,619 âmes. Outre les six délicieuses *villas* qui couvrent son territoire et où se réunissent six mois de l'année, l'élite et la *fashion* de la société avignonaise, Montfavet possède plusieurs grand établissements industriels, ainsi que le magnifique Asile public d'Aliénés de Montdevergues, dont nous avons parlé à la page 156.

Trois frères des Écoles chrétiennes et trois sœurs de St-Charles, sont chargés de l'éducation de la jeunesse à Montfavet.

MM. de Courtois, curé.
    Teissier, vicaire.
    Couren, aumônier de l'hospice des aliénés.

Professions par lettres alphabétiques.

Aubert (veuve), boulanger.
Aubert Joseph, entrepreneur de bâtiments.
Aubert Siffrein, entrepreneur de bâtiments.
Barthélemy Hugues, maréchal-ferrant.
Bayle Louis, boulanger.
Bizoir Joseph, charcutier.
Bouchier Joseph, peseur public.
Delaquys, distillateur.
Desandré menuisier.
Escoffier Alexis, entrepreneur de bâtiments.
Florent Félicien, fabricant de réglisse.
Foulc, négociant, usine de garance
Guillot, jardinier fleuriste, pépiniériste.
Jean Antoine, boucher.
Nitard Barthélemy, cafetier.
Saïn Antoine, cafetier.
Saïn Jean, aubergiste.
Sonchon Louis et Jean Baptiste, marchands de filoselle.

MORIÈRES

Le bourg de Morières compte 1,953 habitants, il est à 8 kilomètres d'Avignon : son territoire qu'arrose le canal Crillon, est très-fertile. Trois frères des écoles chrétiennes et trois sœurs de la Conception y dirigent l'éducation de la jeunesse

Reynaud, adjoint spécial pour la section de Morières.
Armand, chargé du service de police.

Manivet Bénézeth, curé.
Conil, vicaire.

Professions par lettres alphabétiques.

Alliaud Hippolyte, cafetier.
Alliaud, arpenteur.
Arnavon Jean, peseur.
Batisse Benoît, entrepreneur de travaux publics.
Bertet, charcutier.
Boyer François, marchand de tissus.
Cottier Jean, boulanger.
Ducrés François, boulanger.
Ducrès, propriétaire.
Dumont Théodore, cafetier.
Fournier Joseph, boulanger.
Jouveau, charcutier et revendeur.
Lajard père, propriétaire.
Lautier Auguste, peseur juré.
Lesourd Isidore, cabaretier.
Madon, médecin.
Magny, propriétaire.
Pailhon, boulanger.
Perrot Etienne, cafetier.
Perrot Michel, facteur de denrées.
Raynaud Jean dit Simon, boulanger.
Raynaud Joseph, charcutier.
Richard André, entrepreneur de bâtiments.
Richard François, courtier.
Richaud Gratien, maréchal-ferrant.
Saphy, entrepreneur de travaux publics.
Truchy François, maréchal ferrant.
Urbo Dominique, propriétaire.
Vache, propriétaire.

LE PONTET

Le Pontet, bourg dont la formation remonte à 30 ans à peine, compte 1,194 habitants : il a un petit port sur le Rhône pour le bois et le charbon. Trois frères maristes et trois sœurs de la Conception y sont chargés de l'éducation de la jeunesse.

M. Chauvet, curé.

Professions et adresses par lettres alphabétiques.

Bouvet André, cafetier.
Bouvet Gaspard, cafetier.
Bressy Antoine, cafetier.
Bressy François, marchand de tourteaux.
Burgalière Jean, cafetier.
Cartoux François, maréchal-ferrant.
Cartoux Jean, maréchal-ferrant.
Clauseau et Palun, négociants, (usine de garance à Réal Panier).
Cornet Jean, cafetier.
Dabry Pierre, cafetier.
David Antoine, marchand de bois de service.
Deurieux Marius, boulanger.
Dumas Simon, marchand de bois de service.
Dumas Hippolyte, marchand de bois de service.
Eustache, marchand de charbons.
Faure Nicolas, marchand de bois de service.
Gamet Henri, boulanger.
Grégoire Joseph, charcutier.
Goutarel frères, marchands de charbons et tourteaux.
Julien Regis, boulanger.
Juvin François, cafetier.
Malen Marius, charcutier et boucher.
Morizart Simon, maréchal-ferrant.

Ollivier et Perret, négociants (usine d'acide sulfurique.)
Poncet aîné, négociant, (usine de garance.)
Sextier Dosithée, perruquier-coiffeur.
Saut Louis, boulanger.
Thomas frères, ✻, négociants, (usine au Paradou.)

ILES DE PIOT ET DE LA BARTHELASSE

Ces Iles dont la superficie totale est d'environ mille hectares et dont la population fixe de 367 habitants, ont été réuies à la commune d'Avignon en 1856 ; elles sont couvertes de magnifiques métairies, parmi lesquelles on peut citer celles de MM. de Guilhermier, de Labastide, de la Garde, de Bouchony, Busquet, Aubert, Combe, Béchetoile, etc., et le château de M. Palejay, dont la chapelle est desservie par le clergé paroissial de Villeneuve. C'est à la jonction de ces deux iles que se trouve le *Champ de Mars* pour les manoeuvres de la garnison avignonaise. On construit en ce moment, au centre de la Barthelasse, un presbytère et une Eglise. Il y a déjà une école pour les garçons.

Aymard Jean-Pierre, cafetier.
Benoît dit Gibier, cabaretier.
Chaffard Jean-Baptiste, restaurateur.
Combe André-Simon, marchand de bière en détail.
Dibon Laurent, cabaretier.
Feste Agricol, cabaretier.

BONPAS, COURTINE ET CAMPAGNE.

Le hameau de Bonpas, dont la moitié fait partie de la commune de Caumont, possède une brigade de gendarmerie à cheval et un pont de bois sur la Durance. On y voit les restes bien conservés d'une antique chartreuse, aujourd'hui propriété de M. Castinel, ainsi que l'*Orphelinat de Ste-Anne* fondé par Mgr Dubreil, archevêque d'Avignon, pour les jeunes garçons et dirigé par M. l'abbé Roman.

Bonpas est à 10 kilomètres d'Avignon.

Courtine possède quelques belles propriétés rurales, entr'autres le château de M. le marquis de Grolée, non loin du confluent du Rhône et de la Durance.

La Campagne, dont la population dépasse 1,200 âmes est couverte de métairies et de *villas* : on y voit les restes de l'abbaye de St-Ruf et ceux du couvent de St-Véran. Quatre canaux répandent et entretiennent la fertilité sur toute sa surface. Le service religieux s'y fait par intermittence, soit à St-Chamans (campagne des Pères Jésuites), soit à St-Paul (campagne du Petit-Séminaire), soit à St-Gabriel (campagne du Grand Séminaire), et très régulièrement à l'Hospice-Isnard.

VILLE DE SORGUES.

Population, 5,000 habitants.

Cette ville possède un très-beau château de la Renaissance, une grande quantité d'usines, et l'on récolte un vin exquis et très-renommé sur son terroir.

Sorgues fut autrefois le lieu de la villégiature des Papes et des Cardinaux.

Administration.

Floret, O ✳, ancien préfet, *maire.*
Isnard fils, *adjoint.*
Cruveiller Isidore, *adjoint.*

Conseil Municipal.

Battias Jacques, propriétaire.
Bedoin Auguste.
Bonnard, propriétaire.
Chabert, juge de paix.
Dumas Hippolyte, propriétaire.
Dumas Simon, marchand de bois.
Durand Paul, épicier.
Giry Charles, propriétaire.
Godlewski, docteur médecin.
Imbert, huissier.
Jouve Auguste, trésorier de la société littéraires.
Perrin Guillaume, entrepreneur de bâtiments.
Porte Antoine, géomètre.
Porte Jean, entrepreneur de bâtiments.
Simon Joseph, entrepreneur de bâtiments.
Somnier Jean, propriétaire.
Trouillet François, bourelier.
Gonnet Blaise aîné, propriétaire.

Somnier Auguste, *secrétaire de la Mairie.*

SORGUES.

Clergé.

Illy, curé.
Lajard, de Faucher, Brûlat, vicaires.
Dubousquet, prêtre habitué.

Brunel fils, notaire.
Castellin Léon, avocat.

Justice de Paix.

Chabert, juge de paix pour le canton de Bédarrides dont Sorgues fait partie.
Isnard, suppléant.
Monin, greffier.
Imbert, huissier.

Instruction.

Pensionnat des frères : directeur, M. Chaix.
Ecole communale des Frères : même directeur.
Rey, professeur de musique des écoles et de la musique de la Ville.
Ecole libre : M. Jourdan, directeur.
Pensionnat des Sœurs pour les demoiselles, sœur de Lacroix, directrice.
Ecole communale gratuite, sœur Lacroix, directrice.
Pensionnat des demoiselles, Mlle Allard.
Salles d'asile, Madame Gely et sœur Lacroix, directrices.

Commerce et Industrie.

Assurances : Lombard Jean-Baptiste, représentant *La Providence*, contre l'incendie.
Bois de constructions : Dumas fils.

Charbons : Belladen, maison Avignon ; Chapas Bouché, maison à Avignon ; Moreau fils ; Richard, maison à Avignon ; Fauque.

Courtiers des produits du Midi : Michel Mourizard, Branche

Cafés : Guinas, Simon Eugène, Simon Casimir, Giry, Vacher, Roux, restaurateur.

Distillateurs : Santet Agenor fils, maison à Nimes ; Guinas, fabricant de Benzine.

Épiciers : Durand, Ricard (veuve).

Fours à chaux : Durand J., Lacanau aîné, Lacanau frères, Lacanau fils, Grangier.

Garances et garancines : Bédoin Hippolyte, courtages et commissions ; Imer frères et Leenhardt, maison à Marseille ; Julian fils et Roquer, Roux et Méra.

Gaz : Guinas, directeur.

Mécaniciens : Cavally, Poutet J., Remoudon.

Médecins : Godlewski, Gonnet.

Minotiers : H^{te} Dumas et ses fils.

Nouveautés : Cavaillon J., Lombard, Chauvet, Gaimet.

Papetier : Nury, représentant de la Lithographie Maurou, d'Avignon

Papeterie (fabricants de) : Bonnard fils, Isidore Boitte Martin père et fils.

Quincaillers : Gonnet Eugène, Paul Durand, David, Augustin Sinard.

Soies (négociants) : Isnard fils.

Soies (fileurs) : Blachier Louis, Chastanier R., Establet H., Franquebalme A. et fils, Gerardin, Giraud fils, Isnard fils, Perrin, Soumille.

Tabacs : Linossieux, Roux Fidèle.

Tonneliers : André père et fils, Granier, Imbert frères.

Vignobles (propriétaires de) : Dumas Hippolyte, Gonnet frères, d'Oléon Henri, Faure, Escoffier, Guillabert, Santet, Guinas, Somnier.

Il y a à Sorgues une brigade de gendarmerie à cheval, une compagnie de sapeurs-pompiers et une gare du chemin de fer dont l'embranchement de Carpentras double et triple l'importance.

VILLENEUVE-LEZ-AVIGNON.

Villeneuve-lez-Avignon, est une petite ville de 3,067 âmes, située sur la rive droite du Rhône, à 2 kilomètres et en face d'Avignon. Sans parler des Volces Arécomiques, habitants primitifs des forêts qui couvraient autrefois son enceinte, l'on peut dire qu'elle remonte à une haute antiquité ; selon toute apparence, elle doit son origine à une Abbaye de Bénédictins fondée, sur la fin du VI° siècle, près du tombeau de Sainte Cazarie, recluse espagnole ; au XIV° siècle elle fut notablement agrandie par les Prélats de la cour Pontificale d'Avignon qui la couvrirent de Palais et d'Hôtels somptueux. Avant la Révolution Française, elle tenait un rang honorable parmi les villes du Bas-Languedoc et du diocèse d'Avignon. Aujourd'hui chef-lieu de canton du département du Gard, elle dépend de l'évêché de Nîmes. Bien qu'elle n'ait rien de commun avec Avignon sous le rapport administratif et sous le rapport religieux, nous croyons devoir donner ici quelques indications sur elle, d'autant plus que ses relations d'affaires avec notre ville sont continuelles et que bon nombre d'Avignonais possèdent des immeubles sur son terroir et dans ses murs.

Conseiller Général.

M. Chambon, ✽, président du tribunal de Nimes.

Conseiller d'Arrondissement.

M. Ranquet, Hippolyte, juge de paix de Villeneuve.

Mairie de Villeneuve.

Coulondres Alfred, notaire, *maire*, rue de la Foire.
Gelly André, ✽, *adjoint*, officier en retraite, place du Chapitre.
Borty Casimir, *adjoint*, propriétaire, rue de la Foire.

Membres du Conseil Municipal.

Merindol Pierre, propriétaire, au Bout de la Ville.
Combe Jacques, propriétaire, quartier du Pont.
Germain Auguste, propriétaire, rue de l'Oratoire.
Héraud Jean-Jérôme, propriétaire, rue Camp-de-Bataille.
Chabrel Calixte, propriétaire, Grand'Rue.
Aymard Jean-Baptiste, propriétaire, place St-Pons.
Reboul Jean André, propriétaire, rue Camp-de-Bataille.
Giraud Jean, charron, Grand'Rue.
Gilles Auguste, propriétaire, quartier de Bourbon (*extra muros*).
Vidier Barthélemy, propriétaire, rue de la Foire.
Ranquet Hippolyte, membre du conseil d'arrondissement, juge de paix, rue de l'Oratoire.
Pipert Louis-Clet, débitant des tabacs, Grand'Rue.
Négret Baptiste, minotier, aux Tuileries.
Bouisse Blaise, propriétaire, rue Petit-Bourguet.
Manse Joseph, propriétaire, à la Chartreuse.
Chatal Louis, receveur buraliste, Grand'Rue.

Bureaux de la Mairie.

Lhermite André, secrétaire, place de l'Oratoire.
Lhermite Joseph, chargé de l'Etat-civil et du Cadastre, place de l'Oratoire.
Guillaumont Bénézet, concierge de l'Hôtel-de-Ville, et de la prison de la Tour, appariteur de la Mairie, afficheur et crieur public.

Hôpital-Hospice.

Malades civils et militaires, infirmes, pauvres, pensionnaires.

Coulondres Alfred, maire, président, rue de la Foire.
De Roubin Jules, ordonnateur, Grand'Rue.
Anestay Joseph-Siffrein, propriétaire, Grand'Rue.
Gelly André, ✻, officier en retraite, place du Chapitre.
Ranquet Hippolyte, juge de paix, rue de l'Oratoire.
Thibaud Joseph, notaire, rue de la Foire.

Bureau de Bienfaisance.

Coulondres Alfred, maire, président, rue de la Foire.
Borty, ordonnateur, rue de la Foire.
Barracan Pierre, propriétaire, Grand'Rue.
Bonnet Vendelin, propriétaire, Grand'Rue.
Reboul Jean André, propriétaire, rue du Camp-de-Bataille.
Merindol Pierre, propriétaire, au Bout-de-la-Ville.

M. Lhermite André, remplit les fonctions de secrétaire soit auprès de l'administration de l'Hospice, soit auprès du Bureau de Bienfaisance. Le clergé paroissial fait le service du culte à l'Hôpital, et M. le docteur Corniquel du Bodon y est chargé du service médical.

Œuvre des Dames de la Miséricorde.
Séant à l'Hôpital.

André (veuve), présidente, rue d'Avignon.
Ranquet, née Jouve, vice-présidente, rue de l'Oratoire.
Monier (Mlle), secrétaire, rue de la Foire.

Clergé.
Paroisse St-Pons.

Julien Célestin, curé, au presbytère, vis à vis l'hôpital.
Crillon Laurent, vicaire,   idem.
Rique Isidore, vicaire,   idem.
N...   idem.

Outre l'église paroissiale qui n'est autre que l'ancienne Collégiale de Notre-Dame et la chapelle de l'Hôpital, où se trouve le beau tombeau du Pape Innocent VI, Villeneuve possède :

1º La Chapelle de Notre-Dame de Belvézet, dans l'enceinte du fort St-André.

2º L'Eglise des ancien Pénitents gris de la Miséricorde, à la Grand'Rue, (livrée de Turin).

3º La Chapelle de N.-D,-des-Sept-Douleurs, au Bout-de-la Ville, sur le chemin de Pujault.

La Chapelle de St-Joseph (île et château de la Barthelasse, commune d'Avignon) est desservie par le clergé paroissial de Villeneuve.

INSTRUCTION PUBLIQUE.

Délégation cantonale (*pour les Ecoles primaires.*)

Ranquet, juge de paix, président, rue de l'Oratoire.
De Pontmartin Armand, propriétaire, aux Angles.
Coulondres, maire, rue de l'Oratoire
De Roubin Jules, propriétaire, Grand'Rue.

Délégation communale.

Julien, curé, place de l'Oratoire.
Gelly, ✻, adjoint, place du Chapitre.

Les Ecoles communales des garçons (classes gratuites et cours d'adultes), sont confiées à quatre frères des Ecoles chrétiennes, place du Chapitre et cloître Notre-Dame.

Les Ecoles publiques des filles (classes payantes et classes gratuites) sont, ainsi que la salle d'asile, établies dans les dépendances de l'Hôpital, sous la direction des Religieuses Trinitaires de Valence qui, au nombre de onze, sont aussi chargées du soin des malades et des pensionnaires de l'hôpital et de la pharmacie publique.

Il y a, à Villeneuve, un Orphéon dirigé par M. Borty Amédée, un Corps de Musique ayant à sa tête M. Tartavel Henri, une Bibliothèque communale à l'Hôtel-de-Ville et une Bibliothèque paroissiale à l'Hôpital.

Notaires.

Coulondres Alfred, rue de la Foire.
Thibaud Joseph,   idem.

Justice de Paix.

L'audience a lieu le vendredi à 9 heures du matin.
Ranquet Hippolyte, juge de paix, rue de l'Oratoire.
Thibaud, notaire, suppléant.
Corniquel du Bodon, ✻, docteur en médecine, suppléant.
Castanet Amand, greffier, maison Héraud, Grand'-Rue.
Michel Napoléon, huissier, place de l'Oratoire.
N..., receveur de l'enregistrement, rue de l'Oratoire.
Jumas Louis, commissaire de police, à l'Hôtel-de-Ville.

Il y a à Villeneuve une brigade de gendarmerie à cheval, (ancien Hôtel de Valette), Grand'Rue, une section de Sapeurs-Pompiers et deux gardes champêtres.

Meissonnier Alphonse, ✳, chef de bataillon en retraite, percepteur-receveur, rue du Mont Andéon.
Pansier Alexis, commis surnuméraire de perception, Grand'Rue.
Lantheaume Henri, fermier de l'octroi, place de l'Eglise.
Chatal Louis, buraliste chargé de la Régie, Grand'Rue.
De Roubin (Mlle), directrice de la poste, Grand'Rue, (trois facteurs dont deux ruraux).
De Roubin Albert (baron), propriétaire, à Montolivet, directeur des syndicats de la Loné, de la Motte, de Meynargues et du Grand-Ilon.
Héraud Jean-Jérôme, propriétaire, rue du Camp-de-Bataille, directeur du syndicat de Bourbon et Bas-Fond.

Liste alphabétique des principaux propriétaires et commerçants de Villeneuve-lez-Avignon.

A.

Aubert de Linsolas Charles, propriétaire, Grand'Rue.
Aymard Jean Baptiste, boulanger, place St-Pons.

B

Bataillier, aubergiste, *Au Petit Voyageur*, au Bout-de-la-Ville.
Baumet François, propriétaire, place de l'Oratoire.
Bernard Claude, médecin, Grand'Rue.

Bernard Félix, marchand drapier, rue de l'Oratoire.
Bonnet Louis, dit le *Marchand fin*, pépiniériste, au quartier de la Seigneurette.
Bonny Antoine, aubergiste, avenue du Pont.
Borty Amédée, fileur de soie, rue de la Foire.
Bourret Michel, ancien entrepreneur, Grand'Rue.
Bresson J.-B., fabricant de tuiles, aux Tuileries.

C.

Combe (veuve), aubergiste, Grand'Rue.
Castelan, propriétaire, place de l'Oratoire.
Chabrel frères, propriétaires, Grand'Rue.
Chauvin, aubergiste, Grand'Rue.
Combe Auguste, propriétaire, rue Grand-Bourguet.

D.

Dapret de Blangy, fabricant de briques et de tuiles, route du Rhône.
Devaux André, géomètre, Grand'Rue.
Droume J. P., dépositaire d'engrais, Grand'Rue.
Duclap, minotier, aux Tuileries.
Dufour, maître maçon, rue Grand Bourguet.
Durand Justin, propriétaire, rue des Fours.

G.

Galtier Barthélemy, marchand de peaux, place de l'Oratoire.
Garnier Léon, propriétaire, rue de la Foire.
Gilles Edouard, propriétaire, route de Roquemaure.
Gilles Martin, propriétaire, rue des Récollets.
Goubert Eugène, entrepositaire de ciment, rue d'Avignon.
Goubert (veuve), aubergiste, *Café du Midi*, place Neuve.
Goubert Jean, courtier, Grand'Rue.
Goubert Pierre, cafetier, place Neuve.
Guillaumont (veuve), accoucheuse, Grand'Rue.

H

Helm Félix, propriétaire, Grand'Rue.
Héraud Félix, propriétaire, Grand'Rue.
Héraud (veuve), prop., au bas de la Tour, sur la route.

J.

Jonquet Casimir, courtier, place de l'Oratoire.

L.

Lamoureux Auguste, propriétaire, Grand'Rue.
Lanternier (veuve), marchande de farine, avenue du Pont.
Lantheaume Henri, courtier, rue de l'Oratoire.
Lunel Hippolyte, propriétaire, membre de la chambre consultative d'agriculture de l'arrondissement d'Uzès, aux Tuileries.
Lyon François, aubergiste, *Au Lion d'Or*, Grand'Rue.

M

Manse, propriétaire, à la Chartreuse.
Malandran (veuve), aubergiste, route du Rhône.
Marchal Joseph, fabricant de tuiles, aux Tuileries.
Maron Joseph, employé de commerce, représentant de la maison de soieries Vachère et Cie de Lyon, Grand'Rue, vis-à-vis l'Hôtel-de-Ville.
Martin Charles, maître maçon, rue de la Foire.
Maussier (Mlle), accoucheuse, rue des Fours.
Mazard Antoine, *Café du Globe*, Grand'Rue.
Mercurin (les hoirs), moulin à huile, rue Montolivet.
Mercurin Alexandre, propriétaire, route d'Avignon.
Méric, chaufournier, route du Rhône.
Merindol Joseph, propriétaire, place St-Pons.
Meynier Joseph, maître maçon, rue d'Avignon.

N

Négret Baptiste, minotier, aux Tuileries.
Nicolas Etienne, minotier, aux Tuileries.
Noyer Hippolyte, ✻, capitaine en retraite, place Neuve.

P.

Pallejay Jules, propriétaire, rue de l'Oratoire.
Pascal Joseph, propriétaire, avenue du Pont.
Penne fils, d'Avignon, fileur de soies, à la Chartreuse.
Pipert Louis-Clet, débitant des tabacs, Grand'Rue.
Pouzol frères, *Café St-Marc*, Grand'Rue.
Prat Jean, propriétaire, cloître Notre-Dame.

Q.

Queyranne François, propriétaire, Grand'Rue.
Queyranne Roger, propriétaire, Grand'Rue.

R.

Ranquet Baptiste, marchand drapier, rue d'Avignon.
Regnac Jean, marchand de chevaux, avenue du Pont.
Rohée Joseph-Brutus, ✻, capitaine en retraite, place du Chapitre.
Roubin Albert (baron de), propriétaire, à Montolivet.
Roubin Jules (de), propriétaire, Grand'Rue.
Roubin Raphaël (baron de), ✻, propriétaire, à Montolivet.
Roussel François, maître maçon, rue des Fours.

S.

Sagnier Emmanuel, propriétaire, cloître Notre-Dame.
Saint Michel, fabricant de tuiles, route du Rhône.

Salomon Paul, propriétaire, rue de l'Oratoire.
Soulier, débitant des tabacs, avenue du Pont.

T

Talagrand Claude, propriétaire, rue Camp-de-Bataille.
Talagrand Pierre, propriétaire, rue Mont-Andaon.
Tartavel Jean, marchand tailleur, Grand'Rue.

V

Vacheyran, moulin à huile, à la Chartreuse.
Valadier, épicier, place Neuve.
Velay (Mme), accoucheuse, Grand'Rue.
Vélay Henry, géomètre, montée de la Tour.
Ville (veuve), charcutier, rue Grand Bourguet.
Vissac (Mlle), quincailler, rue des Fours.
Voulet Léopold, géomètre, place Neuve.

Outre son Eglise paroissiale qui renferme bon nombre de belles toiles, de marbres précieux et de remarquables objets d'art, on voit à Villeneuve la chapelle de l'Hôpital où se trouve le tombeau gothique du Pape Innocent VI, — les ruines de la Chartreuse avec des restes de fresques attribués à Giotto, — le fort St-André bâti par Duguesclin, avec sa chapelle de Belvezet, curieux échantillon de l'architecture romano-byzantine et sa vieille Abbaye bénédictine au panorama ravissant, — la Tour du roi Philippe-le-Bel qui commandait jadis le Pont St-Bénézet, — le cloître collégial de l'église Notre-Dame, etc.

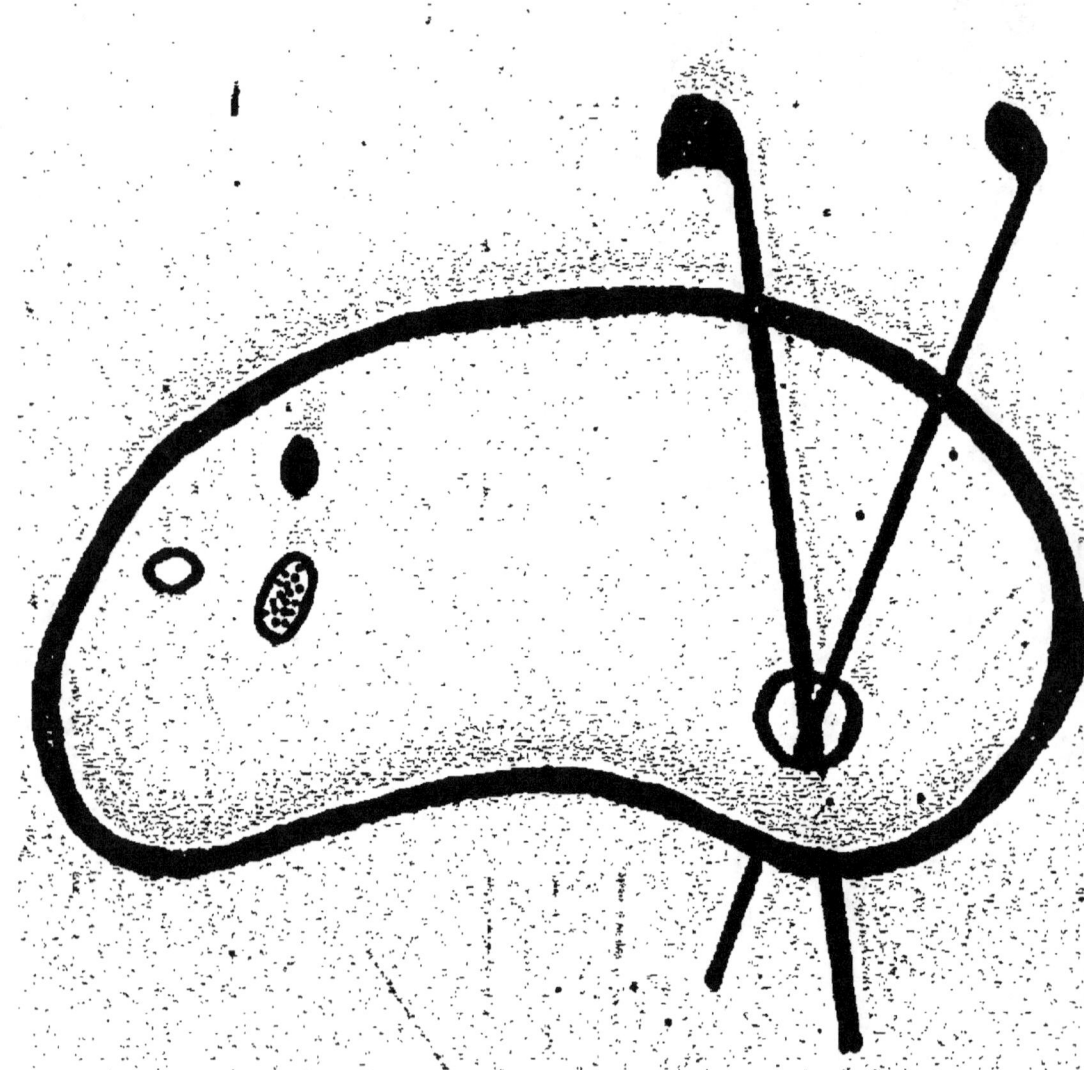

MAISON
SAURET AINÉ
TAPISSIER
27, Rue Bancasse, 27.
AVIGNON

Autrefois place de l'Horloge, n° 9, maison démolie pour le percement de la rue Bonaparte.

Cette Maison de premier ordre, connue par le bon goût qui préside dans tous ses travaux, où l'on trouve toutes les sortes de Siéges, Tapis, Etoffes, Crétonnes assorties aux papiers peints, Rideaux brodés, brochés, Anglais, unis, Sommiers élastiques, crins, laines, duvet, édredons et articles de literies, vient de joindre à son industrie, les Glaces riches, et ordinaires, les meubles de Chambres, de Salles à manger et tout ce qui a rapport à ce que l'on appelle le gros meubles.

LOCATION
DE
TENTURES, DRAPERIES, BANNIÈRES
POUR FÊTES PUBLIQUES.

Maison Charles MOLIÈRE

Rue des Marchands, 9, et rue Fromageon, 12.

HABILLEMENTS
POUR HOMMES
Et JEUNES-GENS

VETEMENTS SUR MESURE

LINGERIES DE PARIS.

SALON DE COIFFURE

Place Pie, 13, Avignon, près l'Hôtel St-Yves.

MAISON FERRIER

VIGNE, Successeur

A l'honneur de prévenir MM. les Perruquiers-Coiffeurs, qu'on trouvera toujours chez lui un grand assortiment de Parfumeries et Brosseries des premières Maisons de Paris, aux mêmes conditions de son prédécesseur

---

Rue des Teinturiers, 11, près les Pénitents Gris, Avignon.

GRANDE MAISON DE TEINTURE, NETTOYAGE, GLAÇAGE MOIRAGE ET D'APPRÊTS A L'INSTAR DE PARIS,

FONDÉE DEPUIS 1836.

EUG. CASTELLAN Fils

Détache, nettoye et remet à neuf les étoffes de tous genres, teint à toutes sortes de couleurs : les châles, robes, pantalons, paletots, etc., etc., de toutes étoffes.

Spécialité pour soieries ameublements et nettoyage à sec des gants, etc., etc.

Teinture en noir tous les jours rendus dans les **24 heures.**

ANCIENNE MAISON DURONI.
L. CONTESSE

Opticien de Paris,

SUCCESSEUR,

Rue des Marchands, 28, à Avignon.

———◦✠◦———

Grand assortiment de Lunettes pour myopes, presbytes et vues fatiguées.

Verres périscopiques, extra-fin, en Cristal de Paris, verres *Cristal de Roche*, verres bleus et neutres fumés, teintes anglaises pour le soleil, montures de Lunettes et face-à-main, or, argent, écaille, buffle, acier.

LUNETTES ET PINCE-NEZ EN BRONZE D'ALUMINIUM.

Arpentage et Nivellement
Niveaux, Equerres, Mires, Boussoles, Planchettes, Alidades, Théodolithes.

Mathématiques.
Cassettes et Compas, Stéréométrie, Articles de dessin.

Optique.
Loupes, Miroirs.

Microscopes.
Diorama, Lanternes Magiques, Fantasmagories.

Jumelles.
De Théâtres, de Marine et de Campagne.

Longues-Vues.
Marines, Terrestres et Astronomiques.

Photographie.
Stéréoscopes et vues de tous genres.

Physique.
Appareils divers de pneumatiques, Baromètres, Thermomètres, Aréomètres.

Chimie.
Alambic pour les vins.

═══════

Réparations de tous les instruments.

MACHINES A VAPEUR VERTICALES

Portatives, Fixes et Locomobiles

Depuis 1 jusqu'à 15 chevaux

PROPRES A TOUS LES BESOINS DE L'AGRICULTURE

des Distilleries, de la Meunerie,

et à toutes les Industries,

GRANDE MÉDAILLE D'ARGENT

à l'Exposition Universelle de 1867

FORCE	PRIX
1 chev.	1,800 fr.
2 —	2,400 »
3 —	2,950 »
4 —	3,500 »
6 —	4,600 »
8 —	5,800 »
10 —	6,900 »
12 —	8,400 »
15 —	10,200 »

CHAUDIÈRES INEXPLOSIBLES

Supérieures par leur construction : meilleur marché que tous les autres systèmes ; prennent peu de place, pas d'installation ; arrivent toutes montées, prêtes à fonctionner ; brulent toute espèce de combustibles ; conduites et entretenues par le premier venu ; s'appliquent par la régularité de leur marche, à toutes les industries. Les seules qui aient obtenu la médaille d'or dans les concours.

HERMANN-LACHAPELLE ET CH. GLOVER

CONSTRUCTEURS-MÉCANICIENS,

144, rue du Faubourg-Poissière, PARIS.

Envoi franco du prospectus détaillé.

APPAREILS CONTINUS
POUR LA FABRICATION
DES BOISSONS GAZEUSES.

HERMANN - LACHAPELLE ET Ch. GLOVER
144, rue du Faubourg-Poissonière, 144.
A PARIS.

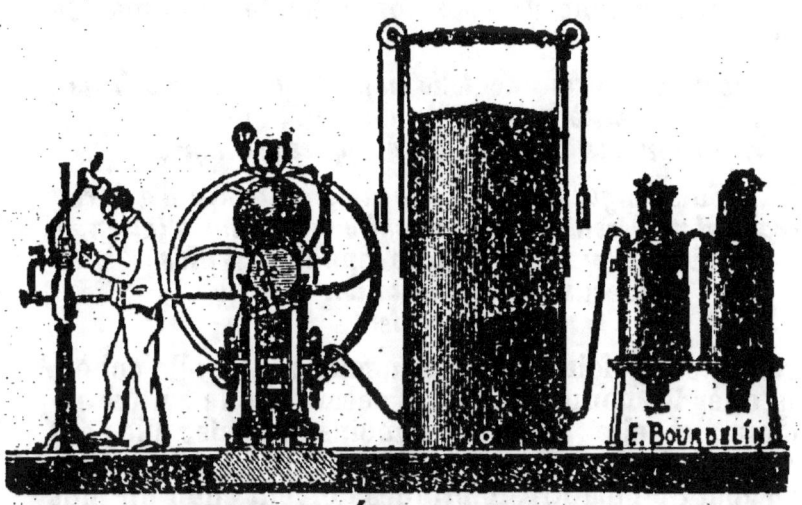

BREVETÉS S. G. D. G.

Avec ces appareils, on peut fabriquer dans une journée, à un prix de revient très-insignifiant, une quantité considérable d'**Eau de Seltz**, de **Limonades**, de **Vins mousseux, gazéifier des Bières**, etc. — Ce sont les seuls qui satisfassent à toutes les prescriptions des conseils d'hygiène et de salubrité, les seuls qui répondent à une *exploitation industrielle*. MÉDAILLE de prix à Londres, 1862, la SEULE accordée à notre industrie en France. Pas d'installation ; le premier venu peut les conduire. *Garantie.*

Envoi *franco* du *prospectus* détaillé.

Les personnes qui ont l'intention de s'occuper de cette lucrative industrie doivent se procurer :

LE MANUEL DU FABRICANT ET DES BOISSONS GAZEUSES magnifique volume orné de 80 planches, publié par les constructeurs, adressé *franco* contre CINQ FRANCS en timbres-poste.

LE
CHOCOLAT MENIER

SE RENCONTRE PARTOUT

dans les villes, dans les campagnes et jusque dans le moindre village. Il est adopté universellement, et le chiffre de sa consommation s'exprime par millions de kilogrammes. Une vente aussi importante ne peut s'expliquer que par la bonne qualité de ce chocolat et par sa supériorité réelle, quand on le compare même avec ceux qui sont vendus 20 à 25 p. 100 plus cher. Cet accord entre la modération du prix et la bonté du produit dérive naturellement de la position spéciale de la maison Menier ;

Sa fabrication a pris une telle importance, que ses frais, répartis sur cette grande production, deviennent bien moindres que dans les fabriques ordinaires.

Fondée depuis longues années, elle a eu le temps d'amortir le capital représenté par ses machines et son installation industrielle; l'intérêt de ce capital n'est plus une cause d'augmentation de ses prix de revient.

On peut donc faire ce raisonnement : si elle achète moins cher les bonnes sortes de cacao, si elle cultive elle-même, si elle fabrique à moins de frais, elle peut conséquemment vendre à meilleur marché les qualités de chocolat que d'autres fabriques doivent coter un plus haut prix.

Il est facile, du reste, de se convaincre de tous ces faits en visitant la magnifique usine des Noisiel, près Lagny, spécialement consacrée à la fabrication du *Chocolat Menier*, et qui donne le curieux spectacle des développements énormes apportés à la préparation de cet aliment.

Cacaos de premier choix achetés directement dans le pays de production par des agents spéciaux, ou provenant en partie des plantations du Valle-Menier, au Nicaragua ;

Machines hydrauliques et à vapeur, d'une force totale de 200 chevaux, outillage considérable de machines broyeuses de différentes formes, tout en granit, faites exprès dans les dépendances de l'usine ;

Ateliers où les cacaos sont choisis et triés avec le plus grand soin;

Vastes emplacements où le chocolat est refroidi sur des tables de marbre;

Chemin de fer mettant tous les ateliers de divers bâtiments en communication;

Personnel de plus de 350 ouvriers, hommes et femmes, employés au triage des cacaos et à leur torréfaction, au broyage et au pesage du chocolat, au pliage des tablettes et à la mise en caisse, chaque jour, de 9 à 10,000 kilogrammes que fournit l'usine.

Comme on le voit, rien n'a été négligé pour que le *Chocolat Menier* soit préparé dans des conditions exceptionnelles qui permettent d'offrir au consommateur, au prix modéré de 1 fr. 80 c. le demi-kilogramme, un produit excellent, que personne ne peut faire meilleur.

C'est ce problème, résolu par la Maison *Menier*, qui explique le succès du Chocolat de cette fabrique, et la part qu'elle a prise dans l'accroissement de la consommation de cet aliment aussi agréable que nutritif.

MALADIE DES FEMMES

Madame LACHAPELLE, maîtresse Sage-Femme, professeur d'accouchement, traitement (sans repos ni régime) des maladies des Femmes, Inflammation, Suite de couches, Ulcérations, Déplacement des organes, Causes fréquentes de la stérilité constitutionnelle ou accidentelle; les moyens de guérison aussi simples qu'infaillibles employés par **Madame LACHAPELLE**, sont le résultat de 25 années d'études et d'observations pratiques dans le traitement spécial de ces affections

Stérilité de la Femme

constitutionnelle ou accidentelle complètement détruite par le traitement de **Madame Lachapelle**.

Mme LACHAPELLE.

Reçoit tous les jours, de 3 à 5 heures, à son Cabinet
27, rue du Mont-Thabor (près les Tuileries)
Paris.

Exploitation Centrale
DES PHOSPHATES
DE CHAUX FOSSILES
MÉDAILLE A L'EXPOSITION UNIVERSELLE DE 1867
DESAILLY, à Grand-Pré (Ardennes)

Préparation et pulvérisation sur les lieux mêmes des Gisements

Usine dans les Ardennes, la Meuse, et la Marne.

Poudre d'une extrême finesse. — Richesse garantie sur analyse.

PRIX :

Qualité de 40 à 45 % — 45 fr.	les 1000 kil. par wagon de 5000 kil., rendus en gare de Paris-Villette. Emballage non compris.
id. de 45 à 52 % — 50 »	
id. de 52 à 58 % — 60 »	
id. de 62 à 68 % — 70 »	

Le Phosphate de chaux, est de toutes les substances dont se nourrissent les plantes, celle qui leur est le plus nécessaire. Pour s'en faire une idée, il suffit de savoir que la cendre du grain de blé en contient plus de 80 %.

Les plantes ne pouvant puiser que dans le sol le phosphate indispensable à leur alimentation il est du plus grand intérêt pour le cultivateur de leur restituer celui qu'elles en enlèvent, sous peine de stérilité.

La découverte des gisements de phosphate fossile, débris d'un autre âge du monde, réserve en quelque sorte providentielle — et leur application à l'agriculture, est donc, on peut le dire, un des grands faits scientifiques et économiques de ce siècle.

M. DESAILLY qui a eu le bonheur d'en découvrir un grand nombre et de s'approprier les plus riches connus et les plus facilement exploitables, livre aux fabricants d'engrais et aux agriculteurs ses produits sans mélange et au meilleur marché possible.

GRANDE MÉDAILLE DE 1re CLASSE.

L'OLÉAGINE du capitaine Holtendo attire toutes sortes de poissons en mer comme en rivière. Prix : flac. 5 fr. et 10 f. LUNEAU, rue Vauvilliers, 2 et 4, Paris. — Expédie contre Mandat-Poste.

FABRIQUE D'AQUARIUMS EN FONTE

Pour Appartements.

Ce nouveau système permet l'émaillage à l'intérieur et l'application des peintures au four à l'extérieur, étant monté au moyen de vis, tout vitrier peut, avec le mastic ordinaire, les vitrer entièrement ou remplacer les carreaux brisés par accident. — Il y a un robinet pour les vider.

Envoi de dessins avec prix courant.

Commerce de Poissons Rouges pour aquariums LUNEAU, rue Vauvilliers, 2 et 4, Paris.

Récompense à l'expos. univ. Londres 1862

EAU DE MÉLISSE DES CARMES,

COMPOSÉE D'APRÈS LA FORMULE

DES CARMES DÉCHAUSSÉS

dont BOYER, leur successeur

POSSÈDE SEUL LE SECRET

14, Rue Taranne, à Paris.

La réputation séculaire de cette Eau et ses propriétés contre l'apoplexie, le choléra, le mal de mer, les vertiges, les vapeurs, la migraine, les indigestions, les évanouissements, ont fait naître une foule d'imitations de ce bienfaisant cordial, les religieux qui la préparaient ne dévoilèrent jamais le secret de sa composition. M. Boyer, leur successeur par **actes authenthiques**, possède seul aujourd'hui sa véritable formule, et ne confie jamais sa fabrication à personne. — Les consommateurs doivent apporter la plus grande attention à s'assurer des marques de fabrique et signature de M. Boyer.

M. Boyer a réuni dans une intéressante monographie tous les documents concernant l'histoire de ce cordial qu'on a si souvent et si vainement cherché à imiter, et qui en font connaître les propriétés hygiéniques et médicinales. Envoi *franco* de cette brochure sur demande affranchie.

Dépôt à Londres,

Chez M. G. JOZEAU, 49 Hay Market

CHEZ TOUS LES PHARMACIENS
ROB
BOYVEAU – LAFFECTEUR

SEUL APPROUVÉ
En France, Belgique, Russie et Autriche.

Ce sirop est bien supérieur à l'essence et aux sirops de salsepareille, de Cuisinier, de Larrey, à l'iodure de potassium et aux préparations de deuto-chlorure hydrargiré. D'une digestion facile, agréable au goût et à l'odorat, le Rob est recommandé par les médecins de tous les pays pour guérir les dartres, abcès, cancers, teignes, ulcères, gales dégénérées, scrofules, scorbut, pertes blanches. Toutes ces maladies provenant d'une cause interne, c'est à tort qu'on croirait les guérir par une médication externe. On prescrit aussi le Rob de Boyveau Laffecteur pour le traitement des affections des systèmes nerveux et fibreux, telles que goutte, douleurs, marasme, rhumatisme, hypocondrie, paralysie, stérilité, amaigrissement.

Le Rob de Boyveau-Laffecteur, garanti véritable par la signature du docteur Giraudeau Saint-Gervais, est utile pour guérir radicalement et en peu de temps les flueurs blanches acrimonieuses et les accidents contagieux nouveaux ou anciens. Ce Rob guérit surtout les maladies syphilitiques que l'on désigne sous les noms de primitives, secondaires et tertiaires. Le Rob de Boyveau-Laffecteur a été approuvé par l'ancienne Société royale de médecine ; par le décret de l'an XIII, et fourni à la marine de France en 1788 et 1793. En 1850, il a été approuvé en Belgique par le ministre de la guerre pour le service sanitaire de l'armée belge, et, en dernier lieu, il a été officiellement autorisé pour tout l'Empire de Russie.

Vente en gros : au cabinet du docteur Giraudeau Saint-Gervais, n° 12, rue Richer, à Paris.

**Dépôt à Avignon,
chez MM. CHAUVET frères, droguistes.**

Maison Carcassonne

Rue des Marchands, 31, et rue Corderie, 6.

AVIGNON

NOUVEAUTÉS POUR DAMES

Vêtements pour Hommes sur mesures.

Cette maison se recommande spécialement au choix des acheteurs, autant par le BON MARCHÉ, que par les assortiments considérables qu'elle peut offrir.

Les assortiments consistent en lainages pour robes de toutes qualités, en draperies pour confections de dames et vêtements d'hommes, en toile, madapolam, cretonne, nansouk, mousseline, linge de table, mouchoirs fil, roanne, indienne, châles en tous genres, taffetas et velours soie noir, etc. etc.

CONFECTION POUR DAMES SUR COMMANDE.

De nombreux journaux de mode pour dames et pour hommes sont continuellement à la disposition des clients de la maison.

Toutes les personnes achetant leurs étoffes dans la maison auront droit à la COUPE GRATUITE de leurs vêtements.

Une première ouvrière est attachée à la maison pour les confections de dames.

Un coupeur d'élite est aussi à la disposition de la clientèle pour les vêtements d'hommes.

IMPRIMERIE
en
LITHOGRAPHIE

FOURNITURES DE BUREAU
FABRIQUE DE REGISTRES.

LAGIER-FORNERY

Rue Bonneterie, 14,
AVIGNON

LITHOGRAPHIE	PAPETERIE
Lettres de faire part,	Papiers en tout genre
Cartes de visite,	en rame et en rouleaux
Adresses, Factures, Mandats,	Copie de lettres.
Circulaires, Prix courants,	Grand-livre, Journal, Repertoire
Bordereaux, Registres à souche	Echéance, &ª, &ª.
Plans, Musique.	
AUTHOGRAPHIE & GRAVURE	Livres de piété
Etiquettes de luxe	Porte-feuilles, Buvards, &ª
Timbrage en relief & en couleur	Cartes à jouer
sur papier à lettre et enveloppes	
d'initiales, Blasons, Couronnes, &ª	Fournitures et Apprêts
	pour Fleurs

DESSINS GRAVÉS & LITHOGRAPHIÉS.

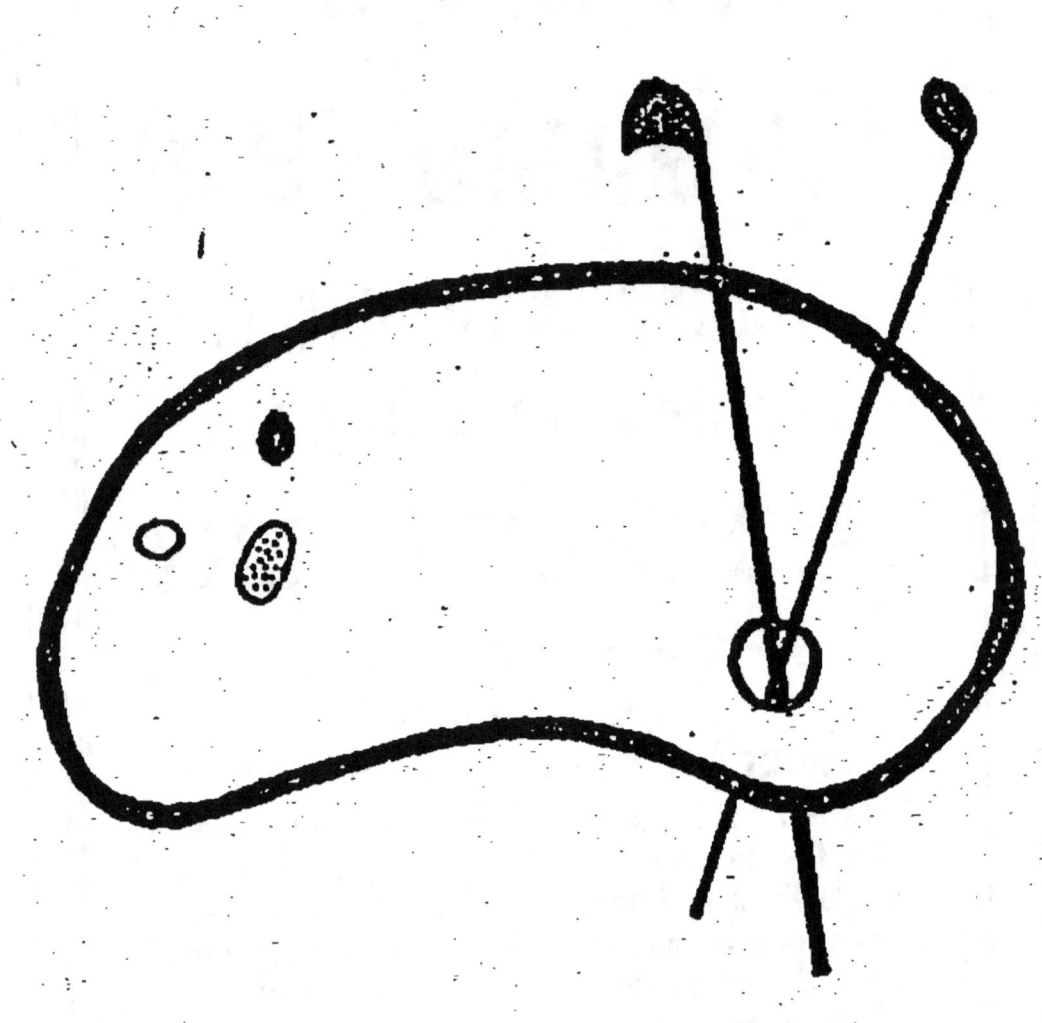

FIN D'UNE SERIE DE DOCUMENTS EN COULEUR

www.ingramcontent.com/pod-product-compliance
Lightning Source LLC
Chambersburg PA
CBHW051820230426
43671CB00008B/783